KB148695

지역문화와
문예콘텐츠

지역문화와 문예콘텐츠

초판 1쇄 펴낸날 | 2018년 3월 16일

지은이 | 손종흠
펴낸이 | 류수노
펴낸곳 | 한국방송통신대학교출판문화원
　　　　주소　서울특별시 종로구 이화장길 54 (03088)
　　　　대표전화　(02) 3668-4764
　　　　팩스　(02) 741-4570
　　　　홈페이지　http://press.knou.ac.kr
　　　　출판등록　1982. 6. 7. 제1-491호

출판위원장 | 장종수
편집 | 신영주 · 양영희
본문 디자인 | 토틀컴
표지 디자인 | 크레카

ⓒ 손종흠, 2018

ISBN　978-89-20-02976-9　93710

책값은 뒤표지에 있습니다.

● 잘못 만들어진 책은 바꾸어 드립니다.

● 이 책의 내용에 대한 무단 복제 및 전재를 금하며 저자와 (사)한국방송통신대학교출판문화원의 허락 없이는
　어떠한 방식으로든 2차적 저작물을 출판하거나 유포할 수 없습니다.

● 이 도서의 국립중앙도서관 출판예정도서목록(CIP)은 서지정보유통지원시스템 홈페이지(http://seoji.nl.go.kr)와
　국가자료공동목록시스템(http://www.nl.go.kr/kolisnet)에서 이용하실 수 있습니다.
　(CIP제어번호: CIP2018007219)

지역문화와
문예콘텐츠

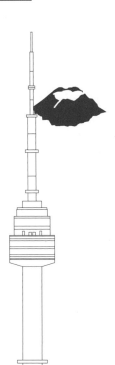

에피스테메
EPISTEME

서장

지역문화의 특수성과 문예콘텐츠의 중요성

    사람이 만들고 발전시켜 나가는 사회는 자연과의 공존을 기반으로 할 때 존재의 의미와 가치가 한층 분명해지면서 중요하게 된다. 이는 사회가 문명(文明)과 문화(文化)라는 두 개의 축이 맞물려 돌아가면서 끊임없이 변화를 모색하는 거대한 유기체(有機體)이기 때문이다.

    사회는 사람과 자연, 사람과 사람의 관계가 시시각각으로 새로운 변화를 만들어 내면서 모든 구성요소가 서로 철저하게 연결되어 있다. 따라서 우리가 삶을 영위하는 터전으로서의 사회는 어느 부분에서 어떤 변화가 생기더라도 그것을 이루는 구성요소 전체가 서로 일정한 영향을 받을 수밖에 없으므로 모든 것이 하나로 연결되어 있는 유기체와 같은 상태가 늘 유지되는 것이다. 이러한 성격을 가지고 있는 사회의 중심에는 사람을 주인으로 하여 성립하는 것으로서 구체적이면서 물질적인 현상으로서의 문명과 추상적이면서 정신적인 현상으로서의 문화라는 두 존재가 서로 맞물린 상태로 자리하고 있다. 문명이 문화를 만들고 문화가 문명을 낳는 관계에 있는 이상 이 둘은 떼려야 뗄 수 없을 정도로 밀접하지만 그 성격은 상당히 다르다는 점이 특이하다.

    도구(道具)를 바탕으로 편의성 추구를 목적으로 하는 문명은 보편화(普遍化)·세계화하는 것이 기본 성격인 데 비해, 삶을 효율적으로 영위하기 위한 방식으로서 추상적 성격을 지닌 관습적 현상들[1]을 바탕으로 하는 문화는 특수화(特殊化)·지역화하는 것이 기본 성격이다. 이 둘은 밀접하게 관련되어 있지만 상대와 구별되면서 스스로 가지고 있는 독자적인 성격의 차별성 또한 분명하게 드러나는 모습을 보이기도 한다.

도구의 발달을 기반으로 성립하는 문명의 역사는 그것이 발달하면 할수록 빠른 속도로 보편화되면서 인류 공통의 자산으로 되는 특징을 가지고 있다. 그리고 문명을 전제로 성립하는 문화는 문명이 발달하면 할수록 일정한 지역이나 집단, 혹은 개인을 중심으로 점점 개별화하면서 특화(特化)하는 성향을 보이기 때문에 각각의 문화는 자신만이 지니고 있는 특수성을 핵심적인 성격으로 할 수밖에 없다. 그러므로 하나의 지역을 대상으로 할 경우 그것이 지니고 있는 문화적 특수성은 해당 지역이 가지고 있는 장점과 특성을 가장 확실하게 드러낼 수 있는 매우 중요한 요소가 된다. 이것은 문명이 고도로 발달했다고 할 수 있는 현대사회로 오면 한층 더 분명하게 드러나는 현상이다.

사회가 발전하면서 문화의 중요성이 한층 부각되는 이유는 문명의 발달과 보편화가 진행될수록 문화의 특수화는 한층 심화되는 모습을 보이면서 그것이 미치는 영향의 범위가 확대되기 때문이다. 따라서 문화라는 이름으로 불릴 수 있는 사회적 현상들은 해당 지역 사람들이 살아가는 삶의 양식적 특성을 가장 잘 보여 줄 수 있는 매개체로서의 구실과 함께 높은 부가가치(附加價値)를 생산해 냄으로써 문화산업으로 발돋움할 수 있는 가능성을 높여 주는 것으로 인식될 수밖에 없

---

1) 오랜 시간에 걸쳐 사회 구성원들이 인정하고 지켜 온 질서나 풍습으로서의 관습적 현상들은 문명을 바탕으로 하는 사람의 모든 생활양식 속에 추상적인 실체로 존재한다.

다. 이런 점에서 현대사회에서 문화산업이란 용어와 개념이 성립할 수 있는 근거가 충분히 갖추어졌음을 확인할 수 있다.

현대사회에서 문화는 누구나 그 편의성을 누릴 수 있는 보편성을 기반으로 하는 문명과 비슷한 양상으로 전개되는 모습을 보이기도 한다. 즉, 현대사회의 문화는 그것을 만들어 낸 개인이나 집단만이 향유하는 사회적 현상이라기보다는 사람들의 마음을 움직여 감동을 줄 수 있는 특수성을 가진 것이라면 무엇이든 재창조하고 산업화함으로써 높은 예술적 가치를 담보할 수 있는 매우 중요한 콘텐츠소스(contents source)로 언제든지 새롭게 태어날 수 있다는 사실을 보여 주고 있기 때문이다.

문화에 대한 개념과 인식이 이런 방향으로 흐르다 보니 현대사회에서 세계의 거의 모든 나라는 문화적 현상을 바탕으로 하는 콘텐츠를 선점하고, 문화산업을 선도해 나가기 위해 전쟁 아닌 전쟁을 치르고 있다고 해도 과언이 아니다. 이것은 결국 누가 어떤 자료를 얼마나 풍부하게 가지고 있는지, 그것을 어떤 각도에서 접근하여 예술적 감동을 유발할 수 있는 콘텐츠로 재창조하는지에 따라 성공과 실패가 판가름 날 수밖에 없는 것으로 귀착되기 때문에 경쟁은 갈수록 치열해질 수밖에 없다.

하나의 예를 들어 보자. 2010년을 전후하여 미국과 영국을 중심으로 세계의 신화에 대한 빅데이터를 구축하면서 각 나라의 신화에 매우 다양한 형태로 등장하는 이중탄생(二重誕生)[2]과 같은 화소(話素)에 대해 외계인이 지구에 왔던 사실을 보여 주는 상징체계(象徵體系)로

---

2) 신화에서는 일반적으로 1차 탄생은 알[卵], 변신을 통한 2차 탄생은 사람이면서 지도자라는 구조를 보이고 있다.

해석하는 작업이 진행되었다. 최근에는 그러한 분석 결과를 바탕으로 다양한 장르의 문학작품이나 드라마 등 매우 폭넓은 분야에 걸쳐 프로그램 제작으로 연결시키는 동시에 영화와도 접목시킴으로써 지금까지 미처 생각하지 못했던 새로운 방식의 예술작품을 만들어 내는 현상이 나타나고 있다. 이런 작업들이야말로 문화적 콘텐츠소스를 새로운 방식으로 가공하여 창조적인 형식을 가진 예술작품으로 생산해 내는 대표적인 사례라고 할 수 있다. 이렇게 되자 문화적 현상은 아주 사소한 것이라도 인류 공동의 소중한 유산, 혹은 자산으로 관리하게 되었고, 일정한 관계를 가지는 다른 여러 현상과 결합·융합하면서 새로운 형태의 문화현상을 만들어 낼 수 있는지 여부를 미리 가늠해 보는 상황으로 전개되고 있다.

특히 현대사회는 여가를 즐길 수 있는 절대적 시간을 확보하는 것과 수준 높은 문화콘텐츠에 대한 향수(享受)를 중요하게 여기는 방향으로 변화되고 있는데, 이것이 콘텐츠소스의 확보에 대한 경쟁을 한층 격화시키는 계기가 되는 것으로 보인다. 현대인들은 일정한 범위에 속하는 문화콘텐츠가 자신들의 마음을 움직여 감동을 유발할 수 있기만 하면 그것에 대한 비용 지불을 결코 망설이지 않을 것이므로 이러한 요구에 부응할 수 있는 콘텐츠소스를 확보하기 위한 경쟁은 더욱 치열해질 수밖에 없을 것으로 예상된다.

일정한 공간이 가지고 있는 특성에 따라 나누어지는 성격을 가지고 있는 지역은 지리적·환경적 측면에서 다른 곳과 구별되는 특징이 있는 구역으로서 문화적 동질성을 강하게 지니고 있는 지표의 일정한 범위와 경계를 가지고 있다. 지역을 나누는 방법은 매우 다양하여 여러 가지 방향에서 접근하는 것이 가능한데, 가장 중요하면서도 일반적인 것으로는 지리적 특성을 중심으로 나누는 방식을 꼽을 수 있다.

지리적 특성에 따라 사람이나 물자, 문화 등의 이동(異同), 소통, 불통 등이 모두 결정되기 때문에 이것은 한 지역의 성격과 특성 등을 구분하는 핵심적인 요소가 될 수밖에 없다. 이러한 지리적 특성을 결정짓는 핵심적인 요인으로는 산, 강, 평야와 같은 지형적 요소가 중심을 이루는데, 이것은 해당 지역의 환경적 특성을 결정하는 데에도 가장 큰 구실을 하는 것으로 보인다. 높은 산으로 둘러싸여 있거나 큰 강이 앞에 있는 지역은 그 너머에 있는 곳과는 다른 지리적 환경을 만들어 낼 수밖에 없다. 따라서 해당 공간을 터전으로 삶을 영위하는 다양한 생명체들의 생활방식 또한 다른 공간을 터전으로 살아가는 존재들의 생활방식과는 다르게 형성될 수밖에 없다. 이러한 까닭에 지역을 나누는 가장 중요한 기준은 지리적 특성이 될 수밖에 없다.

환경적 특성은 지리적 성격을 기반으로 만들어지는 것이기 때문에 지역을 나누는 2차적 기준이 될 수 있다. 환경적 특성은 지리적 특성을 기반으로 하여 결정되지만 해당 공간에서 삶을 영위하는 생명체의 생활방식을 비롯한 거의 모든 분야에 결정적인 영향을 미치므로 매우 중요한 의미를 지닌다. 지리적 특성에 의해 형성되는 환경적 특성은 산지·평야·온대·열대·한대 등 자연현상을 배경으로 구분하거나, 도시·농촌·공업·상업 등 사람 중심의 인문적인 현상을 중심으로 구분하기도 한다. 또한 지역은 공간적 크기에 따라 나누기도 하는데, 아주 큰 기준에서부터 아주 작은 기준에까지 다양하게 적용할 수 있으므로 지역 안에 지역이 포함되는 경우도 생길 수 있다. 예를 들면 공간적 위치와 기후의 특성 등에 따라 남부, 북부, 중부 등의 지역으로 나눌 때 남부지역은 다시 영남과 호남이라는 지역으로 나눌 수 있으며, 영남과 호남 지역은 다시 작은 규모의 지역으로 나눌 수 있는 것이다.

이처럼 다양한 기준에 의해 지역을 나누는 것이 가능한데, 이러한 접근법들은 모두 해당 지역이 지닌 지리적·환경적 특성을 어떤 방향에서 접근하여 어떤 시각으로 구분하여 분석할 것인가 하는 목적에 따라 다양하면서도 복잡한 양상을 띨 수 있다. 하지만 해당 지역이 지니고 있는 다른 지역과의 차별적 특성을 강조함으로써 그 지역만의 독자적인 성격을 부각시켜야 한다는 점은 어느 지역이나 같다고 할 수 있다. 결국 우리가 살고 있는 사회를 여러 지역으로 구분해서 차별성을 부각한다는 것은 그 지역만이 가지고 있는 특성을 기반으로 하는 지역성(地域性)을 강조하고 부각시킴으로써 새로운 무엇인가를 얻거나 창조해 내기 위한 것을 목적으로 한다는 것이다.

이처럼 다양한 기준에 의해 나누어진 지역들은 그 지역만의 특성을 보여 줄 수 있는 지리적·환경적 배경을 만들어 내는데, 이것은 사람들의 삶에서 대단히 중요하면서도 엄청나게 큰 비중을 차지하는 문화의 본질적 성격을 결정짓는 데에도 핵심적인 구실을 한다. 문화는 문명을 바탕으로 하지만 지리적·환경적 배경에 따라 만들어지는 삶의 방식이 지닌 특성에 의해 독자적이면서도 독창적인 성격을 지니는 것들을 생산해 내기 때문에 그것이 만들어지는 지역의 공간적 특성과 밀접하게 관련될 수밖에 없는 것이다.

문화는 그것을 만들고 향유하는 사람들이 생활 속의 편의성을 추구하기 위해 일정한 행위를 하는 과정에서 만들어지는 것으로, 지리적·환경적 특성을 고려하여 그것을 거스르지 않는 방향으로 형성될 수밖에 없다. 산이 아주 높은 지형적 특성을 가지고 있는 지역이라면 그와 관련된 지리적·환경적 배경이 조성되면서 사람들의 여러 가지 생활 방식도 산과 깊이 관련된 방향으로 이루어지게 되는데, 이 과정에서 사람들이 공동으로 만들어 내는 문화 역시 산과 관련된 것이 중심을 이룰 수밖에 없다는 것이다. 이 외에도 강, 평야, 분지 등의 지리적 특성은 독특한 환경적 배경을 형성함으로써 이것 역시 사람들의 생활방식에 지대한 영향력을 행사하는 중요한 요인이 되며 그들에 의해 만들어지는 문화의 성격과 특징을 결정짓는 핵심적인 요소로 작용하게된다. 지리적 특성, 환경적 배경, 문명적 상황 등을 기반으로 하는 지역을 단위로 하여 독자적이면서도 독창적인 성격을 지닌 것으로 만들어지는 것이 바로 문화이기 때문에 하나의 지역을 범위로 형성되고 발현되는 문화현상들은 해당 지역의 문화적 특성을 가장 잘 드러내게되고, 그만큼 지역문화의 중요성을 크게 만드는 직접적인 요인으로 작용한다.

문화는 삶의 과정에서 나타나는 정신적·물질적 소산으로 자연 상태를 넘어 인류의 삶을 풍요로우면서도 편리하고 아름답게 만들고자하는 사회 구성원들에 의해 습득되고 공유되면서 전승, 전파가 이루어지는 관습적 행동이 중심을 이루어 만들어진다. 이는 의식주(衣食住)를 비롯하여 언어, 풍습, 도덕, 종교, 학문, 사상, 예술과 각종 사회적 제도 등을 모두 포함한다. 따라서 문화는 자연 상태의 사물현상에 인위적인 작용을 가하여 그것을 변화시키거나 새로운 무엇인가로 만듦으로써 일정한 범위에 속하는 구성원들이 공통으로 향유하는 모든 것이 될 수 있다.

이처럼 문화의 범주는 매우 광범위하여 사람의 생활 전체를 포함하고 있는 데다가 자연의 일부에서 자연과 인간이라는 대립적인 상태로 진화된 시기로부터 존재했다고 할 수 있다. 그러므로 문화의 역사는 인류의 역사와 그 궤적을 같이한다고 볼 수 있다. 즉, 사람 혹은 인류라는 말이 자연적으로 형성되는 환경에 절대적으로 순응하면서 살아가던 상태에서 벗어나, 사람이 자연과 마주하면서 그것을 자신의 의지에 맞추어 활용하게 됨으로써 자연과 대립되는 성향을 가진 문화가 성립되었을 것으로 보인다. 오랜 역사를 가지고 있는 데다가 삶 전체에 생활의 일부처럼 되어 있는 문화 중 언어와 관련 있는 문화현상은 역사와 범위가 매우 길고 넓은 데다가 독특한 특징을 가지고 있으며, 다양한 종류의 문화현상과 맞물리면서 융합 또는 결합하여 새로운 것을 만들어 낼 수 있는 가능성이 매우 크기 때문에 주목할 필요가 있다.

인류가 만들고 향유하는 문화현상의 하나이면서 언어와 문자의 발생과 발달에 기원을 두고 있는 문학예술은 자연의 일부로 존재했던 상태에서 벗어나 사람이 자연과 마주 보며 자신의 마음속에 있는 것들을 소리라는 수단을 통해 표현함으로써 상대에게 그 뜻을 전달하는 매개체인 언어가 생겨난 때로부터 시작되었다고 할 수 있다. 언어가 가지고 있는 가장 기본적인 기능이 말하는 이의 생각을 밖으로 드러내 전달하는 것인데, 이것을 효과적으로 수행하기 위해서는 정확한 문장의 구성과 그것의 정확성에 아름다움을 더해 주는 꾸밈이 중요하다고 할 수 있다. 꾸민다는 것은 기반이 되는 어떤 존재에 무엇인가를 보탬으로써 아름답게 만드는 행위라고 할 수 있다. 꾸민다는 것은 사람이라면 누구나 기본적으로 가지고 있는 삼대욕구(三大欲求)[3] 중 하나인 미적욕구(美的欲求)에 의해 실현되는 행동으로 아름답게 만드는 것을 핵심 목표로 한다. 욕구는 부족함, 혹은 비어 있는 상태에 의해 발생하며 결핍된 부분이 채워지면 사라지는 성격을 가지고 있는데, 이것은 사람이 실질적인 행위를 하도록 촉발시켜 미래를 선점(先占)[4]함으로써 현실을 바꾸는 강력한 힘을 가지고 있다. 이러한 욕구에는 여러 종류가 있는데, 미적욕구는 삼대욕구 중 세 번째에 해당하지만

---

3) 식욕(食欲), 성욕(性欲), 미적욕구(美的欲求)의 세 가지를 가리킨다.
4) 일정한 행위를 하지 않으면 해결되지 않거나 많은 시간이 걸릴 수 있는 것을 앞당겨 해결함으로써 욕구를 해소하는 것이기 때문에 미래를 선점한다고 말한다.

삶의 과정에서 일어나는 대부분의 행위에 영향력을 행사한다는 특징이 있다. 식욕이나 성욕은 목적이 하나로 고정되어 있기 때문에 그것을 해결하는 행동을 통해 사라지게 됨으로써 다양한 현상으로 나타날 수 없다. 하지만 아름다움이 부족하다고 생각하여 그것을 채워 넣는 행위를 하도록 만드는 미적욕구는 생활 속에서 일어나는 거의 모든 행위를 꾸미는 것에 초점을 맞추도록 함으로써 광범위한 영향력을 가질 수밖에 없다는 것이다.5) 이처럼 미적욕구는 삶의 거의 모든 분야에 작용하는데, 표현과 전달의 수단으로 언어를 사용하는 예술로서의 문학도 결코 예외일 수 없다.

뜻을 전달하는 것을 주목적으로 하는 초기의 일상 언어에서 예술적 표현이라고 할 수 있는 문학으로의 구체적이면서도 조직적인 전환이 언제쯤 일어났는지에 대해서는 정확하게 짚어 내기가 어렵다. 다만 먹거리를 생산하기 위한 행위를 하는 노동과정과 노동력을 재생산하기 위한 행위를 하는 여가(餘暇)과정에서 시작되었을 것이라는 점은 쉽게 짐작할 수 있다.6)

노동과정에서는 효과적이면서도 효율적으로 먹거리를 얻기 위한 여러 가지 행위가 이루어지는데, 과거로 갈수록 여러 사람이 힘을 합쳐 함께 움직이는 집단노동의 형태가 중심을 이루었을 것7)으로 본다.

---

5) 사람이 일상생활 속에서 하는 거의 모든 행위, 즉 옷 입는 것, 세수하는 것, 화장하는 것, 머리 모양을 만드는 것에서부터 도구를 만드는 행위에 이르기까지 필요한 구실을 기반으로 하면서 그 위에 아름다움을 가질 수 있도록 꾸며서 만들 수밖에 없다는 사실에서 이를 확인할 수 있다.

6) 현존하는 민요에서 가장 오래된 것으로는 밭매기 노래와 빨래 노래 등을 꼽는데, 이들 노래에는 신화적인 요소가 강하게 남아 있다. 특히 밭매기 노래는 농경문화가 정착하는 과정에서 가장 빨리 형성된 것으로 볼 수 있는 밭에서 하는 노동과 관련 있는 노래로 불렸기 때문에 매우 오랜 역사를 가지고 있다.

7) 高晶玉, 『朝鮮民謠研究』, 首善社, 1949, 11쪽.

이 이론에 따르면 집단으로 하는 노동의 과정에서는 노동행위자가 취하는 행동의 통일이 매우 중요한 구실을 하는데, 이것을 효과적으로 하기 위해 소리를 통한 신호음을 사용했던 것으로 파악한다. 이 신호음은 초기에는 일정한 뜻을 가지지 않는 괴성과 같은 소리 정도로 시작되었다가 점차 뜻을 가지고 있는 언어가 개입하여 사설과 후렴의 형태를 갖추어 가면서 민요라는 문학을 낳게 된 것으로 추측할 수 있다. 노동과 민요의 발생이 밀접한 관련을 가지는 이유가 바로 여기에 있다.

해가 져서 어두워졌을 때와 너무 추운 날씨가 계속되거나 비가 올 경우 사람들은 일을 하지 못하기 때문에 동굴이나 집과 같은 안식처에서 쉼과 놀이 등의 행위를 통해 생산물을 소비함과 동시에 소모된 노동력을 재생산하는 과정이자 노동의 연장으로 이해할 수 있는 여가를 가지게 된다. 이러한 여가과정에서는 호기심을 기반으로 하는 지적욕구, 공동체 의식의 함양과 유대관계 등을 만족시키고 향상시키기 위한 행위들이 이야기, 춤이나 노래, 의식(儀式) 등의 형태를 통해 행해지는 것이 특징이다. 이 과정에서는 언어를 통해 행해지는 이야기나 노래 등이 중요한 구실을 하는데, 자연환경을 이루는 구성요소 중에서 화려하면서도 가장 빠른 변화를 보여 주는 것을 대상으로 이야기를 꾸며 냄으로써 그것에 대한 호기심과 의문을 해결하고 아름답게 형상화하는 행위를 통해 즐거움과 기쁨을 느끼도록 한다.

사람들은 가장 화려하면서도 빠른 변화를 보이는 것이 바로 하늘이라고 생각했는데, 그것은 헤아리기가 거의 불가능할 정도로 복잡하면서도 빠르게 변하는 모습[8]을 보이기 때문이었다. 이러한 하늘의 변화

---

8) 하늘은 하루에 수만 번 넘게 변한다. 해가 뜨기 전부터 보이기 시작하는 화려한 모습은 시

는 사람들의 시선과 생각을 사로잡기에 충분할 정도로 화려했으며, 이처럼 엄청나면서도 변화무쌍한 변화를 만들어 내는 존재가 과연 무엇일까라는 의문을 가지는 데까지 생각이 미치게 된다. 다음으로는 이처럼 엄청난 변화를 만들어 내고 주관하는 주체가 무엇일까에 대한 의문으로 연결되면서 변화를 일으키고 주재하는 주체로 신(神)을 상정하게 되었던 것이다. 이렇게 되자 여가과정에서는 신의 유래와 성격 등을 중심으로 꾸며서 만들어 낸 노래나 이야기를 구연(口演)이라는 방식을 통해 구성원들이 공통으로 향유하게 되었으니 이것이 바로 신화(神話)의 발생이다.

이런 과정을 거쳐 노래와 이야기로부터 시작된 문학은 시간이 흐르고 사람의 지혜가 발달하면서 매우 다양한 모습을 지니게 되었는데, 지역과 부족, 혹은 민족 단위로 형성되는 문화적 특성에 따라 한층 복잡한 양상을 띠게 된다. 노동과 여가과정에서 일정한 필요에 의해 만들어졌던 노래와 이야기를 중심으로 하는 문학은 점차 그 폭을 넓혀 정치(政治)와 의식 등에 대한 것으로까지 확대되면서 그 영향력이 생활 전 분야로 확장되는 모습을 보인다. 이렇게 되면서 문학은 사람의 내부에 있는 생각, 사람과 사람 사이의 소통, 사람과 자연 사이의 소통, 사람과 신의 연결과 소통, 미지의 세계에 대한 호기심과 동경(憧憬), 사람과 동식물의 연결과 이해를 통한 소통 등을 소재와 내용으로 하면서 표현방식인 형식을 끊임없이 새롭게 만들어 내는 과정을 거쳐 그 세력과 영향력을 무한에 가까울 정도로 넓혀 갔다.

문자가 발명되기 전까지는 머릿속에 기억된 것을 바탕으로 입에서

시각각으로 변하는데, 해가 나다가 구름이 끼기도 하고, 비가 오기도 하며, 천둥과 벼락이 치기도 한다. 또한 하늘의 색깔은 잠시도 머물러 있는 적이 없을 정도로 다양한 변화를 연출한다.

입으로 전해지는 구전(口傳)의 형태를 띠고 있었는데, 이것을 구전문학이라고 한다. 구전문학은 시간의 절대적 지배를 받으면서 그 한계를 극복하기가 매우 어렵거나 불가능한 것으로 인식되었던 언어를 통해 표현되고 전승되기 때문에 일정한 범위의 공간을 범위로 하여 지역화하고 특화하는 경향을 띠는 것이 특징이다. 구전문학은 만들어지고 향유된 지역적 공간에서 형성되는 문화적 성격과 조화를 이루어 발전함으로써 해당 지역의 특성을 가장 잘 담아내는 문학으로 발전할 수 있었다.

언어만을 표현수단으로 하면서 구전의 방식을 중심으로 창조되고 향유되던 문학에 커다란 변화를 몰고 온 것이 바로 신분의 조직적 분화와 국가의 발생에 이어 등장한 문자의 발명으로 가능하게 된 기록문학9)의 시작이다. 기록문학은 시간의 절대적 지배를 받는 언어가 태생적으로 지니고 있는 한계를 극복하여 필요한 의미와 정보를 오랜 시간에 걸쳐 보존하는 것이 가능하도록 만들어진 문자를 표현수단으로 한다. 기본적으로는 구전문학에 바탕을 두고 있지만 그것과는 다른 새로운 형태를 가지는 다채로운 문학세계를 개척해 내기도 한다. 지금 우리가 고전문학으로 취급하고 있는 상대시가, 향가, 속요, 시조, 가사를 비롯하여 한문소설, 국문소설, 야담 등은 모두 문자를 표현수단으로 하는 기록문학이 존재했기 때문에 가능했던 문학 갈래라고 할 수 있다.

---

9) 문자는 현대사회에 이르러서는 대부분의 사람이 함께 누리는 공통의 자산이 되었지만 과거에는 지배층에 속하는 사람들만 독점하다시피 한 표현과 기록의 수단이었다. 육체노동보다는 정신노동을 중심으로 삶을 유지했던 지배층 사람들은 언어와 문자를 매우 효과적으로 활용하여 복잡하다고 할 수 있을 정도로 다양한 장르의 문학예술을 창조해 냈고, 이것은 아름다움을 바탕으로 사람들의 마음을 움직여 감동을 유발하는 방향으로 발전해 갔다. 기록문학 역시 문자의 발달과정과 같은 궤적을 따라 발전해 왔다.

결국 인류의 문학은 구전문학과 기록문학이라는 두 개의 큰 흐름을 형성하여 떼려야 뗄 수 없는 밀접한 관계를 형성하면서 서로 영향을 주고받는 사이로 나란히 발전하게 된다. 기록문학은 일정한 공간을 경계로 지역적 성격을 강하게 가지고 있었던 구전문학이 더 넓은 공간과 소통할 수 있도록 새로운 통로를 열어 주는 역할을 했다. 그리고 구전문학은 광범위한 소재와 내용, 형식 등을 기록문학에 제공함으로써 다채로운 형식을 갖춘 새로운 형태의 문학양식을 창조해 낼 수 있는 밑거름이 되었으며, 지역적 특성도 함께 지닌 기록문학을 만들어 내는 바탕으로 작용하기도 했다. 이런 점으로 미루어 볼 때 문화예술로서의 문학은 구전문학이든 기록문학이든 모두 지역성과 일정한 관련을 가질 수밖에 없는 성격을 지니고 있음을 알 수 있다. 지역문화에서 문학과 관련 있는 문예콘텐츠가 커다란 의미와 중요성을 가질 수밖에 없는 이유가 바로 여기에 있다.

작금의 상황으로 볼 때 현대사회는 문자를 표현수단으로 하는 문학이 독자적으로 많은 사람들에게 향유되던 시대는 서서히 끝나 가고 있거나 끝난 상태라고 할 수 있어서 새로운 방식이나 형태를 통한 문학예술의 콘텐츠화가 절실하게 요구된다. 앞으로 다가올 사회에서 문학이 사람들이 필요로 하는 욕구를 충족시키기 위해서는 그것 하나만으로는 어려울 것으로 보이기 때문이다. 이런 점에서 볼 때 앞으로의 문학은 수요자의 요구를 가장 잘 충족시킬 수 있는 맞춤정보를 중심으로 하면서 수요와 공급에 따라 상품을 사고파는 시장 논리와 결합할 수 있는 콘텐츠로 거듭나지 않을 경우 살아남기가 매우 어렵거나 불가능한 상황으로 전개될 것이 거의 확실하다. 인문학으로서의 문학이 시대적 이념과 결합하여 사람을 울리고 웃기면서 세상을 움직이던 시대는 이제 종말을 고하고, 오직 공급과 수요의 법칙이 지배하는 상품 중심의 사회가 도래하고 있는 것으로 판단되기 때문이다. 문화가 산업화하여 상호 간에 사고파는 시대가 이미 왔거나 멀지 않은 미래에 우리 눈앞에 닥치더라도 창작행위 자체는 사라지지 않을 것이 분명하다. 왜냐하면 맞춤정보 방식으로 제공되는 문예콘텐츠를 만들어 낼 수 있는 원천 자료가 지속적으로 생산되어야 하기 때문이다. 그렇지만 그것이 향유되는 방식과 내용에는 엄청난 변화가 일어날 수밖에 없고, 이러한 변화를 수용함과 동시에 그에 맞는 콘텐츠 개발에 매진해야 하는 것도 자명한 사실이다.

특히 문화가 산업화하는 현재와 미래의 시대에서는 일정한 독립성과 뚜렷한 개성을 핵심적인 성격으로 하는 지역문화의 의미와 비중이 커질 수밖에 없는데, 그것의 중심은 문학예술을 소재로 하면서 새로운 문화아이템을 창출해 낼 수 있는 문예콘텐츠가 점유하게 될 것이다. 문학을 중심으로 하는 예술을 소재로 하지 않은 문화산업은 그 가치가 반감될 수밖에 없으며, 경우에 따라서는 성립 자체가 어려울 것으로 보이기 때문이다. 이런 점으로 미루어 짐작할 때 지역문화와 문학예술의 융합과 결합을 전제로 하는 문예콘텐츠가 문화산업에서 가지는 의미와 위치가 얼마나 크고 중요한가는 재론의 여지가 없다고 하겠다. 현재와 미래의 상황에 대한 올바른 인식과 선제적 대처만이 앞으로의 지역문화와 문예콘텐츠의 중요성에 대한 깨달음과 그것을 발전시켜 나가야 할 방향에 대한 지침과 좌표를 좀 더 분명하게 제시할 수 있을 것이기 때문이다.

Chapter 01
문화의 세기와 문예콘텐츠

01
02
03
04
05

1.1. 문화의 개념

문화의 본질적 성격과 개념을 올바르게 파악하고 정리하기 위해서는 문명을 함께 살필 수밖에 없다. 문명과 문화는 어떤 경우에도 떼려야 뗄 수 없는 관계에 있으며, 문화를 낳는 모태가 문명이며, 문명을 발달시킬 수 있는 동기를 부여하고 새로운 문명이 발생하기 위해 필요로 하는 토양을 마련해 주는 것이 바로 문화이기 때문이다. 이런 점에서 볼 때, 문명과 문화 사이는 문명의 발생과 발달에 따라 문화가 변하며, 문화적인 필요에 의해 문명의 수준과 상태가 결정되는 관계가 성립됨을 알 수 있다. 문명이 없으면 문화 자체가 존재할 수 없으며, 문화가 없으면 새로운 문명의 발생이 어려워진다. 이러한 관계를 형성하고 있는 문명과 문화는 다른 점도 있지만 공통적인 성격 또한 아주 많은 것이 특징이다.

문명과 문화는 사람에 의해 만들어진 것으로서 사람을 위해 존재하는 것이다. 또한 문명과 문화는 개인과 세상, 사람과 사람이 만들어내는 관계에 의해 발생하고, 발전하며, 생존할 수밖에 없는 것이기도 하다. 따라서 문명과 문화는 사람을 떠나서는 존재의 가치나 이유를 찾기가 어려운 것이라고 할 수 있다. 이 말은 문명과 문화는 우주의 법칙에 따라 생성하고 소멸하는 자연적인 상태로 존재하는 것이 아니라, 사람이 주인이며, 사람에 의해서만 존재 가치와 존폐가 결정되는 것으로서 인위적인 성격을 가지는 사물현상의 총체라는 의미이다. 문명과 문화란 인간이 자연의 일부로 있었던 상태에서 분리되어 사람이라는 존재로 거듭난 상태에서 지금까지 인류가 만들고 향유한 물질적·기술적·정신적·제도적 삶의 모든 것을 가리키기 때문이다. 그것의 범주는 삶 전체를 아우를 만큼 매우 광범위하고, 그것이 만들어 내는 내용은 아주 복잡하며, 종류 또한 숫자로 헤아리기 어려울 정도이다.

문명은 식욕을 해결해 주는 것이면서 생명 유지를 위해 필수적으로 획득해야 하는 먹거리를 효율적으로 얻기 위한 수단으로서 사람의 능력을 신장시키고 확장시키는 기능을 중심으로 하는 도구의 발달과정과 그 맥을 같이한다. 현대사회처럼 고도로 발달한 문명을 가능하게 했던 핵심이 바로 도구이기 때문이다. 그러므로 문명의 역사는 도구의 역사라고 할 수 있다.

도구는 육체의 능력을 신장시키고 안락함과 편리성을 추구하는 기능이 핵심을 이룬다. 도구는 기술의 발전을 통해 그 성능을 끊임없이 향상시켜 왔는데, 그 끝이 어디인지를 가늠하는 것조차 불가능할 정도로 무한대에 가깝다. 이러한 특성을 가지고 있는 도구의 발달은 물질적·기술적인 측면뿐만 아니라 인류 사회의 제도 발전에도 크게 기여하면서 자연적인 상태와 대칭되는 성격을 가진 인류의 삶을 더욱 높은 수준으로 향상시키고 지속적이면서도 비약적으로 문명을 발달시켜 왔다. 도구를 기반으로 하는 이러한 문명은 지리적·자연적 환경[1]과 제도적·사회적 환경이 가지고 있는 성격의 차이에 따라 사용되고 향유되는 방식이 다양하게 나타나는데, 이것이 바로 문화이다. 비록 동일한 문명권에 속하더라도 공간적·사회적 특성에 따라 지역과 부

---

[1] 동일한 도구일지라도 땅과 기후가 만들어 내는 자연적 환경의 같음과 다름에 의해 만들어지는 차별성에 따라 향유되는 방식이나 내용에 차이가 있다. 제도적·사회적 환경 역시 도구의 사용에 차별이 생기도록 하는 주요 요인이 된다.

족, 민족 등의 문화가 차별성을 가지게 된다. 또한 문화는 문명을 바탕으로 성립하는 것이기 때문에 문명이 바뀌면 그에 따라 문화 역시 바뀔 수밖에 없다. 이처럼 문화는 문명이 향유되는 환경과 조건 등에 따라 폭넓은 변화를 보이고 있어 일정한 공간과 범위를 경계로 하여 그것만의 특성을 가진 독특한 현상이 나타날 수 있다. 문화적 성격이 지역적으로 차별성을 가지는 이유가 바로 여기에 있다.

이처럼 문화는 문명과 밀접하게 연관되어 있기 때문에 그것이 관여하는 범위가 삶 전체에 걸쳐 있다고 해도 과언이 아니어서 그 성격을 한두 마디로 정리하는 것 또한 매우 어렵다. 문화에 대한 이해의 폭을 넓히고, 그 성격을 정확하게 파악하기 위해서는 우선 어원과 그것이 가지고 있는 본질적이면서도 기본적인 의미 등을 살펴보아야 한다. 현재 일반적으로 사용하고 있는 의미의 문화(文化)라는 말은 한자어이지만 서구에서 사용된 'cultre'라는 용어를 번역하는 과정에서 만들어진 것으로 알려져 있다.

중국에서 문화라는 표현은 아주 오래전부터 사용되었지만 무력(武力), 혹은 무덕(武德)에 상대되는 것으로서 주로 정치적인 의미를 강조하는 용어였다. 그러다가 근대에 들어와 제국주의와 과학을 앞세운 서구 세력들이 자신들의 영역을 넓히기 위해 속속 동양으로 밀려들면서 새로운 사상과 용어도 함께 유입되었는데, 문화라는 용어도 이 과정에서 생겨났다. 한자문화권에서 그전부터 쓰이던 문화라는 용어가 'cultre'라는 말에 대한 번역과정을 거치는 동안 이미 그쪽에서 정립된 개념을 포함하는 것으로 확대 재생산되어 지금과 같은 의미로 사용된 것으로 보인다. 'cultre'는 밭을 갈아서 경작하다, 재배하다, 거주하다, 숭상하다, 연마하다, 숭배하다 등을 의미하는 라틴어 동사인 'colo'에서 유래하여 독일어 'Kultur', 프랑스어 'culture' 등으로 변화하면서 지금의 용어로 쓰이게 되었다. 따라서 현재 사용하고 있는 문화라는 용어에 대한 정의를 내리기 위해서는 어원이 되는 라틴어의 뜻을 근거로 해서 정리할 필요가 있다.

땅을 일궈서 열매를 수확할 수 있는 식물을 경작한다는 것은 사물 현상을 자연 상태로 두지 않고 생명 유지를 위해 사람들이 필요로 하는 먹거리를 효과적으로 얻을 수 있도록 인위적인 힘을 가하는 행위를 가리킨다. 그러므로 경작을 한다는 것은 인류가 수렵 중심의 생활에서 농경 중심의 생활로 경제활동이 이동했다는 역사적 사실을 보여 주는 것이다.

이 시기에 이르면 사람은 자연의 부속물이었던 상태에서 벗어나 자신의 의지와 필요에 따라 자연을 변형시키려는 정복과 지배의 욕망을 구체화시키면서 자연과 사람이 마주하는 상태를 만들어 낸다. 사람이 자연과 마주한다는 것은 대등한 위치에 있다는 것을 의미하며, 자연의 힘을 빌려 사람이 필요로 하는 것을 안정적이면서도 효율적으로 얻는다는 것을 말한다. 이 과정에서 거친 상태로 존재하던 자연을 순치(馴致)시키는 인위적인 힘과 행위가 가해지고 그에 따라 자연은 변형되어 버리는 특징을 가지게 된다. 나무와 풀이 제거되고 땅을 드러내게 되면서 사람이 필요로 하는 농작물을 재배할 수 있는 상태로 만들고 열매를 풍부하게 생산할 수 있도록 최적의 조건을 만들어 나가게 되는데, 이것이 바로 경작이다.

자연을 활용해 먹거리를 얻는 행위인 '경작을 한다'는 것은 사냥감을 찾아 여기저기를 옮겨 다니는 수렵생활에서 벗어나 한 곳에 정착하는 농경생활로 바뀌었다는 의미이므로 '거주하다'라는 뜻으로도 자연스럽게 연결될 수 있다. 일정한 공간을 점유하여 그곳을 근거지로 농작물을 경작하고, 필요한 짐승을 잡기 위해서 사냥감이 있는 곳으로 이동했다가 다시 돌아오는 생활이 일반화되면서 집과 거주지의 개념이 성립될 수 있었던 것이다.

경작을 효율적으로 행하기 위해서는 자연현상으로서의 기후변화와 땅의 상태, 주거의 적합성 등을 따져서 가장 합당한 것을 선택하는 기술이 필요한데, 이것은 그냥 얻어지는 것이 아니라 일정한 훈련이나 행위의 과정을 통해 얻을 수 있으므로, 지속적인 연마를 통해 숙련되는 성격을 가지고 있다. 따라서 '경작하다'를 의미하는 용어를 어원으로 하는 문화라는 말은 일정한 기술을 연마해서 갈고 닦는다는 의미를 함께 지닐 수밖에 없다.

또한 경작에 가장 적합한 자연환경을 제대로 선택하고, 다양한 기술을 연마해도 이것으로는 해결하기 어려운 천재지변과 같은 불가항력적인 일을 만나게 된다. 따라서 사람의 의지나 능력으로는 막을 수 없을 뿐만 아니라 언제 어디서 어떤 형태로 발생할지도 모르는 이러한 상황을 막기 위한 특별 대책 같은 것이 필요하게 되었다. 사람들은 스스로의 지혜와 힘으로 어찌할 수 없거나 어려운 초자연적인 현상들에 대해서는 신에게 기원(祈願)하는 행위를 통해 해결하려 하였다. 이를 위해 신을 숭배하거나 숭상하는 행위가 수반될 수밖에 없었던 것이다. 의식(儀式)이라는 형태로 나타나는 이 행위는 과거로 거슬러 올라갈수록 비중과 의미가 커지는데, 일정한 절차와 방법 등이 매우 중요해지면서 경작과 관련 있는 문화적 현상의 하나로 자리매김하게 된다. 그러므로 경작하다라는 말에는 숭배하다, 숭상하다 등의 뜻이 함께 따라다닐 수밖에 없다. 또한 거친 형태로 존재하는 자연을 순치시켜 사람이 활용할 수 있도록 만들기 위해서도 다양하면서도 숙련된 기술이 절대적으로 필요하기 때문에 경작하다라는 말 속에는 그것을 위한 수단이나 방법, 도구 등을 중심으로 하는 경작기술이 필요하게 된다. 따라서 문화라는 용어의 어원에 해당하는 말 속에는 연마하다, 숙련시키다 등의 뜻도 함께 포함될 수밖에 없다.

이러한 어원을 가지고 있는 문화라는 용어는 담고 있는 의미의 범위가 매우 넓고 커서 이에 대한 개념을 한두 마디로 정의하기가 어렵다. 그러한 까닭에 문화에 대하여 정설이라고 인정되는 분명한 개념을 제시한 연구자나 이론이 현재까지 없는 것으로 알려져 있다. 어원에서 보아 알 수 있듯이 이 용어는 서구에서 유래된 것이기 때문에 서구 사회에서 문화인류학을 중심으로 활발하게 논의가 이루어졌지만 논자의 시각과 이념에 따라 여러 갈래의 견해가 다양하게 도출된 상태이다.

문화의 정의에 대해 수많은 의견이 제시되었지만 전체적으로 정리해 보면 형이상학적 관점(metaphysical perspective)과 경험론적 관점(experience perspective)으로 크게 구분할 수 있다. 형이상학적 관점의 이론들에서는 문화를 이념의 대상화물(對象化物)로 보거나 행위를 규제하는 주관적 관념과 관련을 가지는 것 정도로 보아 그 범위를 매우 한정적으로 설정하는 것이 특징이다.

독일의 종교사회학자이자 철학자인 막스 베버(Max Weber)는 문화의 개념은 가치개념이어야 한다는 주장을 펼치면서 가치 관념과 관련을 가지는 한에서만 경험적 현실은 문화가 되며, 중요성을 가진다고 했다.[2] 이것은 형이상학을 기초로 한 가치개념으로 문화를 보는 대표적인 이론으로서 문화는 현실적인 모습이 아니며, 가치개념으로서 파악될 때만 의미를 가진다고 본다. 따라서 문화는 단지 정신적 삶의 산

---

2) Weber, Max, translated and edited by Edward A. Shils and Henry A. Finch, *The Methodology of the Social Sciences*, New York: The Free Press, 1949, p. 76(필자가 요약 번역).

물일 수밖에 없으며, 정신의 표현물이라고 할 수 있는 사상, 예술, 교육 등으로만 규정[3]하는 것이 가능하게 된다. 이 이론은 문화현상을 만들어 내는 원인을 사람의 정신으로 보아 이것을 중심으로 문화의 성격을 규명하려 한다는 특징을 가지고 있다. 경험론적 관점에서 볼 때 문화는 사람이 삶을 영위하면서 형성되는 생활 속에서 만들어지는 현상 전체를 지칭함으로써 사회적 현상을 총망라하는 것이 된다.

영국의 인류학자인 타일러(Edward Burnett Tylor)는 저서인 『원시문화(原始文化)』에서 "광범위한 민족지적(民族誌的)인 입장에서 보면 문화나 문명은 한 사회의 구성원에 의해 습득된 지식(knowledge), 신앙(belief), 예술(art), 도덕(morals), 규범(law), 풍습(custom), 그리고 다른 어떤 역량(capabilities)과 관습(habits) 전체를 지칭하는 복합체이다"[4] 라고 하여 문화는 사람이 삶을 영위하는 과정인 생활에서 만들어지는 모든 현상을 총망라하는 것이라는 점을 강조하고 있다. 또한 미국의 문화인류학자인 크로버(Alfred Louis Kroeber)와 클럭혼(Clyde Kluckhohn)은 공동 집필한 『문화: 개념과 정의에 대한 비판적 고찰』에서 그동안의 다양한 주장에 대한 여러 이론을 정리한 후 문화에 대해 정의하기를, "문화는 인위적으로 구체화된 것을 포함하여 인류 집단의 독특한 성취욕으로 구성되는 행동에 의해 획득되고, 상징에 의해 전승되는 명백하고 절대적인 행위의 패턴들로 구성되어 있다. 문화의 본질적 핵심은 역사적으로 유래되고 선택된 전통적인 아이디어와 사람들에 의해 특별하게 부여된 가치이다. 문화의 체계는 한편으로는 행위의 결과물로, 다른 한편으로는 추가적 행동의 조건부적인 요인들로 간주될

---

3) 최치원, 「막스 베버의 문화개념과 합리주의 개념 해석」, 『정치사상연구』 8집, 2003, 113쪽.
4) Tylor, Edward Burnett, *Primitive Culture*, London: John Murray, 1871, p. 1.

것이다"5)라고 하여 역시 인류가 삶의 과정에서 만들어 내는 다양한 생활현상으로 보아야 한다는 주장을 펼쳤다.

자연과 구별되는 인류의 특성을 보여 주는 매우 중요한 요소 중의 하나가 문화이기 때문에 이에 대한 연구와 분석은 수많은 이론가에 의해 다양하게 이루어졌다. 모든 주장은 정신을 중심으로 하는 관념론적 입장을 취하거나 현상을 중심으로 하는 경험론적 입장을 취하는 것으로 나누어지기 때문에 여기에서는 이러한 이론들을 살펴보는 것보다 이것을 바탕으로 어떤 입장에서 문화에 대한 개념을 확정할 것인가가 더 중요할 것으로 보인다.

문명이란 정신을 바탕으로 하면서 생활의 필요에 따라 발생하는 다양한 상상력이 그 창조의 원동력이 된다. 이러한 문명을 효과적으로 활용하거나 사용하는 과정에서 추상적인 형태로 만들어지는 것이 문화라고 할 수 있다. 따라서 문화는 사람의 생활을 편리하고 안락하게 영위하도록 하는 추상적인 사회현상이기는 하지만 이념을 바탕으로 하는 사람의 정신이 대상화해서 나타난 것으로 보기는 어렵다. 문화란 삶을 살아가는 과정에서 겪거나 해야 하는 여러 가지 일을 다양한 방법을 동원하여 구성원들이 공동으로 만들고, 공유하며, 보존하는 사회현상의 하나이다. 형이상학적 입장에서 문화를 보고자 하는 이론은 정신, 혹은 이념이 실현된 것만 대상으로 삼기 때문에 매우 제한적이면서 한정된 상태로 범위를 설정하므로 문화의 범주는 크게 축소될 수밖에 없다. 그러나 현실적으로 나타나는 문화현상은 그보다 훨씬 광범위하여 형이상학적 입장으로 문화의 개념을 설정하는 것이 과연

---

5) Kroeber, Alfred Louis and Kluckhohn, Clyde, *Culture: A Critical Review of Concepts and Definitions*, Cambridge, Massachusetts: Published by The Museum, 1952, p. 181.

바람직한지에 대해서는 심사숙고해 보는 것이 필요해 보인다. 특히 현대사회처럼 문화콘텐츠의 중요성이 어느 때보다 부각되는 상황에서 문화의 범주를 굳이 축소해서 설정할 필요가 없는 시대에는 더욱 그렇다. 따라서 문화란 자연과 대비되는 위치에 있는 사람이 생활 속에서 필요에 의해 만들어 내는 추상적인 다양한 현상을 대상으로 할 수밖에 없다는 결론에 이르게 된다.

지금까지 살펴본 내용을 바탕으로 문화에 대한 정의를 내리면 다음과 같이 정리할 수 있다. 문화란 인류가 문명적인 삶을 영위하는 과정에서 행위를 통해 이루어지는 경험적인 학습에 의해 창조, 습득되는 사회적 현상이다. 이는 구성원들에 의해 일정하게 부여된 가치와 아이디어의 상징에 의해 전승되는 특성을 가지고 있는 지식, 신앙, 예술, 규범, 도덕, 관습, 교육, 언어, 조직 등과 생활 속에서 일정한 범위의 구성원들에 의해 집단적으로 형성되어 행해지는 행위의 법칙을 총망라한 것이다.

1.2. 문화의 성격

1 인위적(人爲的)인 사회현상

컬처(culture)라는 용어의 어원에서 살펴보았듯이 문화는 사람의 힘으로 자연을 순치시켜 편리하게 활용할 수 있도록 만드는 과정에서 발생하는 문명과 관련된 여러 현상을 가리키며 기본적으로는 '경작하다'라는 뜻을 가진 어휘에서 유래하였다. 이를 통해 문화라는 이름으로 지칭되면서 그 범주에 포함될 수 있는 것은 오직 사람의 의식(意識)

과 그것에 수반하여 행해지는 일정한 행위에 의해 성립되어 존재하는 사회적 현상이라는 사실이다. 따라서 문화의 범주에는 자연적으로 존재하는 여러 현상은 포함시킬 수 없다. 즉, 호랑이와 같은 육식동물이 먹이를 잡는 방식이나 조류가 새끼를 낳고 키우는 방법, 비나 눈이 내리는 규칙이나 현상, 낮과 밤의 순환 등은 일정한 규칙이 있고, 범주에 속하는 존재들이 공통으로 경험하는 것이지만 이런 것은 문화라고 하지 않는다. 문화는 오직 사람에 의해 만들어지고 향유되는 것이기 때문이다. 야생 상태에서 새가 새끼를 낳고 키우는 방법이나 규칙은 문화가 될 수 없지만 그것을 사람이 사육하면서 새끼를 낳도록 하고 키우는 방법이나 규칙 등이 만들어지면 그것은 문화의 범주에 들어간다. 이는 인공적인 힘이 작용하여 인위적으로 만들어진 후 그것을 즐기는 사람들에 의해 공유되는 사회적 현상이기 때문이다.

그러나 사람의 힘이나 인식 등에 기반을 둔 행위에 의해 실현되고 경험하게 되는 현상이라고 하여 모든 것을 문화라고 하지는 않는다. 개인적으로 행하면서 공동체 구성원들에 의해 받아들여지지 않은 것이나 사회적 합의에 의한 규칙이 없는 현상에 대해서는 문화라는 표현을 쓸 수 없기 때문이다. 문화를 사회적 현상이라고 하는 이유가 바로 여기에 있는데, 이를 제대로 이해하기 위해서는 사회의 성격에 대한 설명이 필요하다.

사회는 두 사람 이상이 모여서 공동생활을 영위하는 인간이 만든 모든 형태의 집단 조직을 가리킨다. 가족, 마을, 조합, 종교 집단, 계급, 국가, 정당, 회사 등이 주요한 사회 조직이라고 할 수 있다. 이러한 사회 조직은 공동생활을 가장 효율적으로 영위하기 위해 구성원들 사이에 형성된 일정한 규범이나 관습 같은 것이 전승되는 특징을 가지고 있다. 그것이 비록 법적인 구속력은 없다고 하더라도 공동체 구성원들은 스스로의 필요에 의해, 혹은 암묵적인 약속 등에 의해 지키며 행동하는 양상을 보인다. 구체적으로 말하면 비록 개인적인 행위일이지라도 사회 조직의 구성원들이 공통으로 경험하고 행동하는 것으로서, 감각적으로는 보이거나 만져지지 않는 규범이나 관습 등에 의해 조직되고 유지되는 현상을 가리킨다. 이러한 성격의 사회적 현상은 그 사회의 중심이 되는 사람들이 공유하는 행위에 의해 형성되는 일정한 규칙이 존재하며, 그것이 실현되는 과정을 지칭하기 때문에 사회적 조직의 범주 안에서는 보편적으로 통하는 법칙 같은 것이 있게 되는 것이다. 이러한 규범이나 법칙, 관습에 따라 사회 조직의 구성원들이 함께 공유하는 것을 사회적 현상이라고 한다.

따라서 문화는 사람들의 인식과 가치에 의해 경험적으로 만들어지는 것으로서 공동체를 이루는 구성원들이 공통으로 향유하게 되는 사회적 현상인 것이다.

2 추상적 실체

문화는 사람이 삶을 영위하는 생활공간에 실재(實在)하는 것이기는 하지만 감각을 통해 직접 경험할 수 있는 형태와 성질을 가진 것이 아닌 추상적인 상태로 존재하는 것이 특징이다. 일정한 형상을 뽑아낸다는 뜻을 가지는 추상(抽象)이라는 말은 대상으로 하는 사물현상이 지니고 있는 다양하고도 복잡한 여러 측면 가운데에서 주체가 필요로 하는 특정의 측면을 포착하여 뽑아낸 후 그것만을 취하는 행위를 지칭한다. 그러므로 추상한다는 말의 이면에는 필요하지 않은 나머지 측면은 모두 버린다는 뜻도 함께 가지는데, 이것을 사상(捨象)이라고 한다. 취하는 것과 버리는 것이 동전의 앞면과 뒷면처럼 서로 물려 있는 것을 추상이라고 보면 된다.

사람은 이러한 추상을 끊임없이 반복하면서 필요로 하는 것은 취하고 그렇지 않은 것은 버리는 과정을 통해 대상이 지닌 본질적인 성격을 가장 잘 담아낼 수 있는 개념을 형성한다. 개념이 형성되면 그 대상에 맞는 명칭을 붙임으로써 대상으로 하는 사물현상의 이름으로 사용하는 것이다. 즉, 대상의 본질적 성격을 파악하기 위해 수많은 추상을 통해 추출해 낸 것을 나열한 것 중 가장 본질에 가까운 것을 골라내는 개괄(概括)과정을 거쳐 개념을 형성하고, 그다음 단계에서 명칭을 붙이는 것이다. 사람은 이러한 방식으로 대상을 이해하고 활용하는데, 생활 속에서 형성되는 문화 역시 이 과정을 밟아서 만들어지는 성격을 지니고 있다.

인위적인 것을 가해서 하는 행위나 문명의 도구를 사용하기 위해서는, 인위적 행위의 대상이 지니고 있는 성격을 올바르게 파악하지 않으면 안 된다. 대상을 제대로 알지 못하면 자신이 필요로 하는 것을 효과적으로 얻기 어렵거나 활용에 큰 어려움을 겪을 것이기 때문이다. 그러므로 사람은 일정한 행동을 행하기 전에 대상이 지니고 있는 다양한 측면을 포착하여 필요한 측면을 분리해 냄으로써 무엇이 필요하며, 무엇이 필요하지 않은지를 판단하는 추상이라는 과정을 반드시 거치게 된다. 이 과정에서 편의성·효율성·용이성·정확성 등을 따져 자신이 행동할 때 가장 필요로 하는 것을 취해 그것으로 하나의 규범이나 법칙을 만든다. 이것은 대상을 올바르게 활용하기 위한 본질적인 요소와 내용을 구비하고 있는데, 사물현상에서 추상과 개괄 과정을 거쳐 만들어진 개념과 같은 성격을 지닌다고 보면 된다. 그 후 공동체 구성원들은 이러한 방법에 맞추어서 일사불란한 행위를 하게 되는데, 이것은 하나의 명칭과 연결되면서 문화현상으로 자리를 잡는

다. 즉, 공동체 구성원들이 하나의 대상을 활용하는 데 있어서 일정한 흐름이나 규칙을 가진 추상적인 실체들을 기본으로 하여 구체적인 현상으로 나타내는 행위를 하게 되고 이것이 바로 문화가 된다. 예를 들어 보자. 요즘 누구나 사용하는 스마트폰 문화를 보면 지역과 민족, 연령 등의 사회 조직이 지닌 특성에 따라 사용하는 방법과 내용이 천차만별이다. 사용자가 속한 사회적 성격에 따라 스마트폰이 가지고 있는 여러 측면 중 중요하거나 편리하게 여기는 부분이 달라 다양한 문화현상을 만들어 낸다. 이것은 모든 사회적 현상에 나타날 수 있는 것인데, 공동체 구성원들에 의해 일정한 흐름이나 규범 등이 형성되고, 그것에 맞춘 특성을 지닌 사회적 현상인 문화가 되는 것이다. 그러나 이것은 감각적인 실물로서가 아니라 문명의 사용, 혹은 활용 방법이나 관습적 규범 등을 통해 드러나는 것이기 때문에 추상적 실체라고 할 수 있다.

3 학습되는 존재

문화는 인공적인 힘이 가해진 상태에서 규범화·법칙화한 추상적 실체를 통해 나타나는 사회적 현상이라는 특성을 가지고 있으며, 집단생활을 하는 과정에서 사람들이 겪게 되는 다양한 경험에 의해 후천적으로 습득된다. 사람이 삶을 영위하는 데에 절대적이든 상대적이든 필요로 하는 것 중에 생명을 담고 있는 육체와 육체에 깃들어 있는 정신을 제외한 거의 모든 것은 후천적으로 습득되는 특성이 있다. 태어나면 반드시 죽음을 맞이해야 하는 특성을 지닌 생명은 육체에 담기기 때문에 사람의 힘으로 어떻게 할 수 없는 선천적인 것이라고 할 수 있다. 그러므로 육체는 인위적인 어떤 행위를 통해 나타나거나 사라질 수 없다. 또한 육체를 통해서만 존재 의미를 가지는 정신 역시 인공적인 어떤 것이나 행위에 의해 생기거나 사라지는 것이 아니므로 역시 선천적이다.

육체와 정신이 결합한 상태에서 스스로를 사람으로 이해하는 주체를 현존재[6]라고 한다. 이것은 스스로를 유지하고 발전시켜 나가기 위한 여러 행위를 하는데, 모두 후천적으로 이루어지는 것이라고 할 수 있다. 동물을 사냥하는 기술, 곡식을 경작하는 방법, 문명의 도구를 사용하는 방식, 신을 모시는 형식, 나쁜 것을 물리치기 위해 일정한 절차를 갖춘 행위들, 음식을 섭취하는 방식, 거주하는 양상, 의사소통을 위해 필요한 언어, 옷을 입는 방식 등은 모두 후천적으로 일정한 행위를 통할 때 나타나는 것인 데다가 공동체 구성원들 사이에서 다양하면서도 반복적인 형태로 이루어지는 배움[學]이라는 행위를 거쳐서 얻어지며, 반복적인 익힘[習]을 통할 때 비로소 자신의 것으로 획득된다고 할 수 있다.

자신의 의지나 행위와는 관계없이 선천적으로 타고난 것이라서 인위적인 방법으로 생성되거나 변화할 수 없는 것들은 문화의 범주에 넣을 수 없다. 따라서 육체와 정신을 중심으로 하는 살아서 움직이는 사람의 육체는 문화의 범주에 넣을 수 없다. 또한 사람이 만들어 내는 도구로서의 기계나, 수많은 종류의 물건 역시 그 자체로는 문화가 될 수 없다. 그것들은 누가 만들었든 간에 태생적으로 존재하는 것이면서, 후천적으로 학습되는 것이 아니기 때문이다. '학습'은 '배워서 익힌다'는 뜻을 가지는데, 필요로 하는 학습과정을 거쳐 자신의 것으로 만든 것에 대해 행위의 주체인 사람이 그것을 근거로 만들어진 일정

---

6) Tylor, Edward Burnett, 앞의 책, p. 1.

한 행동의 방법, 혹은 패턴이 같은 범위에 있는 공동체 구성원들에 의해 동시다발적으로 나타나는 현상이 바로 문화적 현상인 까닭이다. 그러므로 동일한 형태와 기능을 가진 물건이나 기계를 쓰고 있더라도 지역이나 민족, 언어, 환경 등의 기준에 따라 구분되는 공동체 구성원에 의해 학습되는 사용방법 등은 하나의 문화현상이 될 수밖에 없다. 예를 들면 자동차를 사용하는 방법은 매우 다양한데, 지역과 민족 등에 따라 중요하게 생각하는 부분이 달라 실제 사용 시 여러 가지 차별성이 나타날 수 있는 현상 같은 것이다. 이때 사용하는 방법에 따라 자동차문화의 같고 다름을 구분할 수 있다. 이런 점은 카메라, 스마트폰, 지하철이나 철도 등 모든 사물에 나타날 수 있으며, 학습에 의해 결정되는 문화적 현상으로서의 성격을 가진다고 볼 수 있다.

4 공유(共有)되는 존재

일정한 범주에 속하는 사람들에 의해 공유되지 않거나 못하는 것은 문화가 될 수 없다. 공유된다는 것은 구성원들 사이에 이루어진 사회적 약속에 의해 해당하는 범위에 속하는 사람들이 함께 기억하고 그것에 복종한다는 것을 의미한다. 기억과 복종을 통해 공유된다는 것은 비록 법적인 강제력은 없어도 사회적으로 매우 강력한 힘을 가지게 된다. 사람들은 자연스럽게 이것이 요구하는 규범이나 법칙, 관습 등을 통해 공유하는 것들을 어기지 않고 지키고자 하는 마음을 가지고 있으며, 그에 부합하는 행위를 실행에 옮기는 특징을 가지고 있다. 이는 그렇게 하는 것이 본인에게 편의성과 효율성 등을 담보해 줄 수 있다고 믿으며, 실제로 그렇게 되기 때문이다. 문명의 충돌이 전쟁 같은 것으로 나타날 수 있다면, 문화적 충돌이나 불일치 등은 사회에 대한 적응을 어렵게 하고 구성원 개개인의 생활을 힘들게 만들면서 여러 가지 문제를 야기할 수 있다. 따라서 공동체 구성원으로서의 개개인은 자신이 속한 조직이나 집단이 공동으로 가지고 있는 다양한 사회적 현상이나 행동에 대해 이해하고 복종하면서 그것을 받아들여 자신의 것으로 만들려는 노력과 실천이 매우 중요하다.

이러한 공유는 공동체를 이루는 구성원들이 함께 인식하고 인정하며, 그렇다고 여기는 순간부터 시작되는데, 그것의 범위가 넓어질수록 폭과 내용은 지속적으로 확대되는 성격을 지니고 있다. 반대로 인식과 인정 같은 것이 더 이상 구성원들에 의해 용납되지 않게 되면 범위가 축소되면서 서서히 사라져 간다. 즉, 공동체 구성원들의 인식과 경험 등을 통해 사회적으로 공유되는 것들은 더 이상 공유되지 못하게 되는 순간 사라지게 됨으로써 더 이상 공유되는 존재라는 말을 쓸 수 없게 된다는 것이다. 이처럼 사회의 변화에 의해 낡은 것은 어느 순간 사라지고 새로운 모습을 가진 현상이 생성되면서 끊임없이 변화를 추구하는 것을 사회적 공유라고 할 수 있다.

문화가 공유되는 존재라는 말은 그것이 잠시도 머물러 있지 않고 끊임없이 변화를 추구하는 것이라는 의미와 일맥상통한다. 파롤(parole)로 시작하여 랑그(langue)[7]로 되어 살아 있는 존재로 되었다가 더 이상 머릿속에 공유되지 못하면 사라지고 새로운 파롤이 창조되면서 바뀌는 언어의 변화를 생각하면 쉽게 이해할 수 있다. 그러므로 모

---

7) 파롤은 사람의 입을 통해 밖으로 나오는 말로 개별적·구체적·창조적이라는 성격을 중심으로 하고, 머릿속에 공통으로 저장되어 있는 말인 랑그는 사회적·추상적·법칙적이라는 성격을 중심으로 한다. 모든 언어는 파롤에서 시작하여 랑그로 되어 공유됨으로써 살아 있다가 그것이 사라지면 쓰이지 않게 되어 없어지고, 새로운 파롤이 생겨난다. 이러한 순환과정을 통해 언어는 변화한다.

든 문화현상이 문명과 환경의 변화에 따라 언제든지 바뀌면서 새로운 것을 만들어 낼 수밖에 없는 이유가 공유되는 존재라는 점 때문이라는 사실을 기억해 둘 필요가 있다.

5 축적되는 존재

축적이란 사물현상이나 추상적 실체 등이 흩어져 사라지지 않도록 함으로써 그것을 보존하기 위해 모아서 쌓아 두거나 외부의 힘에 의해 무엇인가가 켜켜이 쌓이는 것을 말한다. 이는 지식이나 경험, 자금 등이 정해진 공간에 모여 쌓임으로써 일정한 무엇인가를 만들어 내는 현상을 가리킨다. 이러한 의미를 가지는 축적은 구체적 실체의 축적과 추상적 실체의 축적으로 구분할 수 있는데, 우리가 주목하는 것은 추상적 실체의 축적이다. 문화는 공동체 구성원들에 의해 공유되면서 과거에서 현재로, 현재에서 미래로 이어지며 시간적인 전승과정을 거쳐야 비로소 성립하는데, 이것이 바로 추상적 실체의 축적이다.

물질적 실체의 축적은 사물현상이 공간을 점유함으로써 성립하는 물리적 현상으로서의 쌓임이 핵심을 이루지만, 추상적 실체의 축적은 시간을 중심으로 하여 전승되는 행위의 반복에 의해 관념적 현상으로서의 쌓임이 핵심을 이룬다. 문화적 현상이 추상적 실체일 수밖에 없는 이유는 공동체 구성원들에 의해 공유되면서도 일정한 시간 동안 관습적으로 형성된 행위의 규범들이 축적된 후에 비로소 문화적 현상으로 성립할 수 있기 때문이다.

추상적 축적으로서의 문화는 아주 오랜 과거로부터 전해져 내려오면서 수많은 시간 동안 쌓이고 사람들의 머릿속에 기억되어 전통을 만들어 내기도 하고, 관습을 형성하기도 한다. 그 시대의 문화는 일정한 범주에 속하는 공동체 구성원들이 공유하면서 축적한 규범 같은 것이지만 이것 역시 일정한 시간이 경과하면서 관습적으로 쌓인 추상적 실체들에 의해 형성되므로 시간과 아주 밀접하게 관련될 수밖에 없다. 결국 문화의 범주에 넣을 수 있는 모든 현상은 일정한 기간 동안 공동체 구성원들에 의해 공유되면서 형성된 사회적이면서도 관습적인 규범이나 법칙 같은 것에 의해 시간적으로 축적되는 과정을 거쳐서 성립된다는 사실을 알 수 있다. 그러므로 축적이라는 현상, 혹은 과정은 문화의 성격을 규정하는 매우 중요한 요소 중의 하나이며, 사람뿐만 아니라 시간적으로도 연결되어 있음을 염두에 둘 필요가 있다.

6 유기체(有機體)적인 존재

유기체는 그것을 이루고 있는 구성요소의 모든 부분이 일정한 목적 아래 통일되고 조직됨으로써 그것을 이루는 모든 부분과 조직체가 필연적 관계를 가지는 것을 가리킨다. 유기체의 대표적인 존재로는 사람을 중심으로 하는 생명체를 들 수 있는데, 모든 부분의 조직이 긴밀하게 연결되어 있으면서 서로 영향을 주고받는 상태의 조직체를 말한다. 모든 것이 결합을 통해 연결되고 서로 영향을 주고받는다는 말은 그것을 이루고 있는 조직의 부분은 독자적으로 존재할 수 없으며, 독립적으로 활동하는 것이 불가능하다는 것을 의미하기도 한다. 사실 우주의 모든 사물현상도 연결되어 있지 않은 것이 없으나 이것을 유기체라고 말하지 않는 이유는 우주를 구성하고 있는 모든 사물현상은 연결되어 있기는 하지만 독자적으로 존재하면서 독립적으로 움직이는 것이 가능하기 때문이다. 이런 점에서 볼 때 일정한 형태의 결합과 연결을 통해 함께 움직이면서 상호 간에 영향을 주고받도록 구성되어 있는 것이 바로 유기체라는 사실을 알 수 있다. 그렇다면 문화는 어떤 성질을 가지고 있기에 유기체적인 존재라고 말할 수 있는 것일까?

문화는 독립적·독자적으로 존재하는 것이 불가능하다. 문화는 그 주체인 사람들이 삶을 영위하는 과정에서 발생하는 일정한 행위와 직접적으로 연결되어 있으며, 그러한 행위와 결합할 때에야 비로소 성립하고 존재할 수 있는 것을 본질적 성격으로 하는 것이기 때문이다. 즉, 문화는 문명을 중심으로 하면서 일정한 형태를 지니는 다양하고 복잡한 양상으로 전개되는 삶의 과정에서 그것을 가장 효과적으로 수행하기 위한 규범이나 법칙 같은 추상적 실체이므로 물리적인 사물현상과 직접 결합하지 않을 수 없으며, 그것과 분리되는 순간 사라지는 운명을 가지고 있다는 의미이기도 하다. 좀 더 구체적으로 말하면 문화는 문명의 발생과 향유 과정에서 탄생하고, 문명의 발달과 변천에 따라 새로운 모습으로 변화한다. 따라서 문명을 바탕으로 하는 삶의 과정과는 떼려야 뗄 수 없는 관계를 형성하고 직접적으로 결합할 수밖에 없으므로 문명으로부터 받는 영향이 절대적이라고 할 수 있다. 문명을 근거로 하지 않는 문화는 있을 수 없으며, 문화를 형성하지 못하는 문명도 있을 수 없다는 사실이 문화가 곧 유기체적 존재일 수밖에 없다는 것을 한층 명확하게 보여 준다.

7 변화하는 존재

변화(變化)는 일정한 사물현상의 성질, 모양, 상태 등이 종래의 것과는 다른 것으로 바뀌면서 본질적 성격이 달라지는 것을 가리킨다. 우주에 존재하는 모든 사물현상은 변화를 통해 새로운 것으로 바뀌거나 거듭 태어나는 과정을 밟는다. 그러므로 영원한 것은 없으며, 실체를 가지고 있는 모든 현존재는 변화를 겪을 수밖에 없는 것이다. 사람의 감각으로 느낄 때 변화하지 않는 것처럼 여겨지는 것도 시간의 차이만 있을 뿐 근본적으로 변화의 과정에 있음을 결코 부인할 수 없다.

이러한 성격을 가지는 변화는 사물현상과 생명체의 발생과 탄생에 직접적으로 관여하는 것으로, 변화가 없으면 어떤 사물현상이나 생명체도 만들어지거나 태어날 수 없으며, 마모나 성장이 불가능해진다. 그렇게 되면 우주는 움직임이 없는 고여 있는 상태가 되어 새로운 것을 만들어 내는 것이 전혀 불가능한 상황이 지속될 것이다. 즉, 변화는 태어나고 성장해서 죽음에 이르는 과정을 거치면서 다양한 새로운 것을 만들어 내는 생명체를 움직이게 하는 핵심이자 근본으로 작용하는 것이다. 변화가 없는 존재는 존재일 수 없으며, 변화가 없는 현상은 현상일 수 없다. 이처럼 중요하면서도 우주의 모든 사물현상에 반드시 필요한 변화가 문화와는 어떤 관계를 형성하고 있는지 살펴보자.

앞에서 언급한 것처럼 문화는 추상적 실체이면서 문명을 중심으로 하는 삶의 과정에 절대적으로 종속되어 있는 유기체와 같은 존재이고, 그것으로부터 만들어지는 법칙이나 규범에 맞도록 행동하는 과정에서 나타나는 현상이기 때문에 변화와 어떤 관계를 맺고 있는지를 알아보는 것은 매우 중요하다. 삶의 질을 좌우하는 문명은 편리와 이익을 중심으로 새로운 것을 추구하면서 늘 변화하는 모습을 보이고 있는 것으로 파악되기 때문이다. 이는 이익과 편의를 최대한으로 확보하는 방향으로 움직이면서 발견이나 발명 등을 통해 늘 새로운 것을 만들고, 그것을 잘 사용하기 위한 관습적 규범[8] 같은 것도 함께 만들

---

8) 관습적 규범은 지리적 환경과 공동체 구성원들의 생활습관, 인식과 생각의 차이 등에 의해 다양한 방식으로 형성될 수 있다.

어 내는데, 이것이 바로 문화를 낳는 주체가 된다. 따라서 문화는 문명을 중심으로 하는 삶의 방식이 추구하는 변화에 맞추어서 변화해야 하는 운명을 태생적으로 가지고 있는 것이다.

문화의 변화를 유도하는 또 하나의 요소는 다른 문화가 전파되면서 영향을 미친 외부적인 요인이다. 시간의 흐름에 따라 사람은 점점 지혜로워지면서 한층 효과적이고 효율적인 다양한 도구를 만들어 냈는데, 문명은 이러한 도구들을 통해 공간적 거리를 좁히는 방향으로 발달해 왔다. 그 과정에서 과거에는 접하지 못했거나 접하기 어려웠던 전혀 새로운 문화와 만나게 되면서 외부 문화로부터 받는 영향에 의한 변화를 말함이다.

외부적 요인에 의한 문화의 변화는 기존 문화와 연결되면서 새로운 형태의 문화를 만들어 내기도 하므로 외부로부터 오는 변화의 요인 역시 매우 강력한 것으로 보인다. 시간적 흐름에 따라 발생하는 문명의 발견과 발명에 의한 변화와 공간적으로 일어나는 공동체 바깥에서 형성된 문화의 전파라는 외부적 요인에 의한 변화를 바탕으로 인류의 문화는 끊임없이 바뀌면서 새로운 것을 추구해 왔다. 인류 사회가 전통성을 가지는 과거의 문화를 그 시대에 맞게 되살리려는 시도 등을 통해 새로운 문화를 창조하는 방향으로 나아간다는 점 또한 문화를 변화시키는 중요한 요소 중의 하나이다. 이처럼 문화는 부단한 변화를 통해 언제나 새로운 모습으로 탈바꿈할 수 있다는 점을 중요한 성격의 하나로 지적할 수 있다.

1.3. 문화의 세기란 무엇인가?

문화는 문명을 지향하는 인류가 풍요로운 삶을 추구하기 위한 행위 과정에서 만들어지며, 민족적·지역적 특성과 환경에 따라 매우 다양한 모습으로 구체화하는 성격을 가지고 있다. 또한 과거와 현재를 연결시킴과 동시에 미래의 새로운 문명이나 문화를 창조할 수 있는 잠재력을 지니고 있는 존재이기도 하다. 이러한 특성을 기반으로 하는 문화는 문명을 바탕으로 형성된 것이면서도 새로운 문명을 창조해 내는 모태로 작용하기도 하는 양면적인 성격을 가지고 있다.

문화의 양면성은 문명의 도구를 사용하는 과정에서 관습적으로 만들어지는 단순한 사회적 현상이 아니다. 즉, 문화는 문명의 도구를 가장 효과적으로 활용하는 규범 같은 것이지만 그것을 만드는 사람들이 공통으로 생각하고 바라며, 되고자 하는 바를 결합했을 때 비로소 성립하는 것이다. 문화에는 그것을 만들고 향유했던 구성원들이 만들고자 했던 미래가 함께 담기게 되고, 그것을 실현하는 방향으로 나아가는 것을 지향하고 있기에 문화는 문명의 모태가 될 수 있는 것이다. 보편화가 기본적인 성격 중의 하나인 문명[9]은 필연적으로 상품화(商品化) 과정을 밟을 수밖에 없다. 편리하면서도 향상된 문명일수록 많은 사람이 필요로 하게 되면서 수요가 형성되는데, 창조자가 그것을 공급하는 과정에서 자연스럽게 가격이 형성되기 때문이다.

문명이 보편화하는 과정에서 언제든지 상품화할 수 있다는 것은 그것의 모태가 되었던 문화 역시 여기에서 결코 자유로울 수 없음을 의

---

9) 사람에 의해 만들어지는 문명은 시간을 통해 창조되고 발달하며, 공간을 통해 전파되어 보편화되는 것이 기본적인 성격 중의 하나이다.

미한다. 문화적 현상을 바탕으로 하여 새로운 형태의 문명을 만들어 낼 가능성이 아주 높은 까닭이다. 이것은 자본주의를 기반으로 하는 과학기술의 찬란한 발전에 힘입어 문명의 비약적 발달을 이룩한 현대사회가 모든 문화는 그것을 모태로 하는 새로운 문명을 촉진시키는 매개체가 될 수 있다고 내린 판단이 전 세계적으로 만연한 모든 문화현상의 상품화를 지향하는 근본적인 이유가 되기도 한다. 사정이 이렇다 보니 20세기에서 21세기에 이르는 시기에는 문화전쟁, 문화식민지 같은 말까지 생겨났고, 상품화할 수 있는 문화를 누가 먼저 점유하여 새로운 아이디어를 만들어 내느냐가 많은 사람에게 초미의 관심사가 되었다.

21세기를 문화의 세기라고도 부르는데, 이 말은 문화전쟁이나 문화식민지 등이 중심을 이루면서 문화 상품화를 주도할 수 있는 소재나아이디어 등을 선점하기 위한 경쟁이 본격화되고 있다는 사실을 잘보여 주는 용어라고 할 수 있다. 그만큼 21세기는 문화가 중요하게 인식되고 있으며, 지금까지와는 비교되지 않을 정도로 많은 것들이 문화를 바탕으로 하여 이루어질 수 있는 시대로 바뀌어 갈 것이다.

미래사회를 이끌어 갈 중요한 문명들이 문화와 접목하면서 새로운것을 만들어 내고 한층 발달할 수 있을 것이라는 사실은 이미 나타났거나 곧 나타날 것으로 예상되는 다양한 사회현상을 통해 속속 드러나고 있다.

빅데이터(big data)와 사물인터넷(Internet of Things, IoT) 등은 그리멀지 않은 미래에 한층 발전된 기술과 비중이 커진 부가가치로 무장하고 인류의 삶에 없어서는 안 될 정도로 중요하면서도 광범위한 보편성을 담보할 수 있는 기능과 의미를 가지게 될 것으로 전망된다. 그렇게 되면 지금까지와는 성격이 판이하게 다른 수준을 가진 기술의 비약적인 진보를 바탕으로 하는 특이점(特異點)[10]이 시작되는 순간을 맞이하게 될 것이다. 이것을 기점으로 하여 종래에 인류가 만들고 발전시켜 온 것과는 비교 자체가 불가할 정도의 차원이 다른 새로운 형태의 문명이 중심을 이루는 시대가 전개될 것으로 보인다. 기술적 특이점의 시대가 본격적으로 시작되면 신화를 중심으로 하는 설화와 같은 문예적 문화유산을 매개로 하여 상상 속에서나 가능한 것처럼 여겨졌던 많은 것들이 실제 문명이 되어 우리의 삶 한가운데에 실현되는 날이, 멀지 않은 미래에 다가올 것이다. 이 단계에서는 신화를 중심으로 하는 설화와 같은 문학예술뿐 아니라 문화라는 이름으로 불릴 수 있는 모든 현상이 기술과 결합하면서 문명으로 실현될 것이다.

인류의 문명은 먹거리를 확보하여 생명을 보존하기 위한 핵심 수단 중의 하나인 도구로부터 발생하기 시작하여 지금에 이르렀고, 이것을 가장 효과적으로 활용하기 위한 규범이나 사회적 관습 등이 문화를 형성했다. 이 과정에서 인류가 실제로 하고 싶거나 이루고 싶은 욕망은 있지만 그것이 만들어지던 당시의 문명으로는 실현할 수 없었던 것들이 있었을 것이다. 이러한 것들에 대해 풀기 어려운 암호나 수수께끼로 만들어 매우 다양하면서도 독특한 방식으로 문화현상 전반에 담아 남겨 놓았던 것으로 보인다. 따라서 과거에 문화를 통해 언급되고 표현되었던 많은 것들이 지혜와 기술의 발달에 힘입어 하나하나 실현되는 모습을 보여 주고 있다는 것 또한 지금까지의 인류가 창조한 문명의 한 측면인 것이다. 문명은 생활상의 필요에 부응하기 위해 만들어졌으며, 미래에도 이 방향으로 지속적인 발달을 이루어 나가겠

---

10) 특이점은 인공지능, 유전공학, 나노기술을 중심으로 일어날 것이며, 기술적 특이점의 시대가 시작되면 거의 모든 방면에서 인류가 예측하기 어려울 정도로 혁명적이면서도 비약적인 발전이 일어날 것으로 보고 있다.

지만, 다른 한편으로는 문화를 바탕으로 하면서 그것과 결합하여 전혀 새로운 문명을 탄생시킬 가능성이 높은 이유가 바로 여기에 있다. 더구나 21세기에는 문화를 초절정의 문명으로 재탄생시킬 수 있는 기술적 특이점을 바탕으로 하여 비약적인 발달이 실현될 가능성이 농후(濃厚)해지면서 문화에 대한 인식과 중요성이 한층 높아질 수밖에 없는 상황이 되었다. 문화가 주도권을 가지고 여러 가지 새로운 것을 만들어 내는 시대가 지금으로부터 100년 이내에 실현될 가능성이 크기 때문에 21세기를 문화의 세기라 부르게 된 것이다.

2. 문화와 문예콘텐츠

2.1. 문학예술이란 무엇인가?

언어문화의 하위 분야에 속하는 문학예술은 외부에 있는 사물현상과 사회적 현상들을 화자의 정서와 결합시켜 반영[11]된 것을 다양한 방식[12]으로 표현함으로써 예술적 아름다움을 담아내도록 한 언어예술이다. 문학예술은 첫째, 우주 내에 존재하는 모든 사물현상과 그것

---

11) 일정한 방향으로 나아가던 파동이 다른 물체의 표면에 부딪혀 방향을 반대로 바꾸는 것을 반사(反射)라 하고, 외부의 사물현상에 대한 것이 주체의 의식과 결합하여 영향을 받음으로써 일정한 굴절을 거쳐 다시 표출되는 것을 반영(反映)이라고 한다.
12) 민요, 설화, 무가, 시가, 소설, 수필, 판소리 등 언어와 문자를 매개수단으로 하는 다양한 방식의 문학예술이 존재한다.

에 대한 생각, 둘째, 생활공간에서 창조되는 사회와 그것에 대한 생각, 셋째, 작가의 의식(意識)이나 주장, 넷째, 일정한 집단의 성격을 반영하는 계급성, 다섯째, 예술적 아름다움을 극대화하기 위한 표현방식으로서의 형식, 여섯째, 형식을 바탕으로 하면서 일정한 체계를 형성하는 형태, 일곱째, 사람의 마음을 감동시킬 수 있는 예술적 아름다움 등이 담기는 것으로 보인다. 문학예술은 이처럼 다양한 것을 담아내야 하므로 내용과 형식, 형태 등에서 아주 복잡한 모습을 보이고 있으며, 작품이 발생한 현장과의 관계 또한 어떤 형태로든 일정하게 유지되는 특성이 있다. 따라서 문학예술에 대한 평가나 판단 등을 작품 자체만으로 하는 것은 올바르지 않으며, 그것과 관련을 맺고 있는 모든 것을 종합적으로 파악하고 분석한 후에 내리는 것이 가장 바람직한 방법이다.

　문학예술로 분류할 수 있는 모든 작품에는 장르를 불문하고 그것을 창작한 작가의 인식 범주를 벗어나지 않는 선에서 우주 안에 존재하는 모든 사물현상[13]과 그것에 대한 작가 개인이 가지고 있는 개별적 판단과 생각이 다양한 방식으로 반영되어 나타난다. 모든 문학예술은 창조되는 과정에서 외부에 존재하는 사물현상을 일정한 추상과정을 거쳐 작가의 의식으로 들어온 순간 어떤 형태로든 굴절을 거치면서 만들어지는 반영을 통해 작품으로 형상화할 수밖에 없다. 이 말은 작가의 외부에 독립적으로 존재하는 사물현상과 어떤 형태로든 일정한 관계를 형성하지 않은 상태에서 만들어질 수 있는 문학예술은 존재할 수 없으며, 외부의 사물현상만으로 만들어지는 문학예술 또한 존재할

---

13) 우주 내에 존재하는 모든 사물현상은 문학예술의 소재나 제재로 작용할 수 있고, 서사 (敍事)에서는 묘사의 대상이 될 수도 있다.

수 없다는 것을 의미한다. 우주 안에 존재하는 모든 사물현상은 작가에 의해 수행되는 추상과 개괄의 과정을 거쳐 개념적으로 파악되는데, 이것이 작가 내부의 생각과 결합함으로써 사물현상과 의식이 굴절한 상태로 서로에게 영향을 받는 반영이 일어나면서 한 편의 작품으로 완성된다는 것이다.

우주 내에 독립적으로 존재하면서 작품의 창작에 활용되는 사물현상은 주로 소재나 제재로 작용하지만 작가[14)는 창작과정을 통해 바라는 것이나 이루고 싶은 것, 사물현상에 대한 판단이나 해석 등을 작품 속에 반영한다. 그런데 외부의 사물현상에 대해 작가의 판단이나 생각, 해석 등은 모두 자신이 속한 집단의 구성원으로 생활하는 과정에서 얻는 것이므로 사회적인 성격을 띠며, 문화적 현상을 대변하는 것들이라고 할 수 있다. 설화 속에 등장하는 것으로 하늘나라에 대한 것, 하늘을 나는 것, 영원불멸의 존재, 땅속의 세계, 신(神)과 귀(鬼)에 대한 것 등은 모두 작품을 창조하는 작가가 속한 공동체의 구성원들이 공통적으로 가지는 욕망이나 욕구(慾求)를 문학예술이라는 방식을 통해 표현한 것으로서 문화적 현상을 바탕으로 하고 있기 때문이다. 그러므로 한 편의 문학예술 작품에는 작가가 속한 공동체 구성원들의 지식, 인식, 생각, 판단, 분석, 이해 등이 반영되어 우주 전체에 대한 다양한 내용이 담기는데, 이런 것들이 지혜와 문명의 발달에 힘입어 하나하나 현실 속에서 실현되는 모습을 보여 주고 있어 매우 흥미롭다.

설화에 등장하는 것으로서 하늘을 나는 양탄자, 신선이나 손오공이 타고 다니는 구름 같은 것은 비행기로 실현되었고, 알라딘의 마술램

---

14) 여기서 말하는 작가는 개별적 작가와 공동체적 작가를 모두 가리킨다. 개별적 작가는 한 개인을 지칭하고, 공동체적 작가는 다수의 구성원이 작가로 참여하는 것을 말한다. 민요나 설화가 공동체적 작가의 대표적인 경우라고 할 수 있다.

프 같은 것은 컴퓨터로 실현되었으며, 축지법 같은 것은 자동차, 기차와 같은 탈것으로 실현된 것 등을 구체적인 사례로 들 수 있다. 문명은 생활의 편의와 욕망이나 욕구의 실현을 위해 사람이 하고 싶어 하는 것을 실현시키는 과정에서 만들어져 발달하는 것이라고 할 수 있다. 문학예술에는 문명의 주체인 사람이 삶의 과정에서 이루거나 하고 싶어 하는 것들을 예술적인 형태로 담아내고 있기 때문에 그 중요성과 활용도는 매우 크다고 하겠다.

문학예술은 작가가 점유하고 있는 공간을 배경으로 창조되는 것이므로 그것을 만드는 주체인 사람이 일상적인 생활의 편의와 삶의 질 향상을 위해 조직한 사회에 대한 것과 그것을 바라보는 주체의 인식과 생각이 담겨 있다. 공동생활을 영위하는 모든 형태의 인간 집단을 지칭하는 사회는 일정한 체계와 조직을 갖춘 공동체로서 가정, 마을, 조합, 국가, 계급, 정당, 회사 등이 중심을 이루는 거대 집단이다. 사회는 개개인의 의식주, 지식의 전승과 전파, 문명의 발생과 발달, 문화의 형성, 삶과 죽음의 문제 등 사람이 평생을 살면서 겪을 수 있는 거의 모든 것이 발생하고 소멸하며, 변화하면서 발전하는 공간이다.

문학예술을 창조하는 주체인 작가 역시 이러한 사회의 범주를 절대로 벗어날 수 없기에 어떤 경우에도 사회로부터 완전히 분리될 수 없으며, 아주 밀접하게 연관되어 있다. 작가는 한 사회의 구성원이면서 그것에 대해 끊임없이 관심을 가지고 분석과 판단을 해야 하는 존재이므로 문학예술을 창작하는 과정에서도 사회에 대해 작가가 가지고 있는 생각이나 판단, 비판 등이 다양한 형태로 반영될 수밖에 없다. 문학예술에 반영되는 이러한 관심과 비판, 발전 방향의 제시 등은 여타 구성원이나 조직 등과 일정한 영향관계를 주고받으면서 잘못되거나 어두운 부분에 대한 사람들의 관심과 환기(喚起)를 불러일으키기도

하고, 사회를 진전시킬 수 있는 발전의 계기를 마련할 수도 있어 대단히 중요한 의미를 지닌다. 한 편의 시나 소설에서 표현한 것이 엄청난 파장을 불러일으키기도 하고, 많은 사람을 감동시켜 사회가 바람직한 방향으로 움직이도록 할 수 있기 때문이다.

사물을 분별하고 판단하여 알고자 하는 인지 능력을 가진 사람이라면 자신이나 사물현상에 대해 인식하는 작용인 의식이 있으며, 그것을 다양한 방식으로 표출하여 드러내고자 하는 욕구를 가지고 있다. 이러한 욕구에서 나오는 강력한 의식이나 주장 등은 상대를 설득시켜 자신과 같은 의견을 가지게 하거나 동일한 방향으로 움직이도록 함으로써 스스로의 입장이나 활동반경, 사회적 지위나 권력 등을 향상시키는 데 결정적인 구실을 하게 된다. 따라서 일정한 인지 능력을 가진 사회 구성원이라면 누구나 자신의 의식이나 주장 등을 펼쳐서 드러내는 데 적극적이다. 문학예술을 창조하는 작가는 이런 의식이나 주장이 일반 사람들에 비해 한층 더 강하다[15]고 할 수 있다. 이는 통상적인 방법으로 자신의 주장을 펼치는 일반인과 달리 매우 특수한 표현방식을 통해 그것을 드러내고자 하는 시도를 끊임없이 하는 존재이기 때문이다. 그러므로 엄밀한 의미에서 본다면 문학예술은 작가 개인의 생각과 주장을 특수한 그릇에 담아 표출하고 있는 개인적인 피조물이라고 할 수 있다. 이처럼 문학예술은 개인적인 의식이나 주장을 강하게 담고 있지만 다른 여러 구성요소를 통해 그것의 설득력을 한층 높임으로써 많은 사람들에게 감동을 주거나 영향을 미치게 되면 곧바로 사회를 움직이는 힘을 가지게 되면서 엄청난 파급력을 지니게 된다.

---

15) 시나 노래 등을 통해 자신의 정서나 주장을 드러내거나, 이야기나 소설 등을 통해 비판과 발전 방향을 제시하는 행위 등은 일반인들은 실행하기 어려운 특수한 표현방법이라고 할 수 있다.

사회적 영향과 파급력이 강하다는 것은 그것이 가지고 있는 문화적 가치 또한 크다는 것을 의미하기 때문에 문예콘텐츠의 개발에서 반드시 고려해야 할 대상의 하나라고 할 수 있다.

계급성은 특정 사회 조직에서 신분, 재산, 직업 따위가 비슷하거나 이해관계가 같은 사람들로 형성되는 집단이나 비슷한 지위에 속하는 사람들이 공통적으로 지니고 있는 특정한 성격을 의미한다. 이러한 사회적 의식의 한 형태인 계급성은 해당 집단이나 계급의 이해관계를 반영하고 대변하는 것을 기본으로 한다. 그러므로 계급성은 기본적으로 그것을 표현하는 주체가 속한 계급, 혹은 집단의 입장에서 그것의 이해관계를 대변하거나 확보, 확장하기 위해 나타나는 성격을 가리킨다. 이러한 계급성은 해당 계급, 혹은 집단에 속한 사람들이 실행하는 모든 행위와 일정한 의식이나 의도를 표현하기 위해 만들어 내는 일체의 표현이나 매개수단에 필연적으로 존재할 수밖에 없다는 특성을 가지고 있다. 특히 사람은 자신을 중심으로 생각하고 행동하는 경향이 있기 때문에 스스로가 속한 집단이나 계급의 이해관계를 대변하고 반영하는 성향이 매우 강하다. 따라서 사람이 하는 모든 행동과 언어에는 기본적으로 아주 강한 계급성이 존재하는데, 어떤 측면에서는 이러한 계급성이 있기 때문에 비로소 인간적이라는 것이 가능할지도 모른다.

사람을 사회적인 동물이라고 하는데, 이 말은 사람이란 존재는 혼자서 삶을 살아갈 수 있는 것이 아니라 하나의 체계 아래 세워진 뚜렷한 질서를 가지고 있는 일정한 집단에 속해 있으며, 그 집단이 그것을 유지하기 위해 가지고 있는 특정의 성격과도 밀접한 관련을 맺으면서 생을 이어 간다는 것을 의미한다. 이처럼 사람이 사회적 동물인 이상 소속 집단의 특정한 성격은 구성원의 삶과 정신세계에도 일정하게 작용할 수밖에 없다. 집단에 속한 개인이 자신을 드러내기 위해 표출하는 모든 행위와 매개수단 등에 소속 집단의 특정한 성격이 반영될 수밖에 없는 까닭이 여기에 있다.

문학예술을 창조하는 작가 역시 사회적 동물의 한 구성원인 사람이기 때문에 이러한 범주를 절대로 벗어날 수 없다. 한 개인에 의해 만들어지는 노래, 시, 이야기, 소설 등을 비롯하여 어떤 형태의 문학예술도 작가가 속해 있는 집단이나 계급의 이해관계를 대변하고 반영하게 되는데, 강도의 차이는 있을지 모르지만 모든 작품이 계급성을 보이는 것으로 판단하고 분석하면 될 것이다. 이러한 계급성이야말로 작품이 창작될 당시 사회의 문화적 현상을 아주 잘 대변하면서 반영하고 있어서 문학예술에 나타나는 계급성 역시 문예콘텐츠의 창작이나 개발 등에 매우 필요한 존재이다.

형식은 내용에 상대되는 것으로 사물현상의 표현방식을 의미한다. 내용과 형식이라는 말은 어떤 사물현상에 대해서 논리적으로 설명하기 위해 인간의 머릿속에서 만들어 낸 개념이다. 따라서 내용과 형식이라는 개념은 추상적이며 관념적이다. 내용과 형식은 실제로 존재하는 것이 아니다. 어떤 사물현상은 내용과 형식으로 나누어지지 않고 두 가지가 합쳐진 상태로만 존재하기 때문이다. 내용이란 일정한 방식에 의해 연결지어지는 것으로서 사물이나 현상을 이루는 요소의 총체라고 할 수 있다. 즉, 내용은 사물현상을 이루는 알맹이 전체를 가리키며, 일정한 사물현상을 이루는 근본이다. 내용이 아무런 질서 없이 그냥 모여 있는 알맹이 정도로 있다면 진정한 의미의 내용이 될 수 없다.

내용이 제구실을 다하기 위해서는 알맹이가 일정한 의미를 가질 수 있도록 해 주는 어떠한 규칙이 있어야 한다. 바꾸어 말하면 비규칙적인 상태로 모여 있는 알맹이들이 일정한 의미를 가질 수 있도록 질서를 잡아 주는 어떤 법칙이 있어야 한다는 것이다. 사물현상에 의미를 부여해 주는 법칙을 형식이라고 하는데, 사물현상을 완성시켜 주는 매우 핵심적인 구성요소가 된다. 형식은 표현방식이다. 사물이나 현상의 다양한 요소를 통일적인 연관이나 구조에 연결 지어 모양을 가진 하나의 형태로 나타나게 해 주는 일정한 법칙이기 때문이다. 이러한 형식은 내용을 이루는 요소가 없으면 성립할 수 없으므로 반드시 사물현상을 이루는 알맹이를 필수적 전제로 한다.

알맹이인 내용이 없으면 형식이 성립하기 어렵다. 따라서 형식은 내용의 지배를 받으며, 내용이 형식보다 우선한다는 전제가 성립한다. 내용도 그렇지만 형식은 사람의 머릿속에서 일어나는 추상적 활동을 통해서만 인지되고 의미를 가지기 때문에 사물이나 현상의 모형, 겉모습의 일정한 상태를 체계적이고 논리적인 말로써 설명하기 위한 개념이 된다. 내용과 형식은 문학예술에서 특히 강조된다. 문학예술은 구조가 매우 복잡하여 단순한 작업으로는 그 본질을 모두 파악하기가 어렵기 때문이다. 따라서 문학예술을 올바르게 평가하고 이해하면서 본질적 성격을 파악하기 위해서는 작품에 대한 논리적인 설명이 있어야 하고, 여기에 필요한 개념이 바로 내용과 형식인 것이다.

문학예술의 내용을 설명하기 위해 관심의 대상이 되는 것은 작품을 만들어 낸 작가, 작품에 들어 있는 주제와 사상, 작품의 제재, 작품이 만들어진 당시의 사회적·문화적 현상 등이다. 문학예술의 형식에서 주로 다루는 것은 작품이 가지고 있는 운율적 특성, 음운의 배열, 소리의 표현, 문체, 비유, 작품의 통일성 등이다. 문학예술의 내용 중 핵심적인 것은 바로 작품에서 표현 대상으로 삼는 사회적 현실이다. 사회적 현실은 문학예술의 내용으로 되기 전까지는 작품과 관계가 없는 것이었으나 작품 속에 반영되는 순간 작품 속의 현실로 형상화한다. 즉, 문학예술은 작품의 외부에 있는 현실을 있는 그대로 묘사하는 것이 아니라 일정한 굴절을 거쳐서 외부의 현실을 반영하여 작품의 현실로 재창조하는 것이다.

형식은 작품에서 일어나는 외적인 사물현상에 대한 묘사와 표현수단을 결합시킨 것으로 내용을 이루는 외부 현실을 어떤 방법으로 반영할 것인가가 핵심이 된다. 또한 작품에 의미를 부여해 주는 가장 중요한 것으로서 작품의 모양과 의미를 결정하는 주체가 된다. 문학예술에서 특히 형식이 중요하게 여겨지는 장르는 시가문학이다. 시가는 작가의 정서를 표현하는 데 있어서 일정한 형식에 맞춤으로써 예술적 아름다움을 가장 효과적으로 담을 수 있기 때문이다. 이와 같은 의미와 기능을 가지는 내용과 형식은 절대로 분리되어서는 안 된다. 내용이 없는 형식은 공허하며 형식이 없는 내용은 무의미한 까닭이다. 내용과 형식은 서로가 서로를 규정하며 서로에게 영향을 미치는 추상적 존재이다. 문학예술에서 형식은 예술적 아름다움을 밖으로 드러나도록 하는 데 가장 중요한 구실을 하므로, 그 아름다움을 바탕으로 새로운 콘텐츠를 창조하거나 개발하기 위해서는 이에 대한 이해와 분석이 반드시 이루어져야 한다.

형태란 형식을 바탕으로 하면서 문학예술의 일정한 체계를 형성하여 현실적인 모양을 가지게 하는 것이다. 이는 사물이나 현상의 존재 방식을 나타내는 개념으로서 사물현상의 생김새, 모양 등을 나타내며, 감각적이고 구체적인 것을 나타내는 것으로서 논리적 설명이 불가능하고 개별적 의미를 가지는 것이 특징이다. 형태는 사물의 생김새를 지칭하는 것으로 각각의 구성요소의 단순한 집합이 아니라 그 이상의 의미를 가진다. 즉, 사물현상의 생긴 모습을 나타내는 것이면서 그것이 가진 의미를 총체적으로 반영하는 개념으로서 내용과 형식을 포괄하며 사물이나 현상의 존재를 나타내는 것이다. 다른 사물현상도 그렇지만 문학예술은 어떤 경우에도 감각적이고 구체적인 모양을 가지고 있으며, 장르적 특성에 따라 다양한 형태를 나타내므로 이에 대한 정확한 분석과 고찰은 한 편의 문학예술이 가지고 있는 예술적 아름다움을 종합적이면서도 올바르게 파악하는 데 매우 중요한 과정이다.

문학예술이 사람들에게 사랑을 받을 수 있는 가장 중요한 이유는 그것이 담아내는 예술적 아름다움이 작품을 향유하는 독자나 청자(聽者)에게 감동을 선사함으로써 정서적인 카타르시스를 느끼도록 하는 데에서 찾아야 할 것이다. 예술적 아름다움이 약하거나 없는 작품은 문학예술로 취급되지 않거나 외면당해 사람들이 좋아할 수 있는 가치를 창조해 낼 수 없게 되어 사장되고 말 것이다. 특수한 형식과 개별적 형태를 통해 상대방에게 예술적 아름다움을 느끼게 하고 감동을 유발하여 향유될 때 비로소 가치를 인정받을 수 있는 문학예술의 특성으로 볼 때 예술적 아름다움을 만들어 내는 것이 가장 중요하다고 할 수 있다. 특히 문학예술은 그것이 지니고 있는 형식을 바탕으로 형성되는 형태적 특성에 따라 느끼는 아름다움의 종류나 감동의 강도 등이 결정되기 때문에 중요한 의미를 가진다.

문학예술에 예술적 아름다움이 담겨 있다는 말은 그것을 담아낼 수 있는 공간이 작품 속에 만들어져 있다는 것을 의미하므로, 이것이 어떤 성격의 공간이며 어떤 방식으로 형성되는지를 밝히는 것 역시 중요하다. 작품 속에 만들어지는 공간의 성질이나 형태 등에 따라 향유자가 느낄 수 있는 감동의 종류나 강도가 정해지고, 예술적 가치의 경중이 결정되기 때문이다. 예술적 아름다움을 담아낼 수 있는 공간은 작품의 형태적 특성에 의해 결정되는데, 장르적 특성에 따라 다양한 방식의 차별성을 가지고 있다.

시가(詩歌)는 평장(平長), 음수(音數), 운(韻), 구(句), 행(行), 장(章) 등의 형식적 구성요소를 바탕으로 하는 특수한 형태에서 일어나는 내포의 극대화와 외연의 극소화를 통해 예술적 아름다움을 담아낼 수 있는 공간을 확보하는 특성이 있다. 이것이 가능하도록 하는 요소에는 소리의 고저장단, 동일한 소리의 반복, 구조적 동일화, 강제적 휴지(休止), 특수한 경계의 설정 등이 있는데, 이를 통해 이야기나 소설과 같은 산문문학으로서는 만들어 내기 어려운 특수한 공간을 최대한 확보함으로써 예술적 아름다움을 담아낸다.

시가와는 성격이 많이 다른 설화나 소설 같은 산문문학은 주제의 다양성, 갈등의 구조, 묘사와 서술의 주기적 반복, 현실의 반영과 사실을 바탕으로 한 허구화 등의 표현방식을 통해 시가와는 다른 형태의 공간을 확보하여 청자나 독자에게 감동을 줄 수 있는 예술적 아름다움을 담아내는 특성이 있다. 문학예술의 본질적 성격을 올바르게 파악하기 위해서는, 시가에서는 형식적 특성에 대한 분석이, 산문에서는 구조적 특성에 대한 고찰이 매우 중요하다는 사실을 늘 염두에 둘 필요가 있다.

2.2. 문예콘텐츠의 성격

영어 단어로서의 사전적 의미로는 '내용물'을 가리키는 콘텐츠(contents)[16]가 우리 사회에서 중요한 의미를 가지면서 전면적으로 부각되기 시작한 것은 21세기에 들어와서이다. 새로운 형태의 부가가치를 만들어 냄으로써 재화의 효용성과 교환성을 높일 수 있는 상품 생산을 중요한 목표로 하는 산업사회일수록 문화가 한층 중요한 구실을 할 수밖에 없다. 이러한 사실이 강조되어 문화의 세기로 불리는 21세기에 들어와서 문화적 성격을 지닌 수많은 사회적 현상이 새로운 가치를 창출하는 중요한 자원으로 인식되기 시작했다. 이 과정에서 문화가 새로운 형태의 고부가가치를 창출할 가능성이 높은 것으로 인식되기 시작하면서 문화의 내용물을 지칭하는 문화콘텐츠가 산업적인 의미와 연결되어 쓰이기 시작했고, 콘텐츠란 용어가 사회의 전면에 등장하게 된 것이다.

유럽에서는 1990년대 중반부터 멀티미디어(multimedia)[17] 콘텐트(content)라는 말이 사용되기 시작하면서 일반화된 것으로 알려져 있는데, 우리나라에서는 주로 문화와 관련된 내용물이라는 뜻을 가진 용어로 시작해서 점차 다양한 분야에 걸쳐 사용되기 시작했다. 현재

---

16) 국립국어원 표준국어대사전에서는 콘텐츠에 대해, "인터넷이나 컴퓨터 통신 등을 통하여 제공되는 각종 정보나 그 내용물. 유·무선 전기 통신망에서 사용하기 위하여 문자·부호·음성·음향·이미지·영상 등을 디지털 방식으로 제작해 처리·유통하는 각종 정보 또는 그 내용물을 통틀어 이른다"고 정의하고 있다.(http://stdweb2.korean.go.kr)

17) '다양한', '다수의' 등의 뜻을 가지는 연결어인 multi-와 매체(媒體)라는 뜻을 가진 media가 결합한 것으로 텍스트, 오디오, 그래픽, 애니메이션, 비디오 등 다양한 형식의 정보콘텐츠와 정보처리기를 이용하여 사용자에게 복합적인 정보를 제공함과 동시에 심리적 즐거움을 전달해 줄 수 있는 복합적 미디어를 가리킨다.

는 콘텐츠산업[18]이란 용어가 등장했으며, 국가 법률의 하나인 「콘텐츠산업진흥법」[19]까지 만들어져 시행되고 있는 상황이다. 이처럼 콘텐츠라는 용어는 21세기의 우리나라 경제를 활성화하고, 진전시키기 위한 촉매제처럼 인식되고 있으며, 이것을 바탕으로 다양한 산업적 효과물이 생산되는 것도 사실이다.

콘텐츠산업의 중심을 차지하고 있는 것은 문화가 단연 으뜸이라고 할 수 있는데, 문화 중에서는 문학예술을 중심으로 하는 문예콘텐츠가 중요한 의미를 가지고 있으며, 창조적이면서도 부가가치가 높은 새로운 형태의 콘텐츠를 생산하는 데 크게 기여할 것으로 파악된다. 사람의 감정에 작용하여 일정한 느낌이나 감동을 유발시키도록 꾸며서 표현한 것으로 개인이나 집단에 의해 만들어지는 예술 중에서 문학은 다른 어느 것보다 창조적인 특수성과 광범위한 보편성을 가지고 있다. 따라서 문학의 특성은, 첫째, 언어예술, 둘째, 삶과 현실의 반영, 셋째, 사상과 정서의 대상화물, 넷째, 상상력의 예술적 실현, 다섯째, 다양한 주제와 특수한 형식, 여섯째, 꾸며서 표현한 것 등으로 정리할 수 있다. 문예콘텐츠는 이러한 문학예술을 근거로 만들어지는 것이기 때문에 문학예술의 성격에서 크게 벗어나지 않는 것으로 보아야 한다. 위에서 제시한 것들을 중심으로 문예콘텐츠의 성격을 살펴보도록 한다.

---

18) 현재 한국콘텐츠진흥원에서 규정하고 있는 콘텐츠산업은 출판, 만화, 음악, 게임, 방송, 영화, 광고, 애니메이션, 캐릭터, 지식정보, 콘텐츠솔루션 등 11가지이다.

19) '콘텐츠산업진흥법시행령'(온라인 디지털콘텐츠산업 발전법 시행령 전부개정령)은 대통령령 제22521호로 2010. 12. 10.에 공표되었고, 2010. 12. 11.에 정부개정령으로 시행되었다. 「콘텐츠산업진흥법」은 제1장 총칙, 제2장 콘텐츠 제작의 활성화, 제3장 콘텐츠산업의 기반 조성, 제4장 콘텐츠의 유통 합리화, 제5장 이용자의 권익 보호, 제6장 분쟁조정, 제7장 보칙, 제8장 벌칙 등 전문 42조와 부칙으로 이루어져 있다.

언어예술은 문예콘텐츠가 가지고 있는 가장 본질적인 성격으로 이것을 떠나서는 문예콘텐츠라는 용어의 상정 자체가 불가능하거나 무의미하다. 따라서 문예콘텐츠는 언어예술인 문학을 핵심적인 콘텐츠로 하는 것으로 한정되는 특성을 가지게 된다. 여기에서 말하는 언어는 사람의 입을 통해 실현되는 소리로서의 말과 그것을 기호로 표기한 문자를 함께 지칭한다. 언어는 사람이 머릿속에 가지고 있는 온갖 정보나 생각에서부터 외부 사물현상에 대한 묘사에 이르기까지 전달하거나 나타내야 할 거의 모든 것을 효율적인 방법으로 표현하는 도구이다. 따라서 언어는 가장 일반적이면서 동시에 가장 효율적인 표현수단이 된다. 특히 문자는 소리를 매개수단으로 하는 말이 태생적으로 지니고 있는 시간적 한계를 넘어설 수 있도록 해 주어 정보와 생각을 폭넓게 공유하게 하며, 한층 더 발전시키는 데 지대한 공헌을 하였다. 아주 오래전부터 매우 다양한 방법으로 기록된 자료를 남겨서 현재까지 전해지는 수많은 문헌에 담긴 정보가 문자의 중요성을 잘 대변해 주고 있다. 언어를 표현수단으로 하는 것 중에서 말이나 글을 통해 표현되면서 예술적 아름다움을 가진 것 전체를 지칭하는 문학은 역사적 기록으로는 남을 수 없는 것들[20]까지 포함해서 매우 광범위한 내용을 담아낼 수 있고, 또한 담아내고 있기 때문에 창조적인 문명과 발전적인 문화를 얼마든지 만들어 낼 수 있는 무한한 가능성을 가지고 있는 것으로 보아야 한다.

문학이 가진 이러한 가능성으로 인해 문예콘텐츠는 하나의 사회에서 공동체 구성원들이 만들어 내는 문명과 문화의 발달·발전에 기여

---

20) 상상(想像)에서부터 공상(空想)에 이르기까지 사람이 생각하고 꿈꿀 수 있는 모든 것을 자유롭게 담아낼 수 있는 것이 바로 문학이기 때문이다.

하는 바가 매우 큰 것으로 평가할 수 있다. 특히 사람은 다른 생명체와는 비교할 수 없을 정도로 차원이 높은 수준의 말과 글자를 중심적인 매개수단으로 하여 의사소통과 정보 전달을 행하기 때문에 언어예술로서의 성격이 강조되는 문예콘텐츠의 중요성이 클 수밖에 없다. 삶을 살아가는 과정에서 공동체의 모든 구성원이 생각의 깊이와 판단 능력 등을 키우는 데 사용하는 유익한 정보의 대부분을 말과 글을 통해 얻기 때문이다.

언어예술로서의 문예콘텐츠는 첫째, 방대하면서도 폭넓은 정보와 자료를 제공함으로써 이와 관련된 새로운 형태의 콘텐츠를 생산할 수 있는 다양한 아이템을 제공하고, 둘째, 욕구와 욕망을 아울러 채울 수 있는 미래지향적인 해결방법을 제시하며, 셋째, 사람이라면 누구나 사용하고 있는 언어의 보편성에 기반을 두고 있어 상대적으로 가장 많은 사람들이 공감할 수 있는 콘텐츠의 소재를 다양하면서도 풍부하게 제공할 수 있다는 특징을 가지고 있다.

문학은 그것을 창조하는 작가의 삶이나 현실을 반영하여 예술적 아름다움을 가지도록 만들어진 예술이다. 삶과 현실에 기반을 두고 그것을 작품 속에 담아내지만 그대로가 아닌 변형된 모습으로 표현한다는 점이 문학의 예술적 아름다움을 탄생시키는 원동력이라고 할 수 있다. 삶과 현실이 작품 속에서 변형된 모습으로 나타나는 이유는 작가의 이념이나 정서 등이 중심을 이루는 세계관이 그것에 대한 해석을 새롭게 하는 과정에서 시간적 또는 공간적으로 비어 있음[虛]을 만들어 내고 그 속에 예술적 아름다움이 깃들 수 있는 물리적인 자리를 확보하기 때문인 것[21]으로 보인다. 이러한 자리는 작품이 가지고 있

---

21) 손종흠, 『속요 형식론』, 박문사, 2011a, 201쪽.

는 형식적 또는 구조적인 특성에 의해 결정되는 것으로 보이는데, 이것의 형태에 따라 독자에게 전달하는 감동의 유형이나 성질 등이 달라지는 것으로 파악된다. 시나 노래를 통해 느끼는 감동과 소설이나 설화에서 느끼는 감동이 서로 다른 이유를 여기에서 찾을 수 있다. 작품이 지니고 있는 장르적 성격에 따라 다양한 형태로 담겨지는 예술적 아름다움은 문학을 소재로 하는 문예콘텐츠의 성패를 가름할 정도로 큰 의미를 가진다. 일정한 작품을 소재로 하여 형성되는 문예콘텐츠는 그것이 지니고 있는 예술적 아름다움을 특수하면서도 시대적 요구에 부응하는 형태로 변형하여 새롭게 만들어 낸 것이기 때문이다. 삶과 현실을 반영하고 있는 것을 중심으로 하는 문예콘텐츠가 성공하기 위해서는 작가와 동일한 시공간에 속한 공동체 구성원들이 폭넓게 공감할 수 있는 요소를 얼마나 많이, 정확하게 짚어 내어 창조적으로 형상화하느냐에 따라 판가름 날 수밖에 없다.

문예콘텐츠의 바탕이 되는 문학작품은 구체적 형태를 가진 문화현상인데, 이것은 작가의 사상과 정서가 대상화되어 나타난 것이라고 할 수 있다. 대상(對象)은 사람이 행동이나 사고(思考)를 할 때 목표가 되는 사물을 의미하는데, 어떤 사물현상이 대상으로 되었다는 말은 주체인 사람의 인식과 일정한 관계가 형성되었다는 것을 의미한다. 즉, 사람의 의식(意識)과 연결되지 않은 상태에서 독립적으로 존재하는 삼라만상의 사물현상은 대상이 되지 못한다는 말이다. 따라서 모든 사물현상은 일정한 사유(思惟) 작용을 통해 사람의 머릿속에 개념적으로 인식되어 자리할 때 비로소 대상이 되며 살아 숨 쉬는 정보, 기술, 혹은 이념 등이 된다. 이것은 비록 한 개인의 머릿속에 관념적으로 존재하지만 일정한 행위와 결합하면 감각적 형태를 지닌 창조적인 사물현상으로 탄생하게 된다는 것이다. 관념적인 형태로 존재하는 대상이 감각적인 사물현상으로 태어나는 과정을 대상화 과정이라 하고, 이 과정을 거쳐 실재의 형태를 가진 것으로 구체화한 것을 대상화물이라고 한다.

　작품을 창조하는 작가는 삶과 현실을 변형시켜 형상화하는 반영 수법을 통해 자신이 내부에 가지고 있는 대상에 대하여 개념화한 정보, 개인적인 정서, 사상적 지향성을 가진 이념, 예술적 말하기와 글쓰기 하는 기술 등을 총동원하여 일정한 형태와 예술적 아름다움을 가지는 대상화 과정을 밟는다. 이러한 대상화 과정은 내용과 형식의 결합으로 이루어지는데 이 과정에서 형태가 만들어지면서 작품이 완성된다. 따라서 감각적 사물현상인 한 편의 작품은 바로 작가의 머릿속에 존재하던 대상에 대한 정보, 정서, 이념, 말하기와 글쓰기의 기술이 결합하여 만들어 낸 대상화물이 된다. 작품으로 대상화한 문학은 콘텐츠를 지향하는 사람에게는 문예콘텐츠라는 대상으로 인식되면서 새로운 형태의 콘텐츠로 거듭나기 위한 대상화 과정을 다시 겪는다. 문예콘텐츠는 정서와 기술의 대상화물인 문학예술을 대상으로 새로운 대상화 과정을 거쳐 시대적 요구를 충족시키면서 한층 부가가치가 높은 대상화물인 새로운 형태의 콘텐츠로 탄생하게 되는 것이다.

　작품이란 삶과 현실이 작가 내부의 이념이나 정서 등과 결합하여 형성되는 반영방식을 통해 감각적 구체성을 가진 사물현상의 하나로 탄생한 것을 의미한다. 그것이 만들어진 해당 시대의 작가와 사회가 공동으로 만들고 이루고자 하는 바와 지향하고자 하는 것들에 대해 상상력을 바탕으로 하는 예술적 아름다움을 지닌 문학이라는 양식을 통해 실현한 것이라고 할 수 있다. 또한 작품 속에서 예술적 형태로 실현된 것들은 시간이 흐르면서 하나 둘씩 생활 속에 실재하는 것으로 나타났으니 문학적 상상력이야말로 도구를 통해 이루어지는 문명의 발달에 끼친 영향이 지대하다고 하겠다. 아주 오랜 과거에 인류가 만들고 향유했던 신화, 전설, 민담 같은 데에서 당시 사람들이 마음속에서 바라는 바를 이야기한 것에 불과하다고만 생각되었던 수많은 내용이 현대사회에서 이미 실현되었거나 멀지 않은 미래에 이루어질 가능성이 매우 높아진 점 등이 이러한 사실을 잘 보여 주고 있다. 문학에서 소재로 작용하거나 내용의 일부를 이루는 여러 아이템은 상상력의 예술적 실현임과 동시에 언제든지 현실적 실현으로 바뀔 수 있다는 점에서 볼 때 이것을 바탕으로 형성되는 문예콘텐츠가 문화산업에서 차지하는 비중이나 중요도가 얼마나 높은지 실감할 수 있다.

식욕(食慾), 성욕(性慾), 미적욕구(美的欲求)는 사람으로서의 삶을 이어가는 데 절대적으로 필요한 삼대욕구라고 할 수 있다. 사람의 몸은 섭취한 음식물을 소화시켜 얻은 에너지로 생명을 유지하는 존재이므로 식욕이 가장 기본적인 욕구라고 할 수 있다. 또한 사람은 영원한 삶을 영위할 수 없는 유기체로 언젠가는 죽어야 하는 존재이므로 종족 보존을 위해서는 성행위를 통한 후손의 생산이 중요하므로 성욕역시 아주 기본적인 욕구라고 할 수 있다.

미적욕구는 아름답게 꾸미려는 마음을 말하는데, 삶의 거의 대부분이 이것과 연관되어 있다고 할 수 있다. 스스로의 몸에 대한 것에서부터 생활 속에서 필요로 하는 물건에 이르기까지 거의 모든 것이 아름다움을 가지도록 만들고 꾸미는 행동을 하고 있기 때문이다. 따라서 삶에서 일어나는 대부분의 행위를 낳은 원동력이 되며, 그것을 바탕으로 만들어지는 문명이나 문화현상이 사람의 삶을 구성하는 핵심 요소가 되므로 실생활에서 차지하는 비중과 중요도는 다른 어떤 것보다 높다. 이러한 성격의 미적욕구는 언어예술인 문학에서 특히 위력을 발휘하는데, 말로 하는 것이든 글로 쓰는 것이든 모든 작품은 사람의 마음에 감동을 유발하기 위해 매우 다양한 장치를 사용한다. 문학은 그것을 형상화함에 있어서 비유나 상징 등의 수법을 통해 표현함으로써 예술적 아름다움을 배가시키는데, 이러한 행위는 모두 미적욕구가 촉발시킨 것이라고 할 수 있다. 그리고 이러한 문학을 소재로 창조되는 문예콘텐츠 역시 예술적 아름다움을 기본으로 할 수밖에 없다. 따라서 문예콘텐츠의 성패, 혹은 생명력은 시대와 사회가 요구하는 예술적 아름다움에 부응하는 방식에 따라 결정될 것으로 보인다.

문학은 작품의 내용과 형식적 특성을 중심으로 그것이 지니고 있는 본질적 성격에 따라 다양한 장르로 분류한다. 그중에서 표현방식이라고 할 수 있는 형식은 내용을 구성하는 일정한 주제를 어떤 방식으로 드러낼 것인가에 따라 그 특성이 결정되므로 사물현상에 있어서 형식은 그것을 그것답게 만들어 주는 주체라고 할 수 있다. 우주 내에 존재하는 모든 사물현상은 형태를 가진 것이라면 무엇이든 자신의 독자성을 드러낼 수 있는 나름대로의 형식을 반드시 가지고 있는데, 문학 역시 예외일 수는 없다. 문학에서 특히 형식이 강조되는 장르는 운문으로 되어 있으면서 노래와 시를 중심으로 하는 시문학이라고 할 수 있다. 산문으로 되어 있으면서 설화나 소설이 중심을 이루는 서사문학도 일정한 형식[22]을 가지고 있으나 시문학에 비해 그 비중과 중요도가 상대적으로 약한 편이다. 그러나 시문학에서 형식은 경우에 따라서는 내용을 지배한다고 할 수 있을 정도인 데다가 형태를 결정하는 핵심이기 때문에 작품 형성에서 형식의 비중과 중요도는 매우 크다. 시문학의 형식적 특성은 그것의 예술적 아름다움을 결정하는 핵

---

22) 액자(額子), 서술(敍述)과 묘사(描寫), 구조(構造) 등은 모두 내용적인 의미를 예술적으로 나타내기 위한 수단으로, 서사문학의 형식적 특성이라고 할 수 있다.

심 요소이므로 이것이 바탕을 이루는 문예콘텐츠 역시 이 점을 간과하지 말아야 한다.

서사문학의 경우는 시문학에 비해 상대적으로 주제를 중심으로 하는 내용적 측면이 강조되므로 이것을 제대로 살린 문예콘텐츠의 개발이 절대적으로 필요할 것이다. 서사문학에서 강조되는 내용적 측면과 시문학에서 강조되는 형식적 측면이 제대로 조화를 이룰 수 있도록 만드는 것이 문예콘텐츠 개발에서 매우 중요하다는 점을 인지해야 한다.

미적욕구의 언어적 표현인 문학예술은 모든 것을 아름답게 꾸며 드러냄으로써 완성하는 특징을 가지고 있다. 따라서 아름답게 꾸미기 위해 사용하는 주제, 소재, 제재, 방식, 표현 등에 대한 치밀하면서도 체계적인 분석이 반드시 필요하다. 작품을 이루는 어떤 요소들이 어떤 방식으로 결합하여 꾸며짐으로써 예술적 아름다움을 만들어 내는지에 대해 분석해 내지 못하면 작품의 본질적 성격을 제대로 파악하지 못할 뿐만 아니라 예술적 아름다움을 올바로 감상하기가 어려워질 수 있기 때문이다. 아름다움을 가지도록 꾸며진다는 것은 내용과 형식이 사람의 마음을 움직여 감동을 유발할 수 있는 방향으로 결합되었다는 것을 의미하므로 두 측면을 중심으로 살피고 분석하는 것이 당연하다고 할 수 있다. 아울러 이를 소재로 하여 만들어지는 문예콘텐츠 역시 어떤 구성요소들이 어떤 방식으로 결합하면서 예술적으로 꾸며지는지에 대한 분석과 이해가 우선되어야 하며, 개발과정에서도 결코 소홀히 다루어서는 안 될 것이다.

문예콘텐츠는 문학작품을 바탕으로 성립하는 것이므로 문학예술의 본질적 성격을 도외시하고서는 형성되기 어렵다는 점을 염두에 둘 필요가 있다. 즉, 문예콘텐츠는 문학예술의 본질적 성격을 기반으로 만들어지는 예술적 아름다움을 승계함과 동시에 시대가 요구하는 새로운 예술적 아름다움으로 승화시킬 수 있는 방향으로 개발되어야 한다. 그러기 위해서는 문학예술을 발생시킨 사회의 문화가 지니고 있는 특성과 문명의 발달에 따라 변화한 공동체 구성원들의 생활양식과 의식(意識)의 변모 양상 등을 면밀히 분석하여 그에 맞는 방향으로 재구성되어 재창조되는 과정을 거쳐야 한다. 이와 함께 고려해야 할 다른 한 가지는 시간이 갈수록 발전 속도가 빨라지는 과학기술과 무리 없이 융합할 수 있는 방향으로 문예콘텐츠가 구상되고 개발되어야 한다는 점이다. 전 세계적으로 이슈화되고 있으며, 멀지 않은 미래에 우리의 삶을 송두리째 바꾸어 놓을 정도로 커다란 위력을 발휘할 것으로 예상되는 빅데이터, 사물인터넷, 기술적 특이점 등을 기반으로 하면서 수요자가 원하는 맞춤정보 방식에 가장 잘 부합하는 방향으로 문예콘텐츠가 개발되고 창조되는 것이 절대적으로 필요하다.

2.3. 문화와 문예콘텐츠

문예콘텐츠는 사회적 문화현상의 한 분야에 속하는 문학예술을 소재로 삼아 발전적으로 재창조한 것이므로 문화와의 관련성이 문명보다 훨씬 높은 편이라고 할 수 있다. 문예콘텐츠는 사람들이 생활 속에서 이루고 싶거나 가지고 싶은 것 등에 대한 욕구를 상상력이라는 특수한 것을 수단으로 삼아 예술적 현실로 실현시켜 해결하는 특성을 지닌 문학작품이 존재의 기반을 이루기 때문에 사회적인 문화현상을 예술적으로 반영한다는 점은 자명한 사실이다. 따라서 문예콘텐츠 개발 시 이 점은 전 과정을 관통하는 핵심이 되어야 하며, 어떤 경우에도 간과해서는 안 된다. 문예콘텐츠의 개발에서 문화적 성격이 소거되거나 도외시된다면 그것은 더 이상 문예콘텐츠가 아니라 일회적 소비의 대상으로 전락한 소모품에 불과한 존재가 되고 말 것이기 때문이다.

문학작품을 소재로 하는 문예콘텐츠의 개발에서 명심해야 할 것은 첫째, 시대가 필요로 하는 문화적 요구사항이 무엇인지 정확하게 파악할 것, 둘째, 다른 분야 콘텐츠와의 융합과 결합을 고려할 것, 셋째, 문예콘텐츠의 소재로 작용한 작품 발생에 바탕이 된 현장과의 연계성을 고려할 것, 넷째, 혁신적이고, 첨단적인 기술을 중심으로 하는 문명과의 결합성, 혹은 친밀성을 높이는 방향으로 개발할 것, 다섯째, 파생적인 콘텐츠를 만들어 낼 수 있는 가능성을 최대한으로 고려할 것 등을 들 수 있다.

문예콘텐츠는 문화의 일부이므로 시대가 필요로 하는 사회적 문화가 요구하는 것이 무엇인지 정확하게 파악한 후 그것을 만족시키는 방향으로 개발하는 것이 무엇보다 중요하다. 문화는 사람들에 의해 향유되지 않으면 아무런 소용이 없고, 사회적으로도 별다른 의미를 가지지 못하는데, 문예콘텐츠 또한 이러한 한계를 절대로 벗어날 수 없기 때문이다. 따라서 문예콘텐츠를 개발하기 위해 문학작품을 분석하거나 콘텐츠로 재창조하는 과정에서 이 점을 한시도 잊어서는 안 된다. 이것은 문예콘텐츠가 원천적으로 가지고 있는 본질적 성격이므로 가장 중요하게 고려해야 할 사항이기도 하다.

문화는 문명을 활용하는 과정에서 사회적 약속에 의해 발생하여 생활 현장에서 형성되고 향유되는 것이므로 다양한 내용과 형식을 가지면서도 성격이 다른 문화현상과 유기적으로 연결되어 있는 것이 특징이다. 삶의 과정에서 형성되는 문화현상들이 상호 간에 유기적으로 연결되어 있다는 것은 각각의 문화현상들 사이에 융합과 결합이 언제든지 일어날 수 있으며, 그런 과정을 통해 문화가 좀 더 발전하게 된다는 것을 의미하기도 한다. 따라서 문학을 소재로 만들어지는 문예콘텐츠는 어떤 경우에도 다른 콘텐츠와의 융합이나 결합을 통한 새로운 콘텐츠 개발이 빈번하게 일어날 수 있다는 점을 염두에 두어야 한다. 특히 문예콘텐츠는 사람들의 인식 속에 폭넓은 공감대를 얻고 있는 작품을 근거로 만들어지는 경우가 대부분이므로 이것을 기반으로 다른 콘텐츠와의 융합이나 결합을 통해 획기적이면서도 창조적인 것을 만들어 낼 가능성이 어느 콘텐츠보다 큰 것으로 판단되기에 더욱 그러하다. 또한 문예콘텐츠는 소재로 작용한 작품이 발생한 배경과 토양이 되는 현장과의 연계성이 매우 중요하다. 현장과의 연결을 통해 문예콘텐츠의 주제와 범위, 파생성과 창조성 등을 훨씬 더 넓히고, 높일 수 있고, 맞춤정보시대에 가장 잘 맞는 콘텐츠를 생산하는 데 큰 도움이 될 수 있기 때문이다. 맞춤정보란 수요자가 원하는 정보를 가장 정확하게 전달하고 그것을 만족시키기 위해 적합한 테마를 찾아 제공하는 것을 가리키는데, 앞으로의 시대는 이러한 맞춤정보가 대세를 이룰 것으로 전망된다. 특히 문예콘텐츠가 다양한 주제와 소통의 길을 가지고 있으면서 수요자가 원하는 주제에 맞는 여러 가지 가능성을 보여 준다면 성공 확률은 훨씬 높아질 수밖에 없으므로 이 점은 매우 중요한 의미를 가진다.

문화의 기본적인 특성 중의 하나가 문명을 향유하는 과정에서 형성된다는 점이므로 문예콘텐츠 역시 문명과 동떨어진 상태에서는 형성되거나 향유될 수 없는 성격을 가지고 있다. 즉, 문예콘텐츠가 나날이 발전하는 혁신적이고 첨단적인 기술을 중심으로 하는 문명과의 결합성이나 친밀성이 높지 못할 경우 그것은 사람들에게 외면당할 수밖에 없을 것이다. 문명과 문화의 관계는 어떤 경우에도 긴밀할 수밖에 없다는 점을 생각하면 지극히 당연하다고 할 수 있지만 그중에서도 문예콘텐츠의 형성에서 이 점이 차지하는 비중이 결코 작지 않음을 염두에 두어야 한다. 아무리 좋은 문예콘텐츠일지라도 사람들이 삶 속에서 기본적으로 추구하는 문명의 편의성에 부합하지 못할 경우 그것이 무엇이든 관심에서 밀려나 도태될 수밖에 없기 때문이다. 좀 더 구체적으로 말하면, 문예콘텐츠는 그 시대의 첨단에 해당하는 문명적 도구나 기술과 융합하거나 결합할 수 있는 방향으로 개발되어야 한다는 것이다. 이 점은 모든 문화현상은 서로 영향을 미치면서 유기적으로 연결되어 있으며, 문예콘텐츠 역시 이러한 범주를 벗어나서는 안 된다는 사실을 잘 보여 준다. 그러므로 하나의 문예콘텐츠를 개발할 때에는 그것이 무엇과 어떤 방식으로 연결되거나 결합할 수 있는지를 정확하게 인식하고 이 점을 최대한으로 살릴 수 있는 방향으로 작업을 진행해야 한다.

문화가 지니고 있는 유기적 연결성이 하나의 문예콘텐츠가 어떤 방향으로, 어떤 종류의 파생적인 콘텐츠를 만들어 낼 수 있는지를 가늠할 수 있는 잣대가 되기도 한다. 하나의 작품을 콘텐츠로 만들어 내는 1차 개발로 그칠 것이 아니라 그것을 근거로 다양한 여러 종류의 새로운 콘텐츠를 만들어 낼 수 있다면 성공적인 콘텐츠가 될 것이다. 따라서 하나의 문예콘텐츠에서 파생될 가능성을 얼마나 정확하게 분석하고 짚어 내는가는 개발과정에서 매우 중요한 작업의 하나라고 할 수 있다. 양질의 콘텐츠를 만든다는 것은 문예콘텐츠 역시 하나의 문화현상이라는 특성을 명심하면서 개발해야 한다는 것과 일맥상통한다.

Chapter 02
한국문화의
원형과 분류

1.1. 원형의 개념

원형(原型, archetype)이란 정신분석학의 기초 개념 중 하나라고 할 수 있는 콤플렉스(complex)[1]의 한 종류에 속하는 것이다. 우리가 일상생활에서 쓰는 말로 강박관념, 열등감, 욕구불만 등으로 이해할 수 있는 콤플렉스는 사람의 행동이나 지각(知覺) 등에 일정한 영향을 미치는 무의식적인 관념이라고 할 수 있다. 이러한 성격을 가지는 콤플렉스는 꿈, 정신분열, 신비체험, 문학, 의식(儀式) 등으로 형상화하면서 하나의 문화현상을 만들어 내기도 하므로 열등감이나 열등복합(inferiority complex)과 같이 부정적인 것으로만 치부할 수는 없다. 꿈이나 정신분열, 신비체험 등은 한 개인의 콤플렉스가 일정한 현상으로 나타난 것이라고 할 수 있지만, 문학, 의식 등은 집단적 콤플렉스가 일정한 문화현상으로 형상화한 것이어서 부정적 측면으로만 평가하고 이해하는 것은 커다란 문제점이 될 가능성이 매우 크기 때문이다. 특히 집단무의식을 구성하는 핵심이 되어 지역이나 민족 단위의 문화현상이 발생하고 발전하는 데 크게 기여하는 집단적 콤플렉스의 경우 그것이 가지고 있는 사회적 순기능이 대단히 중요하므로 주목할 필요가 있다. 또한 이러한 집단적 콤플렉스가 원형이란 개념을 형성하여

---

1) 콤플렉스는 열등감 혹은 열등복합으로 이해되는데, 이것은 미국에서 들어온 알프레트 아들러(Alfred Adler)의 '인격심리학'이 일본에서 열등감으로 이해되었다가 우리나라에 그대로 전해졌기 때문인 것으로 보인다.

다양한 분야에 활용된다는 점에서 주목할 필요가 있다.

　원형(原型)의 사전적인 정의는 사람에게 "본능과 함께 유전적으로 갖추어지며, 집단무의식을 구성하는 보편적 상징으로 민족이나 문화를 초월하여 신화, 전설, 문예, 의식 따위의 주제나 모티프로 되풀이되어 나타나는 것으로 오랜 역사 속에서 겪은 조상의 경험이 전형화(典型化)되어 계승된 결과물"[2]이다. 이러한 의미의 원형이란 용어는 문화 분야에서 세분화하여 매우 복잡한 의미로 사용되고 있다. 사람이 삶을 영위하는 과정에서 생기는 생활양식(生活樣式, lifestyle)을 지칭하는 문화의 측면에서 볼 때, 원형은 생활 속에서 거의 본능적으로 갖추어져 독립적인 형태로 굳어진 집단무의식을 형성하는 보편적 상징으로서 오래된 역사성과 본능처럼 고착화한 모든 것을 가리킨다. 따라서 원형은 사람이 사회생활을 영위하는 과정에서 다양하면서도 복잡한 경험을 통해 얻은 것들이 일정한 과정을 거쳐 자신도 모르는 사이에 집단무의식 형태로 정신의 깊은 곳에 자리 잡은 암호 같은 것으로 형상화되어 유전자에 각인됨으로써 시간, 공간과 세대를 넘어 길게 전해지는 특성을 가지고 있다.

　원형은 무엇인가와 결합하지 않은 그것 자체만으로는 별다른 의미를 갖지 못하지만, 외부의 사물현상으로 연결되면서 형상화되어 나타나면 일정한 힘을 발휘하면서 문화적으로 큰 의미를 갖기 시작한다. 집단무의식으로서의 원형이 일정한 형태를 지닌 문화적 현상으로 드러나면 여러 가지 상징으로 기호화하거나 암호화하는 모습을 보이기도 하는데, 꿈, 신화(神話), 제의(祭儀), 무용, 회화 등 다양한 분야에 걸쳐 형상화될 수 있으며, 새로운 형태의 콘텐츠를 창조할 수 있는 기반

---

2) 국립국어원 표준국어대사전(http://stdweb2.korean.go.kr/main.jsp).

으로 작용하기도 한다.

　이러한 성격을 지닌 원형의 존재에 대해 언급하면서 그 근거를 제시하기 위한 이론의 전개를 본격적으로 시도한 사람은 스위스의 정신분석학자인 칼 구스타프 융(Carl Gustav Jung)[3]이었다. 정신분석학(psychoanalysis)에 대한 이론은 융의 스승이라고 할 수 있는 지그문트 프로이트(Sigmund Freud)에 의해 시작된 심리학의 한 갈래로 인간의 행동양식을 심리 내 욕구의 충돌 및 조화의 요구를 위한 표출로 보면서 성적(性的)인 것을 중심으로 이해하는 데에서 시작되었다고 볼 수 있다. 그러나 프로이트의 이론은 정신분석학의 일부에 불과했기 때문

---

3) 칼 구스타프 융(Carl Gustav Jung)은 스위스의 정신과 의사이자 분석심리학(分析心理學)의 창시자이다. 1875년 스위스 북동부 작은 마을에서 목사의 아들로 태어났고, 스위스 바젤 대학 의학부를 나온 뒤 취리히 대학 의학부 정신과의 오이겐 블로일러(Eugen Bleuler) 교수 문하에 들어갔다. 그는 그곳에서 교수직으로 있으면서 단어연상검사를 연구하여 '콤플렉스' 학설의 기초를 마련하였고 정신분열증의 심리적 이해와 이에 대한 정신치료를 처음으로 시도했다. 이 당시 프로이트 학설에 접하여 한때 프로이트의 정신분석학파의 핵심 인물로 활동하기도 했으나 프로이트의 초기 학설인 성욕중심설의 부적절함을 비판하여 독자적으로 무의식세계를 탐구하여 분석심리학설을 제창하기에 이른다. 그는 자기 자신의 무의식과 수많은 사람의 심리분석 작업을 통해서 얻은 방대한 경험 자료를 토대로, 원시종족의 심성과 여러 문화권의 신화, 민담, 동서양의 철학과 사상, 종교현상 들을 비교 고찰한 결과, 인간 심성에는 자아의식과 개인적 특성을 가진 무의식 너머에 의식의 뿌리이며 정신활동의 원천이고 인류 보편의 원초적 행동 유형인 많은 원형(原型)으로 이루어진 집단적 무의식의 층이 있음을 확인하였다. 더 나아가 모든 사람의 무의식 속에서 의식의 일방성을 자율적으로 보상하고 개체로 하여금 통일된 전체를 실현하게 하는 핵심 능력을 갖춘 원형, 즉 자기원형이 작동하고 있음을 증명하였다. 그의 학설은 병리적 현상의 이해와 치료뿐 아니라 이른바 건강한 사람의 마음의 뿌리를 보다 깊고 넓게 이해하고 모든 인간의 자기통찰을 돕는 데 이바지하고 있으며, 시대적 문화, 사회적 현상의 심리적 배경을 이해하는 기초로서 정신의학이나 심리학, 신학, 신화, 민담학, 민족학, 종교심리학, 예술, 문학은 물론 물리, 수학 등 자연과학에 이르기까지 깊은 영향을 끼쳤다. 융은 심혼(心魂)의 의사(Seelenarzt)로서 자기실현의 가설을 몸소 실천하였을 뿐 아니라 20세기 유럽이 낳은 정신 과학자 중에서 동양사상(東洋思想)을 누구보다도 깊이 이해하여 동서(東西)에 다리를 놓았으며, 새 천년(千年)에 인류가 무엇을 보고 어떻게 살아야 할 것인가를 제시한 사람이다.(韓國융硏究院, http://junginstitute.net)

에 이것을 정신분석 이론의 전체로 볼 수는 없었다. 이러한 프로이트의 이론은 융에 의해 한층 탄탄한 이론화 과정을 거치면서 체계화·조직화되기 시작했다.

원형에 대한 논의는 융에 의해 제시되고 체계적으로 연구되기 시작했으며, 본격적인 이론화 과정을 거치면서 광범위한 사회적 공감대를 형성하기 시작했다. 현대사회에서는 원형이라는 용어가 심리학, 문화인류학, 정신분석학 등을 비롯하여 다양한 분야에서 매우 폭넓게 쓰이고 있다. 이처럼 다양한 분야에 걸쳐 쓰이는 이유는 사회적·물리적 현상으로 엄연히 존재하는 것으로서 사람의 정신세계와 관련된 이성(理性), 감성(感性), 의식(意識), 정신(情神) 등의 용어가 가진 개념만으로는 설명하기 어렵거나 불가능한 여러 가지 현상들, 그중에서도 특히 문화현상에 대해 체계적이면서도 논리적으로 설명해 줄 수 있는 이론적 근거를 제시할 수 있었기 때문이다.

과거로부터 전해 오는 전통적인 의식(儀式)은 왜 그렇게 행동하고, 왜 그런 절차를 밟아야 하는지에 대해 전혀 알지 못하는 상황에서도 사회 구성원들이 무의식적으로 행하게 되는데, 이러한 행위는 이성이나 의식(意識)보다 한층 깊은 층위에 자리 잡고 굳어진 형태로 존재하던 집단무의식 같은 것이 특수한 계기를 매개로 하여 하나의 구체적인 문화현상으로 발현한 것으로 생각할 수 있다. 이러한 현상은 의식이라는 것만으로는 설명이 불가능하지만 개개인의 육체 속에 분명하게 존재하면서 특수한 성격을 가진 집단무의식 같은 것이 일정한 계기와 의식(儀式)행위 같은 것을 매개로 하여 시간과 세대를 넘어 유전적으로 전해 내려온 것이라고 본다.

집단무의식의 형태로 의식보다 깊은 층위에 존재하는 이것은 순수하고 거짓 없는 성질이며, 인간으로 하여금 말하고 행동하게 하는 성질4)을 가진 것이기도 한데, 이것을 바로 원형이라고 불러야 한다는 것이다. 따라서 원형은 오감을 통해 감각적으로 느낄 수 있는 물질이나 현상으로 존재하는 것이 아니라 의식(意識)보다 더 깊은 잠재적 상태라고 할 수 있는 집단무의식의 형태로 본능과 비슷한 방식으로 존재하면서 자손 대대로 전해져 내려오는 어떤 것을 가리킨다. 이처럼 집단무의식 형태로 존재하는 원형에 대해서는 융의 이론을 중심으로 좀 더 고찰해 볼 필요가 있다. 일정 지역이나 민족의 문화적 특성을 파악하고 문예콘텐츠를 효과적으로 개발하기 위해서는 원형에 대한 깊이 있는 이해와 분석이 매우 중요한 구실을 할 것으로 기대되기 때문이다.

사람이나 동물을 비롯하여 우주 내의 모든 생명체는 자신의 외부에 있는 객관적 실재라고 할 수 있는 사물현상에 대한 정보를 받아들여 자신의 이성(理性)으로 판단하고 행동하는 과정을 반복적으로 행하면서 삶을 유지해 나가는 특성을 가지고 있다. 이와 같은 생명체의 활동 중에서 객관적 실재를 관념적으로 반영하는 것과 감각을 통해 형성되는 감정이나 견해, 사상과 같은 관념을 통틀어 의식(意識)이라고 하는데, 이것은 사람에게만 가능한 것이다.

의식은 감성적 형태의 반영과 이성적 형태의 반영뿐 아니라 사람이라면 누구나 기본적으로 가지고 있는 감정의 영역과 의지의 영역까지 포함하는 것으로 본다. 이러한 성격을 가지는 의식은 정신활동과 깊이 관련되어 있는 것으로 볼 수 있다. 정신이라고 하는 것은 물질이나 객관적 실재와는 아무런 관련이 없는 상태에서 독자적으로 존재하는

---

4) 칼 구스타프 융 지음, 한국융연구원 C. G. 융 저작번역위원회 옮김, 『원형과 무의식』, 솔, 2002, 75쪽.

것이 아니라 두뇌와 감각기관이 함께 작용하면서 만들어진 것으로, 물질이나 객관적 실재와 일정한 관련을 가지는 과정을 거쳐 형성되고 발전된다. 이런 점에서 볼 때 의식은 감각과 물질을 기반으로 하여 최고의 형태로 발전한 최상의 결과물[5]이라고 할 수 있다. 이러한 의식은 사람의 몸속에 존재하는 것으로 뇌와 같은 특수한 기관을 통해 기억[6]되었다가 일정한 행동이나 견해, 사상 등의 다양한 형태를 통해 표면화하면서 외부로 드러나는 성격을 지니고 있다. 이는 사람의 행동, 견해나 사상의 표현 등과 직접적으로 연결되어 있는데, 이것을 본질적인 성격으로 규정할 수 있다.

그런데 사람이 삶의 과정에서 행하는 개인적 · 사회적 행위를 보면 행동이나 견해, 사상 등과 직접적으로 연결되어 있지 않지만 의식보다 깊은 곳에 자리한 무엇인가의 영향을 받은 것으로 판단되는 것들이 있다. 사회적 또는 개인적으로 행하는 사람의 행위를 보면 의식과 일정한 관련성이 있는 행동이라고 보기 어려운 것들이 현실에서 실제로 나타나고 있기 때문이다. 오랜 전통을 가지고 있는 다양한 의식(儀式)을 진행하는 과정에서 그렇게 해야 하는 이유나 원인을 전혀 알지 못하는 상태에서 행해지는 것들이 많다는 점에서 이러한 사실을 확인할 수 있다. 예를 들면, 신을 모시는 제의(祭儀)나 축제 등에서 제관이나 행하는 여러 의례 중에는 우리의 의식(意識)으로는 알 수 없거나 이

---

5) "물질이 1차적인 것이다. 감각, 사고, 의식은 특별한 방식으로 조직된 물질의 최고 산물이다"라고 한 블라디미르 레닌(Vladimir Lenin)의 말에서 이러한 사실을 확인할 수 있다.(블라디미르 레닌 지음, 박정호 옮김, 『유물론과 경험비판론』, 돌베개, 1992, 47쪽.)

6) 사람이 무엇인가를 기억하고 활용하는 방법은 크게 두 가지이다. 하나는 몸속의 기억장치를 통해 저장했다가 그것을 불러내어 필요에 따라 사용하는 것이고, 다른 하나는 문자나 기타 다양한 방법과 수단을 통해 저장해 두었다가 필요에 따라 꺼내 보고 활용하는 것이다.

해되지 않는 것이 많지만 그 의식에 참석하는 어느 누구도 그것에 대해 의심하거나 문제를 제기하지 않는 상태에서 모든 절차가 차례대로 진행되는 것을 볼 수 있다. 이러한 행위들은 첫째, 개인의 의식과는 특별한 관련이 없으며, 둘째, 개인적 무의식(無意識)과도 일정한 연관성이 없는 것으로 파악된다. 결국 이런 절차나 행위들은 사회적인 성격을 띠는 무의식[7]과 깊이 관련된 것으로 보아야 하는데, 융은 이것을 개인적 무의식이 아닌 집단적 무의식(集團的 無意識)으로 보았고, 이것은 원형(原型)에 의해 구성[8]되는 것이라고 지적하였다.

보편성을 기반으로 형성되어 저장[9]된 집단적 무의식의 관념인 원형은 사람의 마음속에 특정 형식을 가진 것으로 보이는데, 그것은 시간과 세대를 넘어 유전(遺傳)됨으로써 시대와 장소를 초월하여 광범위

---

7) 내가 알고 있지만 지금 이 순간에서는 생각하고 있지 않은 모든 것, 언젠가 의식했지만 이제는 망각된 모든 것, 나의 감각에 의해 인지되었지만 의식이 유념하지 않은 모든 것, 내가 의도 없이 주의하지 않고, 즉 무의식적으로 느끼고, 생각하고, 기억하고, 하고자 하고, 행하는 모든 것. 내 안에 준비되어 있어 나중에야 비로소 의식에 나타나게 될 모든 미래의 것이 모두 무의식의 내용이다.(칼 구스타프 융 지음, 한국융연구원 C. G, 융 저작 번역위원회 옮김, 앞의 책, 46쪽.)

8) 개인적 무의식은, 일단은 의식되면서 잊히기도 하고 억압되기 때문에 의식에서 사라진 내용으로부터 성립되는 것에 비해, 집단적 무의식은 한 번도 의식된 적이 없고, 게다가 결코 개인적으로 획득되는 것이 아니라 오직 유전됨으로써 존재한다. 개인적 무의식은 대개 콤플렉스로부터 성립되지만 집단적 무의식은 본질적으로 원형에 의해 구성된다. 원형이라는 용어의 개념은 집단적 무의식의 관념에 달려 있는 것인데, 그것은 마음 안에 일정한 특정의 형식이 있다는 것을 시사(示唆)하고 있다. 하지만 그것들의 형식은 시대나 장소를 불문하고 광범위하게 나타나고 있다.(Carl Gustav Jung 著, 林道義 譯, 『原型論』, 東京: 紀伊國屋書店, 2013, 12쪽.〈필자 번역〉)

9) 몸속의 기억장치를 통해 저장하는 것은 의식을 통해 기억하는 것과 무의식을 통해 기억하는 것이 있는데, 무의식을 통해 기억하는 것은 유전자 같은 것에 저장되는 방식을 취하는 것으로 판단되기도 한다. 그것은 평소에는 의식하지 못하는 어떤 것이기도 한데, 일정한 관습이나 의식(儀式) 등에서 행해지는 행위를 통해 자동적으로 드러나는 특징이 있다. 이것이 바로 원형이다.

하게 나타나는 어떤 것이라고 할 수 있다. 이러한 성격을 가지고 있는 집단적 무의식은 일정한 범위에 속하는 구성원에게 동일한 내용과 행동양식을 가지고 있는 것으로 파악된다. 또한 이것은 무작정 발현되는 것이 아니라 특정 상황이 만들어지고, 일정한 환경이 조성됨으로써 그것이 의식되는 내용이 나타나는 한에서만 사람에게 인식되고, 그것을 근거로 하여 일정한 행위로 연결되어 구체적인 의미를 지닌다는 특징을 가지고 있다.

원형은 유기체의 유전자와 같은 성질을 가지고 있으므로 일반적인 상황에서는 인식될 수 없으며, 의식(意識)의 층위보다 훨씬 깊으면서도 층위가 다른 공간에 위치하고 있다. 이것은 사람의 의식에서 사라졌거나 잊힌 것처럼 보이지만 유전자와 같이 일정한 형식을 가진 형태로 있으면서 경험적으로 얻어지는 것이 아닌 태어나면서부터 몸속에 지니고 있었던 것이다. 따라서 한 사람에 의해 잊어버려졌거나 억압된 것으로 감정의 복합체이자 개인적 무의식의 한 종류라고 할 수 있는 콤플렉스[10]와는 다른 성질을 가진 것이라고 할 수 있다.

원형의 내용을 이루는 집단적 무의식을 바탕으로 이루어지는 사람의 행위는 사회적으로 일반화된 정신적 현상의 규범을 따르기[11] 때문에 개별적 주체들과의 차별성은 뒤로 숨고, 구성원들이 가지는 보편성이 전면에 드러나는 특징을 가지고 있다. 그러므로 집단적 무의식의 내용에 달려 있는 원형은 사회나 조직을 이루는 구성원 간의 소통

---

10) 강박 관념, 열등감, 욕구 등을 의미하는 콤플렉스는 융에 의해 구체적으로 정립되었다고 할 수 있는데, 그에 따르면 '어떠한 감정에 의해서 통합된 심리적 내용의 집합체로서 다른 어떤 사물이나 현상과는 본래 관계가 없던 감정들이 상호 간에 결합한 상태'를 가리킨다고 한다.

11) 칼 구스타프 융 지음, 한국융연구원 C. G. 융 저작번역위원회 옮김, 앞의 책, 15쪽.

과 그것의 활성화를 위해서 필요하며, 또한 중요한 역할을 하는 존재라고 할 수 있다.

　이러한 성질을 지닌 원형은 특히 문화현상에 녹아들어 있으면서 다양한 형태로 드러나는데, 일반적으로 신화와 민담에 매우 오래된 형태의 원형이 존재하는 것으로 보인다. 신화는 초능력이 있는 존재로 인식되는 신이 자신에 대한 이야기를 사람들에게 일방적으로 이야기하는 방식을 취하고 있다. 이는 오랜 세대에 걸쳐 전승되어 왔는데, 그것이 만들어질 당시의 구성원들이 가지고 있는 자연과 사람, 그리고 우주에 대한 가장 보편적인 의식(意識)을 담고 있는 문화[12]현상의 하나라고 할 수 있다. 신화가 시간과 세대를 넘어 사람이 신체 속에 가지고 있는 기억의 장치를 통해 전승되는 과정에서 맹아적(萌芽的)인 형태로 그 속에 들어 있는 핵심적인 모티프는 의식이나 기억을 통하지 않으면서도 유전자에 새겨져서 생득적으로 얻어지는 것으로서 강력한 집단적 무의식을 내용으로 하는 원형이 되는 것이다. 신화가 지니고 있는 이런 종류의 원형은 사람을 중심으로 하는 이야기라고 할 수 있는 민담에도 동일하게 적용될 수 있다. 민담 역시 만들어 내던 시대의 구성원들이 가지고 있는 생각 중에서 보편성을 확보하고 있는 것과 상상력을 핵심적인 모티프로 하여 형성되었기 때문이다. 이러한 전승은 공동체 구성원들에게는 공포스럽기까지 할 정도로 신성하게 여겨지므로 개별성이나 차별성을 중심으로 하면서 개인적 의식의 분화에서 촉발되는 주관적인 개성(個性)을 용납하지 않으며 절대적이면서

---

12) 무엇이 만들어지고 이루어지도록 추진하는 자이자 어떤 것을 상상하는 자로서 존재하는 사람은 문화에서 상상한 것들을 삶 속에서 하나하나 실현해 나가는 자이기도 한데, 이것이 바로 문명이다. 그러므로 문명을 바탕으로 형성된 문화는 문명의 모태가 되기도 한다.

도 무조건적인 믿음을 바탕으로 하는 신뢰와 복종이 가능하도록 함으로써 지극히 광범한 범위에 작용할 수 있는 보편타당성[13]을 확보한다.

원형은 일정한 조직이나 민족 등을 범주로 하는 구성원 전체를 아우를 수 있는 보편타당성을 획득한 것이면서 집단적 무의식의 관념으로 저장되어 시간과 세대를 넘어 생득적으로 체득되어 전해지는 것으로서 사회를 움직이게 하는 원동력이라고 할 수 있는 욕구 혹은 충동의 형식적 원리라고 할 수 있다. 집단적 무의식으로서의 원형이 조직이나 민족 전체를 압도하게 되면 각 개인의 특성을 나타내는 개별성, 주관성 등이 사라지면서 집단독재나 제국주의로 바뀔 가능성이 매우 높아질 수 있다. 이와는 반대로 집단적 무의식으로서의 원형이 너무 축소되면 개성만 강조되어 사회적 기능이 마비될 가능성이 발생한다. 이런 점에서 볼 때 원형이 감정의 억압된 상태를 지칭하는 콤플렉스를 기반으로 하고 있다는 사실은 분명하다고 할 수 있다.

1.2. 한국문화의 원형

문화는 인류에게 삶의 터전이 되는 생활 공간이 만들어 내는 지리적·사회적 환경과 기능성이 중심을 이루는 도구의 발달과정에서 만

---

13) 밀폐된 상태의 개인적 체계가 아니라 온 우주를 향해 열려 있는 개방적 성격을 기반으로 하는 객관성이라고 할 수 있다. 이것이 바로 집단무의식이며 원형이다. 일반적 의식(意識) 수준에서 나라는 존재는 나 외에는 모두 객체로 치부하는 주체일지 모르지만 집단무의식을 관념으로 하는 원형을 체험하는 순간 스스로는 모든 주체의 객체가 되면서 자신이 누구인지를 망각해 버린다. 이러한 원형의 세계는 의식과 자아가 없는 상태로 만들어 주는 위험성을 가지고 있다. 그런 이유 때문에 인류는 스스로의 의식(意識)을 강화하는 방향을 끊임없이 지향해 왔던 것이다. 융은 의식(儀式), 집단표상(集團表象), 교리(敎理) 등이 이런 목적에 기여한 것으로 본다.

들어지는 문명을 기반으로 형성된다. 문화는 문명의 발달 수준, 사회적·지리적 상황과 환경, 그 시대의 이념 등에 따라 언제든지 변할 수 있을 뿐만 아니라 삶 전체를 포괄하고 있기 때문에 한두 마디로 정의하기는 어렵다. 이는 문화의 원류를 탐색하여 체계적으로 분류함으로써 원형으로 작용할 수 있을 것들을 추출해 내는 것 또한 매우 어려울 수 있음을 의미한다. 이에 비해 문명은 감각적인 사물현상으로 나타나는 데다가 각각의 문명이 기본적으로 가지고 있는 기능 또한 매우 뚜렷하여 식별하고 구분하여 체계화하는 것이 비교적 어렵지 않아서 본질적 성격이나 원형을 찾아내는 것이 상대적으로 수월한 편이다.

문명이 문화를 낳지만 문화가 그것보다 더 복잡하고 다양한 이유는 삶의 향유방식과 정서 등을 결정하는 핵심이라고 할 수 있는 정신세계와 밀접하게 연관되어 있기 때문인 것으로 보인다. 심리적인 측면에서 볼 때 사람의 정신세계는 크게 의식(意識) 부분과 무의식(無意識) 부분으로 나눌 수 있다. 의식 부분은 감각하거나 인식하는 대상에 대한 모든 정신 작용을 지칭하는 것으로 볼 수 있는데, 사물현상에 대한 활용이나 향유의 방식 등을 결정한다. 무의식 부분은 인지나 의지로 얻은 것이 아닌 생득적 정신 작용으로 일정한 행위에 대한 자각이 없는 상태에서 이루어지는 정신활동을 가리킨다. 이러한 정신활동, 혹은 심리활동에 대해 융은 개인적 무의식과 집단적 무의식으로 구분하면서 집단적 무의식의 관념이 원형을 형성[14]한다고 설파했다.

문화의 원형이 집단무의식을 중심으로 하는 정신활동과 깊이 연관된 것으로 파악되므로 이것에 대한 분석과 추출은 집단무의식과 관련 있는 정신활동을 중심으로 할 수밖에 없다. 그렇다면 한국인에게는

---

14) 칼 구스타프 융 지음, 한국융연구원 C. G. 융 저작 번역위원회 옮김, 앞의 책, 46쪽.

민족적으로 집단무의식을 형성하는 정신활동의 내용이 무엇인지에 대한 고찰이 우선적으로 이루어져야 할 것으로 생각된다. 우리 민족에게서 집단무의식으로서의 정신활동 중 가장 오래된 원래의 모습을 찾기 위해서는 역시 신화(神話)와 민담(民譚)을 주목할 수밖에 없다.

신화는 우주와 사물현상에 대한 우리 민족의 관념과 상상력을 신의 이야기를 통하여 집약해 놓은 것으로 지금까지도 우리 민족의 정신세계를 지배하는 원형으로서의 집단무의식이 잘 발현된 문학이다. 민담은 자연과 사람에 대한 생각과 상상력을 결합하여 만들어 낸 허구의 이야기로 이것 역시 사람과 삶에 대한 우리 민족의 집단무의식이 잘 나타나고 있다. 따라서 우리 민족의 신화와 민담을 중심으로 한국문화의 원형을 도출해 보도록 한다.

원형을 추출하기 위해 신화와 민담에서 가장 주목해야 할 것은 역시 전승력의 핵심인 화소(話素)[15]라고 할 수 있다. 화소는 이야기를 구성하는 가장 작은 단위를 가리키는데, 그 속에는 신화나 민담을 만들고 향유하던 사람들의 집단무의식이 맹아적 형태로 녹아 있으면서 이것을 중심으로 에피소드(episode)가 만들어지고 연결되어 하나의 이야기로 완성되기 때문이다. 일정한 서사적 길이를 가지는 에피소드는 시대와 상황에 따라 빠지거나 덧붙여지는 변화를 겪지만, 화소는 이야기 전체를 관통하면서 뼈대의 중심을 이루며 지속적으로 보존되고

---

15) 화소는 모티프(motif)의 번역어라고 할 수 있다. 『모티프 인덱스(*Motif Index*)』라는 저서를 통해 세계 설화를 모티프로 정리한 스티스 톰슨(Stith Thompson)은 모티프를, "이야기에서 전승하는 힘을 가진 최소의 단위 요소를 모티프라고 한다. 모티프가 이런 전승의 힘을 가지기 위해서는 사람들의 눈길을 사로잡는 특별한 무엇인가가 있어야 한다. 이야기 중의 행위자, 일정한 아이템, 하나의 사건 등을 기반으로 하는 모티프는 그 자체가 매우 단순한 것이기 때문에 분석을 통해서는 더 이상 파괴될 수 없는 것이다"라고 정의했다.

변화하지 않은 형태로 전승되어 원형을 담고 있는 핵심으로 작용하게 된다.

우리 민족의 신화는 크게 창세신화와 건국신화[16]로 구분할 수 있는데, 창세신화보다는 건국신화가 풍부한 편이다. 사람이 중심을 이루면서 우주와의 관계를 바탕으로 형성되는 민담은 소재와 주제, 제재 등에 따라 다양한 모습을 보이지만 그 속에 녹아 있는 집단무의식으로서의 원형은 신화의 그것과 밀접하게 연관된 것들이 중심을 이루는 것으로 보인다.

우리 민족의 신화를 보면, 무속의 창세신화를 비롯하여 단군신화, 동명왕신화, 혁거세신화, 수로왕신화, 탈해왕신화, 삼성신화, 견훤신화 등의 건국신화가 있으며, 범위를 좁히면 씨족신화가 매우 다양한 형태로 분포[17]해 있다. 민담은 사람과 사람, 사람과 우주, 사람과 자연이 관계를 맺으면서 살아가는 현실의 모든 것이 소재와 주제로 작용하여 형성되므로 매우 복잡하면서도 다양한 형태로 존재한다. 민족의 신화와 민담 등의 이야기를 이루는 핵심적인 화소를 살펴보면 모든 작품을 관통하여 공통적으로 존재하는 것으로 보편타당성을 지니는 것들이 드러나는데, 다음의 다섯 가지 핵심 화소로 분류할 수 있다.

첫째, 미래를 선점함으로써 현재의 결핍을 채우기 위한 욕구에서 기원하는 것인데, 현실을 넘어서기 위한 인간의 바람[欲]을 구체화하여 나타나는 숭배(崇拜), 둘째, 성격이 서로 다른 영역을 구분하여 생각함으로써 평강을 얻기 위한 수단이며 스스로가 처한 현실에 만족하기 위한 도구의 하나라고 할 수 있는 금기(禁忌), 셋째, 자연과 인간의

---

16) 건국신화는 씨족 혹은 부족 신화가 확대 재편되는 과정을 거치면서 형성된 것으로 볼 수 있다.

17) 손종흠, 「한국신화의 체계화 방안 연구」, 『논문집』 43집, 한국방송통신대학교, 2007.

모든 과정은 끊임없는 변화의 소용돌이 속에 있다는 것을 강조하면서 과정의 중요성을 보여 주는 이중탄생(二重誕生), 넷째, 세상의 모든 사물현상을 인간과 인간 이외의 존재로 구분하고 이것이 수평적 관계에 있음을 강조하는 동반의식(同伴意識), 다섯째, 모든 존재가 일정한 관계를 통해 연결되어 있으며 그것이 상호 간에 결합함으로써 언제나 새로운 것을 창조해 낼 수 있다는 사실을 강조하는 결합의식(結合意識) 등이다.

무엇인가가 결여되어 있는 상태에서 그것을 해결하기 위한 몸의 움직임이 반드시 수반되도록 만드는 주체로 작용하는 욕구는 일정한 목적을 가진 행위를 통해 미래에 일어날 일을 앞당겨 실현시킴[先占]으로써 결핍을 해소하는 성질을 가지고 있다. 사람을 비롯한 유기체의 가장 기본적인 욕구는 몸을 움직일 수 있는 에너지를 생산하기 위해 반드시 필요한 먹이로 배고픔을 채우는 것이다. 배고픔으로 나타나는 에너지의 결핍은 그것을 만들기 위한 재료인 먹이를 바라는 욕구를 만들어 내고, 이것이 먹이의 획득이라는 목적에 맞는 행동을 유발하여 미래의 선점을 통해 결핍을 채움으로써 멈춘다. 이러한 성질을 가지고 있는 유기체의 욕구는 먹이를 얻기 위한 행위를 유발하는 것에만 국한하지 않고 매우 광범위한 삶의 영역에 걸쳐 나타나는데, 특히 사람에게는 그 욕구가 복잡다단하게 존재하는 것으로 파악된다. 종족을 보존하고 이어 가기 위한 욕구, 아름답게 꾸미고 싶은 욕구, 하늘을 날고 싶은 욕구, 공간 이동을 빨리 하고 싶은 욕구, 땅속을 알고 싶은 욕구, 죽은 뒤의 세상을 알고 싶은 욕구, 많은 재화를 가지고 싶은 욕구, 권력을 가지고 싶은 욕구 등 삶의 전 영역에 걸쳐 다양한 욕구를 가지고 있기 때문이다. 이처럼 수많은 욕구 중에는 사람의 힘으로 해결할 수 있는 것도 있지만 사람의 힘만으로는 이룰 수 없거나 짧은 시간 안에는 이루기 어려운 욕구도 있다. 하늘을 마음대로 날고 싶은 욕구, 먼 거리를 순식간에 이동하고 싶은 욕구, 땅속을 알고 싶은 욕구, 죽은 뒤의 세상을 알려는 욕구 등은 유기체라는 몸을 가지고 있는 이상 쉽게 해결할 수 있는 욕구가 아니다. 이 경우 사람들은 자신이 가지고 있으나 이루기 어려운 욕구를 충족시켜 줄 수 있는 대안을 찾게 되는데, 그것이 바로 자신과는 상대가 안 될 정도의 초능력을 가진 존재를 설정하고, 그 존재를 향한 기원, 혹은 기도 등을 통해 이루어지는 숭배의 행위이다.

고래로부터 우리 민족에게 숭배의 대상은 하늘, 일월성신(日月星辰), 고산대천(高山大川), 물[水], 동물, 수목, 암석, 신명(神明), 천왕(天王), 지신(地神), 별신(別神), 영혼, 귀신, 정령(精靈), 풍수지리(風水地理), 음양오행(陰陽五行) 등 매우 다양하였다. 이 모든 대상은 집단무의식화를 관념으로 하는 원형으로서의 숭배에서 나온 것으로 신화와 민담, 풍속 등의 문화 전반을 관통하는 보편타당성을 확보한 것이면서 민족 문화의 핵심이 되는 원형이라고 할 수 있다. 원형으로서의 숭배는 주로 제의(祭儀)를 통해 형상화되어 생활 속에 깊이 뿌리를 내리고 있으며 우리 민족의 유전자에 새겨져 생득적으로 알게 되는 어떤 것이다. 우리 민족이 과거로부터 현재까지 향유하는 거의 모든 문화현상 속에는 원형으로서의 숭배의식(崇拜意識)이 어디에나 깔려 있다. 신화와 전설과 민담은 말할 것도 없고, 제의를 비롯한 모든 의식(儀式)의 과정, 여가를 효과적으로 보내기 위해 즐기는 오락 등을 비롯하여 일상생활 속에서 숭배의식이 관통하고 있는 우리의 문화적 현상을 쉽게 찾아볼 수 있기 때문이다.

금(禁)은 귀신을 의미하는 시(示)와 수풀을 의미하는 림(林)이 결합한 글자이다. 수풀은 귀신이 활동하는 공간으로 사람이 마음대로 들어갈 수 없는 영역을 의미한다. 그러므로 이 글자는 이쪽과 저쪽의 공간이 서로 달라서 넘나들 수 없음을 나타내고, 금지하다라는 뜻을 가지게 되었다. 기(忌)는 피해서 안으로 숨어 구부러져서 웅크리고 있는 상태를 나타내는 것으로 정면으로 맞서지 않고 피한다는 뜻을 가진다. 따라서 금기라는 말은 영역이 달라서 함부로 들어가거나 범하기 어려운 것, 혹은 공간에 대해 심리적으로 움츠러들어서 피하고자 하는 심리를 나타낸 것이다.

금(禁)이라는 한자는 신에게 바치는 제물(祭物)을 차려 놓은 제단(祭壇)의 모습을 본떠서 만들었다. 성질이 서로 다른 공간을 나눔으로써 경계를 설정하여 오가지 못하게 하거나 이쪽에서 저쪽으로 함부로 들어가지 못하게 한다는 뜻을 기본으로 가진다. 사람이 있는 공간에서 보았을 때는 신이 있는 공간이나 영역은 금이 되고, 일반 사람들이 있는 공간에서 보았을 때는 신의 아들이라고 일컬어지는 왕이 있는 공간, 혹은 영역이 바로 금이 된다. 궁궐을 금궁(禁宮)이라 하고, 왕을 지키는 친위대를 금군(禁軍)이라고 하는 이유가 바로 여기에 있다. 기(忌)는 '피하다', '싫어하다', '숨다' 등의 뜻을 기본으로 한다. 결국 금기라는 것은 주체인 사람의 입장에서 보았을 때 성질이 다른 신의 영역에 속하는 어떤 것에 대해 함부로 건드리지 못하게 하거나 피함으로써 그로부터 올 수 있는 나쁜 것들을 피해 보자는 뜻을 가진 말이 된 것이다. "어떤 일을 하면 어떤 재앙이나 나쁜 일이 생길 수 있다. 어떤 장소에 함부로 들어가면 신의 노여움을 사서 해코지당하는 일이 생길 수 있다." 등의 금기는 아주 오래전부터 우리의 삶 속에 깊이 뿌리 내리고 있으면서 생활문화 전반에서 엄청난 위력을 발휘했었다. 이런 이유로 금기는 우리 민족의 집단무의식으로 만들어지면서 세대와 시간을 넘어 전해졌고, 문화의 원형으로 자리매김할 수 있었다. 문명이

고도로 발달한 현대에 이르러서는 이러한 금기가 많이 사라지기는 했지만 우리의 생활 속에 남아 여전히 커다란 영향력을 가지고 있는 것은 부정하기 어렵다.

우주를 이루고 있는 모든 구성요소는 태어나거나 나타나서 죽거나 사라지는 존재들이다. 그러므로 우주에 있는 모든 현존재는 한시도 쉬지 않고 끊임없이 변화하는 속성을 가질 수밖에 없다. 그중에서 탄생은 특정의 사물현상이 지니고 있는 독자적인 존재성을 나타내 주는 직접적 계기를 제공한다는 점에서 대단히 중요한 의미를 지닌다. 현존재의 모습과 성격 등은 이전 세계의 무엇인가와 연결되어 있다고 생각했으며, 그것이 어떤 형태를 지니고 태어나느냐에 따라 현존재가 존속하는 동안에 일어날 수 있는 변화와 활동 등이 어느 정도 결정된다고 믿었기 때문이다.

태어나는 존재의 우수함과 신성함을 확보하는 것은 특별한 의미를 지닐 수밖에 없다. 특히 사람은 그것을 매우 중요하게 여기며, 충분히 활용할 수 있는 능력과 기술을 가지고 있는 현존재라고 할 수 있다. 이러한 의도를 잘 활용하기 위한 것 중 하나로서 꿈의 형태로 나타나는 태몽이라는 장치는 출생을 신성시하여 그 사람이 뛰어난 능력을 갖춘 존재임을 나타내기 위한 욕구를 잘 반영하는 결정적인 증거라고 할 수 있다. 현대사회에 와서는 태몽 정도로 축소되었지만, 과거로 올라갈수록 탄생을 신성화하려는 시도와 장치가 구체적이면서도 실질적으로 존재했었다는 사실이 여러 기록을 통해 확인되는데, 그것은 바로 이중탄생(二重誕生)이다.

나라를 세운 인물에 대한 이야기인 건국신화, 살아서는 매우 훌륭한 업적을 남겼으며 죽어서는 신으로 추앙받는 인물의 탄생설화, 씨족의 시조가 되는 인물의 탄생설화 등에서는 어김없이 사람이 아닌 모습으로 태어났다가 나중에 다시 변신하여 사람이 되는 구조인 이중 탄생이 나타난다. 이중탄생의 첫 번째 탄생은 알 형태의 난생(卵生)[18] 이 대부분이고, 신성한 동물의 모양,[19] 일반인과 차별화된 형태와 능 력을 가지는 존재[20] 등이 그 뒤를 잇는 것으로 파악된다.

이러한 이중탄생은 첫째, 일반 사람과는 다르다는 점을 강조하는 차별성을 확보할 수 있으며, 둘째, 신성한 무엇으로부터 왔음을 증명 하며, 셋째, 사람들을 이끌 지도자임을 강조하고, 넷째, 누구나 복종할 수밖에 없는 권위의 부여 등의 효능을 가짐으로써 한 나라를 세우거 나 신으로 모셔지기 위한 필요충분조건을 갖춘 존재라는 점을 증명하 는 수단으로 활용된다. 또한 주인공은 이중탄생을 통해 인간세계와는 성격이 다른 어떤 곳에서 인간의 영역으로 넘어온다는 점을 강조함으 로써 신성한 존재임과 동시에 인간적인 존재라는 양면성을 부각시키 는 것이다. 이것은 사람이 기본적으로 가지고 있는 양면성을 지닌 정 신세계, 즉 특별한 능력을 가진 신성성과 영원성을 가진 세계를 마음 으로부터 갈구하지만 유한한 능력과 생명을 가지고 있는 인간의 현실 을 인정하고 받아들일 수밖에 없는 그런 것에 기반을 두고 있는 것이 다. 따라서 과거로 올라갈수록 신성성을 확보하기 위한 이중탄생 장 치는 오랜 시간에 걸쳐 존재해 왔으며, 각각의 사건이 해당하는 시기 에 없어서는 안 될 정도로 중요한 장치가 되어 모든 사람이 인지하고 마음속에서 전적으로 수용하면서 인정하고, 활용할 수밖에 없는 하나

---

18) 가야 건국신화인 김수로왕신화, 신라 건국신화인 혁거세신화, 고구려 건국신화인 동명 왕신화 등을 들 수 있다.
19) 닭, 곰, 뱀 등 토템의 대상이 되는 동물을 말한다.
20) 거인, 날개 달린 존재, 힘이 아주 센 사람, 일반인에게는 없거나 가질 수 없는 능력을 가 지고 태어난 사람 등을 들 수 있다.

의 문화원형으로 자리매김하게 되었던 것이다. 이중탄생의 화소는 시간과 세대를 넘어 우리 민족에게 전승되면서 시대와 사회적 상황에 따라 변화되기는 했지만 지금까지도 우리 문화의 깊은 곳에 활기차게 숨 쉬면서 다양한 형태의 문화현상으로 재생산되고 있다.

신화나 민담 등을 중심으로 하는 집단무의식의 문화현상으로 볼 때 우리 민족은 사람을 매우 중요한 존재로 여기면서도 다른 존재보다 위대하다거나 그 위에 군림한다는 생각을 하지는 않았던 것으로 보인다. 우리 민족은 우주의 모든 사물현상을 인간과 그 외의 존재가 서로 마주 보는 것으로 생각했는데, 이것은 일방적 지배나 종속 관계가 아닌 수평적 관계에 있다는 사실을 바탕으로 하는 동반의식(同伴意識)이 문화의 기반에 매우 깊숙이 자리하고 있기 때문이다. 따라서 우리의 문화에서는 모든 것이 존경과 숭배의 대상이 될 수밖에 없으며, 아주 하찮은 미물이나 심지어 미생물일지라도 함부로 대해서는 안 된다는 인식이 생각의 깊은 곳에 자리하고 있다. 하늘은 하늘대로, 땅은 땅대로, 그리고 각각에 속한 존재는 그것대로 독자성과 독립성을 가지고 있으면서 상호 간에 가지는 관계와 연결을 통할 때만 비로소 우주가 정상적으로 돌아간다고 믿었던 것이다. 무엇이나 함부로 소유한다는 생각을 하지 않았으며, 어떤 존재든지 그것대로의 특징과 장점이 있기 때문에 존중하고 아끼면서 함께 해야 한다는 생각을 기본으로 가지고 있었다. 우주의 모든 존재가 상호적인 관계 속에서만 살아갈 수 있다는 사실을 정확하게 인식하고 그것을 생활 속에서 끊임없이 실천해 온 탓에 동반의식은 아주 오래전부터 현재에 이르기까지 우리 민족이 마음 깊은 곳에 보배처럼 간직한 것이 되었고, 그것은 이유나 원인을 따지지 않는 상태에서 무의식적으로 작동하면서 현실적으로 행해지는 일정한 행위를 통해 생활 속에서 실현되는 문화의 원형으로 작용했다.

집단무의식화하면서 문화의 원형으로 자리 잡은 동반의식은 우리 민족의 생활문화 전체에 미치는 영향력이 매우 컸고, 그것은 지금까지 지속되는 것으로 확인된다. 우리 민족은 사람에 대한 것은 말할 것도 없고 세상을 이루고 있는 그 외의 모든 사물현상에 대해 저마다의 성격에 부합하는 신격(神格)을 부여하였으며, 그것과 늘 함께 있는 것으로 생각하는 문화를 기반으로 하였다.

동물과 식물, 돌과 나무, 집 안과 집 밖, 땅과 하늘 등에 속해 있는 모든 사물현상은 그것만이 가지는 특성을 잘 보여 주는 신격이 존재하며, 그것을 통해 사람과 동등한 위치에서 함께한다고 믿었기 때문에 어느 것 하나도 함부로 대하거나 사람이 그 위에 군림한다는 생각을 하지 않았다. 산의 나무 하나를 자르는 데에도 조심하면서 기도와 경건함을 통해 최고의 정성을 다했으며, 집 안에 있는 모든 사물현상, 즉 부엌, 화장실, 솥, 기둥에서부터 아궁이, 장독 단지 등에 이르기까지 모두 일정한 신격이 있다고 생각하여 이들을 화나게 하는 행위나 작업 등은 하지 않거나 부득이 해야 할 경우는 그렇게 할 수밖에 없음을 알리는 방법으로 온갖 정성을 다하여 모시는 의식(儀式)을 행해 신격의 이해를 구한 후에야 비로소 행위나 작업을 진행하였다. 다른 생명체의 목숨을 앗는 행위를 할 경우도 최대한의 예를 갖추었으며, 뒤처리 역시 한 치의 소홀함도 없도록 치밀한 조치를 게을리하지 않았다. 이처럼 생활 전체를 살얼음 밟듯이 조심하는 이유는 사람이 다른 모든 존재와 함께하지 않으면 안 된다는 동반의식이 집단무의식의 형태로 존재했기 때문인 것으로 보인다. 아주 작은 것이라도 경시하거나 소홀히 대할 경우 결국에는 엄청난 재앙으로 되돌아올 수 있다는 사실을 우리 선조들은 너무나 잘 알고 있었던 것이다. 이러한 동반의식이 생활의 저변에 깊숙이 자리하고 있었기 때문에 서로를 존중하고 아끼며 사랑하는 문화를 형성할 수 있었으며, 나보다 상대를 먼저 생각하는 심리 상태와 행동방식을 가지게 된 것으로 보인다.

우리 민족의 생활 속에 깊이 뿌리를 내리고 있으면서 심리 상태에 커다란 영향력이 있는 또 다른 원형은 세상의 모든 존재는 결코 혼자일 수 없으며, 어떤 형태로든 일정한 관계망을 통하여 매우 긴밀하게 연결되어 있다고 생각하는 결합의식(結合儀式)이라고 할 수 있다. 관계라는 것은 일정한 범주에 속하는 대상들이 지니고 있는 성질들을 기반으로 하여 그 대상들 사이에 존재하거나 끌어낼 수 있는 관련성을 총칭[21]하는 말이다. 이처럼 관계는 대상과 대상 사이에 존재하는 관련성을 가리키는 것이기에 객관적인 성격을 기본으로 한다. 그러므로 관계는 그것을 인식하고 정립하는 주체인 사람의 의식(意識)으로부터도 독립적이다. 우주 내에 현존하는 모든 사물현상은 기본적으로 객관적 관계를 형성하고 있으며, 그것을 기반으로 연결되고 결합하면서 끊임없이 변화하고 새로운 것을 창조하는 그런 존재들이다. 우리 민족은 일찍부터 이러한 사실에 주목하면서 그것을 바탕으로 삶을 유지해야만 무리가 따르지 않으면서 조화로운 세상을 만들 수 있을 것이라는 생각을 가지고 있었다. 아무리 작은 크기의 사물현상이나 생명체라도 소중하고 크게 여겨야 하며, 하찮은 것처럼 보이거나 느껴지는 일도 성실을 바탕으로 하는 최선의 해결방안을 기반으로 하는 문화를 형성했다.

작거나 하찮게 보이는 것이 크고도 엄청난 변화와 창조를 가능하게 하는 단초가 되는 경우가 많은데, 자연, 혹은 우주를 만드는 모든 구성

---

21) 한국철학사상연구회 편, 『철학대사전』, 동녘, 1989.

요소가 일정한 관계성을 지니고 연결되어 있어서 그것의 결합에 의해 유지되고 발전하기 때문이다. 따라서 이러한 결합의식에 기대어 생활하고 창조하는 것이 다른 어떤 것보다 중요하다는 것을 몸소 체험하면서 모든 문화현상에 이것이 실현될 수 있도록 했던 것이다. 하나의 예를 들어 보자. 고려시대에 만들어진 것으로 우리나라 국보 제3호로서 세계에서 가장 오래된 대장경판본으로 세계기록 유산으로 등재되기도 한 고려대장경은 합천에 있는 해인사 장경판전[22]에 보관되어 있다. 1970년대에 이것을 영구히 잘 보전하기 위해 습도, 온도 등을 최첨단 과학기술로 맞춘 콘크리트 건물을 지어서 옮긴 적이 있다. 그러나 얼마 지나지 않아 첨단기술을 적용한 건물에 보관하던 나무판이 뒤틀림과 결로 현상을 보이자 다시 원래의 장경판전으로 옮겨서 보존하게 되었다. 이 사례에서 보듯이 인위적으로 무엇인가를 하는 것보다 자연적으로 형성된 관계 속에서 만들어지는 것을 활용하는 것이 훨씬 안정적이며 큰 위력을 발휘한다는 사실을 알 수 있다. 관계와 연결을 중시하면서 요소와 요소 사이에 이루어질 수 있는 결합을 제대로 한다면 다른 어떤 것보다 위력이 크다는 사실을 우리 선조들은 잘 알고 있었던 것이다. 그것이 생활 속의 문화가 되어 오랜 시간에 걸쳐 세대를 넘어 전승되면서 하나의 원형으로 자리 잡은 것으로 생각된다.

이러한 문화의 원형은 대상의 범주와 크기에 따라 다양하게 추출될 수 있으므로 이것만이 정설이라고 주장할 수는 없다. 그러나 위에서

---

22) 이 건물은 통풍과 습도 조절을 위해 여러 장치를 구비하고 있는 것으로 알려져 있다. 통풍을 위해서는 남쪽과 북쪽의 창문 크기를 다르게 하면서 각 칸마다 창을 만들었으며, 건물의 안쪽 흙바닥 속에는 숯과 횟가루, 소금 등을 모래와 함께 차례로 다져 넣음으로써 자연적인 습도 조절이 가능하도록 지었다고 한다. 이와 같은 자연적인 장치와 활용 덕분에 1,000년 가까운 세월이 지난 지금까지도 팔만대장경의 나무 판본은 손상 없이 건재할 수 있었던 것으로 보인다.

고찰한 우리 문화의 원형은 전체적이면서도 기본적인 것을 중심으로 추출한 것이기 때문에 어느 정도는 객관성이 있는 것으로 보아도 좋을 것이다. 이제 이러한 원형을 염두에 두면서 아래에서는 생활양식과의 연결성을 중심으로 하는 한국문화의 체계적인 분류를 시도해 보도록 한다.

2. 한국문화의 분류

문화의 범주는 사람이 삶을 살아가는 생활 현장에서 필요에 의해 만들어지는 언어·풍습·종교·학문·예술·제도 등을 모두 포함하고 있어 그것을 객관적인 기준에 의해 체계적이면서도 조직적으로 분류하는 것은 매우 어렵다. 그럼에도 불구하고 문화를 반드시 분류해야 하는 이유는 이 작업은 한 민족, 혹은 한 나라 사람들이 만들고 향유하는 문화적 현상을 올바르게 이해할 수 있도록 하며, 이에 대한 활용도를 최대한으로 높일 수 있는 근거를 마련하기 위한 바탕으로 작용하는 데 결정적인 기여를 할 수 있기 때문이다.

사람이 생활하는 현장에서 발생하는 모든 물리적·정신적 현상 중에서 구성원이 습득하고 공유하면서 관습화함으로써 생활 속에서 일정한 현상으로 나타나는 모든 것은 전부 문화라고 할 수 있기에 이에 대한 체계적인 분류는 문화가 가지고 있는 기본 성격과 구성원들의 삶이 만들어 내는 생활양식이 적절한 조화를 이루는 방향에서 이루어져야 할 것으로 보인다. 생활양식과 문화는 밀접한 관계를 맺고 상호 간에 영향관계를 주고받으면서 변화하고 발전하는 것으로 파악된다. 따라서 한국문화의 체계적 분류는 우리 민족의 생활양식을 토대로 하면서 우리 문화가 가지고 있는 특성을 가장 잘 나타낼 수 있는 방향으로 이루어지는 것이 바람직할 것이다.

생활양식이란 사람이 일상적인 삶의 과정에서 행하는 모든 행동을 가리킨다. 개인이나 일정한 공동체를 이루는 집단이 지니고 있는 가치관과 그들이 속해 있는 자연환경이 가지는 특수성 등에 의해 만들어지는 것으로서 차별성을 가짐과 동시에 공통적으로 인식되는 관습적 행위로서의 문화적 현상을 만들어 낼 수 있는 행위의 방식 전체를 이르는 말이다. 이러한 의미의 생활양식이라는 말은 3차 산업이 점차 힘을 발휘하는 20세기 중반을 넘어서면서 일어난 탈공업화[23] 현상에 기대어 활발하게 쓰이기 시작한 것[24]으로 보인다.

1차 산업이나 2차 산업이 경제의 핵심을 이루던 과거 사회에서는 노동력, 혹은 노동력과 자본이 중심을 이루었기 때문에 사람이 살아가는 방식은 비교적 단순하고 간단했다. 신분사회에서는 지식이나 정보 등은 지배계급에 속하는 사람들만 필요로 했기에 사회 구성원의

---

[23] 자본과 노동력이 중심을 이루던 2차 산업의 비중이 높았던 시대를 탈공업화 사회(post-industrial society)라고 하는데, 이때는 내구재가 근간을 이루는 제조업인 2차 산업이 중심을 이루면서 소품종 대량생산 체제로 상품이 만들어지고 유통되었다. 탈공업화 사회는 2차 산업의 비중이 낮아지면서 지식과 정보가 중요한 의미를 가지는 3차 산업의 비중이 높아지는 사회를 지칭한다. 탈공업화 사회는 다품종 대량생산 체제를 기본으로 하면서 교통과 통신의 발달이 가속화되고 서비스에 대한 수요가 대폭 증가한다. 현재는 정보, 의료, 교육 등의 서비스 산업을 중심으로 하는 지식 집약적 산업을 중심으로 하는 4차 산업, 혹은 패션, 오락 및 레저 산업 등을 지향하는 5차 산업을 점차 중시하는 경향으로 나아가고 있다.

[24] 미국의 미래학자인 앨빈 토플러는 『미래의 충격(Future Shock)』(앨빈 토플러 지음, 장을병 옮김, 범우사, 1997)이란 저서에서 문명의 급속한 발달에 의한 생활양식의 다변화와 변화의 속도가 빨라지면서 우리가 받는 문화적 충격은 점차 커질 것이라고 예언했다.

대부분을 이루는 피지배계급에 속하는 사람들은 노동력의 소비와 재생산, 재화의 생산과 소비가 번갈아 가면서 순환하는 것에 맞추어서 삶을 영위하였으므로 의식주(衣食住)와 같이 비교적 단순한 기준에 의해서도 체계적인 파악과 분류 등이 가능했다. 이러한 상황은 신분이 해방되고 근대사회로 이행하는 과정에서도 비교적 큰 변화를 겪지 않은 상태를 유지했다. 그러나 20세기로 넘어가면서 기술의 발전과 문명의 발달이 급속도로 이루어지면서 자본의 위력이 강해지자 여러 가지 변화가 나타나기 시작했다. 특히 20세기에서 21세기로 이행하는 과정에서 인류사회는 3차 산업이 중심을 이루게 된 탈공업화 과정을 겪었으며, 4차 산업 사회로 넘어가려는 전환기로 접어들게 된다. 이것은 사람들의 생활양식을 엄청나게 빠른 속도로 변화하게 만들었고, 매우 복잡한 양상을 띠게 하는 결정적 요인으로 작용하였다. 대량생산, 대량소비 체제에 의하여 생활수단의 상품화가 진행됨에 따라 생활수단 상품의 개인주의적인 사유와 이용 방법, 금전주의적인 풍조가 널리 퍼지게 된 데[25]에 원인이 있는 것으로 보인다.

현대사회는 소품종 대량생산 체제를 갖추고 상품을 생산하던 공업, 혹은 산업사회에서는 보기 어려웠던 가족관계의 해체, 교육, 스포츠, 음악, 섹스 같은 정신적·도덕적 생활 영역의 상품화[26]가 이루어졌고, 철저한 개인화의 진행에 따른 인구의 감소, 고독감, 우울증, 소외감 등에서 오는 불안증과 폭력성 증가 등의 사회적 병폐가 나타나면서 생활양식에도 대변화가 초래될 수밖에 없었다. 사회적 상황이 이처럼 급변하다 보니 문화의 분류 기준을 어떻게 정하느냐가 더욱 중요한

25) 다쯔오 나루세 지음, 백욱인 옮김, 『생활양식론』, 도서출판 민글, 1994, 23쪽.
26) 다쯔오, 나루세 지음, 백욱인 옮김, 위의 책, 26쪽.

문제로 부상하게 되었다. 인류사회는 탈공업화를 기점으로 전과 후의 생활양식과 문화적 상황에 나타난 엄청난 변화를 감지할 수 있는데, 기반부터 바뀐 사회 상황으로 볼 때 탈공업화 시대와 이전 시대의 생활양식과 문화를 분류하는 기준 역시 달라져야만 하기 때문이다.

아주 오래전부터 전통적으로 분류해 온 방식에 의하면 인류의 생활양식은 의식주를 기준으로 나누는 것이 가장 일반적이었고, 우리 민족의 경우도 예외는 아니었다. 입는 것, 먹는 것, 거주하는 것 등은 생명을 유지하면서 종족을 보존하고, 번성시키기 위해 반드시 필요한 기본적인 것으로서 생활양식의 핵심을 이루고 있었기 때문이다. 의식주라는 큰 틀 속에서 이루어지던 과거 인류의 생활양식은 현대사회와 비교해 볼 때 자연과의 거리나 밀착도가 상대적으로 가까우면서도 친밀했으므로 이 세 가지 기준에 따라 구분하는 것이 가장 명확한 결론을 낼 수 있는 핵심이었고, 가장 전통적이면서도 합리적인 분류가 될 수 있었다. 그런데 문명이 고도로 발달한 현대사회에 이르러서는 전통적 방법에 의해 인류의 생활양식을 의식주로만 하는 분류가 과연 타당한가 하는 점에 대한 반론이 제기되었다. 문명의 급속한 발달, 특히 탈공업화 사회로의 전환은 인류의 생활방식에 질적 변화를 가져왔으며, 그에 따라 생존과 삶에 대한 사람들의 생각도 바뀌기 시작했기 때문이다. 정보통신과 엔터테인먼트가 사람의 생명과 삶을 유지하고 발전시키는 데 매우 중요한 구실을 하는 것으로 인식되기 시작하면서 종래에 삶의 중심을 이룬 것으로 인식되었던 의식주와 마찬가지로 생활양식을 이루는 핵심적인 구성요소로 보아야 한다는 주장이 제기되기에 이르렀던 것이다.

정보통신과 엔터테인먼트 등이 의식주와 다른 점은 철저하게 개인적이라는 데 있다. 탈공업화 이전 사회에서 의식주는 공동체 구성원들 사이에 형성되는 밀착된 관계망 속에서 이루어지는 집단성에 기반을 두면서 서로에 대한 상호 의존성이 높은 상태에서 생산되고 소비되는 경향을 가지고 있었다. 따라서 이것이 생활양식의 중심을 이루는 시대에는 인구의 증가, 협동생산과 협동소비, 사회적 관계성, 도덕적 수월성, 대중적 익명성 등이 사회 전반을 관통하는 뼈대로 작용하는 데 아무런 문제가 없었다. 그러나 급격한 문명의 발달에 힘입어 다품종생산과 대량소비를 모토로 하는 사회가 형성되고 정보통신과 엔터테인먼트가 삶의 질을 좌우할 수 있는 탈공업화 시대로 접어들면서부터 개인이나 가족의 삶을 유지하는 데 소요되는 비용이 기하급수적으로 증가하였다. 그리하여 앞 시대에 사회적 뼈대로 작용했던 모든 것이 급속하게 무너져 내리기 시작했다. 생활양식을 결정하는 생산과 소비가 철저하게 개별화되어 가는 과정에서 정보통신과 엔터테인먼트는 그것을 더욱 심화시키는 방향으로 나아가도록 하는 데 결정적인 역할을 했고, 삶의 엄청난 변화를 유발함으로써 사회 전체를 질적으로 변화시키는 데 성공했다. 이렇게 되자 현대인의 생활양식을 분류할 때 정보통신과 엔터테인먼트를 기본 뼈대로 설정할 것인지에 대한 논의를 해야만 하는 상황으로 전개되고 있다. 이미 위에서 살펴본 바와 같이 정보통신과 엔터테인먼트는 현대인이라면 누구나 자신이 향유하는 삶의 질을 유지하고 향상시키는 데 매우 중요한 역할로 자리 잡은 것으로 보인다. 따라서 의식주와 더불어 생활양식을 구분하는 핵심적인 기준으로 적용할 수밖에 없게 되었다.

　문화는 생활양식과는 떼려야 뗄 수 없을 정도로 밀접한 관계망을 형성하고 있어 문화현상을 체계적으로 나누어 분류하는 것 역시 생활양식의 변화 양상과 그것을 나누는 기준에 큰 영향을 받는다. 생활양식은 각 개인의 정체성과 깊은 관련이 있으며, 자신이 속한 사회나 집단의 구성원들과 조화를 이루는 문화적인 상징들을 만들어 내는 습관적 패턴이라고 할 수 있다. 따라서 사회적 관습을 기반으로 형성되는 문화는 생활양식의 절대적인 영향을 받을 수밖에 없다. 이런 점들에 주목하면서 우리 문화의 분류 기준을 정할 때 고려해야 할 것은 첫째, 생활양식의 분류 기준을 그대로 적용할 것인지의 여부, 둘째, 탈공업화 이전과 이후로 시대를 나누어 분류 기준을 달리할 것인지 여부, 셋째, 문화의 계급성을 참고할 것인지의 여부 등이다.

충분하지는 못할지 모르지만 앞에서 논의한 내용을 근거로 할 때 생활양식은 문화적 현상, 문화적 상징, 문화적 관습 등을 결정하는 핵심 요소라고 할 수 있다. 그러므로 이것을 분류하는 기준과 문화를 분류하는 기준을 크게 달리하는 것은 논리상으로 올바르지 못한 것으로 판단된다. 어떤 대상의 본질을 파악하고 올바르게 활용하기 위해 조직적이면서도 체계적으로 분류를 시도하는 것은, 그것이 가지고 있는 독자적이면서도 독립적인 특성이 발현되어 드러난 형태적 차별성에 따른다는 것을 의미한다. 형태적 차별성은 바로 사물현상의 본질적 성격을 결정짓는 핵심 요소이기 때문이다. 따라서 문화의 분류 기준은 그것의 형태[27]를 구성하는 핵심이라고 할 수 있는 생활양식의 본질적 성격을 바탕으로 만들어진 분류 기준을 수용하는 것이 바람직할 것으로 보인다. 생활양식과 문화가 형성하고 있는 밀접한 관계로 볼 때 그렇게 하는 것이 문화를 분류하기 위한 가장 보편적인 기준을 만들어 낼 수 있을 것이라 생각된다.

문화의 분류와 관련하여 또 한 가지 짚고 넘어가야 할 것은 여기에

---

27) 존재방식이라고 할 수 있는 형태는 사물현상의 알맹이인 내용과 표현방식인 형식이 합쳐진 것으로 감각적이고 구체적인 모습을 가지고 있는 것을 의미한다.

서 제시하는 기준이 결코 절대적이 될 수 없다는 사실이다. 분류란 대상의 본질적 특성에 따라 체계적으로 나누어 놓는 것이므로 분석이나 연구의 목적에 따라 얼마든지 다른 기준을 세우는 것이 가능하고, 또 필요하기 때문이다. 예를 들면, 문화를 발생시키고 향유하는 집단의 크기에 따라 대문화와 소문화로 나눌 수도 있고, 신분적 차별성이나 계급 등에 따라 지배층과 피지배층, 혹은 상층과 하층으로 나눌 수도 있다. 또한 인류의 보편적 생활양식이 가지는 본질적 특성과 연관시켜 나누거나, 문화적 현상이 가지고 있는 성격에 따라 분류 기준을 세울 수도 있다. 이처럼 분류방법은 분석자나 연구자가 지향하는 목적에 맞는 기준들을 적용하여 얼마든지 새롭게 나눌 수 있는 것이다.

문화가 기본적으로 가지고 있는 집단적·관습적·종합적·변화적·적층성 등의 성격과 그것이 모토가 되는 생활양식의 기본이라고 할 수 있는 의생활, 식생활, 주생활 등을 바탕으로 한국문화를 분류하는 것이 가장 합당할 것으로 보이므로 의식주를 기본적인 기준으로 제시할 수 있다. 탈공업화 시대에 접어들면서 현재까지 크게 변화하면서 중요한 생활양식으로 부상하기 시작한 정보통신과 엔터테인먼트와 관련된 문화를 나눌 수 있는 기준을 설정하는 것이 필요하지만 여기서는 논외로 하고자 한다. 문명의 발달에 따른 생활양식의 변화가 사회적 현상으로 반영되어 독립성과 독자성을 가지는 하나의 문화현상으로 정립되기까지는 시간이 걸리고, 지역문화와 문예콘텐츠라는 본 연구의 목적에 부합하는 분류 기준을 추출할 수 있는 상황까지는 도달하지 못한 것으로 판단되기 때문이다. 따라서 한국문화를 체계적으로 나누기 위한 가장 큰 단위의 분류 기준으로는 의생활문화, 식생활문화, 주생활문화 등 세 가지를 제시할 수 있다.

2.1. 의생활(衣生活)문화

옷은 사람이 몸에 걸쳐서 입는 것으로서 매우 오랜 역사를 가지고 있다. 옷의 기원에 대해서는 논자의 세계관, 논지의 목적 등에 따라 다양하게 제기될 수 있다. 이처럼 다양한 주장들은 본질적 성격을 중심으로 보면 정신적 안정성과 현실적 실용성으로 크게 나누어 생각할 수 있다.

정신적 안정성은 사람이 신체 내부에 가지고 있는 정서적 측면이라고 할 수 있는 정신이 만족감을 느끼도록 함으로써 안정적인 상태를 유지하도록 하려는 것이다. 알몸을 가림으로써 수치심을 없애려는 데에서 옷을 입기 시작했다는 주장, 자신의 감정 상태·권위·신분·지위 등을 드러냄으로써 정서적 만족감을 얻으려는 목적으로 옷을 입기 시작했다는 주장, 아름다움이나 성적인 매력을 발산하면서 다른 사람의 관심을 끌기 위해 꾸미는 것에서 옷이 시작되었다는 주장 등이 이에 속한다. 옷은 입는 사람의 감정, 정서 등의 정신 상태를 표현하기도 하는데, 그것을 통해 상대방에 대한 배려와 예의를 표시하는 수단으로도 활용된다. 따라서 옷은 자아와 대상 간의 정서적 교감, 공동체 구성원 사이의 사회성 고양, 주관성을 중심으로 하는 자아의 적극적 표현이라는 구실을 하는 것으로 볼 수 있다.

현실적 실용성은 삶을 살아가는 과정에서 주체가 되는 몸을 보호함으로써 생명의 보존성을 강화하는 도구나 수단으로 옷을 입기 시작했다고 보는 입장이다. 사람이 생활 터전으로 삼고 있는 자연은 추위, 더위, 높은 산, 깊은 바다 등의 매우 거친 환경을 가지고 있으므로 활발하게 움직이면서 힘을 쓸 수 있는 상태로 오랫동안 생명을 유지하기 위해서는 신체를 보호하기 위한 도구나 수단이 절대적으로 필요하다. 옷은 입거나 걸치는 방식으로 쓰이도록 만들어졌기 때문에 자연의 거친 환경으로부터 신체를 보호함과 동시에 활동적으로 몸을 움직여 먹거리를 획득할 수 있도록 하는 데 옷이 기여하는 바는 매우 크다고 하겠다. 어느 것이 먼저인지 분명하게 말하기는 어렵지만 정신적 안정성과 현실적 실용성이라는 두 가지 기능이 옷의 본질적 기능인 것만은 틀림없다.

옷이 가지고 있는 이러한 기능 때문에 사람은 태어나는 순간부터 생명을 다할 때까지는 물론이고, 죽은 후에도 옷을 벗지 못하는 존재로서 매우 복잡하고 다양한 종류와 형태의 옷을 입게 되었다. 그러다 보니 옷이라는 범주에 넣어야 할 대상이 매우 광범하다. 몸에 입는 옷에서부터 머리에 쓰는 관이나 모자, 손과 발에 끼우는 장갑이나 신, 몸을 치장하기 위해 사용하는 여러 종류의 장신구, 잠을 잘 때 쓰는 침구 일체 등 신체를 보호하거나 꾸미기 위해 걸치거나 입는 것은 모두 옷의 범주에 넣어야 하기 때문이다. 이처럼 옷의 범주에 넣어야 하는 대상이 많아지고, 환경·시대·종족·계급 등에 따라 종류나 형태가 복잡한 양상을 띠므로 여기에서 파생된 문화현상 역시 아주 다양할 수밖에 없다. 또한 이러한 옷의 성격과 관련된 의생활문화는 시대성, 계급성, 성적 차별성, 환경적 특성, 사회적 관계, 직업적 특성, 민족적 차별성, 지역적 특성 등에 따라 다양하게 형성되는 모습을 보여 준다. 시대성은 당대의 집단적 가치, 이념적 특성, 사회적 관습 등에 따라 형성되는데, 다른 시대와 구별되는 차별성을 가지므로 의생활문화의 특성을 형성하는 데 매우 중요한 요소가 된다.

계급성은 봉건제사회에서는 신분의 차이에 따라, 신분제가 사라진 사회에서는 경제적 능력의 차이에 따라 언제든지 형성될 수 있고 의생활에 직접적으로 반영되므로 어느 시대, 어느 사회에서나 나타나는 성격 중의 하나이다. 대부분의 생명체가 그렇듯이 사람도 성적(性的)으로 구분되어 있는데, 의생활문화는 이러한 차별성을 좀 더 분명하게 보여 주는 방향으로 형성되어 왔다. 전체적인 모양에서부터 부분적인 형태와 색상에 이르기까지 성적 차별성을 잘 보여 줄 수 있는 방향으로 옷이 만들어지므로 의생활문화 역시 성적 차별성이 있을 수밖에 없다.

추위와 더위, 맑음과 흐림, 산과 들판, 강과 바다 등 자연이 가지고 있는 환경적 성격이 사람의 생활에 미치는 영향은 아주 강력한데, 특히 옷에 미치는 영향이 큰 것으로 보인다. 옷은 거친 자연환경으로부터 사람의 몸을 보호하는 중요한 구실을 하기 때문이다. 따라서 의생활문화 역시 해당 공간의 자연이 가지고 있는 환경적 특성에 따라 형성될 수밖에 없다. 공동체 생활을 하는 사람과 사람 사이에 맺어지는 것이 사회적 관계인데, 여기에서 형성되는 사회적 지위, 집단적 특성, 인간관계 등에 따라 옷이 달라질 수 있으므로 이것 역시 의생활문화를 형성하는 중요한 구성요소가 된다.

직업이란 자신과 가족 등의 생계를 위해 일정 기간 동안 계속하여 노동하는 것을 가리키는 말이다. 어떠한 형태의 노동이든 노동은 일정한 행위를 수반하는데, 옷은 노동행위를 수행하는 데 적절한 형태와 재질로 만들어서 입어야 하므로 종사하는 직업에 따라 의생활문화 역시 차별성을 띠게 된다.

민족이란 일정한 지역에서 오랫동안 공동체 생활을 하면서 언어와 문화적 공감대를 형성한 역사적 사회 집단을 말한다. 민족적으로 형성된 차별성 또한 매우 강고하므로 생활 전반에 걸쳐 나타나는데, 의생활양식에서도 뚜렷한 특성을 보여 준다. 오랜 역사를 가지는 민족일수록 독특한 의생활양식을 만들어 내기 때문에 이것 역시 다른 것과 구별되는 의생활문화를 만드는 중요한 요소가 된다. 문화란 일정한 집단의 구성원들에 의해 공유되는 생활양식에서 관습적으로 형성되는 것인데, 지역적 특성에 따라 특수화하는 경향이 있다. 높은 산이나 강, 거친 들판이나 사막 등의 자연환경은 사람의 생활에 큰 영향을 미치므로 이러한 것으로 형성되는 지역에 따라 삶의 방식과 의생활양식이 달라진다. 따라서 지역적 성격에 따라 의생활문화 역시 특성이 달라질 수밖에 없으므로 이것 역시 의생활문화를 형성하는 핵심 요소의 하나가 된다.

2.2. 식생활(食生活)문화

다른 생명체도 마찬가지이지만 섭취한 먹거리를 에너지로 바꾸어 생명을 유지해 나가는 특성을 지닌 사람은 활동적인 상태에서 지속적으로 생명을 연장하려면 반드시 일정한 주기로 먹고 마시는 행위를 해야 한다. 사람은 섭취한 먹거리 중 8할 정도를 에너지로 바꾸어서 생명을 유지하는 데 쓰고 나머지는 배설하는 상태가 유지될 때 정상적으로 살아 있을 수 있는 유기체이다. 그런데 거친 상태에서 자연적으로 존재하는 것들은 대부분 일정한 가공과정을 거치지 않으면 섭취하는 데 어려움이 있으므로 반드시 먹을 수 있는 상태로 만들어야만 했다. 자연물의 가공과정은 식재료의 대상이 가지고 있는 성질에 따라 매우 다양한 방법으로 이루어지므로 식생활양식과 문화는 자연물의 가공과정과 밀접하게 연관될 수밖에 없었다. 자연물의 가공과정은 대상의 성질에 따라 열을 가해 익혀서 가공하는 과정과 열을 가하지 않고 가공하는 과정으로 크게 나눌 수 있다. 열을 가해서 가공해야 하는 먹거리는 날것으로는 먹을 수 없거나 익혀서 먹는 것이 훨씬 유익한 재료로 되어 있는 것이고, 열을 가하지 않고 가공하는 먹거리는 열을 가하면 오히려 먹기 어렵게 되거나 해가 될 수 있는 재료로 되어 있는 것이다. 동물성인 고기, 식물성인 곡식 같은 것은 열을 가해 가공해야만 제대로 먹을 수 있기 때문에 가열과정은 필수라고 할 수 있다. 반면에 과일이나 채소 등은 익히지 않고 먹는 것이 신체에 훨씬 유익하므로 익히지 않는 식생활양식을 형성하게 되었다. 식생활양식에서 빼놓을 수 없는 또 하나의 가공과정은 오랜 시간 동안 두어도 변하지 않게 저장할 수 있도록 만드는 갈무리 과정이다. 이와 같은 세 과정을 통해 사람들은 수많은 종류의 음식을 만들어서 삶을 유지해 온 것으로 보인다.

열을 가하는 수단으로 작용하는 불은 원래 공포의 대상이었다. 가뭄이나 벼락 등으로 일어나는 불은 순식간에 자연을 집어삼키며 대재앙을 몰고 왔기 때문에 그것을 제어할 수 없었던 시대의 인류는 공포로 느낄 수밖에 없었던 것이다. 인류는 구석기 시대인 수백 만 년 전, 혹은 수십 만 년 전부터 불을 이용할 줄 알았던 것으로 보이는데, 신석기 시대를 지나면서부터는 직접 불을 생산하는 방법까지 터득하게 되었다. 불을 생산하는 방법을 터득했다는 것은 통제할 수 있는 기술도 익혔다는 것이며, 언제 어디서든 불을 만들고 활용할 수 있게 되면서 사람의 식생활양식에 커다란 변화가 생기기 시작했다. 불을 활용하면서부터는 날것으로 먹기 어렵거나 불가능했던 것들도 익혀서 마음대로 섭취할 수 있게 됨으로써 식재료의 대상이 엄청나게 확대되었고, 그 전 시대와는 질적으로 전혀 다른 식생활양식이 시작되었다.

요리(料理)란 사람이 먹을 수 있는 음식을 만드는 여러 가지 과정 중에서도 특히 열을 가하는 조리과정을 거쳐 만들어지는 음식을 말한다. 이러한 요리는 기후, 토양, 동물의 분포 상황과 같은 지역적·공간적 요인에 따라 특성이 형성되기도 하고, 이념과 사회구조 등 시대적 요인에 따라 그 특성이 만들어지기도 한다. 요리를 중심으로 하는 이러한 식생활은 세계 전역에서 오랜 시간 동안 형성되고 발전되어 왔기 때문에 과거부터 현대에 이르기까지의 식생활양식에서 핵심이라고 할 수 있다. 따라서 지역, 민족, 시대에 따라 각각의 특성을 지니게 되었고, 그에 따라 식생활문화도 차별성을 가지게 되었다. 요리과정의 특성에 따라 식생활양식과 식생활문화가 차별화될 수밖에 없는 이유는 각각의 집단과 지역에 따라 서로 다른 요리법이 개발되었기 때문이다.

위에서 살펴본 것과 같이 인류의 식생활양식은 불을 생산하고 통제하는 방법을 터득하기 전과 후가 매우 다른 모습을 보이는데, 문명과 지혜의 발달에 힘입어 이 시기를 전후하여 식생활양식도 크게 바뀌었고, 아주 복잡하면서도 독특한 조리과정을 통해 다양한 형태로 발전해 왔다. 지금까지 변화해 온 음식의 조리과정은, 첫째, 열을 가하지 않고 먹을 수 있는 상태로 만드는 과정, 둘째, 열을 가해 익혀서 요리를 하는 과정, 셋째, 저장하기 위한 상태로 만드는 과정, 넷째, 화학적 반응을 통한 가공과정 등으로 크게 나눌 수 있다. 열을 가하지 않고 먹을 수 있는 상태로 만드는 것이야말로 역사적로는 가장 오래된 조리과정이라고 할 수 있다. 여기에 속하는 먹거리는 익히지 않고도 먹을 수 있는 과일과 채소 등 주로 식물을 통해 만들어지는 먹거리로 독이 없는 것을 잘 고르기만 하면 약간의 조리과정을 거쳐 섭취할 수 있기 때문에 불을 이용하기 전인 원시사회의 인류는 이런 음식을 주식으로 삼았을 것으로 추정된다. 열을 가해 대상을 변형시킴으로써 새로운 형태의 먹거리를 만들어 내는 요리는 거친 상태로 존재하는 자연물을 사람이 먹을 수 있는 음식으로 만드는 데 가장 적합한 식생활 양식이라고 할 수 있다.

요리과정을 통해 음식을 조리하여 먹게 되자 그 전에는 먹을 수 없었던 것들을 섭취할 수 있게 함으로써 영양 공급에 획기적인 기여를 하였다. 자연 상태로 먹을 수 있는 것만 섭취하던 먹거리의 대상과 폭이 크게 확대되면서 다양하고 풍부한 영양소가 포함된 음식 섭취가 가능해졌기 때문이다. 이런 점에서 볼 때 불을 사용하여 먹거리의 완성도를 높이는 요리는 사람의 식생활양식을 결정하는 핵심 요소라고 할 수 있다.

사계절의 변화가 뚜렷한 우리나라는 겨울과 봄에는 여름이나 가을처럼 먹거리가 풍부하지 못했다. 따라서 여름과 가을에 생산했던 먹거리를 겨울과 봄에 먹을 수 있는 것으로 만들어서 저장하는 것이 중요한 식생활양식의 하나가 될 수밖에 없었다. 일 년 내내 덥거나 추운 지방은 저장기술이 발달하지 않아도 될지 모르지만 온대지방에 속하는 우리나라는 기후의 변화에 적응하면서 먹거리를 확보할 수 있는 방법이 필요했다. 저장식품으로 만드는 데 가장 중요한 것은 습기를 제거하여 부패를 막는 것인데, 이를 위해 다양한 방법이 개발되었다. 과일은 껍질을 제거한 상태에서 말리고, 고기는 열을 가해 익힌 다음 습기를 제거하는 과정을 거쳐 저장식품으로 만들었다. 또한 산나물이나 채소, 생선 같은 것은 습기를 말리는 과정에서 온도의 변화를 이용하여 완성도 높은 저장식품을 만들어 냈다. 기후의 변화에 따른 먹거리 저장이 필요하게 되면서 저장식품은 우리 민족의 식생활양식에서 중요한 위치를 차지하게 되었다. 화학적 반응을 통한 가공의 조리는 자연적으로 존재하는 유익한 세균이라고 할 수 있는 발효균을 이용하여 음식의 재료에 화학적인 변화를 일으키게 함으로써 영양소와 저장성, 맛의 풍미 등을 높이는 과정을 통해 이루어진다. 특히 이 방법은 재료와 재료의 결합을 통해 새로운 형태의 음식을 만들어 내는 데 효율적이었으므로 우리 민족의 식생활양식의 특성을 형성하는 데에도 중요한 구실을 하였다. 우리 식생활양식을 보면 거의 모든 재료를 발효시켜 새로운 형태의 음식으로 만드는 데 탁월한 솜씨를 보여 주고 있기 때문이다.

여럿이 모여 함께 먹으면서 나누기를 좋아하는 우리 민족의 경우, 식생활양식은 독특한 모습을 보여 준다. 한국인의 식생활은 밥, 국, 반찬을 중심으로 하고, 부수적인 저장식품이나 발효식품 등으로 이루어진다. 열을 가해서 요리를 하는 음식이 주를 이루는 데다가 반찬의 종류 또한 많아서 조리, 저장, 관리 등의 과정에 사람의 손이 많이 가야 하는 것이 특징이다. 이처럼 번거롭다고 할 수 있을 정도로 다양한 형태의 음식을 만들고 즐기는 까닭에 개인과 개인, 가정과 가정 사이에 서로 도움을 주고받는 공동체 방식의 식생활양식이 발달했던 것으로 보인다. 공동으로 만들기, 다양한 종류의 요리 만들기, 함께 먹기, 나누어 먹기 등은 우리 민족이 만들고 발전시켜 온 식생활문화라고 할 수 있다.

2.3. 주생활(住生活)문화

주거(住居)란 사람이 특정의 공간을 점유하여 일정 시간 동안 머무르면서 사는 것이나 그렇게 하는 집을 가리키는 것으로서 정착생활을 대표하는 상징이라고 할 수 있다. 자연적으로 존재하는 동굴 같은 곳에서 살기 시작한 것으로 추정되는 인류의 주거 형태는 문명과 지혜의 발달에 힘입어 지속적으로 발전하고 변화해 왔으며, 이러한 상황은 인류가 존속하는 한 먼 미래에까지도 계속될 것으로 보인다. 공간을 구성하는 것으로는 크게 두 가지가 있다. 하나는 결합함으로써 붙어 있는 간격에 의한 것이고, 다른 하나는 떨어져 있는 거리에 의한 것이다. 넓게 벌어져 있는 거리에 의해 생기는 공간은 그 사이에 수없이 많고 작은 물질이 존립하게 하는 근거를 만들어 주는 주체가 된다. 좁게 붙어 있음으로써 만들어지는 공간은 큰 사물현상들이 존립할 수 있게 하는 근거를 제공한다. 큰 것을 지탱해 주는 근거가 되는 붙어 있음으로써 생기는 공간은 사물현상의 형태를 완성시켜 주는 것이기도 한데, 우리가 일반적으로 인식할 수 있는 공간으로 사물의 완성과 존립의 근거 등에 관여한다.[28]

주거란 사람이 일정한 공간을 점유하고 그것을 자신의 것으로 만들어 차지한 상태에서 삶을 영위하는 것을 의미한다. 이것은 신체가 해당 공간에 있음을 가리키는 단순한 점유가 아니라 특수한 형태를 갖춤으로써 생활에 불편함이 없도록 만든 상태를 지칭한다. 따라서 주거 공간이라고 할 때는 어떤 형태로든 사람을 수용할 수 있어야 하며, 그 사람에게 불편함이 없도록 하기 위한 시설이 되어 있는 것을 의미하는데 이것을 집이라고 한다. 이러한 기능이 있는 집은 일정한 크기를 가지고 있는데, 특수한 형태의 경계 장치[29]가 만들어지면서 내부와 외부로 구분하는 것이 가능해졌고, 각각의 공간에서 이루어지는 생활양식 또한 다르게 나타나게 되었다. 집 안에서는 생산물의 소비(消費)를 원활하게 하고 노동력 재생산을 위한 여가(餘暇)를 효율적으

---

28) 손종흠, 『속요 형식론』, 박문사, 2010, 17쪽.
29) 집을 구성하고 있는 요소 중 울타리, 기둥, 벽, 지붕, 문 등은 모두 안팎을 구분하는 경계 장치가 된다.

로 보내기 위한 생활양식이 중심을 이루고, 집 밖에서는 삶을 풍요롭게 해 주는 생산을 극대화하기 위한 장치와 노동을 원활하게 할 수 있도록 하는 생활양식이 중심이 된다.

주생활양식이 집 안과 집 밖으로 구분되는 양상을 보이므로 주생활문화 역시 집 안과 집 밖으로 구분하는 것이 가장 합리적이다. 집 안의 주생활문화는 집의 형태, 방, 부엌, 거실, 마당, 울타리의 모양, 생명탄생의 현장 등에 따라 결정되고, 집 밖의 주생활문화는 노동의 현장, 놀이의 현장, 사후(死後)의 현장 등이 지닌 성격에 따라 결정될 것이다. 집의 형태는 아주 오랜 옛날부터 지금까지, 그리고 현재로부터 미래에까지 끊임없이 변하면서 기능도 다양해질 것이므로 이에 따라 주생활문화도 크게 영향을 받는다. 집의 크기와 형태에 따라 사람이 살아가는 방식이 크게 달라질 수 있기 때문이다.

방은 휴식과 취침을 위한 공간이므로 여러 장치가 곁들여진다. 침대, 이불, 베개, 옷장, 식탁 등에서부터 그 외의 부속 설비에 이르기까지 매우 다양한 형태의 장치가 필요한데, 이것의 성격에 따라 문화가 결정된다. 부엌은 음식을 준비하는 공간인지라 집 안이라는 공간에서 매우 중요한 구실을 하게 되는데, 여기에서 만들어지는 여러 문화현상은 지역과 민족, 가정 등이 지니고 있는 성격에 따라 다양하게 나타난다. 거실, 마당, 울타리 등은 집 주인에게 안락함을 제공하고 밖으로부터 오는 위험을 막아 주는 장치이기는 하지만 외부와의 연결통로 구실도 겸하고 있어 독특한 문화가 형성될 수 있다.

노동 현장은 자신과 가족의 생계를 꾸려 가기 위한 생산물을 만드는 공간이므로 집 안과는 다른 문화가 형성된다. 노동 현장에서 생성되는 문화는 협업이나 협동, 친소관계, 조직의 특성, 계급, 혹은 계층적 위치 등이 만들어 내는 특성에 따라 결정되는데, 주로 사회적 관계가 중심이 된다. 노동과정에서 형성되는 사회적 관계는 자신이 일하는 조직, 협동 작업을 해야 하는 지역적 환경, 친분이 있는 사람들과의 협업, 계급적으로 비슷한 특성을 가진 사람들과 관계 맺기 등이 중심을 이룬다. 이러한 사회적 관계는 모두 한 개인이 사회생활을 하는 과정에서 자신의 호불호에 상관없이 형성되면서 그것에 맞는 특성을 가진 문화현상을 형성한다.

이런 문화적 특성은 놀이 현장에서도 거의 비슷하게 나타나는 것으로 볼 수 있다. 놀이는 단순한 휴식이 아니라 생산물의 소비와 노동력 재생산을 위한 적극적인 활동의 하나라고 할 수 있는데, 집 밖에서 이루어지는 놀이는 개인보다는 사회적 관계를 중심으로 이루어지는 것이 압도적이다. 거의 모든 놀이의 현장은 같은 조직의 구성원, 학연, 지연(地緣), 동년배, 동성(同性) 등 사회생활을 하는 과정에서 형성된 관계를 중심으로 이루어지기 때문이다. 따라서 노동 현장과 놀이 현장에서 이루어지는 문화는 주거문화 중에서 집 밖의 생활 현장에서 나타나는 것이라고 할 수 있다.

주거생활양식의 한 부분이면서 집 밖의 현장에서 일어나는 것 중에는 사람이 죽은 후에 행해지는 의례(儀禮)와 관련된 것들이 있다. 죽은 사람을 잘 보내는 것은 산 사람의 평안을 위한 첫 번째 조건이므로 아주 오랜 과거부터 지금에 이르기까지 상례(喪禮)를 매우 중요하게 여겼다. 우리 사회에서 무덤을 만년 집이라고 하는 표현에서 이러한 사실을 잘 보여 주는데, 산 사람이 사는 곳을 집이라고 하는 것과 마찬가지로 죽은 사람이 있는 곳도 같은 집으로 생각하고 있는 것이다. 사후의 현장에서 벌어지는 이러한 행위들은 대개 집 밖에서 이루어지지만 사회적 관계를 중심으로 형성되기 때문에 이와 관련된 문화 역시 사회적 관계를 잘 드러낸다. 다양하면서도 매우 복잡한 장례절차, 부의 금을 내는 행위, 죽은 자와 사회적으로 관계를 맺었던 사람, 죽은 자의 후손과 사회적으로 관계를 맺고 있는 사람들이 총망라되어 치러지는 장례과정은 사회적 관계망의 총결산이라고 할 정도로 복잡하게 얽혀 있다. 따라서 이것을 바탕으로 사후 현장에서 형성되는 문화 역시 매우 복잡하면서도 특수한 성격을 띤다. 민족, 지역공동체, 가정 등에 따라 다르게 형성되면서 나름대로의 특성을 잘 나타내고 있기 때문이다. 주거생활양식에서 사회적 관계가 차지하는 비중이 매우 크므로 이것을 기반으로 형성되는 집 밖의 주생활문화 역시 중요한 의미를 지닌다고 할 수 있다.

이상에서 살펴본 바와 같이 한국문화는 의생활문화, 식생활문화, 주생활문화라는 세 가지 기준에 의해 분류하는 것이 가장 타당한 듯하다. 그러나 이 기준은 연구나 조사의 목적과 내용에 따라 얼마든지 바뀔 수 있기 때문에 결코 절대적인 것이 될 수 없다는 점을 다시 한번 밝혀 둔다. 한 가지 더 지적하고 넘어가야 할 것은 현대사회에 들어와서 생활양식을 결정하는 핵심 요소의 하나로 떠오른 정보, 통신에 대한 기준을 어떻게 설정해야 하는가의 문제이다. 지역문화와 문예콘텐츠를 대상으로 하는 이 책에서는 현재 진행하고 있는 문화현상에 대한 것까지 다루는 것이 바람직하지 않다고 판단되어 한국문화의 분류 기준에 넣지 않았지만 현대의 문화현상에 대한 것을 논의 대상으로 할 경우 반드시 고려해야 한다.

Chapter 03

문화광역권과
문화고속도로

    문화의 세기로 일컬어지는 21세기에 들어서면서부터 인류사회는 과거 어느 때보다 문화의 중요성과 비중이 매우 커진 것을 실감할 수 있는데, 이러한 현상은 더욱 증가하면서 한층 더 큰 변화의 소용돌이를 만들어 낼 것으로 예상된다. 이와 같은 사실을 짐작하게 해 주는 것 중의 하나는 근래에 그 중요성이 부쩍 부각되는 4차 산업혁명에 대한 준비와 관심이라고 할 수 있다. 3차 산업혁명을 기반으로 하는 디지털과 바이오산업, 물리학 등 3개 분야의 융합된 기술이 경제체제와 사회구조를 급격히 변화시키는 기술혁명 시대를 지칭하는 4차 산업혁명은 초연결성, 초지능화라는 특성을 내세우면서 인류가 만들어 낸 산업의 상당 부분을 지배할 것으로 보이는데, 이것은 문화산업 분야도 예외가 될 수 없을 것으로 판단된다. 이제 문화는 생활양식에 의해 만들어지고 관습적으로 전승되는 것이 아니라 첨단기술과 결합하여 융합함으로써 산업적으로 부가가치가 높고, 새로우면서도 다양한 형태의 상품을 지속적으로 생산해 내는 기반으로 작용할 것으로 예상되기 때문이다.

    세계는 문화전쟁이라고도 할 수 있을 정도로 보편성을 담보하면서도 강력한 특수성을 지닌 자국의 문화를 기반으로 한 산업적 활용에 지대한 관심을 보이고 있다. 이와 같은 세계적인 흐름에 발맞추어 2001년 우리나라에서도 문화콘텐츠진흥원을 설립하여 우리 문화를 산업적으로 활용하려는 시도를 끊임없이 해 오고 있다. 이에 힘입어 그동안 숨겨져 있던 우리 문화의 원형들이 속속 모습을 드러내고 있으며, 문화산업적 활용 역시 활발하게 진행되고 있다. 음식문화로 아시아와 중동 지역 등에서 한류를 주도하고 있는 〈대장금〉을 비롯하여, 도깨비, 귀신, 기생(妓生), 궁중의례, 성곽, 전쟁과 무기, 무속 등 사회전 분야에 걸쳐 이루 헤아릴 수 없을 정도로 수많은 문화원형이 문화콘텐츠라는 형태로 모습을 드러내면서 세계를 향한 민족 문화의 새로운 도약이 바로 눈앞에 와 있음을 실감나게 한다.

이처럼 국가적인 차원에서 문화콘텐츠산업을 적극적으로 지원하는데는 그럴 만한 이유가 있다. 진정한 의미의 세계화란 우리 것을 세계에 알려 그 우수성을 인정받는 것이고, 우리 고유의 문화를 바탕으로할 때만 진정한 의미에서 세계와 함께 호흡할 수 있다는 것을 깨달았기 때문이다. 국가적 차원의 이러한 지원은 우리 문화를 세계에 알리고, 그것을 바탕으로 문화강국을 향한 발걸음을 한층 빨라지게 만들었다는 점에서 매우 큰 의미가 있는 것으로 평가된다. 그런데 문화콘텐츠 진흥을 위한 일련의 정책들을 보면 무엇인가 부족하다는 느낌을늘 떨쳐 버릴 수가 없다. 문화콘텐츠 진흥을 향한 이러한 발걸음이 바람직한 것은 사실이지만 현재와 같은 방식으로 문화원형을 발굴하다보면 머지않아 소재가 고갈되고 말 것이기 때문이다. 콘텐츠진흥원의사업방식이 현재까지 발굴된 문화원형을 바탕으로 2차 가공을 목표로 하는 방향으로 선회하고 있는 것에서 이러한 사실을 확인할 수 있다. 어떤 일을 시작하면 3일이 지나기 전에 다시 고치는 국가정책을풍자하는 고려공사삼일(高麗公事三日)이라는 말을 실감하게 하는 일이아닐 수 없다.

필자가 생각하기에 이런 일이 벌어지는 가장 근본적인 이유는 너무급하게 서둘러서 빠른 시간 안에 성과를 내려고 하는 마음가짐 때문인 듯하다. 즉, 문화콘텐츠를 제대로 만들기 위해서는 철저한 준비가 있어야 함에도 불구하고 제대로 준비되지 않은 상태에서 시작한 것이 원인이라는 것이다. 이런 점에 착안하여 필자의 오랜 답사 경험을 바탕으로 우리나라가 문화강국으로 성장하기 위해 반드시 필요한 새로운 시도를 제시해 본다. 그것은 다름 아닌 문화권과 문화고속도로인데, 전국을 광역권이라고 할 수 있는 몇 개의 문화권역으로 나눈 다음, 그 아래에 대중소의 작은 단위의 문화권역을 설정하고, 그것을 초고속광통신망으로 연결하여 세계 어디에서든 우리 문화를 속속들이 보고 이해할 수 있도록 해야 한다는 것이다. 아울러 문화산업을 활성화하기 위해서는 문화유적과 문화현상에 대한 모든 자료를 모아 체계적 활용이 가능하도록 만든 문화 빅데이터, 그것을 기반으로 체계화하여 수요자의 요구에 응할 수 있도록 하는 다양한 형태의 맞춤정보, 이것을 문화유적이나 문화현상의 현장에서 시청각으로 직접 연결시켜 종합적인 이해를 추구하는 증강현실 기법 등을 갖출 필요성이 제기된다. 이러한 기본적인 준비를 바탕으로 한 다양하면서도 새로운 형태의 문화콘텐츠를 생산해 낸다면 무궁무진한 소재로 세계 문화산업 분야에 좀 더 확고한 위치를 점할 수 있을 것으로 보인다.

1.1. 문화권의 설정

문화권은 통치 차원의 행정적 필요성을 중심으로 하는 지역권 구별과는 내용이 많이 다르다. 도(道)나 광역시 등으로 행정구역을 나누는 것은 문화적 동질성을 중심으로 한 것이라기보다는 행정적 편의성과 인구를 중심으로 한 것이기 때문이다. 문화란 행정적인 구획과는 달리 일정한 생활양식 속에서 형성되는 동질성으로 이루어지는 것이기 때문에 행정적 동질성이 반드시 문화적 동질성과 같다고 보기 어렵다. 문화적으로는 동질성을 지니면서도 행정구역상 나누어진 예는 전국 곳곳에서 찾아볼 수 있는데, 경기도와 충청북도의 접경지역인 장호원이 대표적이라고 할 수 있다. 장호원은 강을 기준으로 경기도와 충청도가 나누어지는 바람에 같은 문화를 형성해 온 사람들이 행정상으로는 두 개의 도로 갈라진 상태로 살아가게 되었다. 이처럼 행정구획과 문화구획은 다를 수 있기 때문에 우리 문화를 제대로 발굴하기 위해서는 문화광역권의 설정이 절대적으로 필요한 것이다.

필자의 생각에 우리나라를 문화적 동질성으로 나눌 경우 약 18개 정도의 문화광역권 설정이 필요한 것으로 보인다. 이처럼 광역권이 설정되면 그다음으로는 광역권에서 중심이 되는 문화도시를 설정해야 한다. 문화광역권을 대표할 수 있는 곳이 반드시 있어야만 광역권과 광역권을 연결하여 전국의 문화현상을 한눈에 볼 수 있기 때문이다. 이런 식으로 광역권이 정해지면 그 아래에 소광역권을 설정하고, 소광역권 아래에 더 작은 권역을 정하여 아주 작은 산골마을의 문화현상까지도 모두 파악할 수 있도록 한 다음 그것 전체를 대광역권으로 연결시키도록 하는 것이다.

이제 아래에서 문화권의 설정을 구체적으로 살펴보기 위해 가장 큰 단위라고 할 수 있는 광역권의 성격부터 살펴보도록 한다. 우리나라의 문화권역을 설정할 때 가장 먼저 고려해야 할 것은 지형적 특성과 자연환경을 중심으로 구분하는 것이라고 할 수 있다. 지형적 특성과 그것으로부터 기인하는 자연환경은 사람의 생활에 지대한 영향을 미치고, 해당 공간의 문화적 성격도 그에 따라 차별화될 수밖에 없기 때문이다.

지형적 특성과 자연환경을 중심으로 할 때 문화의 차별성을 만드는 가장 큰 요인은 산이라고 할 수 있다. 산은 평지에 비해 높이 솟아 있는 땅의 상태를 가리키는데, 높이와 형태에 따라 매우 다양한 모양과 성질을 가지고 있다. 높이가 높은 산은 옆으로 퍼진 면적이 넓은 데다가 높은 경사도와 험준한 지형 등으로 인해 사람이 접근하거나 넘어가기가 매우 힘들거나 어렵다. 따라서 높고 큰 산은 이쪽의 공간과 저쪽의 공간이 서로 소통할 수 있는 길을 차단하거나 어렵게 만드는 중요한 요인이 된다. 현대처럼 교통수단이나 도로 등이 발달하지 못했던 과거에는 이런 현상이 더욱 강하게 나타날 수밖에 없었을 것이다. 따라서 높고 험한 산이나 산맥을 중심으로 이쪽과 저쪽에서 삶을 영위하는 사람들의 생활양식은 차이를 보이게 되었고, 그에 따라 문화현상 역시 차이가 날 수밖에 없었다. 이러한 이유로 인해 문화권역의 가장 큰 단위라고 할 수 있는 광역권 설정 시 산이나 산맥이 핵심적인 분류 기준으로 작용할 수 있는 타당성을 확보한 것으로 볼 수 있다.

광역권 설정을 위한 두 번째 기준은 호수와 바다, 그리고 강을 중심으로 하는 물이다. 산과 마찬가지로 물도 크기와 규모에 따라 생활양식이 가지는 특징을 결정하는 핵심 요소로 작용할 수 있기 때문이다. 오랜 역사를 지닌 매우 큰 규모의 호수, 물줄기가 크고 넓으며 수심이 깊어서 사람의 왕래에 장애로 작용할 수 있는 강, 섬을 둘러싸고 있는 바다 등은 산과 더불어 인류의 삶에 커다란 경계로 작용하여 생활양식의 차별성을 만들어 내는 데 중요한 구실을 하기 때문에 광역권을 나누는 핵심 기준으로 작용하게 된다.

이상에서 살펴본 두 가지 기준을 중심으로 우리나라 문화광역권은 영동(嶺東), 호서(湖西), 기전(畿甸), 호남(湖南), 영남(嶺南), 제주(濟州)의 여섯 개 권역으로 구분하는 것이 가장 바람직할 것으로 보인다. 영동과 호서의 구분은 행정구역상 강원도에 속하는 지역이면서 백두대간이라는 태산준령에 의해 동서로 구분될 수밖에 없다는 점에 근거를 둔다. 백두대간의 서쪽은 산간과 평야를 중심으로 하는 생활양식이 지배적이고, 동쪽은 산간과 바다를 중심으로 하는 생활양식이 지배적인 지형적·환경적 특성 때문이다. 두 지역은 험준한 산과 산맥이라는 장애물과 자연환경의 차이로 인해 오랜 과거부터 생활양식에 확연한 차별성이 형성되었다. 따라서 생활양식의 차이만큼이나 문화적 현상의 차이도 나타날 수밖에 없기 때문에 두 개의 광역권으로 나누게 된 것이다. 호서지방은 지금의 충청북도 제천에 있는 의림지(義林池)의 서쪽 지역을 지칭한다. 이렇게 부르는 이유는 의림지의 서쪽에 속하는 지역의 생활양식이 비슷하게 형성되었기 때문이다.

기전지방(畿甸地方)은 왕실 주변에 있는 지역으로 왕실의 지배력이 직접적으로 미치는 곳을 가리키는데, 지금의 경기도 지역을 중심으로 북쪽과 동쪽, 그리고 남쪽 지역이 이 범위에 포함되는 것으로 보면 된다. 기전지역은 한반도의 중간에 해당하는 지역을 범위로 하며, 산, 강, 평야가 적절하게 어우러진 지리적 환경으로 인해 다른 지역과는 뚜렷하게 차별화된 문화가 형성되었던 것으로 파악된다.

호남지역은 금강(錦江)의 남쪽이라는 주장과 김제 벽골제(碧骨堤)의 남쪽이라는 두 견해가 있는데, 문화적 특성으로 볼 때 금강의 남쪽 지역으로 보는 것이 타당하다고 생각된다. 호남은 산보다는 강과 평야가 발달한 지역으로 이것에 맞추어서 생활양식이 형성되었다. 또한 서해와 남해의 도서지역과도 연결되어 있어서 다른 지역과 크게 차별성을 가지는 생활양식과 문화가 형성된 것으로 본다.

영남은 태백산과 소백산, 지리산으로 이어지는 백두대간의 동남 방향에 있는 지역을 가리킨다. 이 지역은 평야가 적고 산과 강이 많아서 농업에는 적합하지 못한 자연환경을 가지고 있다. 이러한 자연적 특성에 맞추어서 생활양식이 형성되고 그에 맞추어 여타 지역과 차별화한 문화적 특성도 만들어진 것으로 보인다. 제주는 면적으로만 보면 광역권으로 나누는 것이 어렵지만 사면이 바다로 둘러싸여 있어서 육지와의 교통이 어려웠던 관계로 독자적이면서 특수한 형태의 생활양식이 형성되었으며, 그에 따라 문화 역시 육지와는 큰 차별성을 가지게 되었다. 따라서 제주와 그에 딸린 작은 섬을 합쳐 제주광역권으로 구분한다. 이처럼 여섯 개의 광역권을 설정하고 나면 그 아래에 중문화권을 설정해야 한다.

광역권의 하위 단위로 설정되는 중문화권부터는 지역적 특성이 점차 분명하게 드러나야 하기 때문에 해당 지역의 중심을 이루는 공간과 문화적 특성을 대표할 수 있는 상징을 정하고 그것을 통해 해당 문화권의 특수성을 부각할 필요가 있다. 광역권은 문화권의 가장 큰 단위로서 외연적인 부분이 중심을 이루는 것으로 충분하지만 중문화권부터는 광역권에 비해 상대적으로 외연은 축소되고 내포가 확장되는 개념으로 그것이 지니고 있는 문화적 특성을 집약적으로 드러내어 강조함으로써 사람들의 관심과 흥미를 유발시킬 수 있는 요소가 필요하기 때문이다. 이런 점은 하위 단위로 내려갈수록 두드러지므로 해당 공간의 문화적 특성을 가장 잘 보여 줄 수 있는 것을 대표적인 상징으로 정하는 것이 매우 중요하다. 그래야만 그것을 보고 흥미를 가진 수요자들이 관심을 가지고 접근할 수 있기 때문이다. 이런 점들을 고려하면서 중문화권을 설정하면 다음과 같이 정리할 수 있다. 첫째, 서울을 중심으로 한 기전문화권, 둘째, 충주를 중심으로 한 호서동부문화권, 부여를 중심으로 한 호서서부문화권, 셋째, 남원을 중심으로 한 호남동부문화권, 나주를 중심으로 한 호남서부문화권, 해남을 중심으로 한 호남남부문화권, 전주를 중심으로 한 호남북부문화권, 넷째, 진주를 중심으로 한 영남서부문화권, 경주를 중심으로 한 영남동부문화권, 김해를 중심으로 한 영남남부문화권, 상주를 중심으로 한 영남북부문화권, 다섯째, 강릉을 중심으로 한 영동문화권, 여섯째, 제주를 중심으로 하는 제주문화권 등이다.

서해와 남해의 도서지방은 지형적으로 가까운 육지의 문화권과 연결되는 것으로 보아 그 권역에 포함시키는 것이 바람직할 것으로 보인다. 대표적인 중문화권이 설정되면, 여기서부터는 그것을 대표할 수 있는 상징을 정할 필요가 있다. 예를 들면 경주가 중심이 되는 영남동부문화권에는 신라의 기왓장에 있는 미소를 대표로 하여 천년의 미소라는 상징을 붙이고, 호남동부문화권의 남원은 춘향전을 상징으로 하여 영원한 사랑이라는 상징을 붙이는 것 등이다. 다음으로는 중문화권 아래에 다시 소문화권을 설정하고, 점점 더 작은 단위로 내려가면서 하나의 마을과 골짜기에 얽힌 전설이나 유적까지 모두 포함할 수 있도록 세부적으로 나눈다. 이렇게 하여 각 광역권의 문화가 모이면 문화권과 문화권을 연결시킬 수 있는 문화고속도로와 함께 모든 문화현상을 맞춤정보로 수요자에게 전달될 수 있도록 하는 증강현실 기법이 필요하게 된다.

1.2. 문화고속도로

우리나라는 세계에서 유래가 드물 정도로 인터넷이 강한 나라라고 한다. 그런데 한편으로 살펴보면 개인적이고 상업적인 통신망은 잘 갖추어진 반면에 국가의 기본 통신망은 여전히 미흡하다는 생각이 든다. 각 지역의 정보와 문화를 총체적으로 알려 주는 지방자치단체의 홈페이지에 들어가려면 우선 속도가 느려서 불편한 경우도 있고, 필요로 하는 정보가 없거나 잘못된 정보도 상당히 많아서 체계적인 보완이 시급한 것으로 보이기 때문이다. 따라서 현재 상황에서 지방자치단체의 홈페이지가 그 지역의 모든 문화정보를 담을 수 있다고 보기는 어렵다. 이런 한계를 극복하기 위해서는 전문 인력의 확충과 더불어 웹기반의 하드웨어에 해당하는 초고속통신망이 필수적이다. 아무리 좋은 문화와 정보를 가지고 있어도 많은 사람들이 볼 수 없다면 무용지물이므로 세계 어느 곳에서도 볼 수 있게 하기 위해서는 우선적으로 초고속통신망 설비를 갖추어야 한다. 문화광역권과 상징의 설정, 그리고 그 아래의 소문화권 등이 모두 갖추어지고, 아주 작은 마을의 문화까지 연결시킬 수 있는 준비가 되면 문화광역권 전체를 하나로 연결할 수 있는 Korea라는 이름의 국가적 차원의 문화홈페이지를 만들고, 세계 어디에서나 Korea만 클릭하면 우리나라의 방방곡곡 어디든지 문화콘텐츠를 볼 수 있도록 한다는 것이다.

우리나라의 문화예술에 대한 모든 정보가 들어 있는 문화광역권과 상징, 그리고 문화고속도로가 완비되면, 그때부터는 이러한 문화원형을 소재로 하여 수많은 문화콘텐츠를 만들어 낼 수 있게 되므로 지금처럼 소재가 고갈되는 현상이 생겨나지 않을 것으로 보인다.

1. 3. 문화권역과 증강현실

사람은 자신의 외부에 존재하는 사물현상이 만들어 내는 환경에서 발생하는 객관적 실재들을 오감으로 받아들인 후 정신을 통해 인지함으로써 사고와 행동의 참고와 기준으로 삼는 시스템을 가지고 있다.

그렇기 때문에 사람은 매우 다양한 방법으로 정보를 조직화하고, 그것을 바탕으로 전혀 새로운 형태의 사고 체계를 형성할 수 있다. 오감을 통해 받아들인 외부 정보는 유기체 속에서 재구성되어 정신세계를 형성하는데, 문자가 생기기 전이나 현대처럼 기술이 발달하기 전에는 외부에 존재하는 사물현상에 대한 정보가 중심을 이루었던 것으로 보인다. 외부에서 들어온 정보는 사람만이 유일하게 지니고 있는 것으로 생각되는 상상력과 결합함으로써 현실에 존재하는 것 이상의 정보 체계를 만들어 내는데, 이것을 대상화(對象化)한 것이 도구나 예술 등이라고 할 수 있다.

인류의 지능과 능력이 점차 진보하고 높아지면서 다양한 형태와 기능을 가진 도구가 만들어지고 급속도로 발달한 문명사회가 형성되었는데, 이 과정에서 과거에는 보고 듣거나 느낄 수 없었던 것들을 오감으로 체험할 수 있도록 하는 기술까지 개발되는 상태에 도달했다. 특히 20세기에서 21세기로 진행하는 과정인 현대사회에 들어와서는 컴퓨터 그래픽 기술이 크게 발달하면서 종래에는 없었던 새로운 형태의 현실을 만들어 내고 느낄 수 있게 되었다. 우리가 생활 속에서 인지하고 느낄 수 있는 현실을 객관적인 형태로 존재하는 실재현실(實在現實)과 현상적으로 존재하지는 않지만 매개시켜 주는 도구를 통해 오감으로 느낄 수 있는 가상현실(假想現實, virtual reality)이라는 두 개의 큰 틀로 나눌 수 있게 된 것이다.

실재현실은 우주 내에 존재하는 물리적 현상을 지칭하는 것으로 사람의 오감을 통해 느끼고 인지할 수 있는 상태를 가리키고, 가상현실은 감각적이고 객관적인 상태로는 존재하지 않지만 컴퓨터 그래픽 기술을 이용하여 보고 느낄 수 있도록 구성해 놓은 현실을 가리킨다. 중요도와 우선순위 등에서는 당연히 실재현실이 핵심이고 먼저이지만 일단 그것을 넘어 새로운 상태에 들어가면 그 속에서 구현된 존재들에 대해 조작이나 명령을 통해 상호작용이 가능하다는 점에서 가상현실은 매우 특이한 성격을 가진 것으로 볼 수 있다. 특히 가상현실에서는 사람이 가지고 있는 상상력을 마음껏 동원하여 일정한 것을 성취하는 것이 가능하기 때문에 비록 현실성이 현격하게 떨어지더라도 개개인의 행동과 정신세계에 미치는 영향은 매우 크다고 할 수 있다. 또한 가상현실은 제작자의 기술과 능력에 따라 실재현실보다 더 많은 양과 실감 나는 정보들을 제공하는 것이 가능하므로 실재현실을 보완하는 차원을 넘어 전혀 새롭게 생각되는 세계를 경험할 수 있도록 하는 장점을 가지고 있다.

이러한 내용을 기반으로 하는 가상현실은 제시하는 방식에 따라 가상세계를 제시하는 것과 현실세계를 제시하는 것으로 구분할 수 있다.[1] 가상세계는 컴퓨터와 같은 도구에 의해 만들어진 완전 가상의 공간이나 환경으로 실재현실과는 동떨어진 상태에서 사용자가 몰입하는 것으로서 3D 게임이나 SF 영화 등을 대표적인 예로 들 수 있다. 이러한 가상현실 상태에서는 현실에 존재하지 않는 상상의 것들이 실재하는 것처럼 느껴지기도 하며, 사용자가 그것을 만지거나 명령을 내리면서 조작하는 등의 상호작용도 가능하다.

현실세계는 실재하는 현실세계의 정보들이 가상현실을 만들어 내는 기기를 통해 사용자에게 전해지는 환경을 가리킨다. 이것은 사용자가 원하는 대상이나 실재현실 등이 공간적으로 멀리 떨어져 있어서 접근하는 것이 어렵거나 불가능할 경우 가상현실의 환경을 통해 공유

---

1) 시스템 환경에 따라서는 몰입형 가상현실, 원거리 로보틱스 가상현실, 데스크톱 가상현실, 삼인칭 가상현실 등으로 나눌 수도 있다.

하게 하는 원격현전(遠隔現前, tele presence)이 이루어지도록 만드는 것을 가리킨다. 카메라가 장착된 로봇 같은 것을 활용하여 사람이 실제로 가기 어렵거나 갈 수 없는 공간을 탐사하거나 관찰할 수 있도록 만드는 원거리 로보틱스(tele robotics) 같은 것을 예로 들 수 있다. 이것은 사용자가 직접 인지하기 어려운 것에 대한 이해를 돕거나 현실의 대상물에 대해 풍부한 정보를 제공할 수 있기 때문에 실재현실을 훨씬 정확하면서도 흥미롭게 인식하도록 만든다. 이러한 가상현실은 복합현실(複合現實)이라고도 하는데, 기본적으로는 증강현실에 해당하는 것으로 볼 수 있다.

증강현실(增強現實, augmented reality)은 항공기 산업 분야에서 1990년경부터 쓰이기 시작하면서 구체화되었는데, 그 후로 발전과 확대를 거듭하여 현재는 매우 다양한 분야에 적용되어 폭넓게 활용되고 있다. 증강현실이란 현실적으로 실재하는 사물현상의 이미지에 인위적으로 만들어진 가상의 이미지를 결합시켜 보여 줌으로써 실재현실에 대한 이해와 흥미를 배가시키는 것인데, 가상현실의 한 분야[2]라고 할 수 있다. 증강현실은 역동적으로 움직이지 못하거나 한정된 정보만 제공하는 실재현실을 바탕으로 하여 실재와 관련된 다양하면서도 풍부한 정보를 제공하여 실재현실만으로는 얻기 어려운 부가적인 가치들을 창출함으로써 실재현실을 보강하여 현실감을 증강시키는 기법[3]이다. 물리적으로 현존하는 공간을 바탕으로 하면서 인공적으로 구조화한 정보들이 실재현실과 결합하면 실재에 대한 이해력, 흥미, 판단력 등이 향상되면서 물리적 공간의 성격 자체를 변화시키기도 한다.

2) 하연 편집부, 『가상현실과 증강현실의 전망』, 하연, 2015, 125쪽.
3) 방준성·최은주, 「증강현실 국·내외 기술 동향과 발전전망」, 『한국과학기술정보연구원 보고서』, 한국과학기술정보연구원, 2015, 5쪽.

즉, 가상이 실현되기 전까지의 실재현실은 대상을 보고 듣는 사람이 가진 오감과 직접 소통하고 인지할 수 있는 사물현상의 이미지로만 이해되었지만 증강현실이 가미되어 다양하면서도 풍부한 정보가 입체적으로 제공되면 실재현실을 보고 느끼는 주체인 사람은 전혀 새로운 차원의 것으로 실재현실을 인식할 수 있게 된다는 것이다. 이것은 마치 몸에 아무것도 걸치지 않은 사람에게 화려한 옷을 입히거나 치장을 함으로써 훨씬 아름다운 모습, 혹은 전혀 새로운 모습으로 보이고, 느껴지도록 하는 것과 같다.

이러한 점에서 증강현실은 현실에 대한 꾸밈이며, 각색(脚色)의 일종이라고 할 수 있다. 또한 이것은 사람의 삼대욕구 중 하나인 미적욕구를 충족시키기 위해 아름답게 꾸며서 만들어 내는 예술적 창조행위와도 연결된다. 사람이라면 누구나 기본적으로 가지고 있는 미적욕구는 그 중요도에 있어서 세 번째에 해당할지 모르지만 생활에서 차지하는 양적인 비중으로 볼 때는 단연 으뜸이라고 할 수 있다. 사람이 하는 거의 모든 행위는 엄밀히 말하면 현실로 존재하는 사물현상에 부가적인 무엇인가를 입힘으로써 아름답게 보이도록 하여 대상에 대한 이해와 관심, 흥미 등을 유발하는 증강현실과 비슷한 효과를 내는 것이라고 할 수 있다. 물론 증강현실은 실재하는 현실과 연결된 가상의 정보를 제공함으로써 현실성을 증강시키는 특징을 가지고 있다는 점에서 볼 때 일상생활에서 일어나는 여러 행위와 차별성이 있는 것 또한 분명하다. 그럼에도 불구하고 증강현실이 실재현실에 좀 더 화려한 치장을 하여 대상에 대한 이해와 흥미, 관심과 판단 등의 능력을 높임으로써 현실의 성격을 바꾸는 기능을 가지고 있다는 점에서는 생활 속에서 폭넓게 이루어지는 꾸밈이나 각색 등과 연관성이 있음을 부인할 수 없다.

이상에서 논의한 내용을 바탕으로 증강현실에 대한 개념을 정의하면 다음과 같다. 증강현실은 컴퓨터 그래픽 같은 기술을 동원하여 표현해 낼 수 있는 가상현실의 이미지나 정보 등을 실재하는 현실의 그것과 결합하여 겹쳐서 보여 줌으로써 융합된 새로운 환경을 조성하여 현실성을 증강시키는 것으로서 실시간 상호작용이 가능하며, 실재현실만으로는 얻기 어려운 다양한 정보를 보강하여 제공할 수 있도록 하는 디지털 미디어기술이다.

21세기는 빅데이터(big data), 유비쿼터스(ubiquitous), 비콘(beacon), 사물인터넷(IoT) 등을 기반으로 하여 일정한 주제가 있는 맞춤정보를 필요로 하는 사회로 들어서면서 문명적으로나 문화적으로 커다란 전환점을 맞이하고 있다. 문명사적으로 볼 때는 인공지능, 나노기술, 유전공학 등을 토대로 하는 특이점(特異點)[4]의 시대가 멀지 않은 미래에 구체화될 것으로 예상되기도 한다. 이는 기술 변화의 속도가 급하게 빨라지면서 그 영향력이 매우 커지고 넓어져서 지금까지 인류가 누려온 문명의 수준[5]으로는 돌아가지 않을 정도로 진보된 문명사회로의 진입이 실현될 것으로 보이기 때문이다. 문명의 획기적인 발달은 곧바로 문화에도 영향[6]을 미칠 것이 확실하므로 앞으로의 인류사회는 대변혁의 소용돌이를 만날 수밖에 없을 것이다. 문명의 변혁에 의한

---

4) 함수의 정의역에 포함되는 점으로서 어떤 기준을 상정했을 때 그 기준이 적용되지 않는 특정의 점을 이르는 용어로 물리학이나 수학 등의 학문에서 사용되었던 개념이다. 미래학에서는 인공지능(AI)의 발달이 가속화되어 모든 인류의 지성을 합친 것보다 더 뛰어난 초인공지능이 출현함으로써 종래에 설정되었던 문명의 기준과는 전혀 다른 차원의 상태가 시작되는 시점을 기술적 특이점이라고 한다.
5) 특이점의 시대가 도래하면 인류는 인공지능으로 인해 멸망하거나 그것의 도움을 받아 영생하는 수준에 이를 것으로 예측한다.
6) 문화는 도구의 발달을 중심으로 형성되는 문명을 기반으로 형성되기 때문에 문명의 변화는 문화의 변화로 이어질 수밖에 없다.

문화의 변화는 인류가 만든 사회환경뿐 아니라 자연환경의 변화도 초래하여 모든 것이 바뀌게 될 것이다.

이러한 변화의 징후는 이미 우리의 일상생활 속에 다양한 형태[7]로 나타나고 있는데, 문화현상의 한 종류인 문학에도 이와 관련된 현상이 점차 나타나고 멀지 않은 미래에 그렇게 될 수밖에 없을 것으로 예상되기 때문에 주목을 요한다. 문학에 대한 감상과 향유는 우리가 지금까지 기본적으로 고수해 온 방식으로 텍스트를 통해 독자와 대중이 만나는 것이었다. 그러나 앞으로는 이것만으로 독자나 수요자의 욕구를 만족시키기 어려운 시대가 도래하고 이런 현상은 시간이 지날수록 점점 심화될 것으로 예상된다.

고전문학은 작가-텍스트-독자, 텍스트-콘텍스트(context)의 연결이 현대문학에 비해 상대적으로 긴밀한 상태[8]를 유지하고 있는 것으로 파악되어 왔다. 뿐만 아니라 고전문학의 텍스트 자료는 현대인이 이해하기 어려운 내용과 표현으로 되어 있어 이러한 현상이 심화되는 속도가 현대문학보다 훨씬 빠르게 나타날 수밖에 없다. 고전문학이 많은 사람의 관심 대상으로 자리매김하면서 과거와 같은 영광을 누리기 위해서는 이러한 상황을 적극적으로 타개하여 독자와 수요자가 쉬우면서도 흥미를 가지고 접근하게 만드는 방법을 개발해야 할 필요성이 강력하게 대두되고 있다.

이제 고전문학은 문자로 표현되어 있는 텍스트만을 중심으로 하던 경계를 벗어나 첨단의 IT(Information Technology) 기술을 이용하여 텍

---

7) 사물인터넷을 기반으로 하는 생활가전의 시스템, 증강현실의 기법을 도입한 내비게이션, 홀로그램을 활용한 영상콘텐츠의 제작 등을 대표적인 사례로 들 수 있다.

8) 성기옥·김수경·정끝별·엄경희·유정선, 『한국시의 미학적 패러다임과 시학적 전통』, 소명출판, 2004, 79쪽.

스트와 현장, 텍스트와 역사를 결합함으로써 종합적 성격을 지닌 융합콘텐츠로 거듭나지 않으면 살아남기 어려운 상황에 직면하고 있다. 사람들은 일방적인 수용만을 강요하면서 딱딱하고 어려운 느낌을 주는 책을 통해서는 더 이상 고전문학을 접하려 하지 않을 것이 점점 분명해지고 있기 때문이다. 따라서 작품과 관련된 모든 것이 입체적인 형태를 통해 보이게 함으로써 관심과 흥미를 느끼게 함은 물론 수요자 개개인이 필요로 하는 것들을 모두 맞춤정보 방식으로 제공하는 것이 절대적으로 필요한 시점에 와 있는 것으로 판단된다.

교육적인 차원에서는 영상, 텍스트 자료, 인터넷 정보 등을 종합적으로 제공할 수 있는 가상현실을 기반으로 하는 멀티방식을 통해 어느 정도 이러한 요구에 부응하고 있지만 현장성[9]이 현저히 떨어진다는 점에서 일정한 한계가 있는 것도 사실이다. 아직까지 교육은 일정한 공간을 점유하면서 가르치는 사람이 주도하는 방식이 주류를 이루는데, 멀지 않은 미래에 생활과 여가의 현장이 모두 정보의 소통과 획득의 공간으로 되면서 지금까지 존재했던 교육방식에 커다란 변화가 초래될 것으로 예상된다. 빅데이터, 사물인터넷, 유비쿼터스, 증강현실 등의 기술을 통해 생활과 여가의 현장에서 수요자가 필요로 하는 정보를 맞춤식이면서도 입체적으로 제공하는 환경이 조성되면서 굳이 일정한 공간에 가지 않더라도 필요한 정보를 얻을 수 있게 될 것이기 때문이다. 특히 이것이 현실화되면 여가와 밀접하게 관련된 여행이나 기행 등의 여가 현장에서 그 활용도가 크게 증가할 것으로 생각된다. 종래의 교육이 이루어지던 특정 공간이나 활자화된 텍스트로

---

9) 여기서 말하는 현장은 작품을 발생시킨 곳과 어떤 형태로든 텍스트와 관련된 유적과 유물 등이 존재하는 공간을 의미한다.

의미를 전달하는 문헌, 멀티방식으로 제공되는 인터넷 자료 등을 통해서 얻을 수 있었던 다양한 정보를 자신이 직접 보고 들을 수 있는 유적이나 유물이 존재하는 현장에서 입체적인 형태로 획득하는 것이 가능하게 됨으로써 만족도를 배가시킬 수 있기 때문이다. 특히 전통문화, 고전문학, 역사 등 일정한 유적이나 유물과 깊이 관련된 것은 그것이 존재하는 현장에서 빅데이터, 사물인터넷, 유비쿼터스 등과 같은 기반 설비를 갖추기만 하면 비콘, 앱, 홀로그램 등을 매개로 실현되는 증강현실을 통해 다양하면서도 풍부한 정보를 수요자에게 입체적으로 제공할 수 있으므로 매우 중요한 의미를 가질 수밖에 없다.[10]

이와 같은 사회적 흐름에 비추어 볼 때 지역문화와 관련된 모든 유적이나 유물, 그리고 다양한 형태의 문화현상 등에 대한 정보는 머지않아 스마트폰을 통해 맞춤정보의 형태로 수요자에게 전달해야 할 상황에 직면할 것으로 보인다. 문명의 발달에 힘입어 사람들이 편리한 것을 추구하게 될수록 글자로 설명되어 있는 안내판 같은 것은 읽기 싫어지거나 아예 읽지 않는 방향으로 흘러갈 수밖에 없기 때문이다. 유비쿼터스 기반을 바탕으로 하는 사물인터넷이나 스마트폰의 앱 등은 모두 이러한 요구를 충족시키기 위해 만들어진 것인데, 이러한 현상은 시간이 지날수록 점점 심화될 것으로 예상된다. 기술 융합과 인공지능 등의 기술이 비약적으로 발전함에 따라 문명의 모든 이기는 사람들이 편리하게 사용할 수 있는 방향으로 발달할 것이 확실시되기 때문이다. 빅데이터 기술 같은 것이 사생활정보 침해와 같은 심각한 문제를 야기할 가능성이 매우 크기는 하지만 그럼에도 불구하고 그

---

10) 증강현실에 대한 이상의 글은 손종흠, 「고전문학콘텐츠의 발전 방향에 대한 연구-증강현실과 춘향전을 중심으로-」(『열상고전연구』 57집, 열상고전연구회, 2017a)의 내용을 옮겨 실었다.

방향으로 흘러가는 대세를 막을 수는 없으므로 이것을 어떤 방법으로 슬기롭게 극복하면서 활용할 수 있을지 고민하는 것이 바람직할 것으로 보인다.

사회가 이러한 방향으로 발전해 갈 경우 문화 분야도 결코 예외가 될 수 없음은 자명하다. 도저히 막을 수 없고, 받아들일 수밖에 없다면 차라리 적극적으로 수용하여 유용하면서도 발전적인 방향으로 이끌어 갈 필요가 있다. 따라서 문화 분야 전체에 증강현실의 기술을 접목시켜 발전적이면서도 창조적인 콘텐츠를 만들어 내는 것이야말로 앞으로 우리가 반드시 해내야 할 숙명적인 과제임에 틀림없다. 매우 풍부하고 복잡하지만 체계적으로 분석, 정리되어 시청각(視聽覺)으로 제공할 수 있는 멀티화한 자료에서 추출된 것들이 증강현실의 기법을 통해 사용자가 원하는 정보를 맞춤방식으로 언제 어디서나 자유롭게 전달할 수 있다면 획기적인 도약의 단계로 나아갈 수 있도록 문화산업을 크게 발전시킬 수 있을 것이다.

문화권역의 개념과 분류

2.1. 문화권역의 개념

인류가 만들어 낸 정신적 · 물질적 재부(財富)의 총체를 지칭하는 것으로 이해되는 문화는 자연환경과 사회환경이 만들어 내는 상황과 직접적으로 연결되어 형성되는 경향이 있다. 따라서 그것이 가지고 있는 성격은 일정한 단위로 나눌 수 있는 공간적 · 지역적 차별성에 의해 구분될 수 있으며, 그것에 따라 각각의 문화적 특성이 정해지는 성질을 가지고 있다. 현대사회와 같이 문명이 고도로 발달하기 전까지는 일정한 지역을 경계로 하는 산이나 강, 고개 등의 자연환경이 일정한 지역의 문화적 특성을 형성하는 데 결정적으로 작용했다. 이 점은 과학이 발달하면서 글로벌 시대로 불리고 있는 현대사회에서도 높고 큰 산이나 넓고 깊은 바다 등의 자연환경을 완전히 넘어설 수는 없기 때문에 공간적으로 형성된 자연환경이 문화에 미치는 영향은 여전히 존재하는 것으로 볼 수 있다. 이러한 성격의 문화는 인류가 남겨 놓은 단순한 흔적만 가리키는 말이 아니다. 물질적 혹은 현상적으로 남겨진 것들과 더불어 그 속에 포함된 정신적 상상력의 세계를 함께 일컫는 말이 바로 문화이기 때문이다. 그러므로 문화는 물질적 삶과 정신적 삶이 녹아 있는 복합체로서의 성격을 지니는 것이다.

물질적 혹은 현상적인 삶의 흔적들은 당연히 과거의 것이지만, 과거의 흔적들을 가지고 현재의 우리에게 말을 걸고 있으며, 새로운 문명을 낳는 토양이 되기도 한다. 물질적이고 현상적으로 나타나는 문화 속에 녹아 있는 정신적인 세계는 훨씬 더 경이로운 것이어서 우리로 하여금 현재를 알게 하고 미래를 볼 수 있게 만들기도 한다. 문화 속에 녹아 있으면서 현상을 통해 현현(顯現)되는 상상력의 세계는 문화가 아니고서는 담아낼 수 없는 그 무엇이다. 미래는 상상력의 세계를 통하여 현재의 문화 속으로 들어오고, 과거의 흔적들은 물질적이고 현상적인 것들을 통해 현재의 문화 속으로 들어와서 하나가 된다. 그런 점에서 볼 때 과거로의 시간 여행과 미래에 대한 선점(先占)을 가능하게 만드는 것이 바로 문화라고 할 수 있다.

보편화와 세계화의 과정을 문명의 역사라고 한다면, 특수화와 개별화의 과정은 문화의 역사라고 할 수 있다. 도구를 바탕으로 하여 형성되는 문명은 그것이 만들어지는 순간부터 많은 사람들이 함께 그 혜택을 누릴 있도록 하는 과정을 밟지 않으면 안 된다. 그렇게 되지 못할 경우 그 문명은 도태되어 역사 속으로 사라질 수밖에 없기 때문이다. 따라서 문명은 끊임없이 보편화 과정을 거쳐 많은 사람들이 함께 향유하면서 새로운 것을 만들어 낼 수 있도록 하려는 성향을 지니게 되고, 그럴 경우에만 가치가 있다. 이런 점에 비추어 볼 때 문명은 절대로 독점할 수 없는 것이라는 사실을 명확하게 알 수 있다. 의식주, 언어, 풍습, 학문, 예술, 제도 등이 만들어 내는 물질적이면서도 사회적인 관념의 세계까지를 광범위하게 포함하는 문화는 일정한 공간적 경계로 나누어지는 지역적 차별성에 의해 형성된 개별성과 다양성 그리고 특수성을 생명으로 하기 때문에 문명과는 성질이 다른 차원의 가치를 지닌다. 집단적으로 개별화한 보편적 특수성[11]은 문화가 지닌 중

---

11) 특수성은 개별성을 잃어버리지 않으면서도 보편성을 최대로 담보한 상태의 사물현상이 가지는 성격이다.

요한 성격이므로 다양성 측면에서 문명과는 크게 다르다. 문화는 기본적으로 문명에 기반을 두면서도 그것보다 훨씬 복잡하고 많은 종류의 다양성을 창조해 내기 때문이다.

문명의 이기 중 하나인 스마트폰의 경우 개인, 집단, 연령, 계층 등에 따라 사용하는 범위와 방식 등이 크게 달라 각각의 사용자나 그룹이 서로 다른 문화현상을 만들어 내는 것에서 이러한 사실을 확인할 수 있다. 또한 문화는 개별화되어 있다는 점 역시 문명과는 반대되는 성질이라고 할 수 있다. 스마트폰 문화에서 보면, 개인과 집단에 따라, 그리고 연령과 계층 등에 따라 각각의 특성을 보이고 있어서 해당 사용단위별로 개별화되어 있음을 알 수 있다. 또한 문화는 반드시 향유되는 지역이나 집단 등에 따라 다른 문화현상과 차별화된 특수성을 가진다. 스마트폰을 사용하는 연령대별로 전혀 다른 특수성을 가지고 있는 것이 그 예라고 할 수 있다. 문화가 지니고 있는 다양성·개별성·특수성은 단순히 문화적 현상에만 머물지 않고 한 걸음 더 나아가 도구를 바탕으로 하는 문명을 자극하여 특수한 문화현상에 맞는 새로운 도구를 개발하게 함으로써 문명을 낳는 모태가 되기도 한다. 이러한 문화가 가지고 있는 복잡하고 미묘한 성격은 그것에 대한 정의를 내리기 힘들게 만들기도 하며, 범주와 분류를 통한 체계적인 접근을 어렵게 하는 핵심 요인으로 작용하기도 한다.

그러다 보니 문화에 대한 범주의 설정과 분류 등은 연구의 방향이나 성격 등에 따라 상당한 차이를 보인다. 특히 동질성을 가지는 문화현상을 묶어 연구 대상으로 삼는 기초 단위인 지역에 따른 권역 설정을 어떤 방향이나 기준으로 할 것인가에 대한 고민이 생기게 된다. 문화권역의 설정에서 가장 큰 문제로 대두되는 것은 문화적 동질성을 가진 지역의 단위와 행정적 지역의 단위가 일치하지 않는다는 점이다. 행정 단위는 사회적 상황, 정치적 목적, 행정적 필요 등에 의해 언제든지 재조정될 수 있어서 시대에 따라 바뀌는 주기가 상대적으로 빠르지만, 환경적 특성에 순응해 살아오면서 아주 오랜 기간에 걸쳐 자연적으로 형성된 문화적 동질성을 바탕으로 하는 지역적 특성은 쉽게 바뀌지 않기 때문이다. 이런 이유로 행정적 편의나 정치적 목적 등에 의해 강이나 고개 등을 경계로 구역을 나누게 되자 오래전부터 문화적 동질성을 가지고 살아왔던 마을이 행정구역상 도(道)를 달리하게 되어 많은 불편을 초래하는 경우[12]도 어렵지 않게 찾아볼 수 있다.

21세기에 이르러 문화에 대한 사회적 관심이 높아지면서 이와 관련된 시설이나 사업 등이 공익을 바탕으로 하는 행정정책에 의해 큰 영향을 받게 되면서 지역적 문화권역과 행정권역이 다른 경우 상당한 문제를 야기할 수 있다. 이럴 경우 문화와 문화콘텐츠에 대한 이론적 접근을 효과적으로 시도하기 위해서는 문화적 동질성을 바탕으로 권역을 구분할지, 아니면 행정적으로 나누어진 지역을 바탕으로 권역을 나눌 것인지에 대한 고민이 깊어질 수밖에 없다. 문화적으로 동질성을 가지고 있는 곳일지라도 행정적으로 구분된 지역일 경우 문화 관련 사업이나 투자에 지원되는 예산의 집행이 행정기관에 의해 주로 이루어짐으로써 그것의 영향을 아주 크게 받기 때문이다. 사실 안목을 조금만 넓혀 보면 문화 관련 콘텐츠는 대부분이 국가나 민족 단위로 범주를 설정하여 개발하고 발전시키는 것이 합당할 것이다. 하지

---

12) 경기도 장호원읍 장호원리와 충청북도 음성군 감곡면 왕장리는 청미천을 사이에 두고 있는 마을로 아주 오랜 옛날부터 비슷한 생활양식을 가진 지역으로 문화적 동질성이 강한 곳이었으나 충청도와 경기도로 나누어지면서 전혀 다른 행정구역으로 된 것을 예로 들 수 있다. 이런 현상은 도(道)의 구분과 같은 경계지역을 중심으로 얼마든지 나타날 수 있다.

만 이익의 창출을 가장 핵심으로 여기는 자본주의와 민주적 제도를 기반으로 하면서 지역의 이익을 확보해야 하는 지방자치제라는 두 개의 축이 이것을 가로막는 장애물로 작용하면서 어려움을 가중시키고 있는 것으로 보인다.

현실적 차원으로만 본다면 행정적 영향력을 절대로 무시할 수 없는 현대사회의 특성상 문화적 동질성이나 특성을 행정적 지역 구분에 따라 문화권역을 구분하고, 문화현상에 대해 연구하며, 문화 관련 콘텐츠를 개발하는 것이 가장 바람직한 것으로 보이기도 한다. 그러나 이렇게 할 경우 오랜 전통과 역사를 가지면서 훌륭한 콘텐츠로 거듭날 수도 있는 다양한 문화현상이 자본주의적 이념과 행정적 편의로 인해 영원히 사라질 가능성이 높다는 위험성을 가지고 있어서 그것을 그대로 수용하는 데에는 상당한 어려움이 따른다. 예를 들면, 행정적으로는 충청남도이면서 부여와 공주 등의 지방자치제 구역으로 나누어져 있는 지역의 문화 상징을 백제로 정할 경우 각 행정지역의 이해관계에 따라 살아나는 것이 있는가 하면 사장되는 것이 생길 수 있다는 것이다. 하지만 행정적 지역 구분을 넘어 백제 문화권으로 설정한다면 백제를 나타낼 수 있는 문화 관련 아이템을 하나도 빠짐없이 연구나 보존의 대상으로 설정하여 새롭게 개발할 수 있는 가능성을 부여받게 될 것이다. 그러므로 문화적으로 의미가 큰 것과 작은 것이 정해진 자리에서 각각에 맞는 구실을 할 수 있는 거대한 빅데이터로 활성화되어 문화콘텐츠로 거듭나기 위해서는 행정적 지역 구분을 넘어설 수 있는 대안이 필요하다는 것을 절감할 수 있다.

행정적 지역의 구분으로 인해 일어날 수 있는 문화적 동질성의 훼손과 해당 지역에서 가치를 인정하기 어려운 문화현상들이 묻혀 버리거나 영원히 사라지지 않도록 하기 위해서는 행정 조직 간의 소통과 협의가 절대적으로 필요하다. 행적 조직 간의 이러한 소통과 협의는 한층 발전된 모습의 문화콘텐츠를 만들어 나가는 데 결정적인 기여를 할 수 있을 것으로 예상되기 때문에 문화와 문화콘텐츠에 대해서만은 '따로, 또 같이'라는 인식의 대전환이 반드시 이루어져야 한다.

이상에서 살펴본 내용을 바탕으로 문화권역의 개념을 정의하면 다음과 같이 정리할 수 있다. 문화권이라 함은 자연이 제공하는 환경적 조건에 의해 오래전부터 형성되어 온 문화적 동질성을 바탕으로 하는 공간적 경계의 범위 안에 들어 있는 물질적인 것과 관념적인 것을 모두 포함하는 문화현상을 아울러 지칭하는 것을 가리킨다. 문화권역은 전체를 아우르는 광역권과 그 아래에 중광역권, 소광역권 등을 두고, 점차 작은 문화권역으로 세분화하여 가장 작은 단위로까지 내려가는 것이 필요하다. 그렇게 해야 하는 이유는 모든 문화현상이 연결과 소통을 통해 하나로 통합되면서 각각의 독립성을 유지할 수 있도록 하기 위한 것으로 해당 공간에서 발생하고 향유된 문화현상들이 각각의 의미를 잃어버리지 않고 일정한 구실과 기여를 할 수 있도록 하려는 의도라고 할 수 있다. 그다음으로 해야 할 일은 대광역권과 대광역권을 연결시키는 통로를 구축하는 일이다. 우리나라에 흩어져 있는 모든 대광역권이 하나로 연결되면 민족, 혹은 국가 단위의 문화광역권이 구성됨과 동시에 해외의 문화광역권과 연결하고 소통할 수 있는 기반을 갖춘 상태로 거듭나게 될 것이다. 국내 문화권역과 해외 문화권역의 연결과 소통이 반드시 필요한 이유는 세상의 어떤 문명이나 문화현상도 완전히 독립적이고 독자적인 것은 없으며, 다른 어떤 것인가와 반드시 일정한 영향관계 아래 있기 때문이다.

2.2. 문화권역 설정의 방법

세계 대부분의 나라는 원활한 통치를 위한 방법의 하나로 인구와 행정적 편의 등에 따라 일정한 공간을 경계로 하여 지역을 나눈다. 우리나라는 가장 상위의 행정구역으로 특별시, 광역시, 도(道), 특별자치도 등을 두고 있다. 특별시와 광역시는 지리적 특성이나 공간적 환경이 아니라 인구수만을 기준으로 하며, 도(道)는 지형적 특성과 행정편의를 바탕으로 하는 성향을 나타내고 있다. 그중 광역시로 불리는 행정지역은 다른 사항을 전혀 고려하지 않고 일정한 공간에 속해 있는 인구수에 의해서만 정해지는 양상[13]을 띠기 때문에 현재 전국 곳곳의 일부 지역들은 시와 시, 시와 군 등의 통폐합을 통해 인구를 늘림으로써 광역시로 승격할 수 있는 요건을 맞추려는 움직임을 활발하게 전개하고 있다.

기업과 사람이 많으면 물류의 생산과 유통에서 발생하는 세수(稅收)에 의한 재정 확보가 원활해지므로 각 지역의 단체장들은 광역시로의 승격에 사활을 거는 모습을 보이기도 한다. 자본주의 사회에서 이러한 움직임은 어쩔 수 없는 것이라 할지라도 정착 기간의 단축과 유동인구의 증가 등으로 인해 지역의 특성을 잘 나타낼 수 있는 다양한 전통을 계승하면서 발전시키고, 새로운 문화를 형성하는 데에는 매우 소극적이거나 불가능한 상황을 만들어 낼 가능성이 상당히 크다. 인구수만 기준으로 하는 광역시의 경우 사람을 불러 모을 수 있는

---

13) 일정한 공간 안에 거주하는 인구수가 100만을 넘으면 광역시로 승격할 수 있는 조건을 갖추는 것으로 알려져 있다. 그러나 경우에 따라서는 100만을 넘는 인구가 거주하는 곳이라도 다른 지역과의 형평성, 유동인구의 비율이 높은 점 등의 부적합한 사유가 있으면 승격하지 못하기도 한다.

기관이나 기업 등이 떠나거나 다른 곳으로 전출하면 그것에 연관된 사람들은 미련 없이 다른 곳으로 옮겨가게[14] 되므로 오랜 시간 한곳에 정착한다는 생각을 하지 않게 되어 자신이 거주하는 지역에 대한 애착이나 애정이 매우 약할 수밖에 없기 때문이다. 따라서 인구수로 행정지역을 구분하는 광역시의 설정은 상당한 문제점을 지니고 있다. 특히 광역시는 문화적 동질성을 전혀 고려하지 않으면서 재정과 행정 측면만 강조하고 있다는 점에서 문화와 문화콘텐츠의 개발에는 치명적일 수밖에 없는 단점을 지니고 있는 것이다. 이런 점에서 보면 특별시나 광역시 등으로 지역을 구분하는 인구수 중심의 기준은 문화권역[15]의 설정을 위한 기준으로는 수용하기가 매우 어려운 것으로 생각된다.

그렇다면 문화권역을 올바르게 설정하기 위해서는 어떤 기준과 방법을 쓰는 것이 가장 합당할 것인가에 대한 의문이 제기된다. 문화권역의 설정을 가장 합리적으로 할 수 있는 기준과 방법은 문화가 지니고 있는 본질적 성격과 문화적 동질성의 확보 여부에 따라 구분하는 것이 가장 바람직하다. 문명을 바탕으로 하여 형성되는 문화는 첫째, 문명의 향유방식, 둘째, 집단의 정체성, 셋째, 관습적 규칙, 넷째, 관계적 역동성, 다섯째, 환경적응의 방식 등을 본질적 성격으로 꼽을 수 있다.

먼저 문명의 향유방식에 대해 살펴보자. 문화는 사람이 인위적으로

---

14) 이것은 문명적인 측면을 가리키는데, 사람의 삶은 문명과 문화의 양 축이 맞물려 있는 상태라는 점을 생각하면 문화적인 측면을 도외시한 이런 지역 구분이 결코 바람직하지 않다는 것을 알 수 있다.

15) 일정한 지역을 전제로 하는 문화권역에 존재하는 특수한 문화는 그 공간을 차지하고 있는 구성원의 지식과 정신이 종합적으로 대상화(對象化)되어 나타난 사물현상이면서 해당 지역에서만 볼 수 있다는 점에서 개별성을 바탕으로 함과 동시에 다른 지역이나 권역의 문화현상들과도 연결될 수 있는 보편성을 지니고 있기 때문에 문화콘텐츠 소재로 합당하다.

만들어 낸 것이면서 일정한 공간이나 범위에 속하는 사람들이 행하는 집단적 합의하에 만들어지는 사회적 현상의 하나이다. 인류가 자연에 순응하면서 삶을 영위하던 원시적인 생활에서 벗어나 물질적·기술적·구조적인 측면에서 꾸준한 발전을 이룰 수 있었던 기반은 먹거리를 효과적으로 획득하기 위한 도구이며, 그것의 발달이 있었기에 지금과 같은 문명을 이룩할 수 있었다. 도구의 발달을 기반으로 형성되는 문명은 자연의 일부에 불과했던 사람을 자연과 분리시키면서 독립적인 영역을 구축함과 동시에 자연과 사람이 대등한 위치에서 서로 마주 보도록 만드는 것이었기 때문에 인공적, 혹은 인위적이라는 점을 문명이 지닌 중요한 성격 중의 하나로 꼽을 수 있다. 문명이 인공적이라는 것은 자연과 관련이 없는 것은 아니지만 그와는 성격이 다른 체계를 구축하여 사람의 뜻에 따라 움직이고 부릴 수 있다는 것이다. 즉, 자연의 범위를 완전히 벗어나지는 못하지만 그것과는 다른 방향이나 법칙을 중심으로 구성되고 변화하며, 발전하는 것이 바로 문명이다. 그러므로 문명은 철저하게 사람을 위해 존재하며, 사람을 위해 봉사한다. 이러한 성격을 가지는 문명은 사람이 부릴 때만 존재 의미가 있기[16] 때문에 발생과 소멸 과정을 끝없이 되풀이한다.

첫 번째로 문화[17]는 두 개의 축으로 구성되는데 그중 하나는 이러한 문명을 활용하는 과정에서 생기는 다양한 향유방식에 의해 형성된다. 문명의 향유방식으로서의 문화는 복잡하다고 할 수 있을 정도의

---

16) 기존의 문명보다 뛰어난 기능과 편리성을 가진 새로운 것이 등장하면 사람들은 기존의 것을 버리고 발전된 문명을 선택한다. 무선전화기의 경우 기능과 편리성이 향상될수록 옛 것은 밀려나고 새로운 것이 그 자리를 대체하는 것에서 이러한 사실을 확인할 수 있다.

17) 문화는 문명의 향유과정에서 형성되는 것과 자연과의 관계에서 형성되는 것을 양 축으로 한다.

여러 요소에 의해 만들어지는 특성이 있으므로 지역, 계층, 연령, 성별 등에 따라 매우 다양하게 나타난다. 현대사회에서 대부분의 사람들이 쓰고 있는 무선전화기이지만 그것을 사용하는 방식인 전화 문화는 지역, 연령, 계층 등에 따라 상당한 차별성을 가지고 있다는 점을 예로 들 수 있다. 이러한 점은 다른 어떤 문화현상에도 동일하게 나타나기 때문에 문화가 지닌 일반적인 성격의 하나로 규정할 수 있다.

다른 한 축은 자연과 긴밀한 관련이 있는 것으로 형성되므로 이 부분 또한 문화의 중요한 성격이 된다. 이는 자연이라는 환경에 적응하는 방식으로서의 문화이다. 도구의 발달에 힘입은 문명사회로의 전환과 발전으로 인해 사람들은 자연의 영향에서 상당히 자유로워진 점이 있다. 하지만 우주라는 공간에서 삶을 유지하는 한 자연의 영향을 완전하게 벗어나는 것은 불가능하다. 인류의 삶에서 자연이 차지하는 비중은 여전히 막대하며, 자연이 가진 힘 또한 여전히 막강하여 절대로 무시할 수 없다. 따라서 인류가 삶의 과정에서 만들어 내는 문화현상 중에는 문명의 향유방식을 한 축으로 하는 것과 자연환경에 순응하는 적응방식을 다른 축으로 하는 것이 형성될 수밖에 없는 필연성을 가지고 있는 것으로 보아야 한다. 자연이 주는 재해를 피하거나 줄일 수 있는 상황을 만들기 위해 숭배 대상을 설정하고 예를 갖추어 의식을 행하는 것, 자연에게서 더 많은 먹거리를 효과적으로 얻을 수 있는 상황을 만들기 위해 집단적인 동작을 하면서 노래를 부르는 행위 등은 모두 이런 문화현상의 하나라고 할 수 있다.

자연환경에 대한 적응방식으로 발생하는 문화는 지리적인 특성과 맞물려 형성되는 성격을 지니고 있기 때문에 문화적 동질성을 바탕으로 하는 문화권역의 설정에 핵심 기준의 하나가 될 수 있다. 높고 큰 산이나 넓고 깊은 강이 있을 경우 그것을 경계로 문화적인 현상들이 다르게 나타날 수 있으며, 산이나 강의 환경적 특성, 벌판의 환경적 특성, 바다와 인접해 있는 해안지역의 환경적 특성 등에 따라 각 지역의 생활방식과 문화현상은 다르게 나타날 수밖에 없기 때문이다. 문명이 아무리 발달하더라도 이와 같은 지리적 특성에 의한 생활방식의 차이에서 오는 문화적 차별성이 엄연히 존재한다는 점에서 자연과 인간의 관계는 대립적이면서도 상호보완적일 수밖에 없다. 따라서 문명에 의해 형성되는 것과 자연환경에 의해 형성되는 것을 축으로 하는 인류의 문화는 두 측면을 합쳐서 그것을 만들고 향유하는 집단의 특성을 잘 보여 준다는 점에 주목할 필요가 있다.

두 번째로 살펴봐야 할 것은 문화를 만들고 향유하는 집단의 정체성(正體性)을 규정할 수 있는 존재로서의 성격이다. 정체성이란 어떤 존재나 대상의 본질을 깨닫게 해 주는 성질이나 그러한 성질을 가지고 있는 독립적인 존재를 가리키는 말이다. 정체성이 다르면 그 존재는 서로 다른 것으로 간주할 수 있어 집단이나 조직, 민족 등을 구분 지을 수 있도록 하는 데 매우 중요한 기준이 된다. 인류가 삶 속에서 만들어 낸 다양한 조직을 일정한 기준에 의해 구분 지을 수 있는 가장 중요한 것이 바로 정체성이라고 할 수 있는데, 이것은 문명적인 측면보다는 문화적인 측면이 중심을 이루는 것으로 파악된다. 세계화 · 보편화를 기본 성질로 하는 문명은 일정 시간이 지나면 어느 집단이나 거의 같은 수준에 이르거나 완전히 평준화되므로 지역이나 집단의 정체성을 문명으로 가늠하기는 불가능하기 때문이다.

지역이나 집단의 정체성을 문화적 측면을 중심으로 규정하는 것은 세계적으로 공통이라고 할 수 있는데, 민족[18]이라는 집단의 범주를

---

18) 일정한 지역에 모여 살면서 다른 사람들과 구별되는 몇 가지 문화적 공통 사항을 지표로

규정하는 요인으로 언어적 동질성, 종교, 세계관, 경제생활, 관습, 역사 등의 문화적 특성을 중심으로 하는 데에서 이러한 사실을 확인할 수 있다. 문화는 지역이나 집단의 본질을 올바르게 파악할 수 있는 정체성을 가늠하는 핵심적인 존재로 작용하므로 이것 역시 본질적 성격의 하나가 된다.

세 번째로 문화가 지니고 있는 본질적 성격은 관습적 규칙이라고 할 수 있다. 관습은 어떤 집단이나 사회에서 일정 기간에 걸쳐 지키면서 내려온 것으로 구성원들이 널리 인정하는 질서나 풍습 등을 가리키는 말이다. 따라서 국가나 공공기관의 강제력을 수반하는 사회 규범인 법과는 상당한 차이가 있는 사회적 규범이 관습이라고 할 수 있다. 법은 물리적 강제력을 가지기 때문에 그것을 어길 경우 신체적이나 경제적인 압력과 제재가 들어오지만 관습은 구성원 상호 간에 자발적으로 합의된 것이어서 이러한 강제성이 없는 것이 특징이다. 관습은 사회문화적 현상의 하나이므로 그것을 따르지 않는다고 해서 물질적 또는 신체적인 손해나 위해가 가해지지는 않을지 몰라도 경우에 따라서는 더 큰 피해와 문제를 야기할 가능성이 있다.

관습은 구성원들이 생활 속에서 마음속에 가지고 있는 공통적인 정서가 바탕이 되어 오랫동안 지켜져 온 것으로서 보이지 않는 구속력이 상당한 데다가 그것에 맞지 않는 행동을 했을 경우 사회적으로 큰 혼란을 야기할 수 있어 모든 구성원이 암묵적으로 금지하는 것이기 때문이다. 이러한 충돌은 주로 종교나 사상, 의례 등의 문화적 갈등에서 야기되는 것이지만 이것으로 인해 나라의 흥망이 결정되기도 하

하여 상호 간에 전통적으로 연결되어 있다고 생각하거나 객관적으로 연대감이 인정되는 사람들의 집단을 민족이라고 한다. 이런 점에서 볼 때 민족이라는 개념 자체가 문화적 소산이라고 할 수 있다.

고, 사람의 목숨을 빼앗거나 상하게 하는 박해나 전쟁 등으로 이어지기도 하여 집단이나 사회에 미치는 영향은 엄청나다고 할 수 있다.

네 번째로 문화가 지니고 있는 본질적인 성격은 관계적 역동성이다. 관습적 산물의 하나이면서 집단이나 민족 따위의 정체성을 규정하는 데 결정적인 구실을 하는 문화는 문명의 향유방식과 자연환경에 대한 대응방식의 양면을 가지고 있는데, 문명과 자연의 변화에 의해 지속적으로 변화하는 성질이 있다. 문명의 향유방식으로서의 문화는 문명이 발달하여 사회가 변하면 그것을 바탕으로 하는 문화도 바뀔 수밖에 없으며, 자연에 대한 대응방식으로서의 문화 역시 과학의 발전을 기반으로 하는 문명과 맞물려 돌아가는 성질이 있어 비슷한 방향과 주기로 변화하게 된다. 이것을 관계적 역동성이라고 하는데, 이러한 성질을 본질적 성격으로 하는 이유는 문화는 문명이나 자연 등과 일정한 관계를 유지할 때만 형성되고 발전할 수 있기 때문이다. 문명과의 관계뿐만 아니라, 문명의 발달에 따른 자연과의 관계도 끊임없이 변하므로 문화는 늘 변화의 소용돌이를 만들어 내는 역동성이 중요한 성질의 하나가 된다.

또한 문화는 물리적 관계뿐 아니라 정신적·추상적 관계에 의해서도 변화할 수 있는 성질을 가지고 있다. 종교나 사상이 바로 이런 현상을 잘 보여 주는데, 우리 민족도 시대별로 종교나 사상이 바뀌면서 그것과 관련된 수많은 질서와 풍습 등이 변화한 것을 보면 알 수 있다. 특히 현대사회에서는 종교적 자유를 보장하는 세계적 흐름에 따라 우리나라에도 다양한 종류의 종교가 유입되어 있으며 심심찮게 문화적 충돌을 일으키기도 한다. 수천 년 전에 멀리 인도에서 전래된 불교의 경우도 그렇지만 18세기에 유입되기 시작한 천주교 역시 기존의 사상이나 종교와의 갈등으로 인해 엄청난 박해를 받았던 역사적 사실에서도 문화가 지닌 관계적 역동성이 얼마나 중요한지 짐작할 수 있다.

다섯 번째로 살펴보아야 할 문화의 성격은 환경적응의 방식이다. 사람은 어떤 경우에도 주변 환경에 대한 어려움을 극복하고 적응해 나가면서 문명과 문화를 발달·발전시켜 왔다. 특히 환경에 적응하는 다양한 방식은 문명의 도구를 활용하는 방식과 연결되면서 문화현상으로 정착되었기 때문에 인류가 오랜 세월 동안 행해 왔던 환경적응 방식은 문화의 성격을 형성하는 데 매우 중요한 구실을 해 온 것으로 보인다. 특히 환경적응의 방식이 생활양식의 성격을 결정하는 데 매우 큰 영향을 미치기 때문에 이것에 대한 자료의 집대성과 분석 등은 반드시 이루어져야 한다. 환경적응 방식이 생활양식에 직접적으로 작용하기 때문에 문화의 형성과 발전에 커다란 영향을 미치는 것은 자명하다.

이상에서 살펴본 것이 바로 문화의 핵심이라고 할 수 있으므로 문화와 문화의 경계를 구분하여 개별성과 보편성을 바탕으로 하는 특수성을 드러낼 수 있는 권역 설정 시 기준으로 삼아야 한다. 어떤 존재나 대상의 본질을 가장 분명하게 드러낼 수 있는 것을 기준으로 독립성과 독자성, 특수성 등을 분석하고 판단한 다음, 그 기준에 따라 구별을 짓고 분류하는 것이 가장 합리적인 방법으로 인정받을 수 있기 때문이다.[19] 또한 문화가 지니고 있는 이러한 본질적 성격을 형성하는 바탕이 되면서 결정적 구실을 하는 것이 바로 자연이므로 지리적 환경 또한 하나의 중요한 기준이 되어야 한다. 문명의 발달로 자연과 마주 보면서 대립적인 관계를 형성하고 있는 존재가 사람이라고 하

---

19) 현상은 본질을 담고 있지만 본질 자체는 아니기 때문에 종류가 다양하고 끊임없이 변하는 문화적 현상을 중심으로 할 경우 일정한 기준을 세우기가 어려워 문화권역을 효과적으로 구분하기가 매우 힘들거나 불가능하게 될 것이 확실하다.

더라도 거대한 자연의 영역을 절대로 벗어날 수 없으며, 그것의 막강한 힘을 완전히 정복하고 지배하는 것 또한 불가능하기 때문이다. 문명의 도구와 교통과 통신 등이 아무리 발달해도 넓고 깊은 바다나 높고 큰 산 등이 사람의 생활과 문화에 미치는 영향과 차지하는 비중은 매우 크며, 그 영향력 또한 막강하여 이러한 환경적·지리적 요인이 문화적 특성을 형성하는 데 커다란 역할을 한다는 사실을 부인할 수 없다.

이런 점에서 볼 때 문화권역의 설정에 의한 지역적 구분방법은 지리적 환경을 1차적 기준으로 하고, 문화의 본질적 성격을 2차적 기준으로 하는 것이 가장 합당할 것으로 생각된다. 문화적인 측면만 생각하면 문화적 권역의 구분방법이 아무런 하자가 없는 듯하지만 행정적 지역 구분과 일치하지 않는다면 그것이 하나의 걸림돌이 될 수 있다. 문화산업의 발전을 위한 비용의 집행이 주로 행정기관을 통해 이루어지므로 행정적 지역 구분으로 생긴 경계를 넘어서기가 어렵기 때문이다. 이러한 문제는 지방자치제[20]가 시행된 후부터 현재에 이르기까지 한층 심화되는 경향을 보이고 있어서 이것을 극복하기 위한 방법론이 강구되지 않으면 안 될 것이다. 경제 살리기의 핵심은 일자리 창출을 통해 생산인구를 최대한으로 확보하는 것인데, 국민들에게서 거둬들인 세금을 화려하게 쓰는 것으로 대신하고 있기 때문에 문화권역과 행정지역 사이의 괴리가 심화되면서 지역 간의 갈등이 점차 높아지고

---

20) 지방자치제의 부활과 전면시행을 한 가장 큰 이유가 일자리 창출을 극대화하여 지역 경제를 독자적으로 부흥시킨다는 것이었으나 1995년에 전면적으로 부활한 지방자치제는 갈수록 퇴보하면서 일자리 창출은 뒷전으로 밀리고, 눈에 보이는 업적 쌓기에만 급급하는 모습을 보이게 된다. 일자리가 늘어나기는커녕 점점 줄어들게 되자 젊은이들은 서울과 수도권으로 몰려들었고, 결코 바람직하다고 볼 수 없는 전세대란 같은 현상이 일어나게 된 것으로 보인다.

있는 것이다.

　미래의 사회는 빅데이터나 사물인터넷 등의 기술을 바탕으로 문명과 문화의 구별과 간극이 좁아지면서 융합과 소통이 화두로 떠오를 것이다. 따라서 문화권역과 행정지역의 불일치는 문화적 융합과 소통으로 넘어서야 할 것으로 생각된다. 그렇게 하지 않을 경우 세계의 문화산업 시장에서 우위를 점하기가 결코 쉽지 않을 것이므로 중앙정부든 지방자치단체든 이 점을 염두에 두고 한시라도 빨리 행동으로 옮기는 것이 필요하다. 행정적 지역 구분에 따른 경계를 바탕으로 문화산업을 발전시키면서 문화콘텐츠를 개발하는 것이 아니라 경쟁력을 가질 수 있는 아이템을 개발함과 동시에 일정한 주제를 바탕으로 하는 빅데이터를 구축하여 공간적 경계를 구분하지 않고 연결하고 소통하면서 수요자에게 필요한 정보와 통로를 충분하게 제공할 수 있는 시스템 구축이 문화산업을 발전시킬 수 있는 기초가 된다는 사실을 잊어서는 안 된다. 행정적 지역 구분이 아닌 문화적 동질성을 확보할 수 있는 지리적 환경과 문화의 본질적 성격을 기준으로 문화권역을 구분하고, 필요한 주제의 경우 어떤 구분에도 구애받지 않고 권역 전체를 연결하고 소통할 수 있도록 만들기 위한 행정적·재정적 지원과 제도적 완비가 시급하게 필요하다.

2.3. 문화권역 설정의 실제와 권역별 문화콘텐츠

1️⃣ 문화권역 설정의 실제

공간적 경계를 이루는 자연환경, 구성원이 함께 느낄 수 있는 정서적 공감대, 문화 집단에서 중심을 이루는 정신세계 등을 기준으로 문화권역을 설정하는 것이 가장 바람직한데, 가장 큰 규모인 대문화권으로서의 광역문화권을 맨 위에 두고, 그 아래에 점차 규모가 작은 중소문화권을 설정하는 것이 필요하다. 가장 큰 문화권에서부터 아주 작은 문화권까지 단계별 층위(hierarchy)를 두는 이유는 개별성과 보편성이 결합한 특수성을 가지는 문화현상의 규모가 여러 층위로 나누어질 수 있기 때문이다. 상당히 광범위한 지역에 걸쳐 존재하면서 다양한 루트를 통해 연결되어 있는 현상으로서의 문화가 있는가 하면, 아주 작은 범위의 공간에만 존재하고 소통되는 문화현상도 있으므로 문화콘텐츠의 소재로 작용할 수 있는 문화현상의 규모에 맞추어 권역의 크기를 설정해야 한다.

주제의 크기에 따라서는 광역문화권을 넘어 우리나라 전체를 포함할 수 있는 문화 주제도 존재하며, 우리나라뿐 아니라 중국이나 일본 등 동아시아 전체에 연결될 수 있는 문화콘텐츠도 있다는 점을 염두에 둘 필요가 있다. 예를 들면, 최치원 관련 문화현상과 유적은 우리나라의 여러 문화광역권에 걸쳐 존재[21]하면서 동시에 중국과 일본 등

---

21) 행정지역으로 보더라도 여러 도에 걸쳐 최치원 관련 이야기와 유적 등이 존재한다. 해운대는 일 년 내내 관광객으로 북적되는 부산 최대의 유흥공간이면서 여름만 되면 수백 만 인파가 모이는 곳이지만 그 이름이 최치원과 관련되어 있다는 사실을 아는 사람은 많지 않다. 물론 동백섬에 최치원 유적지를 기념하기 위한 것들이 있지만 그곳을 찾는 사람은

과의 연계도 가능하기 때문에 이에 대한 빅데이터의 구축과 정보의 연결을 통해 수요자가 필요로 하는 것을 맞춤식으로 제공할 수 있는 문화콘텐츠 개발이 가능한 점을 꼽을 수 있다.

　문화적 특성에 의한 문화권역의 구분 작업을 효과적으로 해내기 위해서는 우선 다른 권역과 문화적 차별성이 뚜렷하게 나타날 수 있도록 문화권역의 범위와 경계를 분명하게 설정하는 것이 필요하다. 이와 같이 설정하기 위해서는 첫째, 산과 물을 중심으로 하는 지형적 특성, 둘째, 사람을 중심으로 하는 언어적 특성, 셋째, 과거의 전통을 중심으로 하는 역사적 특성, 넷째, 구성원의 의식세계(意識世界)를 중심으로 하는 정신적 특성, 다섯째, 문학과 음악 등을 중심으로 하는 예술적 특성, 여섯째, 생명 유지를 위한 식욕을 해결하는 바탕이 되는 경제적 특성 등의 요인을 중심으로 하는 것이 가장 유용할 것으로 보인다. 자연적 환경은 삶이 가지는 특성을 결정짓는 핵심 요소이며, 그것에 맞추어서 언어와 역사의 차별화가 이루어지며, 정신세계의 차이 또한 발생할 수 있다. 문학이나 음악 등을 중심으로 하는 예술은 언어와 역사, 정신세계 등을 모태로 하기 때문에 창작과 향유방식 등도 자연환경의 차이에서 만들어지는 차별성을 가질 수밖에 없다. 생명 유지를 위한 식욕 해결을 담당하는 경제적 특성은 문명의 발달과 더불어 그것의 기초는 지리적 특성이라고 할 수 있으므로 이것 역시 밀접한 관련을 가질 수밖에 없다. 문화권역 설정 시 이론적으로는 문화의 본질적 성격과 문화적 동질성을 기준으로 하지만, 문화권역의 실제 구분 과정에 돌입하면 이 모든 것을 형성하고 영향을 미치는 것으로 가장

극소수에 불과하며 정보 또한 제한적으로 제공되고 있다. 이것이 활성화되기 위해서는 전국에 흩어져 있는 최치원 관련 유적을 빅데이터로 구축하여 다양하고 풍부한 정보를 맞춤방식으로 제공할 수 있어야 한다.

큰 힘을 지니고 있는 것이 자연환경에서 오는 지리적 특성이고, 이것을 기반으로 하여 모든 문화현상의 특성이 결정되기 때문에 지리적 특성에 따른 문화적 동질성을 핵심 근거로 해야 한다. 이런 점들을 고려하면서 우리나라의 문화광역권을 구분하면 다음과 같이 정리할 수 있다.

우리나라는 천지(天池)에서부터 시작된 백두대간[22]이 한반도의 등뼈를 이루면서 강원도, 경상도, 충청도를 거쳐 전라도 지방까지 뻗쳐 있으며, 그 사이 사이에 북동쪽에서 서남쪽으로 큰 줄기의 강이 흐르고, 바다 남쪽에는 제주도라는 큰 섬이 자리하고 있는 형세를 기본으로 한다. 특히 백두대간은 교통과 통신이 크게 발달한 현대사회에서도 인적 · 물적 소통의 장애물로 여길 정도로 존재감이 있는 관계로 문화광역권 구분 시 첫 번째 경계로 꼽을 수밖에 없다. 백두대간은 천지에서부터 위에서 아래로 한반도를 쪼개는 형국으로 남쪽을 향해 내려오다가 태백산에서 남서쪽으로 방향을 틀어 지리산에서 마무리하는 모양을 보이고 있다.

이 백두대간은 산과 더불어 큰 고개를 형성하고 있기 때문에 이것을 경계로 동쪽과 서쪽의 지리적 · 문화적 특성이 뚜렷하게 구별된다. 따라서 영동(嶺東)과 영서(嶺西) 권역 구분의 가장 큰 기준점으로 잡는

---

22) 조선 영조 때인 18세기 학자였던 신경준(申景濬)이 제시한 산경표(山經表)에 따르면 우리나라의 산은 1대간(大幹), 1정간(正幹), 13정맥(正脈)으로 구분한다. 대간은 백두산에서 지리산까지로 백두대간이라 하고, 정간은 장백산에서 수리곶산까지로 장백정간이라고 한다. 정맥은 강을 기준으로 하여 청북정맥 · 청남정맥 · 해서정맥 · 임진북예성남정맥 · 한북정맥 · 한남금북정맥 · 한남정맥 · 낙동정맥 · 낙남정맥 · 금북정맥 · 금남정맥 · 호남정맥 · 금남호남정맥 등 13개를 가리킨다. 산은 강을 넘지 않는다는 점을 기반으로 하여 노년기에 있는 우리나라 지형의 특성을 고려하여 강을 중심으로 산맥의 흐름을 구분한 것이라고 할 수 있다.

다. 태백산부터 지리산에 이르는 산의 줄기와 고개도 사람들의 생활 양식과 문화적 특성을 구별하는 기준으로 작용하여 영남이라는 또 하나의 문화권역을 형성한 것으로 보인다. 백두대간의 동쪽인 영동지역도 남북으로 길게 뻗어 있는 모양은 동일한데, 남북 분단이라는 현실을 감안할 때 현재의 강원도 지역 전체를 영동문화권으로 보는 것이 합당하다. 백두대간의 서쪽에 위치한 영서지역은 남으로는 진도와 목포 등에서부터 북으로는 평양, 의주 등의 지역까지를 포함할 수 있어서 영역이 매우 넓어 문화적 동질성을 확보하기 어려웠던 것[23]으로 파악된다. 특히 넓고 큰 강이 동북쪽에서 서남쪽으로 내려가기 때문에 이 강과 사이사이에 있는 정맥(正脈)을 중심으로 경계가 지어지면서 문화적 차별성이 나타난다. 금강의 남쪽에 있는 금남정맥을 경계로 한 남쪽, 지리산과 섬진강을 경계로 한 서쪽을 호남지역이라고 하는데, 행정구역으로는 전라도에 해당한다. 이 지역은 호남문화권이라고 할 수 있다. 백두대간의 서쪽이면서 금남정맥의 북쪽이고, 한남정맥의 남쪽 지역으로 지금의 충청도 지역 전체를 호서문화권이라고 할 수 있다. 한남정맥의 북쪽이면서 한북정맥의 남쪽 지역인 백두대간의 서쪽 구역은 기전문화권으로 구분할 수 있다. 태백산에서 소백산을 거쳐 지리산으로 이어지는 백두대간과 섬진강을 북쪽과 서쪽의 경계로 하고, 낙동정맥의 동서 방면 전체를 경상도라고 하는데, 이 지역은 영남문화권으로 설정할 수 있다. 남쪽으로 바다를 건넌 곳에 큰 섬이 있으니 제주도이다. 과거에는 독립국가로 존재했을 정도로 큰 섬인데다가 지리적·기후적으로 독립 문화권을 형성할 수밖에 없는 상황

---

23) 남북으로 길게 뻗어 있는 영서지역은 지역에 따라 기호지역 언어, 충청지역 언어, 호남지역 언어 등에서 차별성이 크게 나타나는 점으로 보아 문화적 동질성을 확보하기가 무척 어려웠다는 것을 쉽게 알 수 있다.

이었으므로 제주도와 부속도서를 포함하여 제주문화권을 설정할 수 있다.

이상에서 제시한 것이 문화광역권이라고 할 수 있는데, 이것을 다시 구분하여 작은 단위의 문화권으로 세분화하는 것이 필요하다. 광역권 전체에 소통되지는 못하지만 이보다 작은 단위에서는 보편적으로 통하는 특수한 문화현상이 존재하기 때문이다. 앞에서도 지적했듯이 이러한 권역의 세분화는 아주 작은 마을까지 단위를 구분할 필요가 있지만 여기서는 광역권의 바로 아래 단위까지만 살펴보도록 한다.

우선 기전문화권은 서울과 그 외의 지역으로 나누어서 문화적 특성을 나타낼 수 있는 권역의 설정이 필요하다. 조선의 건국과 더불어 도읍지로 정해진 이래 현재까지 우리나라의 수도인 서울은 오랜 역사를 가지고 있는 데다 도시화·산업화가 급격하게 진행되면서 많은 것이 변화하여 기전지방의 다른 지역과는 판이하게 다른 문화현상을 보이고 있기 때문이다. 호서문화권은 부여를 중심으로 하는 호서서부문화권과 충주를 중심으로 하는 호서동부문화권으로 나눌 수 있고, 호남문화권은 남원을 중심으로 한 호남동부문화권과 나주를 중심으로 한 호남서부문화권, 해남을 중심으로 한 호남남부문화권, 전주를 중심으로 한 호남북부문화권 등으로 세분화한다. 영남문화권은 진주를 중심으로 한 영남서부문화권, 경주를 중심으로 한 영남남동부문화권, 김해를 중심으로 한 영남남부문화권, 상주를 중심으로 한 영남북부문화권 등으로 세분화한다. 영동문화권은 백두대간을 중심으로 동부와 서부로 나누는 것이 필요하며, 양양을 중심으로 한 영동북동부문화권, 강릉을 중심으로 한 영동남동부문화권, 영월을 중심으로 한 영동서남부문화권, 춘천을 중심으로 한 영동서북부문화권 등으로 세분화할 수 있다. 제주도는 한라산을 중심으로 하여 부속도서 전체를 제주문화권으로 하고, 그 외의 도서지역은 남해와 서해로 나누어서 다도해문화권과 서해문화권으로 나눈다.

광역권을 중심으로 한 단계 아래의 단위로 나누어진 문화권은 지역적 특성과 그에 따른 문화현상이 지닌 성격에 따라 다시 작은 단위의 문화권으로 나누어 작은 마을 단위까지 최대한으로 세분화하는 것이 필요하다. 이렇게 하면 문화적 현상이 지니고 있는 보편성의 범위에 따라 각각의 성격을 올바르게 파악할 수 있고 동시에 어떤 종류의 문화콘텐츠를 개발하는 것이 필요한지 정확하게 짚어 낼 수 있기 때문이다.

이와 더불어 해야 할 또 한 가지 작업은 각각의 규모에 해당하는 문화권역을 대표할 수 있는 핵심적인 것으로 상징을 정하는 일이다. 추상적인 사물이나 관념, 또는 사상을 구체적인 사물을 통해 나타내는 상징은 그것을 매개로 하여 다른 여러 가지를 알게 하는 것으로 개별적이면서 자기중심적이어서 해당 지역의 문화적 특성을 압축하여 정확하게 전달하고 보여 주는 데 효과적이기 때문이다. 이러한 상징은 누구에게나 강력한 호소력이 있는 것으로 정하는 것이 핵심이므로 해당 문화권의 본질적 특성을 총망라함과 동시에 잘 나타낼 수 있는 것을 선택해야 한다. 제주의 상징을 이야기할 때 말하는 사람이 전달하고자 하는 내용의 성격이나 목적에 따라 돌하르방이라 할 수도 있고, 한라산이라고 할 수도 있으며, 오름이나 신화라고도 할 수 있다. 자기중심적이고 개별적이라는 상징의 기본 성격으로 볼 때 이들 모두가 나름대로의 타당성을 가지는 것으로 볼 수 있다. 그럼에도 불구하고 개별성을 가지면서도 해당 문화권의 문화적 특성을 가장 잘 드러낼 수 있는 보편성을 가진 것으로 상징을 정하는 것이 아주 중요하고 필요한 이유는, 상징이 그 지역의 문화를 짧으면서도 강력하게 어필함으로써 많은 사람의 관심과 흥미를 불러일으키는 좋은 도구로 작용하기 때문이다.

이러한 상징을 어느 규모의 권역까지 정할 것인가는 기본적으로 그것을 설정하는 사람의 목적에 부합하는 방향에서 결정하겠지만 작은 마을이라는 최소 단위의 권역까지 내려가는 것도 무방하다. 사람은 기본적으로 자기중심적인 사고가 강하여 무엇인가를 통해 자신이나 자신이 속한 집단이나 지역의 특성을 어필할 수 있기를 강력하게 원하기 때문이다. 이상에서 논의한 권역 설정의 이론과 실제를 바탕으로 우리나라 문화권역의 특성을 살펴보면 다음과 같이 정리할 수 있다.

2 광역권별 문화콘텐츠

1) 기전문화권과 서울의 문화콘텐츠

기전지방(畿甸地方)은 왕도의 주변에 위치하여 왕실의 직접적인 통제를 받으면서 관할 대상이 되는 사방의 일정한 구역을 가리키는 명칭[24]이다. 현재로 볼 때는 서울과 경기도 지역과 강원도의 영서지역 전체가 기전지방에 포함된다고 볼 수 있다. 기전지방은 한반도의 중앙에 자리하고 있으면서 동쪽에는 백두대간이 남에서 북으로 지나가고 있으며, 서쪽은 황해와 맞닿아 있고, 그 중간 지역은 동쪽에서 서쪽으로 내려가는 한강과 북동쪽에서 남서쪽으로 흘러가는 임진강이 김포에서 만나 서해로 들어가는 지리적 특성을 가지고 있다. 산줄기인 정맥은 북쪽으로는 예성남정맥이 북동에서 서남 방향으로 뻗어 있으

---

24) 옛 기록에 의하면, 천자(天子)는 사방 1,000리까지를 경기지역으로 하고, 제후(諸侯)는 100리까지를 경기지역으로 한다고 되어 있다.

며, 한강과 임진강 사이에는 한북정맥이 자리하고 있다. 또한 남쪽으로는 한남금북정맥과 한남정맥이 동남쪽에서 북서 방향으로 뻗어 있는데, 백두대간과 이 정맥들 사이의 공간이 바로 기전지방의 중심을 이룬다고 할 수 있다.

모든 정맥은 동에서 서남 방향으로 갈수록 점차 낮아지면서 평야, 바다와 연결되는 지형을 이루고 있다. 남과 북을 막고 있는 정맥 사이를 한강과 임진강 같은 큰 강이 흐르고 있으며, 일 년 동안 내리는 강수량도 남쪽 지역과 북쪽 지역의 중간 정도로 적당한 편이다. 강의 중상류에는 침식분지가 비교적 넓고 크게 조성되어 있고, 하류로 가면서 광대한 충적평야가 잘 발달되어 많은 사람이 모여 풍족한 생활을 누릴 수 있는 인구부양력이 뛰어난 것으로 평가된다. 동, 남, 북의 세 방향은 험준한 산으로 둘러싸여 있고, 서쪽 방향은 바다와 맞닿아 있는 데다가 수량(水量)이 풍부한 큰 강이 그 사이를 흘러 지나가므로 한 나라의 도읍지나 수도로 삼기에 매우 적합한 지역이라고 할 수 있다. 이와 같은 지리적 장점 때문에 서울을 중심으로 한 한강 유역은 사국시대(四國時代)[25]부터 이곳을 선점하려는 각 나라의 치열한 각축장이 되었으며, 조선시대부터 현재까지 우리나라의 수도로 자리하고 있다.

서해안 지역은 해안선의 굴곡이 매우 심하고 조수 간만의 차가 커서 간석지(干潟地)[26]가 아주 넓게 발달하여 풍부한 자원을 제공해 준

---

25) 북쪽의 고구려, 남쪽의 백제, 가야, 신라를 지칭하는 명칭이다. 우리 민족이 고구려, 백제, 신라의 세 나라로 분립된 시기는 가야가 멸망한 562년부터 백제가 멸망한 660년까지 약 100여 년 정도에 불과하다. 반면, 고구려, 백제, 가야, 신라의 네 나라로 나누어졌던 시기는 400년에서 500년 사이이다. 따라서 사국시대로 부르는 것이 합당하다.

26) 갯벌이라고도 하는데, 밀물 때는 물에 잠기고 썰물 때는 물 밖으로 드러나는 모래 점토질의 평탄한 땅을 말한다. 펄갯벌, 혼성갯벌, 모래갯벌 따위가 있으며 생물상이 매우 다양하게 분포하는 특징이 있다.

다. 그중 대한민국 수도인 서울의 관문 역할을 하는 인천은 해운의 중심적인 구실을 하는 항구이자 우리나라 최대 국제공항인 인천공항이 자리하고 있어서 그 중요성이 매우 크다. 서울을 동서남북으로 둘러싸고 있는 인천·부천·성남·안양·수원·의정부·구리 등은 수도권이라는 이름으로 통합되면서 우리나라의 문화·교통·산업·금융·정치 등의 중심지를 형성하고 있다.

기전지방은 오랜 역사와 함께 현대 우리 사회에서 모든 것의 중심을 이루고 있기 때문에 전통과 첨단이 함께 숨 쉬고 있는 지역이라고 할 수 있다. 이러한 자연환경을 가지고 있는 기전지방은 강과 바다의 연결을 통한 수운(水運)의 유리함과 내륙에서 해양으로의 편리한 이동성, 드넓은 농경지 등을 핵심적인 특성으로 지적할 수 있다. 삶의 질을 좌우하는 문명이 이러한 특성을 중심으로 형성되었으며, 문화적 특성 역시 같은 양상을 보이고 있다. 따라서 기전지방의 문화적 현상을 지칭하는 명칭으로서의 기전문화권에 대한 문화콘텐츠는 산과 강, 평야와 바다를 중심으로 파악하고 개발해야 할 것으로 보인다.

문화적 특성이나 문화콘텐츠 역시 이 범주를 절대로 벗어날 수 없기 때문에 자연에 의해 형성된 지리적 환경과 그것을 기반으로 삶을 꾸려 가는 사람의 숫자를 나타내는 인구(人口)가 미치는 영향이 거의 절대적이라고 할 수 있다. 그러므로 기전지방을 중심으로 하는 기전문화권의 문화와 문화콘텐츠에 대한 분석과 개발은 산, 강, 평야, 해안으로 구성되는 자연환경과 함께 인구라는 요소가 중심을 이룰 수밖에 없다.

기전문화권을 이루고 있는 지역은 동쪽과 동북쪽 방향에는 백두대간을 이루는 높고 큰 산들이 남북과 서남 방향으로 병풍처럼 늘어서 있어 울창한 산림과 질 좋은 물을 풍부하게 제공하고 있기 때문에 산림이나 강과 관련 있는 생활문화가 중심을 이루게 되었다. 산간지역에서 생산되는 목재와 땔감, 곡식 등을 비롯한 다양한 물품이 기전문화권의 중심지라고 할 수 있는 도성으로 운반되었는데, 육로뿐 아니라 서울을 관통하여 흐르는 한강을 통한 수로의 운송수단이 조선시대부터 폭넓게 발달해 왔다. 이렇게 되자 사람이 많이 모여 사는 도시 역시 육로와 수로의 길목을 중심으로 이루어졌다. 파주, 전곡, 춘천, 양평, 충주, 단양, 영월, 홍천 등의 도시는 모두 육지 교통의 길목임과 동시에 수로를 따라 서울로의 이동이 용이한 한강이나 추가령 지구대를 따라 흐르는 임진강 등과 가까운 곳에 발달한 것이다.

서울의 서쪽은 한강과 임진강의 하류에 해당하는 곳으로 바다와 맞닿아 있고, 남쪽은 해안과 연결되어 있는 드넓은 평야로 이어져 곡창지대를 이루며 남북으로 통하는 교통 또한 원활한 지역이다. 이 지역도 육로와 수로의 양방향 교통 중심지로서 사람이 많이 모여 살기에 적합한 환경을 이루고 있으며, 이 지역에 발달한 도시인 김포, 인천, 부천, 수원, 용인 등은 모두 우리나라의 대표적인 인구 밀집 지역이라 할 수 있다.

21세기에 들어 수도권으로 몰리는 사람이 한층 많아지면서 인구 밀집 지역이 평촌, 화성, 안성, 평택, 안산 등으로 확대되어 더욱 넓어지는 상황이므로 기전문화권의 문화지형도 자체가 크게 바뀌고 있는 것으로 보인다. 그 까닭은 수도권에 거주하는 대부분의 사람들이 짧은 기간 동안 잠시 머문다는 생각[27]을 하고 있어 자신이 삶을 영위하는 거주지역에 대한 애정이나 애착이 크지 않아 지역문화콘텐츠의 개발

---

27) 경제적인 사정이 좋아지면 언제든지 서울로 들어갈 수 있다는 희망을 가지고 살아가기 때문인 듯하다.

이나 전통문화의 계승 등에는 별다른' 관심을 기울이지 않기 때문이다. 이런 지역의 문화는 필요에 의해 스스로 만들어 내고 전승하는 문화가 아니라 외부에 의해 주어지는 일방적 수용의 여가문화를 향유하는 방식을 취하게 되어 창조적이고 생산적인 문화적 전통을 만들어 내기가 어렵다. 이러한 수도권 지역의 현실적인 문제들은 문화산업이나 문화콘텐츠의 개발 등에 대한 것들을 서울지역으로 집중시키는 역효과를 낳음으로써 지역문화의 창달과 발전에 커다란 장애요소가 될 것으로 보인다.

기전지방의 중심지역은 단연 서울이라고 할 수 있다. 고려시대까지는 양주(楊州)의 작은 마을에 불과한 곳이었지만 조선의 건국과 더불어 한강의 북쪽, 삼각산의 남쪽 지역인 한양에 도읍지를 정한 후로부터 600여 년이 지난 21세기에 이르러서는 주변의 지역을 지속적으로 편입시키면서 몸집을 불려 인구 1,000만을 넘어서는 거대도시로 변모했고, 모든 면에서 대한민국의 중심지가 되었다. 정치와 통치의 중심지인 만큼 우리나라를 움직이는 기본적인 모든 정책과 법률, 그리고 국가적 차원의 통치행위 등이 모두 서울을 중심으로 한 입법부, 사법부, 행정부에서 만들어져서 시행되는 만큼 서울을 빼놓고는 대한민국을 떠올릴 수 없을 정도이다. 또한 서울은 한반도를 동에서 서로 가로지르는 거대한 물길인 한강의 하류에 자리하고 있어서 서해 바다와도 직접 연결할 수 있다는 장점을 가지고 있다. 20세기 중반에는 산업화가 급격하게 진행되는 과정에서 '무작정 상경'이란 말이 나올 정도로 전국에서 수많은 사람이 몰려들어 지금의 서울을 만들어 낸 만큼 다양한 정책과 통치행위 등이 서울을 중심으로 만들어지고 시행되는 기현상을 낳기도 했다.

서울과 수도권으로 인구가 집중하는 현상은 21세기에 들어와 한층 가속화되어 이제는 경기도 지역을 넘어 기전지방 전체로 확산되는 경향을 보이고 있다. 서울과 수도권을 중심으로 하는 기전지방의 인구 증가는 경제성장에 발맞추어 국민소득이 높아지면서 주거 면적이 그 전보다 훨씬 넓어진 영향도 있지만 그 원인은 사람이 많이 모인 곳에는 일자리도 많을 것이라는 평범하면서도 상식적인 인식에 기반을 두고 있는 것으로 보인다.

일자리 창출을 통한 인구 분산 정책의 하나로 추진되었던 지방자치제가 실패한 것으로 드러나고 수도권을 중심으로 하는 기전지방의 인구 증가가 확대되면서 우리나라 전체의 50%를 넘는 사람[28]이 이 지역에서 삶의 터전을 꾸리고 있는 것으로 나타났다. 많은 사람들이 일정한 지역에 집중적으로 모여든다는 것은 그만큼 일거리가 많아서 생계를 유지하기가 비교적 용이하다는 것을 의미하는데, 우리나라에서는 서울을 중심으로 한 기전지방이 바로 여기에 해당한다고 할 수 있다. 문명과 문화를 포함하여 사람들이 생활 속에서 필요로 하여 만들어 내는 것은 무엇이든 인구수와 밀접한 관련을 가질 수밖에 없기 때문이다.

더구나 수도권으로 대변되는 기전지방의 여러 지역이 지니고 있는 문화가 대부분 서울 지향적으로 되면서 그 영향을 절대적으로 받을 수밖에 없어 문화적 종속현상 역시 매우 두드러지게 나타나고 있다. 이처럼 복잡하면서도 특이한 현상을 보이는 서울과 수도권 문화의 중심에 서 있는 것은 사람과 한강이라 할 수 있으며, 지역문화콘텐츠의 상징적 아이템으로도 한강이 적합할 것으로 보인다. 한강을 중심으로

---

28) 2015년 현재 기전문화권의 핵심 지역이라고 할 수 있는 서울을 중심으로 한 수도권의 인구가 2,300만 명을 넘어섰다는 통계가 이러한 사실을 잘 보여 준다.

하는 기전문화권의 문화는 역사적으로도 오래되었지만 우리나라 문화의 중심으로 작용하면서도 가장 강력한 영향력이 있는 것으로 파악되기 때문이다. 조선시대의 짧았던 농업과 유학의 사회[29]를 뒤로하고 20세기에 들어서면서부터는 세계에 부는 자본주의화의 바람에 맞추어 산업화의 길을 걸으면서 수도권의 젖줄인 한강의 중요성은 한층 부각될 수밖에 없었다.

한강은 강원도 평창의 오대산(五臺山) 서대(西臺)에 있는 우통수(于筒水)를 발원지[30]로 하여 서쪽으로 514km를 흘러 서해로 들어가는데, 압록강, 두만강, 낙동강에 이어 우리나라에서 네 번째로 큰 강이며, 강 유역의 면적은 압록강과 두만강 다음으로 크다. 큰물이라는 뜻을 가진 한강은 중상류로 가면서 북한강과 남한강으로 나누어진다. 강원도 금강산 부근에서 발원한 북한강은 남서쪽으로 흐르면서 금강천(金剛川)·수입천(水入川)·화천천(華川川) 등과 만나 인제의 원통 부근에서 발원하여 내려오는 소양강(昭陽江)과 춘천에서 합류한다. 그리고 다시

---

29) 우리 민족의 역사에서 농업이 중심을 이루었던 시대는 조선조 400여 년 정도인 것으로 보인다. 고구려는 북쪽의 소금을 남쪽으로 보내고, 남쪽의 쌀을 북쪽으로 보내는 지역 간 중개무역을 통해 강력한 제국으로 성장했고, 백제는 중국과 일본 등을 잇는 해상무역 국가로 막대한 부를 쌓았으며, 신라와 가야는 멀고 먼 지중해까지 바다를 오가는 국제적인 해상무역을 통해 국가의 경제를 유지했던 것으로 보인다. 또한 우리나라를 세계에 알린 고려(高麗의 발음은 고리, 혹은 코리이다. 이 말은 높은 곳에 걸려 있다는 것으로 하늘 민족이란 의미를 가진다. 麗는 '걸릴 리'이다.) 역시 국제 해상무역국가였던 것으로 나타난다. 또한 20세기를 지나면서 현재에 이르기까지 우리나라는 수출을 통해 경제를 유지하는 무역국가로 세계에 우뚝 섰다고 할 수 있으므로 농업국가, 혹은 농업민족으로 우리나라의 성격을 규정할 수 있는 시기는 조선시대뿐이라고 할 수 있다.

30) 20세기 이전까지는 한강의 발원지를 우통수로 보는 데 아무런 이견이 없었다. 그러나 일제강점기인 1918년에 조선총독부가 조사한 결과에 따라 삼척시 하장면으로 옮겨졌었다. 그 후 현대식 계측법으로 물줄기의 길이만 측량한 결과 강원도 태백시 금대산 자락에 있는 검룡소(儉龍沼)의 위치가 우통수보다 길이가 조금 더 긴 것으로 밝혀져 지금은 검룡소를 한강의 발원지로 하고 있다.

남서 방향으로 흐르면서 가평천(加平川)·홍천강(洪川江)·조종천(朝宗川) 등과 합친 다음 남쪽으로 내려와 양평군 양수리(兩水里)에서 남한강과 합류한다.

강원도 오대산 우통수에서 발원한 남한강은 정선(旌善)으로 내려오는데, 강원도 태백시 창죽동 대덕산(大德山) 검룡소(儉龍沼)에서 발원한 골지천과 합류하여 조양강으로 명칭이 바뀐다. 영월 부근에서는 동강이라는 이름으로 내려오다가 평창강(平昌江), 주천강(酒川江) 등을 거쳐 서강(西江)과 합류하게 되면서 다시 남한강으로 명칭이 바뀌고, 단양, 충주를 거쳐 서북 방향으로 흐르면서 달천(達川)·섬강(蟾江)·청미천(淸渼川)·흑천(黑川) 등을 다시 합친 다음 양수리에서 북한강과 만나 한강을 이루게 된다.

한강은 계속 북서 방향으로 흐르면서 남과 북에서 들어오는 지류인 왕숙천(王宿川)·중랑천(中浪川)·안양천(安養川) 등을 서울 부근에서 만나 용산(龍山)·마포(麻浦)·행주산성(幸州山城) 등을 지나 김포 북쪽 부근에서 임진강(臨津江)과 합류한 후 강화도(江華島) 앞을 거쳐 황해로 들어간다. 이처럼 한강은 유역이 넓기 때문에 기전지방 전체는 직·간접적으로 모두 한강이라는 자연환경과 밀접한 관계를 형성할 수밖에 없으며, 문화적 특성 역시 한강과 관련된 것이 중심을 이룬다. 그러므로 기전문화권과 그 문화권의 중심을 이루는 서울지역의 문화콘텐츠는 모두 한강을 중심으로 하는 것이 가장 바람직하다고 할 수 있다.

그러기 위해 가장 먼저 해야 할 일은 한강에 대한 역사와 정보를 공유하고 체험할 수 있는 한강역사박물관을 만드는 일이라고 할 수 있다. 이 박물관은 첫째, 유적이나 유물을 전시하는 수준의 공간이 아니라 한강에 대한 모든 것을 맞춤정보 방식으로 제공할 수 있는 빅데이터를 기반으로 하며, 문명적인 것과 문화적인 것을 총망라하여 한강과 관련된 모든 것을 체험할 수 있도록 설비를 갖추어야 할 것이다.

둘째, 한강역사박물관이 보유하고 있는 한강에 대한 모든 자료는 한강과 관련 있는 유적이나 유물이 실재하는 공간과 연결시켜 비콘과 같은 사물인터넷 장비를 통해 수요자들이 현장에서 보고 들으며 원하는 정보를 얻을 수 있는 시스템을 갖추는 것이 필요하다.

셋째, 역사박물관의 정보는 다른 영역의 빅데이터 시스템과 연결되면서 수요자의 필요에 의해 얼마든지 다양한 통로를 제공할 수 있도록 하는 시스템을 갖추어야 한다. 이것은 각 지역과 지역은 환경적·경제적·행정적 필요에 의해 구분되어 있으면서도 길이라는 매개수단을 통해 연결되어 서로 소통하는 것과 같은 이치라고 할 수 있다. 사람들은 자신이 원하는 것을 얻기 위해 필요한 정보가 많으면 많을수록 높은 만족감을 느낄 수 있기 때문에 매우 다양한 주제를 보유하는 동시에 언제, 어디서나 무엇이든지 통할 수 있는 정보의 길을 열어 주는 것은 문화콘텐츠의 성공 여부를 결정짓는 핵심 요인이 된다는 사실을 염두에 둘 필요가 있다.

넷째, 과거의 전통문화와 함께 현대의 문화적 특성들을 연결시켜 제공하는 것이 중요하다. 문화콘텐츠는 유적과 유물이 된 과거의 것만 대상으로 하는 것이 아니라 우리가 삶을 영위하는 현재의 시공에서 만들어졌거나 만들어지는 것도 포함하므로 이 두 가지를 조화롭게 결합시켜 새로운 형태의 콘텐츠를 개발하는 것이 대단히 중요한 의미를 가진다. 이렇게 하면 과거에서 현재로의 변화과정도 살필 수 있으며, 그것을 근거로 하여 미래에 대한 전망도 예측할 수 있어 수요자에게 입체적인 성격을 가지는 문화콘텐츠를 제공할 수 있기 때문에 이러한 작업은 필수적이라고 할 수 있다. 오랜 전통과 역사를 가지고 있는 서울의 모든 과거 자료와 유적과 유물, 그리고 현대의 사료와 문화적 가치가 있는 사물현상들에 대한 정보를 유기적으로 결합시켜 종합적으로 제공할 수 있는 시스템을 갖출 때 서울지역의 문화산업은 한층 활기를 띠게 될 것이며, 의미 있는 문화콘텐츠를 다양하게 생산해 낼 수 있을 것이다.

기전문화권의 대표 지역인 서울과 한강을 중심으로 하는 이런 시스템이 구축된다면 이것을 출발점으로 하여 기전문화권에 속한 모든 지역의 문화콘텐츠를 연결하여 종합적으로 관리하고 제공하면서 문화콘텐츠의 수요자를 위한 다양한 갈래의 탐방 코스를 만들 수 있다. 이렇게 된다면 기전문화권의 문화콘텐츠는 지역적인 특성을 갖춘 독립적인 것으로 존재하면서 한편으로는 하나의 시스템으로 연결되어 해당 지역의 문화적 특성을 가장 잘 보여 줄 수 있는 상태로 거듭날 수 있을 것이다.

지역의 문화콘텐츠를 개발하면서 반드시 잊지 말아야 할 것은 해당 지역의 문화적 현상이 가지고 있는 핵심적이고 독자적인 특성을 기반으로 해야 한다는 점이다. 어느 지역에서 성공한 콘텐츠를 배우고 그것을 뛰어넘는 새로운 모델의 콘텐츠를 만든다는 명목 아래 적당히 모방해서 비슷한 콘텐츠를 만들어 낸다면 오래지 않아 수요자에게 외면당하게 되면서 실패할 것이 너무나 자명하므로 이런 전철을 밟지 말아야 한다.

우리나라에서는 문화의 세기로 일컬어지는 21세기 초반부터 불붙기 시작한 문화콘텐츠에 대한 열망이 과열 양상을 보이면서 현재에 이르고 있는데, 축제라는 이름으로 전국에서 행해지는 엇비슷한 행사가 바로 실패한 벤치마킹(benchmarking)의 대표적인 사례라고 할 수 있다. 지역문화의 특성을 바탕으로 하면서 창조성을 기반으로 하는 독자성을 확보하지 못할 경우 해당 문화콘텐츠는 결코 오래갈 수 없다는 점도 명심할 필요가 있다. 또한 하나의 문화콘텐츠가 완성되어 성공하는 순간 어떤 방식으로 변화하고 발전해 나갈 것인가를 생각해야 한다는 점도 강조할 필요가 있다. 한순간도 동일한 형태로 머물지 않고 끊임없이 변화를 모색하는 것이 세상의 이치이기 때문에 문화콘텐츠 역시 시대와 사회의 변화를 수용하면서 새로운 형태로의 변신을 거듭하지 않으면 안 될 것이다. 그러므로 새로운 정보와 변화의 폭넓은 수용, 자료에 대한 정확한 분석, 독자적인 우주를 형성할 수 있는 창조, 새로운 형태로의 변화, 개별성을 잃어버리지 않으면서 보편성을 최대로 확보한 특수성을 갖춘 문화콘텐츠의 개발이라는 단계를 밟으면서 언제나 새로운 것으로의 변신을 추구하는 것이 바로 성공적인 문화콘텐츠를 만드는 데 핵심이 될 것이다.

2) 호서문화권과 부여지역의 문화콘텐츠

호남, 영남과 함께 한반도의 남부 지역 일부를 이루는 호서지역은 충북 제천의 의림지와 금강 상류에서부터 서쪽 방향에 위치한 지방으로서 우리나라 국토의 중앙부에 자리하여 중부권으로 분류된다. 동쪽으로는 소백산이 중심을 이루는 백두대간이 북동쪽에서 남서쪽으로 지나면서 영남과 경계를 이루며, 동북쪽의 남한강과 북쪽에 있는 아산만을 연결하는 선을 따라 영서지방, 기전지방과 마주하고 있다. 또한 남쪽으로는 금남호남정맥과 군산만을 경계로 하여 호남지방과 마주하고 있으며, 서쪽 방향은 조수 간만의 차가 크면서 리아스식 해안[31]을

---

31) 강이 바다와 만나는 부분에 형성되는 깔때기 모양의 지형으로 강의 입구 부분에서 하곡(河谷)의 낮은 부분이 침수되면서 형성되는 지형이다. 일반적으로 산줄기와 수직을 이루고 울퉁불퉁한 형태의 해안에서 많이 볼 수 있는 리아스식 해안은 거대한 대륙빙하가 녹은 뒤 그로 인한 해수면이 상승하면서 만들어졌다. 리아스식 해안은 일반적으로 매우 불

이루는 서해안을 거쳐 황해와 맞닿아 있다. 호서지방을 관통해 북동에서 남서 방향으로 흐르는 금강을 중간에 두고 남북으로 드넓은 평야가 잘 발달하여 곡식과 과일을 비롯한 다양한 종류의 물산(物産)이 대단히 풍부한 지역이다. 행정적 명칭으로 충청남북도를 모두 포함하는 지역으로 서쪽 방향을 제외하고는 산과 강에 막혀 있는 내륙 지역이라고 할 수 있다.

이러한 지리적 환경을 가지고 있는 호서지역에서 중심을 이루는 것은 금강(錦江)인데, 우리나라 6대 하천의 하나로 낙동강과 한강 다음으로 큰 강이다. 전라북도 장수읍 수분리(水分里)의 신무산 북동쪽 기슭에 있는 뜬봉샘에서 발원하여 장수·진안·무주·옥천·영동·보은·공주·청양·부여·논산·익산·서천·군산을 거쳐 장항에서 서해로 들어가는 금강의 길이는 금강 하구언까지 397.25km이며, 유역의 면적은 9,885km²나 되는 호서지역의 젖줄이다. 이 강은 진안고원과 덕유산 지역에서 내려오는 구리향천(九里香川), 정자천(程子川)과 합류하여 북쪽으로 흐르다가 전라북도 북동부 경계 지역에서 남대천(南大川), 봉황천(鳳凰川)을 만나 충청북도 서남부 지역에서 송천(松川) 및 보청천(報靑川)과 합쳐져서 북서쪽으로 방향을 바꾸어 청주지역으로 향하게 된다. 이 부근에서 갑천(甲川)을 비롯한 여러 지류를 거쳐 다시 남서 방향으로 물길을 바꾸어 미호천(美湖川)과 합류하여 공주 부근에서는 웅진강으로, 부여 부근에서는 백강(帛江)으로도 불리다가 강경(江景) 근처에서 충청남도와 전라북도의 경계를 이루면서 장항에 있는 기벌포(伎伐浦)를 통해 황해로 들어간다. 금강은 굽이굽이 돌아 흐르면서 중상류지역에서부터 하류에 이르기까지 거대한 크기의 평야지

규칙한 형태를 보이는데, 주변지역을 관류한 여러 개의 소하천이 흘러들기도 한다.

대를 형성하여 이것을 중심으로 농업이 크게 발달할 수 있는 조건을 갖추고 있었지만 반면 물의 유입량이 불안정하여 폭우로 인한 홍수 피해가 잦은 지역이기도 했다.

20세기 후반기를 지나면서 대청 다목적댐과 금강하구언 등이 건설 되면서 강물을 효율적으로 이용할 수 있는 기반을 갖추게 되었으나 여전히 홍수나 가뭄 등으로 인한 자연재해가 발생할 수 있는 위험성 을 지니고 있다. 서해안과 접하고 있는 호서지방의 서쪽 지역은 뛰어 난 풍광으로 절경을 이루는 해안과 풍부한 어업 자원으로 인한 젓갈, 조기 등을 비롯하여 이 지역에서만 생산할 수 있는 어업 특산물이 많 으며, 한반도에서 중국 대륙과 가장 가까운 위치에 있어 중국과의 교 역, 교통 등이 아주 원활한 지리적 이점이 있다.

한반도가 마한(馬韓), 변한(弁韓), 진한(辰韓)이라는 소국연맹체로 나 누어졌던 삼한시대(三韓時代)에는 마한의 종주국에 해당하는 목지국 (目支國)의 중심지였던 천안시(天安市)를 비롯하여, 웅진(公州)과 사비 (夫餘)는 백제의 도읍지였다. 또한 청주(淸州)는 남북국시대 신라의 서 원경(西原京)이 되기도 했다. 호서지역은 백제의 중심지역으로 자리 잡기는 하였지만 동·남·북에 위치한 각 나라들의 전략적 요충지로 인식되면서 오랫동안 어려움을 겪었던 것으로 나타난다. 특히 한강을 분기점으로 하여 기전지방과 경계를 이루는 중원지방은 고구려, 백 제, 신라의 격전장이 되었음은 물론 영남, 호남, 기전의 틈바구니에 끼 여 제대로 빛을 발하지 못한 아픔을 지닌 지역이라고 할 수 있다. 다 만 기전, 영남, 호남 어느 지역이든 호서지방을 거치지 않고는 갈 수 없었기 때문에 물류와 교통의 중심지가 되어 경제적으로는 풍족한 삶 을 누릴 수 있었던 것으로 파악된다.

호서지역이 다른 지역에 비해 역사적으로 많은 어려움을 겪은 사실은 조선시대에 들어와서 충청도라는 명칭이 정해지기까지 수없이 많은 변화를 겪었다는 것에서도 확인할 수 있다. 조선이 건국되면서 한반도 전역을 팔도(八道)로 개편했는데, 충주(忠州)와 청주(淸州)의 앞 글자를 따서 충청도로 했다. 1505년(연산군 11)에는 공주의 앞 글자를 따서 충공도로 개칭했다가, 그 후에도 1550년(명종 5)에는 청공도로, 1613년(광해군 5)에는 공홍도(公洪道)로, 1623년(인조 1)에는 충청도로 바꾸었다. 충청도라는 명칭을 다시 회복한 지 얼마 되지 않아 1628년(인조 6)에는 역모사건으로 인해 공청도(公淸道)로 바뀌는 수난을 겪었다. 1646년(인조 24)에 홍청도로, 1656년(효종 7)에 공홍도로, 1661년(현종2년)에 충공도(忠公道)로 바꾸었다가 1670년(현종11년)에 다시 충홍도(忠洪道)로 고쳤다. 숙종(肅宗) 6년(1680)에 공청도(公淸道)로 고쳤다가 1681년에는 공홍도로 고치고, 1689년(숙종15년)에 충청도로 복귀했다. 그러나 1729년(영조5년)에 다시 공청도로, 1731년에 홍충도(洪忠道)로, 1777년(정조 원년)에 공충도(公忠道)로, 1778년(정조 2)에는 홍충도(洪忠道)로 명명하였다. 1804년(순조 4)에는 공충도로, 1817년(순조 17)에는 공청도로 고쳤다가 서기 1826년(순조 26)에 충청도로 명칭을 복구시켰다.

이처럼 충청도의 명칭이 자주 바뀐 핵심적인 이유는 그 근원이 되는 지역에서 역모를 일으킨 사건이나 삼강오상(三綱五常)을 범하는 죄를 저지른 사람이 나와서 해당 지역의 등급을 아래로 내렸기 때문이다. 예를 들면 어느 해에 충주지역에서 대역 죄인이 나오면 그 지역을 강등시키고, 충청도의 명칭에서 충(忠)을 쓰지 못하도록 하면서 공주의 앞 글자를 넣어서 공청도로 바꾸는 식이다. 어느 정도 시간이 지나면 옛날의 명칭을 회복하지만 그 지역에서 다시 죄인이 나오면 다른 지역의 이름을 넣은 것으로 바꾸게 된다. 충청도 지역에 유달리 이런 죄인이 많이 나왔다는 것은 호서지역민들이 정치적으로나 경제적으로 핍박이나 착취를 많이 당해 나라와 사회에 대한 불만이 많았다는 것을 보여 주는 방증이 되기도 한다. 이러한 역사적 아픔이 호서지역 사람들로 하여금 직설적인 표현을 삼가거나 속내를 잘 드러내지 않도록 만든 원인으로 작용했을 가능성도 배제하기 어려울 것이다.

역사적으로는 어려움을 겪은 호서지역이지만 현대의 산업사회에 들어서서는 물류와 교통과 행정의 중심지로 떠오르면서 비약적인 발전을 거듭하고 있다. 철도가 발달하면서 교통과 물류의 중심지로 부상한 대전광역시는 자체로도 100만이 넘는 인구를 가진 데다가 주위의 계룡시, 세종특별자치시 등과 연계되면서 대한민국 행정의 중심지로 발돋움하고 있다. 충청북도청이 자리하고 있는 청주는 2015년 현재 약 80만 명의 인구가 거주하고 있는데, 주변 중소지역과 통합된다면 100만이 넘는 인구를 자랑하는 중원 최고의 도시로 발전할 수 있을 것으로 보인다. 또한 서해안 시대를 맞아 중국과의 교류가 활발해지면서 서산, 아산, 당진, 보령 같은 지역의 중요도가 상승하여 앞으로의 발전 가능성이 기대된다. 이런 추세라면 그리 멀지 않은 시간 안에 기전지방의 남쪽 지역과 연결되면서 한층 강력한 경제력을 보유하게 될 것이다.

호서지방의 인구 유입이 지속될 것으로 보는 이유는 우리나라의 중간에 위치한 지정학적 측면에서 내륙과 해안을 끼고 있어 물류 비용을 최소화하여 전국으로 보낼 수 있다는 장점으로 인해 첨단 과학단지나 공업단지 등의 입주가 계속될 것이기 때문이다. 뿐만 아니라 과학기술과 유통, 서비스 산업이 크게 발달한 대전, 중화학 공업을 집중적으로 육성하는 서산과 당진 지역, 정밀 공업을 중심으로 성장을 이끌어 가고 있는 청주·아산·천안 등과 시멘트를 중심으로 하는 양회

공업이 크게 발달한 제천과 단양 일대에 펼쳐지고 있는 산업 현장은 많은 일자리를 창출해 내고 있어 젊은 층을 중심으로 한 인구의 유입이 증가할 수밖에 없는 요인이 되는 것이다.

이와 함께 경제적인 측면에서 호서지역이 가지고 있는 장점은 비옥하고 넓은 평야를 중심으로 생산되는 다양한 종류의 농산물이라고 할 수 있다. 예당평야와 호서평야 등을 중심으로 생산되는 쌀·생강·딸기·인삼·포도·고추 등은 호서지역의 중요한 특산물이며, 서해안을 끼고 있는 태안·보령·서천 등 지역은 풍부한 해산물을 기반으로 한 수산업이 크게 발달하면서 많은 관광객을 불러들이기에 매우 적합하다. 또한 부여·논산·강경·공주 등을 중심으로 광범위한 지역에 분포해 있는 백제 시기의 문화유산 역시 많은 사람들에게 관심 대상이 될 수 있는 중요한 관광콘텐츠 소재이므로 경제적 가치가 매우 크다고 할 수 있다. 따라서 호서지역의 문화콘텐츠 개발은 문화 형성에 가장 큰 영향을 미치는 자연환경과 경제 상황 등을 핵심으로 하는 것이어야 한다.

호서지역은 한반도의 가운데에 위치하면서 강과 평야가 중심을 이루는 자연환경과 함께 물류와 교통의 중심지로 작용할 수 있는 지리적 특성을 가지고 있는 까닭에 농업, 교통, 물류와 관련된 문화현상이 핵심적인 구실을 하는 지역이라 하겠다. 또한 역사적으로 동서남북의 각 방향에서 진입하는 여러 세력이 격렬하게 부딪치면서 발생했던 다양한 모습의 정치적 사건들이 얽히면서 매우 복잡한 유형의 문화유산을 풍부하게 남기고 있기 때문에 이에 대한 자료의 수집과 깊이 있는 분석이 반드시 필요할 것으로 판단되기도 한다.

호서지역의 문화현상으로 또 하나 짚고 넘어가야 할 것은 서해의 해안을 중심으로 하는 해양 관련 문화라고 할 수 있다. 서해와 맞닿아 있는 서쪽은 다양한 어종을 간직한 어장이 펼쳐져 있어 어업이 이 지역 사람들의 핵심적인 경제활동이 되었고, 그에 따라 수산업과 관련된 여러 문화현상이 다양한 모습으로 산재해 있는 특징을 지닌다. 드넓은 평야가 존재한다는 것은 농업이 경제활동의 많은 부분을 차지한다는 것을 의미하므로 호서문화권에 속하는 지역에서는 농업 관련 문화가 중심을 이루게 된다.

농업은 기후를 비롯한 자연환경의 변화와 밀접하게 연관되어 있기 때문에 이 지역에서 형성된 농업문화는 농사와 관련 있는 노동과정, 신과 자연을 소재로 한 제의(祭儀)나 문학 등이 중심을 이룬다. 노동과정에 대한 것은 주로 민요와 연결되는데, 노동의 즐거움, 남녀상열지사(男女相悅之詞), 부모에 대한 효성 등이 중심 내용을 이루며, 공동체구성원이 모두 참여하여 함께 부르고 즐기는 방식으로 향유되는 문화현상의 하나이다. 풍성한 음식을 바치는 자리를 마련하여 신을 모셔 즐겁게 한 다음에 사람이 바라는 바를 기원의 형식으로 하소연함으로써 우순풍조(雨順風調)와 풍성한 결실을 기약할 수 있다고 믿는 주술력을 바탕으로 한 의식(儀式)행위의 하나인 제의는 농사에서 매우 중요한 의미를 가지므로 가정과 마을을 단위로 하여 다양한 형태로 존재하는 것이 특징이다. 이러한 성격을 가지는 제의는 가정이나 마을 구성원들의 마음 전체를 움직이면서 커다란 영향을 미치는 탓에 각 공동체로서는 매우 중요한 민속이며, 문화현상의 하나가 된다. 농업이 중심을 이루는 호서문화권의 평야지역을 중심으로 한 문화콘텐츠 개발에서 이 점은 반드시 염두에 둘 필요가 있다. 제의의 의미와 전통을 어떻게 계승하면서 변화를 통한 현대와의 접목을 시도하느냐가 콘텐츠의 성공과 실패를 판가름하는 결정적인 요인이 될 것이기 때문이다.

호서문화권의 서쪽으로 서해 바다와 접해 있는 해안지역은 풍부한 어장을 바탕으로 하는 어업이 발달하여 수산업 관련 문화가 크게 융성한 곳이다. 바다에서의 노동은 생명을 잃을 정도로 거칠고 험하여 안전과 풍어와 관련된 다양한 종류의 문화현상이 산재해 있으며, 그것은 이 지역 사람들에게 커다란 영향력을 미치게 된다. 서해안 지역은 조기와 청어를 비롯한 각종 어류(魚類)와 새우, 게, 조개, 백합, 홍합과 같은 어패류를 비롯하여 다양한 갑각류 등이 많이 서식하면서 풍부한 어장을 형성하고 있으며, 그것을 재료로 하여 가공한 굴비, 젓갈 등의 수산업 상품이 크게 발달하기도 했다. 또한 조수 간만의 차와 풍부한 일조량으로 인해 천일염을 제조하는 염전도 서해안을 중심으로 발달해 있다. 바다와 개펄을 중심으로 하는 이런 경제생활로 인해 서해안 지역에는 굿을 중심으로 하는 풍어제와 대동제 등이 각 지역에서 행해지고 있으며, 어업과 관련된 여러 가지 민속과 민요, 설화 등이 매우 풍부한 편이다. 이러한 문화현상을 기능별·지역별·주제별로 나누어 콘텐츠를 개발하여 그것이 서해안이라는 하나의 범주로 다시 묶이면서 모든 것이 연결될 수 있는 빅데이터를 구축하고, 수요자에게 주제별·지역별·기능별로 정보를 제공하는 방향으로 재창조되는 것이 필요하다.

호서문화권 지역은 현대에 이르러 교통과 통신이 발달된 것에 힘입어 물류의 유통과 교통의 중심지로 부상하고 있는 만큼 이와 관련된 문화현상들을 어떤 방식으로 콘텐츠화할 것인가에 대해 깊이 있는 성찰과 고민을 해야 할 것이다. 호서문화권 전체의 문화콘텐츠 개발 방향은 이런 정도로 정리할 수 있으나, 다시 중소문화권으로 세분화하여 해당 지역에 맞는 콘텐츠를 활성화하는 것이 필요한데, 여기에서는 부여를 호서문화권의 대표지역으로 선정하여 살펴보도록 한다.

금강의 중하류에 위치하면서 행정구역상으로는 충청남도에 속하는 부여는 바로 옆에 인접한 공주와 더불어 백제 후반기의 도읍지였기 때문에 이와 관련된 유적과 문화현상이 매우 풍부하면서도 너른 지역에 골고루 분포되어 있는 것이 특징이다. 기원전 18년에 건국하여 기원후 660년에 신라와 당나라의 연합군에 의해 멸망한 백제의 역사는 도읍의 변천을 중심으로 하여 한성도읍기(漢城都邑期, 기원전 18~기원후 475), 웅진도읍기(熊津都邑期, 475~538), 사비도읍기(泗沘都邑期, 538~660) 등으로 구분하는데, 뒤의 두 시기가 호서문화권에 속하는 지역에 도읍지를 정한 후반기라고 할 수 있다.

한강 유역에 도읍을 정했던 전기의 백제 유적이나 문화는 별로 남아 전하는 것이 없지만 후반기에 속하는 웅진도읍기와 사비도읍기에 해당하는 문화와 유적은 아주 많이 남아 있어서 부여를 중심으로 하는 공주, 논산, 강경 등의 지역은 백제 문화의 진수(眞髓)를 간직한 곳이라고 할 수 있다. 특히 부여 지방은 백제의 마지막 도읍지로서 멸망과 관련된 문화현상이 이야기와 지명과 유적 등을 통해 널리 분포되어 있어 문화콘텐츠의 소재가 가장 풍부하고 다양한 대표적인 지역이라고 할 수 있다.

고구려의 남진(南進)에 밀려 남쪽으로 도읍지를 옮긴 후기의 백제는 약화된 나라를 부흥시키기 위해 온갖 노력을 기울여 상당한 성과를 거두면서 국제사회에 두각을 나타내었으며, 불교를 받아들여 재창조함으로써 백제식의 문화를 만들어 나갔다. 이러한 실상을 잘 보여주는 유적이 부여, 논산, 강경, 익산 등을 중심으로 널리 분포되어 있어 당시 백제의 위용을 짐작할 수 있는데, 부여지역의 문화콘텐츠는 이것을 중심으로 개발하는 것이 핵심이라고 할 수 있다. 다음으로는 테마별 코스를 다양하게 개발하여 어떤 방향에서 어떤 방법으로 접근하더라도 백제와 관련된 모든 정보를 접할 수 있도록 하면서 각자의 기호에 맞추어 코스를 선택할 수 있도록 하는 맞춤정보시스템을 제대로 갖추어야 할 것이다.

또한 부여지역은 금강의 중하류에 위치하여 강을 끼고 넓고 비옥한 토질을 자랑하는 평야가 발달해 있어서 청동기시대부터 집단생활을 했던 흔적이 유적이나 유물로 발견되고 있으며, 농업과 관련된 민속 문화와 노동요 등의 자료가 많이 남아 전해지고 있다. 또한 백제의 중심 사상으로 작용하면서 찬란한 문화를 꽃피우는 데 크게 기여한 것으로 평가할 수 있는 불교 관련 유적도 풍부한 만큼 이들을 체계화하고 조직화할 수 있는 콘텐츠 개발이 매우 중요한 의미를 가진다.

부여지역의 문화콘텐츠 개발은 다양하면서도 복잡하게 얽혀 있으면서 각기 독립적인 상태로 흩어져 있는 문화현상들을 일정한 테두리 안으로 모음과 동시에 그것을 범주화·조직화하여 일사불란한 체계를 갖춘 콘텐츠로 만들어 내는 작업이 가장 시급하다. 또한 부여지역의 문화콘텐츠는 인접지역의 문화콘텐츠와 긴밀하게 연관된 것이 많아서 사소한 자료에서부터 중요한 자료에 이르기까지 모든 자료를 하나로 모아 묶는 작업과 그것을 일정한 기준에 의해 분류함으로써 다른 지역의 콘텐츠와 결합할 수 있는 통로를 확보하는 것이 중요하다. 예를 들면 백제의 멸망과 관련된 주제별 기행, 혹은 관광 코스를 개발할 경우 부여에만 국한시키면 일부만 보여 주는 것으로 만들어질 수밖에 없으므로 논산이나 익산 등의 지역과 연결하는 것이 절대적으로 필요하다. 백제 멸망 관련 콘텐츠를 개발하면서 부여지역만으로 범위를 한정하여 연관 자료나 유적과 결합시키지 않는다면 충분하면서도 완성된 정보를 제공할 수 없어 수요자에게 외면당하는 문화콘텐츠가 될 수 있기 때문이다.

앞으로의 문화콘텐츠는 융합과 소통을 기반으로 하면서 조직화·주제화하지 않는 한 성공하기 어렵다는 점을 기획자나 개발자는 명심해야 한다. 다른 주제의 콘텐츠 개발 역시 이 원칙을 지키는 것이 필수적인 요건이라고 할 수 있는데, 이런 방향으로 행하지 못할 경우 필요한 정보를 제대로 제공할 수 있는 좋은 콘텐츠로서의 자격을 구비할 수 없고, 효용성을 지니는 기간이 짧아져 역사와 전통을 간직하고 있는 문화원형을 망쳐 버리는 결과를 낳을 것이기 때문이다.

3) 영동문화권과 강릉지역의 문화콘텐츠

우리나라에서 영동지방은 백두산에서 시작되어 동쪽 해안선을 끼고 남쪽으로 내려가다 태백산 부근에서 서쪽으로 꺾어져 남쪽 내륙에 자리한 지리산에 이르러서야 끝을 맺는 백두대간의 가운데에 위치한 대관령(大關嶺) 동쪽 지역을 가리킨다. 이 지역은 백두대간의 일부를 이루는 태산준령이 줄줄이 솟아 있는 산줄기의 동쪽에 위치한 곳으로 산과 고개의 평균 높이가 해발 800m를 넘는 험준한 지형[32]인 데다가 산에서 평지와 바다까지의 거리가 평균 16km밖에 되지 않고 경사가 매우 급하게 형성되어 독특한 모습을 연출하고 있다. 이러한 지형으로 인해 큰 강과 넓은 평야가 제대로 발달할 수 없었기 때문에 논을 중심으로 하는 농업보다는 밭과 산림을 중심으로 하는 농림업과 바다를 일터로 하는 어업이 경제의 중심을 이루게 됨으로써 영동지방에서 형성된 문화적 성격 역시 이러한 지리적 특성과 깊은 관련을 가지고 있는 것으로 나타난다.

영동지방의 해안은 땅이 솟아오르면서 생긴 지형인 융기해안(隆起海岸)으로 매우 단조로우며, 좁고 길쭉한 해안평야가 발달되어 있다.

---

32) 이 구간의 백두대간에는 금강산(金剛山), 설악산(雪嶽山), 오대산(五臺山), 황병산(黃柄山), 태백산(太白山) 등이 있는데, 이들은 모두 평균 해발이 1,000m 이상으로 매우 험하고 가파른 지형을 형성한다. 태백산을 지나면서부터는 점차 낮아지는 모습을 보인다.

강의 길이는 짧지만 산이 높고 계곡이 깊으며, 산림이 울창한 관계로 수량이 풍부하여 작은 규모의 평야를 경작하기에 알맞은 기후를 형성한다. 영동지방은 백두대간에서 바람이 내리 부는 곳인 데다가 난류인 동한해류(東寒海流)의 영향을 받아 같은 위도의 내륙지방이나 서해안보다 겨울철의 기온이 2~3도가량 높으며 강우량도 많아 해양성기후[33]의 성격을 지닌다. 또한 해안지역은 강릉을 중심으로 북쪽은 바닷가에 고운 모래가 깔린 사빈해안(沙濱海岸)이 조성되어 다양한 형태의 해수욕장과 영랑호, 청초호, 선유담 같은 석호(潟湖)가 발달했으며, 남쪽 해안은 파도가 육지를 침식한 파식대(波蝕臺)와 풍화와 침식 작용에 의해 생긴 낭떠러지인 해식애(海蝕崖)가 많은 암석 해안을 이루고 있다. 행정구역상으로는 동해안을 끼고 있는 지역으로 강릉시, 동해시, 속초시, 삼척시를 비롯해서 북쪽으로는 양양군과 고성군 등이 영동지방에 포함되는 것으로 보면 된다. 산악지역이라 면적에 비해 인구가 적은 편이나 풍속이 순후하고 풍수가 좋아 예로부터 인재가 많이 나는 곳으로 이름이 높다.

영동지방은 고구려가 일어나 이 지역을 점령하기 전까지는 고대 한민족의 한 지파인 예맥(濊貊)[34]의 땅이었던 것으로 나타난다. 강릉은 이때부터 행정과 통치의 중심지가 되었는데, 고구려부터 남북국시대 때까지 하서량(河西良)으로 불리다가 나중에 9주가 설치되면서 명주(溟州)의 통치 중심지가 되었다. 조선 초기인 1395년(태조 4)에 만들어진 강원도라는 명칭이 영동의 강릉과 영서의 원주의 첫 글자를 따서 만든 것에서도 강릉이 이 지역의 중심지였다는 사실을 잘 알 수 있다.

---

33) 강릉지방의 연평균 기온은 12.9도이며, 평균 강수량은 1,401.9mm, 평균 습도는 63.4%이다. 1월 평균 기온은 0.3도로 서울의 −2.5도에 비해 상당히 높은 편이다.
34) 예맥은 고대 중국의 동북쪽과 한반도의 북쪽 지역에 삶의 터전을 잡았던 종족을 일컫는다.

강릉이 관동지방의 행정과 통치의 중심지에서 밀려난 것은 1896년에 있었던 13도의 편성과정에서 강원도의 행정 중심지를 춘천으로 정하면서부터이다. 아직까지 강원도청이 춘천에 있기 때문에 강릉은 옛 명성을 회복하지 못하고 있다.

산업은 농업보다 어업이 주를 이루는데, 동해안은 난류와 한류가 교차하는 지역이어서 다양한 물고기가 서식하기에 적합한 환경이므로 좋은 어장이 형성되었다. 명태, 오징어, 대구, 청어, 꽁치 등이 많이 잡혀 북쪽에서부터 남쪽에 이르기까지 어업을 전문으로 하는 어항(漁港)이 크게 발달했다. 백두대간에 묻혀 있는 풍부한 지하자원으로 인해 20세기에는 탄광산업이 크게 발달했으나 현재는 모두 사라졌다. 최근 들어 삼척과 동해 등의 지역은 영동의 공업지대가 되었으며, 특히 동해시는 중화학 공업기지로 지정되어 개발되고 있다. 험산과 준령이 남북으로 걸쳐 있어 영서지역과의 소통을 방해한 까닭에 교통은 크게 발달하지 못하다가 21세기에 들어와서 대관령, 진부령, 미시령, 한계령 등을 관통하는 고속도로와 국도가 확장되거나 새롭게 만들어지면서 교통이 원활하게 되었다. 뿐만 아니라 서울–양양 고속도로와 원주–강릉 고속철도 등이 완공되면서 교통수단이 크게 개선되어 인적·물적 교류가 매우 활발해져 새로운 동해안 시대가 열렸다.

험준한 산을 뒤로하고 깊은 바다를 앞에 두고 있는 특이한 지형과 어족이 풍부한 어장을 끼고 있는 해안지역이라는 점 때문에 영동지방의 경제는 관광과 어업이 중심을 이룬다. 우리 문화에서 대단히 중요한 의미를 가지는 팔경(八景)[35]의 대표적 브랜드라고 할 수 있는 관동

---

35) 팔경은 중국의 소상팔경(瀟湘八景)에서 유래했는데, 고려시대부터 조선시대에 이르기까지 우리 문화와 예술에 끼친 영향이 지대하다고 할 수 있다. 관동팔경은 우리나라 팔경의 대표라고 할 수 있는데 통천(通川) 총석정(叢石亭), 고성(高城) 삼일포(三日浦), 간성

팔경이 대부분 이 지역에 분포하고 있고, 오대산과 설악산 구역에 설정된 국립공원이 두 군데나 있으며, 태백산도립공원 등이 자리할 정도로 수려한 경관을 자랑하고 있어 이 지역을 찾는 관광객이 매우 많다. 특히 이 지역은 높고 수려한 모습을 한 산과 맑고 푸른 바다가 함께 어울리면서 다른 지역에서는 보기 어려운 절경을 만들어 내고 있기 때문에 영동지역을 찾는 관광객은 얼마든지 증가할 수 있을 것으로 생각된다.

영동지방의 매력은 오랜 역사를 지닌 불교성지라는 점과 어디에나 산재해 있는 풍부한 문화유적에 있다. 고구려, 백제, 가야, 신라의 네 나라[四國]가 정립했던 시기에 가장 약체였던 신라가 화랑도와 불교를 구심점으로 하여 민족의 통합을 이끌어 내기 시작하면서부터 오대산을 중심으로 한 영동지역은 신라 불교의 절대적 성지로 인식되기 시작했다. 고대 국가 시대에 강릉을 중심으로 한 영동지역은 고구려에게는 남방과 바다로 나가기 위한 관문이었으며, 신라에게는 북방으로 진출하기 위한 군사적 요충지였으므로 뺏고 빼앗기는 치열한 각축전이 벌어지기도 했다. 그러다가 진흥왕(眞興王) 때인 6세기 중반을 전후해서 신라의 땅으로 완전히 편입[36]되었으며, 이때부터 불교의 성지로 서서히 자리매김해 갔던 것으로 보인다. 이런 상황하에 이 지역은 화랑의 수련공간, 불교의 성지 등과 관련된 수많은 유적과 유물이 남

(杆城) 청간정(清澗亭), 양양(襄陽) 낙산사(洛山寺), 강릉(江陵) 경포대(鏡浦臺), 삼척(三陟) 죽서루(竹西樓), 울진(蔚珍) 망양정(望洋亭), 평해(平海) 월송정(越松亭) 등을 꼽는다. 중국 동정호에 있는 소수와 상수 부근의 명소를 나타내는 소상팔경은 소상야우(瀟湘夜雨), 동정추월(洞庭秋月), 원포귀범(遠浦歸帆), 평사낙안(平沙落雁), 연사만종(烟寺晚鐘), 어촌낙조(漁村落照), 강천모설(江天暮雪), 산시청람(山市晴嵐)을 가리킨다.

36) 556년에 진흥왕은 지금의 함경남도 안변 부근까지 진출하여 그곳에 순수비를 세웠는데, 이때를 전후한 시기에 영동지역은 이미 신라의 영토로 편입되었다고 볼 수 있다.

겨지게 되었고, 오늘날까지도 비교적 잘 보존되어 있다. 영동지방은 산과 바다가 어울린 최고의 경관을 즐길 수 있다는 장점 때문에 관광객의 발길이 지속적으로 이어질 수 있는 환경을 두루 갖추고 있는 지역이다. 관광은 문화산업과도 밀접하게 연관되어 있으므로 영동지역의 문화콘텐츠 개발에 반드시 고려해야 할 부분이라고 할 수 있다.

영동지방에 속하는 구간의 해안은 어업을 중심으로 하는 항구도시가 다양하게 발달한 것이 특징이다. 급경사로 인해 바다가 갑자기 깊어지는 양상을 보이는 영동지방의 해안선은 매우 단조롭고 암벽으로 된 곳이 많아 큰 항구도시로 발달하지는 못했지만 소규모의 항구가 옹기종기 모여 있다. 이들이 벌이는 주요 경제활동은 동해 바다를 일터로 하는 수산업에 종사하는 것이다. 한류와 난류가 부딪치는 동해 바다는 오징어·꽁치·방어·삼치·고등어 등의 난류성 어종과 명태·대구 등의 한류성 어종을 비롯하여 조개류와 해조류에 이르기까지 수산자원이 매우 풍부하여서 이것들을 상품화하여 영서나 영남 등을 비롯한 내륙지역으로 보내는 것을 주된 경제활동으로 볼 수 있다.

최근에 들어서는 중국 어선들에 의한 마구잡이 포획으로 어종과 어획량이 급격하게 줄어들고 있지만 오랫동안 동해는 영동지방 사람들에게 없어서는 안 될 삶의 터전이었으며 경제생활의 기반이 되었다. 동해에서 잡히던 어종 중 겨울에 잡히는 명태는 백두대간의 산 속에서 얼고 녹는 것을 반복하며 마르는 과정에서 황태라는 영양이 풍부한 상품으로 거듭나면서 이 지역의 대표적인 특산물이 되기도 했으며, 오징어 역시 영동지방의 특산물 중 널리 알려진 상품이라고 할 수 있다. 과학이 발달하고 기술이 진보한 요즘에 와서는 관광과 어업에 이어 울창한 삼림을 활용하여 만들어 낼 수 있는 상품 개발이 이어져 버섯이나 고랭지채소 등의 생산도 활발하지만 영동지방 사람들의 경제활동에서 중심을 이루는 것은 여전히 관광과 어업이라고 할 수 있다. 경제활동이란 육체적 움직임으로 발생하는 에너지 소모라는 물리적 결핍현상을 충족시키고자 하는 욕구[37]인 식욕을 해결함으로써 생명을 유지하는 데 반드시 필요한 먹거리를 얻는 과정상의 활동이다. 그러므로 경제활동의 성격에 따라 삶 전체가 매우 큰 영향을 받을 수 있다. 강릉지역을 중심으로 하는 영동문화권의 문화현상은 이 지역에서 삶을 꾸려 가는 사람들이 벌이는 경제활동과 밀접한 관련이 있을 수밖에 없으므로 문화콘텐츠 개발 시 가장 우선적으로 고려해야 할 사항이 된다.

오징어나 명태 등을 중심으로 하는 영동지방의 수산업은 그 뿌리가 매우 깊다. 대륙의 북쪽에서 이주해 온 우리의 선조들은 서쪽의 백두대간이 천혜의 방패막이를 이루는 환경에서 바다와 밀접한 삶을 오래전부터 영위해 왔다. 그 과정에서 풍부한 어업을 생계수단으로 하는 문명을 발달시켰고, 문화 역시 수산업을 중심으로 한 것들이 만들어지고 향유되었다. 풍어와 풍년과 안전을 기원하는 모습으로 진행되는 강릉의 단오제가 대표적인 지역축제, 혹은 제의(祭儀)라고 할 수 있는데, 동해의 해안선을 따라 각 마을마다 이와 비슷한 성격을 가지면서 풍어와 안전을 기원하는 제의와 깊이 관련된 설화와 신앙 등이 골고루 분포되어 있다는 사실에서 이러한 문화적 현상을 잘 확인할 수 있다. 특히, 강릉단오제는 지역축제를 넘어 민족의 축제, 나아가서는 세계와 소통하는 축제로 발돋움하고 있는 모습을 보여 주는데, 이 축제의 성공 요인은 전통과 현대의 절묘한 조화를 바탕으로 하는 미래 지

---

37) 욕구(欲求)는 현실의 결핍을 해결함으로써 미래를 선점할 수 있는 행동을 유발하는 원동력이다.

향적 변화라고 할 수 있다.

　영동문화권에 속하는 지역에는 강릉단오제 외에도 어업과 관련된 다양한 종류의 문화현상이 산재하는데, 이러한 것을 체계적으로 구조화하면서 전통과 현대를 아우르며 미래지향적으로 나아갈 수 있는 문화콘텐츠 개발은 이루어지지 않거나 미미한 편이다. 예를 들면, 요즘 불어닥친 축제 열풍을 타고 황태축제가 용대리를 중심으로 열리고 있는데, 이것을 협소한 한 지역에 국한시킬 것이 아니라 황태의 재료인 명태를 잡는 어업과 관련된 제의나 신앙의식에서부터 시작하여 그것이 먹거리로 정착되기까지의 역사적 과정, 다양한 종류의 먹거리로 재생산되는 과정, 그와 관련된 전통의 민속, 명태의 효능과 기능 등에 대한 학술적 연구 결과 등이 하나의 맥락으로 꿰어지면서 동해안에서부터 백두대간의 중간에 있는 용대리를 비롯한 산간 마을의 문화현상과 연결되는 콘텐츠 개발이 필요할 것으로 보인다. 이러한 방식의 콘텐츠 개발은 명태뿐 아니라 오징어를 비롯한 동해안의 어업과 관련된 문화현상 전체를 대상으로 해야 할 것이다.

　어업과 더불어 영동지방 문화의 또 다른 축을 형성하는 관광은 불교 성지에서 비롯된 전통문화재와 관련을 가지는 현장과 수려하면서도 기품 있는 산수의 경관, 그리고 맑음과 푸름을 통해 삶에 지친 사람들의 마음을 달래 주는 구실을 하는 바다가 중심을 이루게 될 것이다. 불국토(佛國土) 건설을 모토로 하여 성장하기 시작한 불교의 힘을 빌려 민족의 통합을 이루어 내면서 고구려, 가야, 백제 등과 경쟁했던 신라는 바다의 풍요로움과 산의 신령스러움이 절묘하게 어우러진 영동 지역을 성지(聖地)로 인식하여 개발하기 시작했고, 그 결과 불교와 관련된 수많은 유적과 유물, 그리고 다양한 형태의 문화현상을 남겨 놓았다. 이러한 문화적 전통은 지금까지도 계속해서 이어져 내려오고 있으며, 앞으로도 꾸준히 발전할 것으로 예상되기 때문에 영동문화권 역에 속하는 지역의 문화콘텐츠 소재로 아주 적합하다.

　사람의 삶은 육체적이고 물질적인 것이 중심을 이루는 부분과 정신 적이고 이념적인 것이 중심을 이루는 부분으로 크게 나눌 수 있는데, 영동문화권의 중심을 이루는 동해안 지역은 수산물과 관련된 물질적 풍요로움과 불교와 관련된 유적과 유물 등을 통해 정신적 휴식과 위 안을 함께 얻을 수 있는 곳으로서 많은 사람들이 매력을 느낄 수 있는 강력한 요소를 간직하고 있다. 이런 점에서 볼 때 영동문화권의 문화 콘텐츠 개발은 어업과 해양 관련 자료와 산림과 불교 관련 자료들이 각각 독립적인 빅데이터로 만들어짐과 동시에 이것들이 다시 연결되 면서 새롭고 창조적인 문화콘텐츠를 형성할 수 있는 방향으로 진행되 어야 할 것으로 생각된다.

　강릉은 영동문화권의 중심을 형성하면서 오랜 역사적 전통과 매우 다양한 성격의 문화현상을 가지고 있는 것이 특징이다. 강릉의 서북 쪽과 서남쪽에는 백두대간을 이루는 해발 1,000m 이상의 영봉(靈峯) 이 줄줄이 늘어서 있다.[38] 이러한 산과 골짜기에서 내려오는 하천이 바다로 유입되는 하구(河口) 부근에 형성된 작은 평야를 중심으로 도 시가 발달했는데, 모든 하천은 동쪽으로 흘러 동해로 들어간다.[39] 강

---

38) 서북쪽에 철갑령(鐵甲嶺, 1,014m), 두로봉(頭老峰, 1,422m), 노인봉(老人峰, 1,338m) 등이 있고, 서남쪽 시의 경계를 따라서는 제왕산(帝王山, 841m), 능경봉(1,123m), 고 루포기산(1,238m), 옥녀봉(玉女峰, 1,146m), 노인봉(老人峰, 1,057m), 노추산(魯鄒山, 1,322m), 덕우산(德牛山, 1,009m) 등이 있으며, 서쪽으로는 영서지역으로 통하는 관문 인 대관령(大關嶺)이 자리하고 있다.

39) 동대산에서 발원한 연곡천(連谷川), 철갑령 부근에서 발원한 신리천(新里川), 사천면 사 기막리의 무릉담(武陵潭)과 그 북서쪽에서 발원한 사천천(沙川川), 대관령과 삽당령(揷 唐嶺, 670m) 쪽에서 발원한 남대천(南大川), 강동면 어단리 완사면의 배후산지에서 발원 하여 남대천과 합류하는 섬석천(蟾石川) 등은 곧바로 동해로 흘러간다. 또한 왕산면 서

릉은 아주 오랜 과거부터 현재에 이르기까지 영동지역의 중심지였기 때문에 삼한시대에 작은 나라로 나누어져 있던 성읍국가(城邑國家) 시대에는 도읍지 구실을 했으며, 고구려나 신라의 영토에 편입된 후에는 전략적 요충지로 영동지역의 중심지가 되었고, 고려와 조선 시대에 들어서서도 그 구실에 변함이 없었기 때문에 전통과 현대가 잘 어우러진 도시라고 할 수 있다.

20세기에 들어와서 강원도청이 춘천으로 정해지면서 행정적으로는 퇴락했지만 역사와 전통을 유지해 온 지역으로서 여전히 명성이 높다. 조선시대에는 유학의 영향을 크게 받아 신사임당(申師任堂)과 율곡(栗谷) 이이(李珥) 같은 인재를 배출하기도 하였으며, 도시를 둘러싸고 있는 소규모 평야를 중심으로 농업이 발달하면서 이와 관련된 문화 유적과 전통 민속, 설화, 민요 등이 골고루 분포되어 있는 양상을 보이기도 한다. 해안선의 마을을 따라서는 풍어와 풍년을 기원하는 영험한 성황당과 그것이 생겨나게 된 유래를 간직하고 있는 전설이 분포해 있으며,[40] 하천의 하구 부분에 발달한 평야를 중심으로 행해지는 농업과 관련된 농요가 크게 발달[41]하여 중요한 문화현상의 하나

쪽 남한강 지류인 송천(松川)은 남쪽으로 내려가다 만덕봉 부근에서 발원한 낙풍천(樂豊川)과 석병산 부근에서 발원한 주수천(珠樹川) 등과 하구 부근에서 합류하여 동해로 들어간다.

40) 범일국사(梵日國師)와 학(鶴)바위전설, 해령사전설(海靈祠傳說), 양명(揚名)을 할 수 있는 묘터전설, 진이성황당전설, 범에 얽힌 이야기 등의 인물전설, 지명연기전설, 당제유래담 등이 다양하게 전해 온다.

41) 이 고장에 전하는 대표적인 민요로는 농가인 '오독떼기'가 있다. 이 노래는 불교적 정서가 담긴 민요로 명주(溟州)와 강릉 등의 지역을 비롯하여 여러 곳으로 전파된 전통적인 노래이다. 이와 함께 논에서 김매기가 끝날 무렵 둥글게 모여들며 쌈을 싸듯이 마지막을 장식하면서 부르는 노래인 싸대, '오독떼기', 잡가 등과 함께 부르는 '사리랑', 벼를 벨 때 부르는 벼베기홍조(불림), '타작노래', '놀량사거리' 등이 있다.

로 자리하고 있다.

강릉지역의 문화는 매우 다양하고 복잡한 양상을 띠기 때문에 이에 대한 자료와 현상을 정확하게 파악하고 체계적이면서도 종합적으로 기획하여 문화콘텐츠를 개발하는 것이 절대적으로 필요하다. 유적과 유물, 민속과 문학, 정치와 사상, 산과 바다를 아우르는 명승지, 어업과 농업 관련 문화, 행정과 교통 등의 자료와 현상이 유기적으로 연결되면서 다양하면서도 유익한 문화정보를 수요자에게 맞춤방식으로 제공할 수 있는 방향으로 개발되어야 할 것이다.

4) 호남문화권과 전주지역의 문화콘텐츠

우리나라에서 호남지역은 일반적으로 김제의 벽골제(碧骨堤)와 금강 하류를 경계로 하여 그 남쪽에 위치한 지방을 일컫는다. 호남이란 명칭은 호수의 남쪽이란 뜻에서 비롯되었는데 삼한시대부터 있었다는 김제의 벽골제 남쪽이란 의미를 가진다. 호남지역의 서쪽과 남쪽은 서해와 남해에 맞닿아 있고, 북쪽과 동쪽은 강과 산을 기준으로 호서와 영남을 마주 보고 있다. 호남의 동쪽 방향은 지리산을 중심으로 하는 백두대간을 경계로 영남과, 북쪽으로는 금남호남정맥과 금남정맥, 금강하류를 기준으로 하여 호서지방과 경계를 이루고 있다. 호남정맥과 백두대간의 지리산 구간 사이에는 섬진강이 남에서 북으로 흐르고 있는데, 행정구역상으로는 이 강을 경계로 하여 경상남도와 전라남도로 나누어지기도 한다. 행정구역상으로는 나누어져 있지만 강의 좌우측에 사는 사람들의 생활방식은 거의 비슷해서 같은 문화권으로 보는 것이 합당하다.

호남지역은 한반도의 서남쪽에 위치하면서 절반 이상이 바다와 접해 있으며, 다른 지역에 비해 해발 고도가 낮고 여러 개의 강이 흐르기 때문에 평야가 발달하면서 농업이 중심이 되는 경제활동을 한다. 지리산과 덕유산으로 이어지는 백두대간은 동쪽에 위치한 영남지역과의 원활한 소통을 막고 있으나 바다로 향해 열려 있는 남쪽과 서쪽으로 인해 수산업이 크게 발달하였으며, 역사적으로는 아주 오랜 옛날부터 중국이나 일본 등과의 국제적인 무역과 교류가 활발했던 것으로 나타난다. 호남지역의 강은 섬진강, 영산강, 만경강, 동진강 등이 대표적인데, 섬진강만 남해로 들어가고 나머지는 모두 서해로 들어가는 모습을 보이며, 서쪽으로 갈수록 해발이 낮아지면서 평야가 발달하는 지형을 보이며, 전남평야, 호남평야, 김제평야, 만경평야 등의 여러 평야가 드넓게 펼쳐지고 있다. 완만하게 흐르는 강에서 공급되는 풍부한 수량을 이용하여 평야에서 거둬들일 수 있는 다양한 농산물을 바탕으로 하는 농업이 경제의 중심을 이루기 때문에 다른 지역에 비해 풍족한 삶을 누릴 수 있는 환경적 조건을 구비하고 있는 셈이다. 이런 점에서 볼 때 호남지방은 한반도의 곡창 지대라고 할 수 있다.

호남지역은 높지 않은 산과 넓은 평야, 느리게 흐르는 강 등에서 만들어지는 지리적 환경과 물질적으로 풍족한 생활에서 만들어지는 경제적 풍요로움에서 오는 여유로 인해 예로부터 종교활동이 활발했으며, 예술의 창작과 향유가 생활화되다시피 하는 특이한 문화현상을 만들어 내고 있는 것을 중요한 특징의 하나로 지적할 수 있다. 조수간만의 차와 수많은 섬으로 형성되어 있는 서해와 남해에 접한 지역은 여러 항구[42]가 발달하면서 성장한 어업과 양식업 등의 수산업을 중요한 경제적 특징으로 꼽을 수 있다. 서해를 흐르는 급한 조류로 인해 풍부한 어장이 형성되기 때문에 다양한 물고기가 잡히고 다도해로

---

42) 군산, 법성포, 목포, 완도, 녹동, 여수, 광양 등에는 큰 규모의 항구가 발달했다.

불릴 정도로 많은 섬이 에워싸고 있는 남해는 맑은 바다이면서도 물결이 잔잔하여 김, 굴, 미역 등의 해조류를 양식하기에 매우 적합한 환경이 조성되어 수산업이 크게 발달할 조건을 갖추고 있다고 할 수 있다.

역사적으로 볼 때 호남지역은 고대 삼한시대에는 마한(馬韓)의 영역에 속했던 땅이다. 동남쪽으로는 나중에 가야가 된 진한(辰韓)과 마주 보고 있었으며, 한반도에서 영토가 가장 넓었던 마한은 그 세력 또한 막강했다. 삼한시대에 마한의 세력이 가장 강성했던 이유는 비옥한 토지를 바탕으로 하는 농업 중심의 경제활동으로 안정된 생활을 영위할 수 있는 지리적 특성에 힘입은 바가 컸던 것으로 보인다. 진한지역은 백두대간과 낙동정맥 등의 험준한 산세에 갇힌 비좁은 땅이었기 때문에 세력을 확장하기에는 한계가 있었으며, 한반도의 동남쪽에 치우쳐 있으면서 백두대간과 낙동정맥에 둘러싸인 데다가 동쪽은 바다와 마주하고 있어 농업만으로는 나라의 경제를 유지하기가 어려운 환경을 가지고 있었다. 이에 비해 마한지역은 높은 산이 거의 없는 낮은 지역인 데다가 임진강, 한강, 금강, 영산강 등의 큰 강줄기가 만들어 내는 평야가 광대하게 펼쳐져 있어 안정된 상태에서 부족하지 않은 경제생활을 누리기가 훨씬 용이했던 것으로 볼 수 있다.

이러한 마한의 세력 판도를 바꿔 놓은 것은 북쪽 대륙에서 내려온 온조(溫祚)의 세력을 받아들이면서 한강 유역을 분할해 준 사건이었다. 당시 대륙에서는 이미 강력한 지도력을 가진 왕이 통치의 중심에 있는 왕권국가가 모습을 드러내면서 세력과 영토의 확장을 꾀하고 있었는데, 이러한 기술을 보유하고 있었던 온조의 세력은 정착하자 곧 나라를 세웠다. 이것이 바로 백제인데, 선진 통치기술을 바탕으로 마한의 땅을 빼앗아 자신의 영토로 만들기 시작했으며, 근초고왕(近肖古

王) 시대인 기원후 4세기 무렵에는 남해안과 지리산 부근의 일부 지역을 제외하고는 마한의 모든 영토가 백제로 흡수되는 상황이 되었다. 결국 호서지방과 호남지방은 백제의 땅이 되었고, 한강 유역에서 금강 유역으로 도읍지를 옮긴 뒤부터는 그 중요도가 한층 더 높아졌다.

신라 때에는 전국을 9개의 주(州)로 나누었는데, 그중 호남지역에는 전주(全州)와 무주(武州)가 있었다. 이때부터 호남지역은 신라의 한 지방이 되었으며, 고려 때에는 전주와 나주의 앞 글자를 딴 전라도라는 행정 명칭이 생겨나기도 했다. 1392년에 조선을 건국한 때로부터 지금에 이르기까지 약간의 변화[43]를 겪은 적은 있어도 전라도라는 명칭은 그대로 유지되었으며, 현재는 남도와 북도로 구분하는 정도로 행정구역을 나누고 있다. 조선시대 왕조실록의 기록을 보면 전라도라는 명칭이 다른 것으로 바뀌었던 횟수가 충청도에 비해 현저히 적은 것을 확인할 수 있는데, 이것은 전라도 지역이 충청도 지역에 비해 상대적으로 외부 세력에 대한 불만이 크지 않았음을 의미하는 것으로 볼 수 있다. 역사적으로 초기에는 마한의 중심지에서 백제의 땅으로 바뀌었다가 또다시 신라시대를 지나면서는 지방의 한 지역으로 되기도 하였으나 말기에 후백제가 세워졌을 때는 그 나라의 중심지역이 되었던 탓에 독자적인 세력과 정신세계를 간직하고 키우는 데에 별다른 어려움이 없었다는 점에서 사회적 불만이 상대적으로 작았다.

이러한 의식(意識)과 정신적 풍토는 조선시대까지 비교적 잘 지켜

---

43) 조선시대에는 반란이나 삼강오상(三綱五常)을 어지럽히는 것과 같은 중대 사건이 일어나면 그 지역의 등급을 낮추는 행정조치를 취했는데, 앞에서 살펴본 충청도의 명칭이 여러 번 바뀐 것이 바로 그런 이유였다. 전라도라는 명칭도 몇 번 바뀐 적이 있는데, 일정한 시간이 지나면 복권되면서 이름을 되찾는 일이 수차례 반복되었다. 예를 들면, 인조 23년인 1645년에 나주에서 관리를 공격하는 일이 발생하자 전라도를 전남도(全南道)로 바꾸어 부르도록 한 것 등을 들 수 있다.

져 온 것으로 보이는데, 일제강점기를 지나면서 왜인들이 민족의 분열을 획책하기 위해 정책적으로 추진했던 영남과의 사이에 불거지기 시작한 지역감정이란 것이 지금에 이르기까지 상당한 문제점으로 지적되고 있음은 안타까운 일이 아닐 수 없다. 역사적으로 일어나고 존재했던 이 모든 일은 싫건 좋건 사람들이 살아가는 삶의 양식을 결정하거나 정신세계와 밀접하게 관련된 문화현상을 형성하는 데에도 커다란 영향력을 행사한다.[44] 따라서 이러한 것들은 해당 지역의 문화콘텐츠를 개발할 때 반드시 고려 대상에 넣어야 할 중요한 항목 중의 하나라고 할 수 있다.

20세기에 들어와 현재에 이르기까지 이러한 지역감정의 골은 여전히 가라앉지 않고 있다. 특히 산업화 과정을 거치면서 호남지역은 인구의 밀집도가 영남지역에 비해 현저하게 떨어지는 현상을 낳고 있어 눈길을 끈다. 20세기 우리 민족의 역사는 농업 중심 국가에서 무역 중심 국가로 변신하는 급격한 산업화 과정을 밟았다. 철강과 자동차, 석유, 화학 등을 중심으로 하는 산업화 과정은 그것을 생산하는 핵심 시설이 어느 곳에 들어서느냐에 따라 경제력의 편중이 가속화하는 경향을 보이는데, 결과적으로는 인구의 증가와 감소가 뚜렷하게 드러나는 현상으로 나타난다. 즉, 20세기 근대화 과정에서 중공업 시설이 집중되면서 상대적으로 개발 혜택을 누린 영남지역은 인구의 증가와 경제력의 성장이 호남지역에 비해 두드러졌던 것이 사실이다.

호남지역은 여수나 광양 등을 중심으로 조선(造船)을 비롯한 중화학공업 단지가 조성되어 지역적인 발전을 이룩했으나 성장 속도는 영

---

44) 삶의 바탕을 이루는 문명이 문화의 성격을 결정짓는 데 가장 큰 역할을 하는 것으로 볼 수 있다.

남지역에 비해 낮거나 느리다고 할 수 있다.

여기에서 이런 문제를 종합적이면서도 체계적으로 모두 거론할 수는 없지만 이런 점들은 콘텐츠 개발을 위한 문화현상의 분석에 빠져서는 안 될 정도로 중요한 의미를 지닌다. 호남지역의 주요 도시는 전주·광주·목포·군산·여수·광양·순천 등이 있는데, 이 중 인구 100만 이상이면서 광역시로 승격된 곳은 전라남북도를 합쳐서 광주광역시 한 곳이다. 고속철도 및 고속도로의 개통과 개설로 인해 익산, 남원, 김제 등의 도시가 새로운 교통 거점으로 떠오르고 있으나 아직까지는 성장세가 미미한 편이라고 할 수 있다. 이러한 도시나 지역 들이 경제적인 성장을 이루기 위해서는 수요자가 매력을 느낄 수 있는 요인을 철저하게 분석하여 체계화하고, 그것을 제대로 반영한 문화콘텐츠를 창조해야 할 것이다.

지금까지 살펴본 호남지역의 지리적·경제적·문화적 특성은 첫째, 평야와 강을 중심으로 하는 농업이 중심을 이루는 경제, 둘째, 오랜 역사적 전통을 자랑하는 예술을 숭상하는 지역, 셋째, 어업과 양식업을 주요 경제활동으로 하는 수산업 경제, 넷째, 생태적 특성을 중심으로 하는 문화현상의 계승과 발전 등으로 정리할 수 있다.

호남지역에서 농업과 관련된 문화현상으로 가장 두드러진 것은 노동과정에서 만들어지고 다 함께 향유했던 농악, 농요 같은 것을 대표적으로 꼽을 수 있다. 또한 지역 공동체의 테두리 안에서 발생하여 향유되다가 19세기를 지나 오늘날에는 민족예술로 승화한 판소리는 호남지역을 대표하는 소리예술이면서 여타의 다양한 예술 갈래와 관련성이 있기 때문에 언제든 융합을 통한 새로운 콘텐츠로 창조될 가능성을 지니고 있는 것으로 평가할 수 있다.

농악이나 농요는 우리나라의 거의 모든 지역에서 향유되었던 중요한 문화현상의 하나인데, 호남지역은 다른 지역과 뚜렷하게 구별되는 특징을 보여 주고 있어 주목을 요한다. 호남지역의 농요나 농악이 지니고 있는 예술적 특성을 올바르게 계승하면서 살려 낼 수 있는 방향으로 문화콘텐츠가 개발된다면 어느 지역의 문화콘텐츠보다 많은 사람의 사랑을 받을 수 있을 것이다. 농업 관련 콘텐츠는 이 외에도 전통 민속으로 불리는 여러 종류의 문화현상이 있다. 하늘이나 땅 등 자연이 보여 주는 아주 작은 변화를 보고 기후에 대한 예측을 하는 수많은 방법, 공동체를 제대로 유지하면서 미래지향적으로 발전시키기 위해 사람들이 어기지 않도록 하기 위한 금기(禁忌)의 방법, 모든 것을 신으로 모시면서 무사태평과 풍년을 기원하던 생활 속의 다양한 의식(儀式), 자연과 사람이 함께 살아가기 위한 슬기와 지혜, 사람과 사람이 서로를 아끼고 존경하면서 발전적인 공동체를 구성해 나가기 위한 예절 등 우리 선조들이 삶 속에서 만들어 냈던 아주 사소한 것들까지 하나의 틀 안에서 조직화하고, 체계화하여 개발해 낼 수 있다면 그보다 더 훌륭한 문화콘텐츠는 없다고 해도 과언이 아니다.

예향(藝鄕)으로 불리는 호남지역은 다른 지역에 비해 거의 모든 예술 분야가 골고루 발전하고 향유되는 곳이라고 할 수 있다. 그러므로 호남지역에서 만들어지고 향유되었던 다양한 예술 갈래를 일정한 기준으로 체계화하여 조직화함으로써 많은 사람이 함께 즐길 수 있도록 하는 것이 지역문화 발전을 위해 반드시 필요할 것으로 보인다. 장르별·주제별로 나누어져서 흩어져 있는 호남지역의 예술을 모두 하나로 모아 일정한 체계 아래 구조화함으로써 시너지 효과를 낼 수 있도록 개발된다면 이것 하나만으로도 많은 사람들을 감동시킬 수 있는 새로운 형태의 문화콘텐츠가 될 것이다.

호남지역에서 행해지는 어업의 본질적 특성을 분석하여 파악하고,

다도해라는 지리적 특성을 활용할 수 있는 남해를 중심으로 행해지는 양식업 관련 문화현상들을 정리하고 체계화하되, 전통적인 것과 현대적인 것을 접목시켜 미래지향적인 콘텐츠를 개발하는 것 또한 문화산업을 진흥시킬 수 있는 좋은 테마가 될 것이다. 영남지역에 비해 입지 조건이 약해 산업화 시설이 적게 들어서면서 불이익을 받는 것처럼 여겨지던 때도 있었지만 앞으로의 삶은 자연 생태를 중시하는 웰빙(wellbing)이 핵심적인 화두로 작용할 것이기 때문에 자연에 의해 만들어진 상태가 잘 보존되는 지역이 각광을 받을 것이 확실하다. 따라서 호남지역은 지금부터 이런 장점을 얼마나 잘 살려서 새로운 콘텐츠를 개발할 수 있는가가 지역 경제를 발전시킬 수 있는 최대의 이슈가 될 것으로 보인다. 사람이 만든 것보다 자연이 만든 것이 훨씬 오래가고, 바람직하다는 점을 염두에 두면서 사람과 자연이 함께 공존할 수 있는 방향으로 생태콘텐츠가 개발된다면 수많은 사람의 기대에 부응할 수 있을 것으로 사료된다. 호남지역의 자연과 사람들이 만들어 낸 이 지역에만 존재하는 장점과 특징에 대해 분석하고 연구한 결과를 바탕으로 문화콘텐츠를 개발해야 한다는 원칙을 명심해야 할 것이다. 이상에서 호남지역의 문화콘텐츠 개발에 필요한 조건들을 살펴보았는데, 좀 더 세분화하여 호남문화권의 상징적 공간이라고 할 수 있는 전주지역의 콘텐츠 개발 방향에 대해 논의해 보도록 한다.

호남문화권에 속하는 지역 중에서 대표성을 가질 수 있으며, 오랜 전통을 가진 곳을 꼽는다면 전주(全州)가 가장 합당할 것으로 생각된다. 전주지역은 구석기나 신석기 시대의 유물은 발견된 적이 없지만 이곳에서 가까운 고창(高敞), 부안(扶安) 지역과 만경강과 동진강을 따라 내륙까지 청동기 유적인 지석묘가 발견되는 점으로 보아 삼한시대 이전부터 농경문화가 형성되었을 가능성이 있다. 삼한시대에는 마한의 땅이었으나 강력한 왕권국가였던 백제의 땅이 되면서 완산(完山)으로 불렸으며, 백제가 멸망한 후 신라의 땅이 되었을 때도 완산주(完山州)를 설치하였고, 8세기 중반인 경덕왕(景德王) 때에는 전주라는 명칭으로 바뀌었다. 신라의 국운이 다하면서 다시 어지러워지기 시작한 후에는 후백제를 세운 견훤(甄萱)이 이곳을 도읍지로 정하고 멸망할 때까지 후백제의 국도(國都)로 삼았다. 그 뒤로 고려, 조선을 거쳐 호남지역의 교통 중심지로 작용하면서 군사적·정치적 요충지가 되어 지방 장관인 관찰사(觀察使)가 머무는 감영(監營)이 설치되어 호남지역 전체를 다스리는 행정 중심지가 되었으며, 지금도 전라북도청(全羅北道廳)이 자리하고 있다.

전주는 호남지역 어디든지 통할 수 있는 사통팔달의 교통 중심지였기 때문에 도읍지나 감영지 등의 전략적·정치적인 거점이었을 뿐 아니라 유통과 상업의 중심지이기도 했다. 호남지역의 풍부한 물산(物産)들은 이곳을 거쳐야만 다른 지역으로 유통될 수 있었기에 상업이 발달할 수밖에 없었다. 조선 후기인 17세기 이후에 성장한 유통경제에 힘입어 크게 유행했던 방각본(坊刻本) 고전소설[45] 판본의 하나가 전주로 되었다는 역사적 사실에서도 이 지역이 유통의 중심지였다는 것을 알 수 있다. 특히 전주는 조선을 세운 태조 이성계(李成桂)의 관

---

45) 방각본 고전소설은 임진왜란과 병자호란을 겪은 후에 추락한 민족정서를 어루만지는 과정에서 크게 유행한 문학으로 전쟁을 소재로 하는 영웅소설이 중심을 이루었다. 상인들이 고전소설을 가지고 다니면서 전국에 유통시켜 많은 사람들이 함께 즐겼던 문예콘텐츠의 하나이다. 이 소설은 주로 나무로 된 목판(木板)을 사용해서 찍었는데, 서울에서 발간한 경판(京板), 경기도 안성에서 발간한 안성판(安城板), 전주에서 발간한 완판(完板)의 세 종류가 중심을 이루었다. 우리나라는 세계 최초로 금속활자를 발명할 정도로 인쇄기술이 뛰어났으나 금속활자는 국가의 전매품이었기 때문에 조선 후기에 상인들은 불경을 인쇄하는 기술인 목판을 이용하여 고전소설을 대량으로 찍어 전국에 유통시켰다. 이때 고전소설 발간의 한 거점이 바로 전주였다.

향(貫鄕)으로 되면서 역사, 문화, 민속의 전통을 간직하고 발전시킨 고장으로 부상했다. 또한 예향으로 불리는 호남지역의 중심지로서 국악의 고장이며, 풍부한 농업 생산물을 중심으로 음식문화가 크게 발달하여 맛의 고장으로 불리기도 한다. 이처럼 문화콘텐츠가 다양한 지역이 바로 전주라고 할 수 있는데, 아직까지는 이런 것들이 각각 독립적으로 흩어져 있어서 제대로 된 기능을 발휘하지 못하고 있는 것이 아쉽다. 지금까지는 한옥마을이 중요한 콘텐츠로 작용하면서 많은 사람이 찾는 곳이 되었으나 창조와 변화를 거듭하지 않는 한 조만간 한계에 도달할 수도 있으므로 새로운 콘텐츠와의 연계와 융합이 절실하게 요구된다.

전주는 태조의 관향으로 전주 이씨의 본거지가 되었지만 이것과 관련된 것들을 제대로 살리지 못하고 있는 실정이다. 이런 콘텐츠 소재들을 한 씨족의 것으로만 돌릴 것이 아니라 전국적으로 연결시켜 하나의 거대한 빅데이터를 형성하고, 테마 코스로 개발하는 것이 필요하다. 즉, 우리나라에는 수백 개의 성씨(姓氏)가 존재하며, 각각 본향으로하는 지역이 존재하면서 그것과 얽힌 여러 유적과 유물, 설화 등이 연결되어 있기 때문에 성씨문화(姓氏文化)라는 이름을 가진 전국적인 테마로 개발하여 연결시킨다면 많은 사람이 즐겨 찾는 중요한 콘텐츠가될 수 있을 것으로 기대된다. 이러한 문화콘텐츠의 개발이 전주지역을 시작으로 전국화할 수 있다면 매우 훌륭한 소재가 될 것이다.

또한 전주는 후백제의 도읍지이자 호남지역의 행정 중심지였으므로 이와 관련된 유적과 문화현상이 아주 풍부하게 남아 있다. 이런 것들을 파편화된 상태로 내버려 둘 것이 아니라 일정한 주제 아래 관련된 모든 것을 연결시켜 맞춤정보로 제공할 수 있는 콘텐츠를 개발하는 것 또한 필요하다. 앞으로의 문화산업이나 문화콘텐츠는 독자적이고 독립적인 상태로는 경쟁력을 가지기 어려울 것으로 보이기 때문에 관련된 모든 자료를 빅데이터로 모아 분석하고, 사람들이 필요로 하는 소재와 주제를 발굴하여 그것에 맞는 새로운 형태의 문화콘텐츠를 개발해 내는 것이 급선무이다. 특히 전주는 호남지역의 문명, 유통, 전략, 문화 등을 위시하여 거의 모든 것의 중심지이므로 융합과 결합을 기반으로 하면서 다른 지역과의 문화적 연계성을 강화하는 방향으로 문화콘텐츠를 개발해 나가는 것이 미래를 준비하는 가장 바람직한 태도일 것이다.

5) 영남문화권과 경주지역의 문화콘텐츠

영남지방[46]은 태백산, 소백산, 지리산으로 이어지는 백두대간의 동남쪽 지역 전체를 지칭한다. 백두산에서 시작되어 북에서 남으로 뻗어 내리던 백두대간은 태백산을 기점으로 하여 남서쪽으로 방향을 틀어 소백산을 거쳐 속리산, 덕유산, 지리산으로 이어지면서 험준하면서도 높은 자연적인 장벽을 형성하였다. 이러한 자연환경은 소백산과 지리산 구역 백두대간의 동남쪽 방향에 위치하는 영남지역을 다른 지역과는 확연히 구별된 문명과 문화가 형성되도록 하는 주요한 요인으로 작용했다. 교통이 발달하지 못했던 과거에 영남지역은 동쪽과 남쪽의 바다를 거치지 않고는 외부로 통할 수 있는 길이 거의 막혀 있다시피 했기 때문이다. 지금은 수도권 다음으로 대도시가 많이 분포하는 지역이지만, 삼한시대[47]까지만 하더라도 북쪽에서는 부여, 고구려

---

46) 영남지방은 남쪽의 바다를 제외하고는 거의 험준한 산으로 둘러싸여 있기 때문에 높고 험한 산의 남쪽이란 뜻으로 교남지방(嶠南地方)으로 불리기도 했다.

47) 한반도에서 백제가 성립하기 이전 한반도의 중남부 지역에 자리를 잡고 있었던 마한(馬韓), 변한(弁韓), 진한(辰韓) 등으로 일컬어지는 연맹왕국의 시대를 가리킨다. 나중에 마

와 같은 거대한 제국이 탄생했음에도 불구하고 진한과 변한으로 일컬어지는 24개의 작은 나라[小國]가 연맹체를 이루어 낙동강을 경계로 12개씩 동서로 나누어 분포했던 역사적 사실에서 보더라도 이 지역이 얼마나 편벽되고 낙후된 곳이었는지를 짐작할 수 있다. 동·서·북의 세 방향은 험준하고 높은 산으로 둘러싸여 있으며, 남쪽은 바다에 접해 있는 데다가 중앙에는 북에서 남으로 길게 강이 흐르는 분지 평야 형태로 되어 있는 영남지역은 우리나라에서 비가 적게 내리는 대표적인 과우(寡雨)지역으로 농업을 비롯한 기타 농작물의 생산이 풍족하지 못한 상태였다. 현대사회에 들어와 경부선 철도의 종착역이 부산으로 되면서 비약적인 발전을 하여 현재의 영남지역이 된 것으로 볼 수 있다. 지금은 부산·대구·울산·포항·창원·안동·김해·진주 등의 도시가 철도와 강을 따라 발달하면서 총인구가 1,300만 명에 달하는 대한민국 공업 중심지역으로 탈바꿈하였다.

영남지방은 북쪽으로 경계를 이루고, 관동지방과 북서쪽으로는 호서지방, 서쪽으로는 호남지방과 각각 경계를 이루고 있다. 또한 이 지역의 동쪽에는 낙동정맥이 북쪽의 태백산에서 시작하여 남쪽으로 백병산(白屛山), 주왕산(周王山), 금정산(金井山)으로 이어지면서 부산에 이르기까지 길게 뻗어 있어서 낙동정맥의 동쪽과 서쪽 지역의 문화적 차별성이 나타나기도 한다. 특히 바다와 인접해 있는 낙동정맥의 동쪽 지역은 울산, 포항, 월성, 부산으로 이어지면서 원자력, 석유화학, 제철소 등의 산업단지가 자리함으로써 공업지역화했으며, 경주를 중심으로 하여 낙동정맥의 서쪽 지역은 분지로 형성된 작은 규모의 평야를 중심으로 농업이 발달하는 양상을 보이고 있다.

한은 백제로, 변한은 가야로, 진한은 신라로 되면서 사국시대를 열어 가게 된다.

백두대간의 동남쪽, 낙동정맥의 서쪽에 해당하는 영남지방은 우리 나라에서 두 번째로 긴 강이면서 유역의 면적도 세 번째에 달하는 낙 동강이 강원도 태백시의 중심에 있는 황지못에서 발원하여 북에서 남 으로 가로질러 분지와 평야를 형성하면서 부산의 다대포(多大浦) 앞에 서 바다로 들어간다. 태백에서 발원한 낙동강은 남으로 명호를 지나 예천 부근에서 영주와 봉화 부근에서 내려오는 내성천(乃城川)과 문경 에서 내려오는 영강(穎江)을 합친 다음, 안동 부근에서 반변천(半邊川) 과 만나 서쪽 방향으로 흐른다. 대구광역시 부근에서 금호강(琴湖江) 과 합류하여 경상남도로 접어들게 되는데, 이 지역에서 합천의 황강 (黃江)과 남지의 남강(南江)을 아우르며 동남쪽으로 방향을 꺾어 흐른 다. 다시 삼랑진(三浪津) 부근에서 밀양강(密陽江)과 합류하고, 부산광 역시 서쪽 부근에서 둘로 나누어지면서 거대한 삼각주 평야를 형성한 다음 다대포 앞바다로 흘러 해류와 만나게 되는 것이다.

　본류의 길이가 525.15km에 달하고 한반도에서 압록강 다음으로 긴 낙동강은 경상북도 전 지역에 물을 공급하는데, 낙동강 유역의 면적 은 2만 3,860km²나 되어 영남지역 전체의 4분의 3에 해당할 정도로 방대하다. 이런 점에서 볼 때 영남지역은 낙동강과 관련되지 않는 곳 이 없다고 해도 과언이 아니다. 낙동강 유역이 영남의 대부분을 차지 하고 있지만 이 지역은 비가 적고, 산이 많고 평야는 적으며, 강의 수 심이 얕아 물 부족이 심한 편이어서 경제적으로는 풍족하지 못한 곳 이라고 할 수 있다. 이러한 환경적 요인이 영남지역 사람들로 하여금 학문과 정치에 남다른 애정과 애착을 가지도록 만들었을 가능성을 배 제할 수 없다. 이런 점에서 볼 때 영남문화권에 속하는 지역의 문화콘 텐츠 개발에서 핵심을 이루어야 할 환경적 특성으로는 낙동강, 평야, 산업단지 등을 고려 대상으로 하고, 문화적 중심지로는 경주, 안동, 김해 등이 중심을 이루어야 할 것으로 보인다.

산림에 둘러싸여 있으면서 낙동강 유역을 중심으로 발달한 평야지대인 낙동정맥의 서쪽 지역은 경주나 안동 등을 중심으로 하면서 불교와 농업문화를 기반으로 하고 있으며, 동해와 맞닿아 있는 낙동정맥의 동쪽 지역은 국제 무역을 중심으로 하는 산업단지가 들어서기에 적합한 환경이기 때문에 철강, 자동차, 석유화학 등의 공업시설이 중심을 이루면서 새로운 문화적 특성을 만들어 내고 있는 것으로 파악된다. 이와 같은 환경적 특성을 고려할 때 영남문화권의 문화콘텐츠는 낙동강을 핵심 요소로 하고 해양과 평야를 부수적인 환경적 요소로 삼는 것이 바람직할 것이다.

낙동강 유역은 영남문화권에 속하는 지역의 대부분을 차지하고 있기 때문에 영남문화권은 강을 주제로 하면서 다른 것과 연결시킬 수 있는 문화콘텐츠의 개발이 필요하다. 강은 평야와 연결되면서 영남 사람의 삶의 중심을 이루는 농업과 관련된 다양한 문화를 낳고 있기 때문이다. 또한 강의 하류는 바다와 연결되면서 해양을 향한 산업단지의 입지와도 밀접한 관련을 가지므로 영남지역의 문화콘텐츠에서 가장 중요한 요소가 될 수밖에 없다. 낙동강 유역을 중심으로 하는 지역의 문화콘텐츠는 강과 농업, 그리고 불교와 유교 등의 사상과 관련된 문화를 중심으로 할 필요가 있다. 또한 낙동정맥 동쪽과 남쪽의 강과 바다의 연결지점을 중심으로 하는 지역의 문화콘텐츠는 불교와 유교를 중심으로 하는 정신적 문화와 산업과 관련된 문화를 중심으로 개발하는 것이 중요할 것으로 생각된다. 이것은 환경적 특성을 고려한 것으로 1차적인 요소라고 할 수 있다.

이러한 환경적 특성을 가지고 있는 영남지역은 삼한시대의 진한과 변한이 신라와 가야라는 왕권국가로 거듭나면서부터 민족사에 커다란 족적을 남기기 시작하는데, 외세의 힘까지 빌리면서 가야, 백제, 고구려를 차례로 멸망시키고 비록 반쪽짜리이기는 하지만 삼한의 주인이 되었던 신라가 영남의 중심을 이루어 불교를 기반으로 세력을 확장해 나가면서 뚜렷하고 고유한 문화적 흔적을 남기기 시작한 것으로 보인다. 10세기 초에 신라는 고려에 항복하면서 멸망하지만 그 세력과 영향력은 고려사회에서 그대로 유지되었으며, 조선시대에도 가장 큰 정치 세력으로 명맥을 유지했던 것으로 기록되어 있다. 이러한 전통은 놀랍게도 현대사회까지 그대로 이어지고 있어서 놀라움을 감출 수 없게 만들기도 한다. 20세기에서 21세기에 이르는 우리의 현대사를 보면 정치적으로 가장 큰 힘을 발휘하면서 권력의 자리를 굳건하게 지키고 있었던 사람들의 출신지역이 주로 영남권에 분포하고 있다는 사실이 이러한 점을 확실하게 각인시켜 주고 있다.[48]

신라사회는 불교의 힘을 빌어 결속력이 느슨한 성읍체제로 되어 있는 연맹체를 민족이라는 개념 아래 통합시켰고, 청소년을 중심으로 하는 전사 집단인 화랑도를 통해서는 민중의 역사적 중요성을 부각시키면서 강력한 왕권국가로 거듭났다. 이에 발맞추어 삼한에서는 신라를 중심으로 한 영토 전쟁의 거대한 서막이 오르기 시작했는데, 가야, 백제, 고구려를 차례로 멸망시키고 수백 년에 걸쳐 번영을 누리면서 한반도에 불교문화가 깊이 뿌리 내릴 수 있도록 물심양면의 지원을 아끼지 않았다. 그 결과 지금까지도 영남지역을 중심으로 한 불교 관

---

48) 당(唐)나라라는 외세를 끌어들여 백제와 고구려를 멸망시키고, 고구려 땅의 거의 전부를 당에 넘겨준 뒤로부터 지금에 이르기까지 1,600여 년 동안 우리 민족이 만주 땅에 발을 들여놓지 못하게 된 것은 신라의 책임이 작지 않다. 이러한 신라의 행위로 인해 민족의 활동무대가 한반도로 한정되면서부터 남과 북에서 충돌하는 외세의 힘이 한층 크게 작용하면서 시달림이 계속되었고, 이러한 현상은 지금도 진행 중이다.

련 유적과 유물이 도처에 남아 있으며, 불교 관련 문화들이 상당한 영향력을 발휘하고 있다. 신라의 이러한 불교문화는 뒤를 이어 삼한을 일통한 고려에 의해 그대로 계승되어 불교 유적과 문화는 우리 민족의 역사에서 핵심적인 사상으로 자리를 잡아 갔다.

유학을 정치이념으로 하는 조선이 개국하면서 불교에 대한 탄압이 격화되었지만 영남지역의 정치세력은 여전히 맹위를 떨쳤으니 영남학파로 불리는 사대부들이 바로 그들이다. 조선시대는 고려의 도읍지를 중심으로 하는 경기지역의 학맥을 이어받은 기호학파와 신라의 전통을 이어받으면서 새로운 학문을 바탕으로 하는 정치세력화에 성공한 영남학파가 쌍벽을 이루면서 이 시대의 학풍을 주도했다. 그 결과 조선의 도읍지는 한양(漢陽)[49]이었지만 정신적 수도는 영남이라고 할 정도로 대단한 자부심을 가지고 있는데, 이러한 인식은 지금까지도 이 지역에 고스란히 남아 전해지면서 커다란 영향력을 행사하고 있는 것으로 보인다. 역사적 깊이로 볼 때는 경주가 중심을 이루고, 현대와 직접 연결되는 조선의 유학 정신을 바탕으로 할 때는 안동이 중심을 이루는 것으로 파악되는데, 영남지방의 문화적 중심지이며 상징적 대표성을 가지는 공간으로는 신라 천년의 문화와 정치의 중심지였던 경주를 선택하는 것이 가장 합당할 것으로 생각된다.

경주는 영남지역의 동남쪽 한편에 치우쳐 있는 곳이지만 1,000년에 가까운 시간 동안 신라 문명과 문화의 중심지로 자리하면서 민족의 역사에 미친 영향이 매우 크다. 이때 형성된 문화적 전통은 고려와 조

---

49) 한(漢)은 크다는 뜻을 가진 글자로 큰 강이라는 의미의 한수, 혹은 한강을 가리킨다. 양(陽)이 지명으로 쓰일 때는 강의 북쪽, 산의 남쪽이라는 뜻을 가지기 때문에 한양의 양은 한강의 북쪽이며, 삼각산(북한산)의 남쪽 지역을 지칭하는 것이 된다. 바로 경복궁을 중심으로 하는 사대문 안쪽의 공간을 가리킨다.

선을 지나 현대사회에까지 면면히 이어지면서 많은 것을 우리에게 남겨 주고 있다. 특히 불교 관련 유적과 유물, 그리고 사상은 물리적인 측면과 정신적인 측면 모두에 걸쳐 막강한 영향력을 행사하고 있는 것으로 파악되기 때문에 문화콘텐츠의 개발에 매우 중요한 요소가 될 수밖에 없다.

영남지역 중에서도 경주가 특별히 중요한 의미를 지니는 이유는 신라를 강력한 왕권국가로 거듭날 수 있도록 하는 데 가장 큰 공을 세운 불교문화를 전 지역으로 퍼져 나가게 만든 중심지이기 때문이다. 경주지역의 문화콘텐츠는 우리나라 전체를 관통할 수 있는 불교 관련 문화콘텐츠의 출발점이 될 것이며, 영남지역의 거의 모든 문화콘텐츠를 아우르는 요소를 맹아적으로 가지고 있는 것으로 볼 수 있다. 경주지역의 문화콘텐츠 소재가 되는 것 속에는 다른 지역의 콘텐츠 소재가 될 수 있는 원형적인 요소가 들어 있기 때문이다. 따라서 경주지역의 문화콘텐츠 소재가 되는 원형적 문화는 수백 개에 이르는 아이템을 찾아야 하며, 그것이 가능하기 위해서는 사회, 경제, 정치, 문화, 전쟁 등 문명과 문화 전체를 아우를 수 있는 것으로 과거에서부터 현대에 이르기까지 영남지역 사람들이 만들어 낸 모든 가시적인 것을 빅데이터화하여 그것을 주제별로 분석하고 분류해 낸 자료가 필요하다.

다음으로는 이것을 바탕으로 수요자가 원하는 정보에 맞추어 만들어진 콘텐츠가 개발되어야 한다. 그러나 현재 경주지역의 자료들은 아직까지 하나로 모아지지도 않았으며, 분석을 통한 새로운 아이템의 발굴은 엄두도 못 내고 있다. 흩어지고 버려진 모든 것을 하나로 모아서 거대한 자료군으로 묶어 분석하는 기술이야말로 수요자의 요구에 맞는 문화콘텐츠를 개발하기 위한 기초 중의 기초라고 할 수 있지만 현재 그 수준까지 도달하지 못한 것으로 보인다. 경주지역이 보유하고 있는 문화유산만 생각해 보더라도 다양한 소재와 주제를 바탕으로 개발하면 수백 개에 이르는 기행이나 관광 코스가 개발되었어야 한다. 그러나 아직까지 우리나라의 문화산업 수준은 유적과 유물의 발굴과 복원에도 힘이 온전히 미치지 못하는 상황이기 때문에 수요자의 기호에 맞는 주제에 맞추어서 다양한 콘텐츠를 개발할 수 있는 여력이 없는 것으로 보인다. 따라서 대한민국 문화의 수도로 일컬어지는 경주지역을 찾는 사람들은 자신의 능력에 맞추어서 주제나 코스를 스스로 개발하여 찾아다니는 정도의 기행이나 관광을 하는 상황이 빚어지게 되는 것이다.

정책입안자는 여러 개의 주제로 콘텐츠를 분류함과 동시에 어느 곳에서든지 주제와 주제를 연결시켜 줌으로써 자신이 원하는 다른 주제로 언제든지 이동할 수 있도록 맞춤정보를 제공하는 시스템을 구축해야 한다는 것을 분명하게 인식해야 한다. 특히 불교 관련 문화콘텐츠는 경주에서 출발하여 영남지역뿐 아니라 전국 어디로든 연결될 수 있는 종합적인 시스템을 구축하는 것이 절대적으로 필요하다. 불교문화는 비록 외래 종교에 뿌리를 두고 있지만 2000년 가까이 이어져 내려오며 우리의 문화로 완전히 자리를 굳혔다고 볼 수 있기 때문이다. 이런 점에서 볼 때, 경주지역의 문화콘텐츠는 불교 관련 역사, 유적, 유물 등을 중심으로 하는 문화현상을 근간으로 하면서 작은 물이 큰 강물에 합류하는 것처럼 다른 것들이 합쳐지는 모양으로 만들어지는 것이 가장 바람직하다는 결론을 얻을 수 있다.

여기서는 경주지역을 중심으로 하는 불교 관련 문화콘텐츠만 예로 들었지만 영남문화권에 속하는 모든 지역의 문화와 관련된 전 분야에 걸쳐 수백 개가 넘는 아이템이 찾아진다면 각 아이템마다 관련 빅데이터를 구축하고, 그 빅데이터들이 일정한 연계망을 형성할 수 있도록 만드는 것이 무엇보다 중요하다. 이러한 시스템은 시간적으로는 과거에서 현재에 이르기까지의 주제별 문화정보를 분석하고 연결하여 새롭고 다양한 통로를 만드는 것이 될 것이며, 공간적으로는 지역과 지역의 정보가 종합적으로 결합하면서 하나의 줄로 꿰어지듯이 맞물리게 될 것이다. 여기에서 절대로 간과하지 말아야 할 것은 과거의 것만을 대상으로 문화콘텐츠를 개발해서는 안 된다는 사실이다. 현재도 머지않아 과거가 되고, 시간이 더 흐르면 전통, 혹은 유적이나 유물이 될 수밖에 없다는 사실을 염두에 두면서 현재의 문화현상들을 어떻게 콘텐츠화할 것인지 고민해야 한다. 문화콘텐츠가 옛것을 새롭게 만드는 것으로만 생각하면 안 되고, 현재와 연결시키면서 미래지향적 의미를 지닌 콘텐츠를 개발하고 창조해야 많은 사람의 마음을 움직일 수 있다는 사실을 명심해야 할 것이다.

주제별 아이템을 찾아내는 방법으로는 개발자가 필요로 하는 기준에 따라 다양한 방법의 접근이 가능할 것으로 생각된다. 첫째, 인류의 삶을 분류할 때 가장 흔하게 사용하는 의식주(衣食住)를 대분류 기준으로 하고, 그 아래에 주제별 소분류 기준을 마련해서 나누는 방법, 둘째, 현대사회에서 중요한 의미를 가지는 정보와 통신을 의식주와 같은 층위의 것으로 취급하여 큰 분류 기준으로 삼는 방법, 셋째, 해당 지역의 문화적 특성을 잘 보여 줄 수 있는 기준을 찾아내는 방법 등이 가능할 것으로 보인다. 즉, 영남문화권의 역사적·사회적·환경적 특성을 바탕으로 강과 농업, 해양과 공업 등으로 대분류 기준을 세울 수도 있다는 것이다. 또한 이러한 방법 중 어떤 것을 선택하거나 전혀 새로운 기준을 개발하더라도 반드시 염두에 두어야 할 사항은 해당 지역의 문화적 현상을 총망라함과 동시에 핵심을 이루는 본질적 특성을 가장 잘 나타낼 수 있는 것이 되어야 한다는 사실이다.

6) 제주문화권과 제주도의 문화콘텐츠

제주도(濟州島)는 현재의 지구 모습이 갖추어진 것으로 추정되는 신생대[50] 제3기 말에 해당하는 플라이오세 시대에 화산활동이 시작되어 제4기인 플라이스토세[洪積世]에 완성된 대륙붕 위에 만들어진 화산섬이다. 제주도는 한반도에 고대 국가인 사국시대(四國時代)가 성립될 당시에는 탐라국(耽羅國)이란 이름으로 백제, 고구려, 신라, 중국 등과 교역을 한 독립국가였다. 그 후 한반도의 세력 판도에 따라 신라나 백제를 섬기기도 했지만 고려시대인 1105년에 탐라군으로 편입되기 전까지는 독립된 국가 형태를 유지했었다.

조선시대에는 제주목(濟州牧)이 설치되어 지방행정기관으로 정착되면서 공물과 수탈이 심해졌고, 그에 따라 인구의 이탈이 가속화되기도 했으나 정치적 이유로 권력의 자리에서 밀려난 사람들이 귀양을 오는 유배지로 활용되기도 했다. 제주도는 우리나라에 딸려 있는 부속 도서(島嶼) 중에서 가장 규모가 크며, 제주특별자치도의 중심 섬이면서 한반도 남서쪽에 위치해 있다. 섬의 크기는 남한 전체 면적의 1.83%에 해당하는 1,833.2km²이고, 인구는 2018년 1월 현재 67만 명을 넘어섰으며, 계속 증가하는 추세에 있다. 행정상으로는 제주와 서귀포라는 두 개의 시로 나누어져 있다.

화산의 분화활동에 의해 생긴 섬으로 가운데에 우뚝 솟아 있는 해

---

50) 신생대(新生代)는 약 6,550만 년 전에 시작된 것으로 보이는데, 이 시기는 포유류와 꽃피는 식물과 속씨식물 등이 활발하게 나타난 시대로 알려져 있다. 전통적으로 두 개의 기(紀)로 구성되는데, 제3기와 제4기로 나누어진다. 이들은 다시 세(世)라는 단위로 세분되어 제3기는 팔레오세(6,550만 년 전~5,580만 년 전), 에오세(5,580만 년 전~3,390만 년 전), 올리고세(3,390만 년 전~2,300만 년 전), 마이오세(2,300만 년 전~530만 년 전), 플라이오세(530만 년 전~260만 년 전)로 나눈다. 제4기는 홍적세(260만 년 전~1만 1,700년 전), 충적세(1만 1,700년 전~현재)로 나눈다.

발 1,950m의 한라산을 중심으로 완만한 경사를 이루는데, 곳곳에 오름으로 불리는 작은 분화구들이 언덕 모양을 만들어 내는 특이한 지형을 가지고 있다. 섬의 모양은 타원형으로 동서가 73km, 남북이 40km 정도이며, 성산의 일출봉이 동쪽의 끝이고 수월봉이 서쪽의 끝으로 되어 있다. 제주도의 기후는 기본적으로 온대에 속하지만 비가 자주 내리고,[51] 겨울에도 영하로 떨어지지 않는 독특한 날씨를 보이며, 한라산이 온대식물과 열대식물의 한계선으로 작용하면서 다양한 식물군이 분포하고 있다. 화산으로 인해 형성된 독특한 지형과 생태계,[52] 그리고 용암동굴 등의 특징으로 인해 2007년에는 제주 화산섬과 용암동굴이라는 이름으로 세계자연유산에 등재되기도 했다. 또한 대한민국에서 인구가 제일 많은 최남단 섬으로 중국과 일본을 오가는 길목에 자리하여 교통·정치·경제·군사적으로 매우 중요한 위치를 차지하고 있다.

제주특별자치도의 중심인 제주도는 여러 개의 유인도와 무인도가 딸려 있다. 추자군도(楸子群島)는 제주특별자치도의 가장 북쪽에 위치한 섬으로 4개의 유인도와 38개의 무인도 무리로 된 섬으로 2,500여 명의 인구가 살고 있다. 행정구역으로는 제주도에 속해 있으나 지리적으로는 전라남도 완도군과 접해 있어 문화적으로도 그쪽과 가깝다.

---

51) 제주의 연평균 강수량은 북제주 지역은 1,500~1,600mm, 남제주 지역은 1,600~1,800mm로 전국에서 가장 비가 많이 오는 지역이다. 제주지역 주변은 태풍과 저기압의 통로이기 때문에 일 년 내내 바람이 부는데, 겨울철에는 보통 초속 10m가 넘으며, 초속 20m 이상 강풍이 불기도 한다.

52) 제주의 식물 분포는 한라산의 높이에 따라 아열대, 온대, 한대 등 3대의 식물군이 수직으로 분포하는 특징이 있으며, 매우 다양한 종류의 식물이 살고 있다. 다양한 식물에 비해 동물은 매우 미약한 편이다. 호랑이나 늑대, 독수리 등을 포함한 맹수나 맹금류의 동물은 없으며, 노루, 족제비, 딱따구리, 까마귀 등이 분포해 있다.

육지에서 나주, 해남 등을 거쳐 제주로 들어가기 위한 관문 역할을 한 곳으로 고려 말 삼별초의 난을 진압하기 위한 정부군이 이곳에 정박한 적도 있으며, 최영 장군도 이곳에 머문 적이 있는 것으로 알려져 있다. 서해와 남해의 바닷물이 교차하는 지역으로 어족이 풍부하여 어장의 발달이 두드러지며, 주민 대부분이 어업에 종사한다.

우도(牛島)는 제주도의 동쪽 끝 성산일출봉에서 동북쪽으로 수 km 떨어진 곳에 있으며, 제주도 다음으로 큰 섬이다. 17세기 말부터 사람이 거주하기 시작한 것으로 나타나는데, 현재는 1,600여 명의 인구가 살고 있다. 우도라는 이름은 섬의 모양이 소가 누워 있는 모습과 같다고 하여 붙여진 이름이다. 해수욕장과 해안의 경관이 아름다우며, 가축사육도 활발하고 땅콩, 마늘 등의 작물과 오분자기, 널미역 등의 상품도 생산하는 섬으로 많은 관광객이 찾는 곳이다.

제주도에서 남쪽으로 약 2km 정도 떨어진 곳에 있는 가파도(加波島)는 240여 명의 인구가 살고 있는 작은 섬이다. 땅이 평평하여 농사 짓기 좋은 환경으로 대부분이 청보리밭으로 되어 있고, 낚시터를 비롯하여 식당, 숙박업소가 갖추어져 있으며, 해안도로를 따라 자전거길과 올레길이 조성되어 있다. 가파도라는 명칭은 섬의 모양이 가파리(가오리)처럼 생겨서 붙여진 것이라고 하는데, 18세기 중반부터 소를 방목하는 장소로 삼으면서 마을이 형성된 것으로 기록되어 있다.

우리나라 최남단에 있는 유인도인 마라도(馬羅島)는 제주도의 모슬포항으로부터 남쪽으로 11km 떨어진 해상에 위치한다. 인구는 약 140여 명이 살고 있는데, 조선조 말의 개간이 이루어지기 전까지는 천연림이 울창했다. 육지 식물은 모두 파괴되어 초지로 변했지만 해상 식물은 매우 풍부하여 녹조류, 홍조류, 갈조류 등을 비롯하여 희귀한 어패류와 갑각류도 발견되곤 한다.

제주도 서쪽 방향에 있는 유인도인 비양도(飛揚島)는 화산활동으로 만들어진 작은 섬으로 인구는 200여 명 정도가 거주하고 있다. 논은 없으나 밭이 있어서 일부 농업을 하는 사람도 있다. 주산업은 어업으로 멸치·갈치·방어 등의 수산물과 소라·전복·해삼 등을 양식하는 업종에도 종사한다. 『신증동국여지승람(新增東國輿地勝覽)』에는 고려 때에 화산이 폭발하여 이 섬이 생긴 것으로 기록되어 있다. 무인도로는 서귀포 부근에 있는 형제섬, 범섬, 섶섬과 제주시 부근에 있는 차귀도와 관탈섬 등에 이르기까지 작은 섬이 여럿 있다. 이 작은 섬들은 앞으로 해양문화자원으로 활용될 가능성이 높으므로 중요한 의미를 지닌다고 할 수 있다.

　　이러한 자연환경을 갖추고 있으면서 제주문화권으로 설정할 수 있는 제주특별자치도의 문화는 육지 성향의 문화와 해양 관련 문화가 교차하면서 혼재하는 양상을 보이고 있다. 육지 성향의 문화는 주로 산이나 숲과 관련된 것으로 주택·농경·의례·신화·바위 등을 중심으로 하고, 해양 관련 문화는 수산업·심방·외교 등이 중심을 이룬다.

　　먼저 육지 관련 문화를 살펴보자. 제주도는 해양성이면서 변화가 심한 기후이기는 하지만 강수량이 비교적 많으며, 비옥한 토양과 풍부한 수산자원 등을 바탕으로 비교적 안정된 생활을 했던 것으로 파악된다. 이런 환경을 바탕으로 제주에는 돌과 바람과 여자가 많으며[三多], 도둑과 대문과 거지가 없고[三無], 자연과 인심과 산업이 아름다운[三麗] 것을 자랑으로 여기기도 했다. 기후가 온화하고 넓은 초지가 형성되었으며, 한라산을 중심으로 한 자연경관이 매우 빼어나 현대에 들어와서는 농경과 목축과 관광이 중심을 이루는 방향으로 생활의 축이 바뀌면서 이와 관련된 문화가 형성되었다. 특히 사면이 바다이면서도 비옥한 토지를 가진 농토도 많아 어업 관련 문화와 함께 독특한 농경 관련 문화53)가 존재한다. 이런 점으로 볼 때 제주문화권은 육지와 해양의 문화가 하나로 결합하여 매우 특수한 현상을 나타내는 지역으로 다른 문화권에서는 찾아보기 어려운 독특한 성격을 가지고 있다. 산림을 중심으로 하는 목축과 농토를 중심으로 하는 농경, 어장을 중심으로 하는 수산업 관련 문화가 하나로 어우러져 제주 사람들만 만들고 향유할 수 있는 특이한 문화를 생산해 낸 것이다.

제주문화권의 문화적 상징으로는 첫째, 육지와 바다 양쪽을 아우르는 섬, 둘째, 모든 것을 공경(恭敬)과 의지(依支)의 대상으로 삼았던 것을 내용으로 하는 신화와 전설, 셋째, 삶의 과정에서 만나는 여러 어려움을 해결하고 슬픔을 위로하는 구실을 하는 심방, 넷째, 용암이 굳어서 생긴 것으로 특이한 성질을 지닌 바위, 다섯째, 화산활동으로 생긴 산과 오름 등을 들 수 있다. 이것들은 모두 소중하고 중요한 의미가 있지만 그중에서 가장 핵심적인 것으로는 신화와 심방을 꼽을 수 있으며, 다음으로는 산과 오름이 될 것이다. 문학예술로서 언어문화의 한 종류인 신화는 제주라는 섬의 형성과 독립된 나라의 건국, 우주와 세상에 대한 인식 등에 대한 정보가 중심을 이루는데, 굉장히 복잡하면서도 질서정연하고, 다양한 모습을 가지고 있어 눈길을 끈다. 심방은 신의 뜻을 전달하는 영매(靈媒)인 샤먼(shaman)이 마을을 지키고 병을 고치는 등의 기능을 하는 문화 전체를 가리키는 표현인데, 신화와 마찬가지로 신과 일정한 관련을 가지는 것으로 나타난다. 민간에

---

53) 기원후 3세기경의 문헌인 『삼국지(三國志)』, 「위지 동이전(魏志 東夷傳)」의 기록에 제주도에는 선비족처럼 머리를 깎은 사람들이 사는데, 소나 돼지 기르기를 좋아한다고 되어 있는 것을 보면 오래전부터 농경 관련 문화가 중심을 이루었던 것으로 보인다. 비는 많이 오지만 거의 대부분의 물이 땅 밑으로 스며들기 때문에 논농사가 불가능하여 밭농사가 중심을 이루었으며, 풍부한 목초지를 바탕으로 축산 산업이 크게 발달했다. 제주의 감귤, 땅콩, 감자 등은 품질이 매우 좋으며, 돼지 역시 전국적으로 유명하다.

전승되는 크고 작은 신화에 일컬어지는 신과 심방을 통해 전해지는 본풀이 형태 무가의 신들을 합치면 제주 사람들은 1만 8,000여 개에 이르는 신을 믿어 온 것으로 파악된다. 그리 넓지 않은 공간에 이처럼 많은 종류의 신이 섬겨지는 곳은 세계적으로도 그리 흔하지 않을 것으로 보이기 때문에 매우 특이한 현상이라고 할 수 있다.

위에서 제시한 다른 것들도 모두 제주문화권의 문화적 특성을 잘 나타낼 수 있지만 신과 관련된 것만큼 제주문화의 특성을 잘 드러낼 수 있는 것은 없는 것으로 보인다. 사람들이 신을 찾게 되는 가장 큰 이유는 자신의 힘으로는 도저히 이겨 내기 어려운 것들을 특별한 능력을 지닌 존재가 해결해 주기를 바라기 때문일 것이다. 태풍, 홍수, 지진, 전염병 등의 거대한 자연재해는 어떤 경우에도 사람의 힘으로는 제어가 불가능하기 때문에 신의 힘을 빌려 해결하려는 시도를 하게 되는데, 이 과정에서 신의 유래나 능력을 보여 주는 신화나 무가 같은 것이 필요했던 것으로 보인다. 특히 제주는 바다 한가운데에 위치하면서 저기압이 지나는 길목에 해당하는 지역이기 때문에 태풍이나 바람 등으로 인한 재해가 많았으며, 시대적으로는 다른 지역의 사람들에 의해 많은 피해를 입었던 뼈아픈 역사를 가지고 있어 신을 찾고, 신에게 기대려는 생각이 매우 강했던 것으로 볼 수 있다. 구성원들이 가지고 있는 이러한 생각은 말을 통해 전승, 전파되면서 공유하게 되고, 의식(儀式)과 같은 관습적 행위를 통해서도 공유되면서 하나의 전통을 만들어 냈고, 제주를 대표하는 문화적 현상으로 자리 잡았다.

제주의 중심을 이루는 한라산을 필두로 하여 수백 개에 이르는 산과 오름은 돌과 습지, 온대와 열대의 경계지역에서 볼 수 있는 고온다습한 기후 등을 바탕으로 하는 매우 특이한 생태계를 형성하고 있기 때문에 이것 또한 제주만이 가지고 있는 재산이며 중요한 자연문화유산이라고 할 수 있다. 화산 폭발의 중심 분화구였던 백록담이 자리하고 있는 한라산은 해발 1,950m의 고산으로 한반도에서는 백두산 다음으로 높은 봉우리이다. 제주라는 섬은 이 산을 중심으로 하여 동서남북으로 퍼져 있는데 한라산은 제주도의 중심이자 핵심이라고 할 수 있다.

한라산은 바다에서부터 솟아오른 모양을 하고 있어서 맨 아랫부분의 아열대 기후에서 사는 식물부터 온대와 한대 기후에 사는 식물에 이르기까지 산의 높이에 따라 수직적으로 분포하고 있다. 또 한라산의 중간 부분에는 분화구가 막히면서 생긴 못과 습지 등이 분포하고 있어 우리나라의 다른 지역에서는 도저히 보기 어려운 특이한 생태계를 형성하고 있다. 특히 화산이 분출할 때 점성이 높은 용암이 굳는 과정에서 크고 작은 바위 덩어리로 만들어지면서 울퉁불퉁한 지형을 형성하였고, 그곳이 습기를 머금으면서 나무, 덩굴식물 등이 뒤섞여 숲을 이루고 있는 곶자왈 같은 생태 숲은 제주도만 간직하고 있는 보물 중의 보물이라고 할 수 있다. 오름으로 불리는 것으로 화산이 분출할 때 만들어진 수백 개의 작은 동산처럼 된 것이 섬 전체에 넓게 분포되어 있는데 완만한 경사를 가진 동산의 모양을 가지면서도 각기 다른 형태를 지니고 있어서 이 또한 한반도에서는 보기 어려운 특이한 지형이라고 할 수 있다. 오름은 울창한 숲을 이루고 있는 데다가 용암이 흘러내리면서 만든 골짜기와 용암동굴 등이 함께 존재하는 경우가 있어 개발하기에 따라 매우 다양한 방법으로 활용이 가능한 자연유산이라고 할 수 있다.

위에서 살펴본 바와 같이 제주도의 문화콘텐츠는 신(神)과 섬[島]을 중심으로 형성된 문화현상을 핵심적인 상징으로 하고, 산과 오름을 통해 만들어진 자연유산과 관련된 문화현상들을 2차 상징으로 설정하여 연구하고 개발하는 것이 바람직할 것으로 보인다. 신화의 섬이라는 표어가 지니고 있는 의미와 상징성은 영원히 변하지 않는 것이며, 제주의 지역적·문화적 특성과 장점을 가장 잘 드러낼 수 있다. 반면에 세계자연유산이나 화산섬과 용암동굴 등의 용어는 시대적·정치적 상황에 따라 언제든지 변할 수도 있고 부분적 특징을 나타내는 것이어서 제주 전체의 특성을 충분히 보여 줄 수 있는 것으로는 부족하다는 느낌을 준다. 따라서 신화의 섬이란 표어는 제주문화권의 특징을 가장 잘 나타낼 수 있으면서 전체를 꿰뚫어 연결시키고 소통할 수 있는 핵심이라고 할 수 있기 때문에 이것을 중심축으로 하면서 다른 문화현상들을 거미줄 모양으로 빈틈없이 연결해야 할 것으로 보인다.

이와 같은 시스템을 구축하기 위해 구비해야 할 선결 조건은 다음과 같다. 첫째, 문화에 대한 것을 비롯하여 제주의 모든 정보를 하나로 연결시켜 언제 어디서든 접근이 가능하도록 만들 수 있는 빅데이터를 구축할 것, 둘째, 빅데이터를 바탕으로 자연유산에서부터 문화유산에 이르기까지 제주의 모든 것을 체계적으로 관리하고 구조화할 수 있는 전문 인력을 양성할 것, 셋째, 제주 전체를 통합적으로 관리할 수 있는 권한을 가진 기관을 구성하여 흩어진 상태로 존재하는 모든 문화 관련 자료와 기관을 하나로 모아 연결시킬 것, 넷째, 체계적이면서도 유기적으로 많은 것을 연결할 수 있는 사물인터넷과 비콘 등을 중심으로 하는 시스템을 촘촘하게 갖출 것, 다섯째, 전통의 문화와 현재의 문화를 연결시켜 수요자에게 제공할 수 있는 입체적인 구조화를 진행할 것, 여섯째, 제주 앱을 개발하여 수요자가 어떤 방향에서 접근하더라도 필요로 하는 정보를 맞춤식으로 제공할 수 있도록 할 것, 일곱째, 제주를 찾는 사람들의 행동방식과 소비의 패턴, 기호 등을 종합적으로 파악하고 분석하여 수요자가 필요로 하는 문화콘텐츠를 개발할 것, 여덟째, 융합과 소통을 통해 문화콘텐츠의 구조를 필요에 따라 새롭게 연결하고 변화시키는 변신(變身)을 일상화할 것 등을 제시할 수 있다.

문화는 문명을 바탕으로 형성되기 때문에 이와 관련된 정보는 해당 지역의 거의 모든 것을 포함한다고 볼 수 있다. 따라서 문화와 관련된 제주 빅데이터는 제주의 모든 정보를 총망라하면서 그것을 어떤 방법으로 가공할 것인가에 대한 분석과 구조화를 기본으로 해야 한다. 이러한 빅데이터가 구축되면 제주를 찾는 사람들이 선택할 수 있는 주제별 코스가 지금의 수십 배, 혹은 수백 배로 증가하면서 다양한 변화를 체험하며 여행할 수 있는 길을 제공하는 기반을 마련할 수 있게 될 것으로 보인다.

특히 빅데이터는 사람들이 제대로 인식하지 못했거나 할 수 없었던 정보를 구체화하여 보여 줄 수 있기 때문에 전혀 새로운 문화콘텐츠를 창조할 수 있는 방법과 단초를 제공할 수 있다는 점에서 가장 중요한 시스템이라고 할 수 있다. 이것이 제대로 구축되어야만 위에서 제시한 나머지 것들이 가능하다는 점을 고려하면 그 중요도와 의미는 한층 높고 크다고 할 수 있다. 빅데이터 구축과 함께 반드시 해야 할 일 중의 하나가 체계적으로 계획하고, 종합적으로 관리할 수 있는 전문 인력의 양성이다. 그러기 위해서는 제주대와 같은 국립대학에 제주학과를 개설하여 제주 전문가를 꾸준히 길러 낼 필요가 있다. 제주는 바다를 통해 육지와 분리된 섬이기 때문에 많은 것이 독자적으로 만들어지고 향유되는 특성이 있어 이를 체계적으로 관리하고 개발할 수 있는 전문 인력이 절대적으로 필요하다. 특히 머지않아 지금보다 한층 많은 인구가 거주하게 되고, 땅과 바다를 보다 긴밀하게 연결하여 활동하는 생활방식이 일반화할 것으로 보이기 때문에 전문 인력의 필요성은 한층 커진다고 할 수 있다. 또한 제주학이 성립되고, 전문 인력이 양성되면 다른 지역이나 해외 등에 전략적이면서도 체계적으로 제주를 알리고 홍보할 수 있는 기반으로 작용하면서 이 지역에 대한 연구와 개발을 조직적으로 활성화할 수 있는 계기를 마련할 수 있을 것으로 예상한다.

　빅데이터는 사물인터넷이 얼마나 활성화되느냐에 따라 위력의 강도가 결정될 것으로 보이는데, 이에 대한 기술적 발전은 아직 선진국에 비해 뒤떨어진 상태이다. 현재 우리나라의 빅데이터와 사물인터넷 기술은 주로 기업의 수익 창출에 국한되어 있어 아직 가야 할 길은 멀다고 할 수 있다. 문화나 문화 관련 산업에 사물인터넷이 일반화·실용화되기 위해서는 상당한 투자와 시간이 필요하므로 수익 창출을 전제로 하는 기업에서는 엄두를 내기가 어려운 것이 사실이다. 결국 행정 분야에서 기획, 설계하며 시스템을 갖추는 과정을 총괄하고 설비해야 하는데, 행정 분야 역시 전문 인력의 부족이 가장 큰 문제점으로 지적된다. 행정 분야의 전문 인력 부족은 공익을 우선으로 하는 시스템의 구축보다는 수익 창출을 염두에 둔 기업의 의도대로 끌려 다닐 가능성이 높기 때문에 매우 경계해야 할 것 중의 하나이다. 따라서 멀리 내다보고 크게 계획하는 정책결정자의 판단에 전적으로 의존할 수밖에 없다는 점이 아쉬울 뿐이다.

　사물인터넷의 활용을 좀 더 활성화할 수 있는 비콘의 경우 거의 전적으로 기업의 의도대로 기획되고 설비될 가능성이 커 이 점이 가장 우려할 부분이라고 할 수 있다. 비콘의 설비야말로 공공의 이익을 우선으로 하면서 멀리 보고 투자할 수 있는 행정기관의 기획과 예산의 집행이 반드시 선행되어야 한다. 특히 각 분야마다 자신들의 정보를 우선으로 생각하면서 비콘을 설비할 경우 헝클어져 마구 얽혀 있는 실타래처럼 되어 서로 충돌하면서 심각한 문제를 불러일으킬 수도 있기 때문이다. 비콘 시스템이 제대로 설비되어 활성화되기만 하면 수요자에게 제공할 수 있는 제주지역의 문화관광 코스가 크게 늘어나는 것은 물론 폭발적인 관심을 불러일으킬 것으로 확신할 수 있다.

대한민국에 걷기 열풍을 불러온 올레길 같은 경우 이제 서서히 한계점에 도달한 것으로 볼 수 있는데, 이것을 좀 더 상향된 수준의 문화 콘텐츠로 살려 내기 위해서는 이 길을 통해 안으로는 한라산을 중심으로 하는 육지와 연결되는 정보를 제공하고, 밖으로는 바다와 관련된 정보를 제공하는 비콘을 요소마다 설치하여 다양한 내용과 코스를 제공해야 할 것이다. 즉, 제주의 문화 전체를 연결시켜 이해할 수 있으며, 필요로 하는 장소를 탐방하고 체험할 수 있는 모든 통로를 올레길에서 연결시켜 주는 작업이 필요하다는 것이다. 제주를 찾는 사람들이 올레앱을 활성화하기만 하면 필요로 하는 맞춤식 정보를 언제 어디서든 제공받도록 하며, 각 요소에 설치된 비콘을 통해 필요한 정보와 함께 새로운 테마로 통할 수 있는 길을 안내해 주는 것이 올레길과 함께 제주의 문화산업을 보존하고 살릴 수 있는 최적의 방법이 될 것이다.

Chapter 04

지역문화와
문화콘텐츠 개발

인류의 역사란 물질적이고 감각적인 사물현상들이 일정한 목적에 부합하도록 만들어진 도구와 기술 그리고 사회구조 등이 발전된 것들의 집합체로 이루어진 문명과, 그것을 바탕으로 형성되는 사회적 현상으로서 추상적 성격을 지닌 문화가 지속적으로 발달하고 발전해 온 흔적에 대한 기록이라고 할 수 있다. 이런 점에서 문명과 문화는 역사를 이끌어 가는 두 개의 축이다. 걷는 데에 쓰지 않게 된 두 손을 자유롭게 사용하면서 동물과 차별화된 삶을 살기 시작한 인류[1]는 오랜 시간에 걸쳐 도구를 발달시키고, 기술과 사회제도 등을 발전적으로 개발하고 개선해 오면서 지금과 같은 문명사회를 건설했고, 그에 따라 문화적 현상도 엄청난 변화를 초래하게 되었다. 도구를 중심으로 하는 문명과 그것을 바탕으로 형성되는 문화는 인류의 삶을 풍족하게 해 주는 근간이다.

문명은 공간을 넘어서는 전파를 통해 일반화하고, 문화는 지역적 성격을 강조함으로써 특수화하는 경향을 보이는 것이 특징이다. 인류가 이룩한 물질적·기술적 발전을 총망라해서 지칭하는 것이 문명인

---

[1] 직립보행을 하며, 사고와 언어 능력을 바탕으로 문명과 사회를 이루고 사는 고등동물이 인간에 대한 정의라고 할 수 있는데, 여기서 핵심은 직립보행과 문명이다. 직립보행은 곧 두 손을 자유롭게 쓸 수 있다는 것이며, 두 손으로 새로운 무엇인가를 창조할 수 있는 능력이 부여되었음을 의미한다. 인류는 두 손으로 여러 가지를 행할 수 있지만 먹거리를 효율적으로 획득하고 안락한 생활을 누리기 위해 필요한 다양한 형태와 기능을 지닌 도구를 만드는 것이 가장 중요하고 핵심적인 행위라고 할 수 있다. 도구는 문명의 바탕이 되기 때문에 직립보행과 도구, 문명은 긴밀하게 연결되어 있는 것으로 볼 수 있다.

데, 이는 도구의 역사라 할 수 있다. 연장으로서의 도구는 일정한 한계를 선천적으로 가지고 태어난 사람의 신체적 기능을 무한하게 신장시키기 위해 만들어진 사물현상을 총칭하는 것으로 물질과 기술, 사회구조 등이 만들어지고 조성되는 과정에서 지속적으로 발달해 왔다. 그러므로 인류가 지구상에 존재하는 한 그것의 기능은 꾸준히 확대될 것이며, 종류 또한 갈수록 다양화하면서 미래에도 지속적으로 만들어지게 될 것이다.

도구의 발달은 사람의 능력을 무한하게 향상시킬 수 있기 때문에 지구상의 어떤 존재도 이루어 낼 수 없었던 것을 실현시키면서 현재와 같은 수준 높은 문명을 발달시키는 원동력이 되었다. 인류의 역사에서 고대문명이 발생한 지역[2]들을 보면 비약적인 도구의 발달에 힘입어 비로소 가능하게 된 농업기술의 발전, 막대한 부의 축적, 인구의 폭발적 증가, 양극화된 신분과 다양한 직업의 분화, 뛰어난 기능을 지닌 토기의 제작, 대형 집단거주의 공간인 도시의 발달, 민족을 기반으로 하는 국가의 형성[3] 등이 일찍부터 나타났음을 확인할 수 있다.

도구의 발달은 씨족이나 부족 단위보다 훨씬 큰 규모의 인구 집단이 하나의 테두리 안에서 생활할 수 있도록 만들어 주는 핵심 여건 중

---

[2] 우리나라는 문명의 4대 발상지 중 황하문명권에 속해 있다. 문명의 발생지역에서 만들어진 도구는 명칭을 붙여 사용하며, 도구와 명칭이 함께 전파되는 성격을 지니고 있다. 이런 이유 때문에 우리말은 문명어인 명사의 대부분이 한자로 되어 있다. 문명의 발상지에서 만들어진 도구와 명칭이 그대로 전파되었기 때문이다.

[3] 이라크의 가장 남부에 해당하는 유프라테스강과 티그리스강의 하류 지역으로 메소포타미아의 맨 아래 남쪽 지방에 있었던 수메르 문명이 지구에서 가장 오래된 것으로 알려져 있다. 수메르인들은 대략 기원전 7000년경부터 이 지역에 살기 시작한 것으로 보이는데, 기원전 3000년부터 1,000년 동안의 전성기를 통해 다양한 문명을 발달시키면서 인류 역사상 최초의 문명국가로 자리매김했다. 그 뒤를 이어 발달하기 시작한 나머지 고대문명이 발생한 지역에서도 이와 비슷한 현상들이 나타난다.

의 하나인 부의 축적이 가능하게 함으로써 국가를 중심으로 하는 고도의 문명을 발달시킬 수 있는 기반과 동력을 제공하게 되었던 것이다. 이러한 문명의 발달은 우주의 모든 존재가 사람을 위해 존재해야하는 것처럼 만들고 인식하도록 하는 성향을 지니고 있으므로 그에따른 부작용과 함께 삶의 방식 또한 크게 바꾸어 놓는 결과를 가져왔다. 문명이 발달하면서 바뀐 삶의 방식은 새로운 형태의 문화를 형성하므로 문화적인 현상 또한 크게 바뀔 수밖에 없다. 추상적 실체라고할 수 있는 문화는 문명의 편리함을 누리며 살아가는 구성원들의 생활방식이기 때문이다.

문화의 형성에서 문명이 차지하는 비중은 매우 크며 의미와 구실역시 그러하다. 문화를 형성하는 요소는 도구를 바탕으로 하는 문명, 지형적 특성에 의해 형성된 자연적 배경, 구성원들의 특성에 의해 형성되는 사회환경, 개개인의 편의성을 추구하는 과정에서 만들어진 생활습관 등 다양한데, 이것들은 모두 문화의 형성에 일정 부분 작용하게 된다. 그러나 그 영향력에 있어서는 문명의 힘이 가장 크다. 문명의 발달은 삶의 방식을 변화시키는 원동력이 되는데, 삶의 방식이 바뀌면 문화도 바뀌기 때문이다. 문명이 발생하기 전의 문화와 발생한후의 문화는 질적으로 전혀 다른 양상을 보이고 있으며, 문명이 획기적으로 도약한 시기를 전후해서 나타나는 현상이 그것을 증명한다. 문화를 바꾸는 핵심이 바로 문명이라는 것이다. 문명은 문화를 낳고, 문화는 문명을 낳는다는 순환적 영향관계를 생각하면 문화에 대한 연구나 이것을 바탕으로 하면서 새로운 형태를 지닌 콘텐츠의 창조 등은 도구와 기술을 바탕으로 하는 문명을 기본으로 하지 않을 수 없다는 사실을 쉽게 짚어 낼 수 있다.

이처럼 문명이 문화의 형성에 미치는 영향이 크다고 해서 문화의 형성이 문명에 의해서만 좌지우지되는 것은 아니다. 문명은 삶의 방식을 바꾸어 놓고, 바뀐 삶의 방식을 가장 편한 상태로 활용할 수 있도록 하는 구성원의 움직임에 따라 서로 다른 문화를 형성할 수 있기 때문이다. 그러므로 같은 문명을 공유하는 동일한 문명권에 속한 사회일지라도 민족적 성격과 지역적 환경 등이 지니고 있는 특성에 따라 문화는 다르게 형성된다. 동일한 기능을 가진 스마트폰을 함께 쓰고 있더라도 민족과 지역에 따라 그것을 사용하는 방식에는 커다란 차이를 보이는 현상을 보면 이러한 사실을 잘 알 수 있다. 동일한 형태와 기능 등을 지닌 문명의 도구를 쓰고 있더라도 민족적 성격과 지역적 특성 등에 따라 언어와 생활의 습관, 헤아리고 생각하는 방법, 중요하게 여기는 것과 중요하지 않게 여기는 것, 사회적 배경과 자연적 환경 등이 서로 다르기 때문에 차별화된 문화를 형성하게 되는 것이다. 이러한 성격을 지니는 문화는 첫째, 민족, 둘째, 지역, 셋째, 부락, 넷째, 가정이라는 단위 등을 경계로 하여 차별화하는 모습을 보이지만 문명과 밀접한 관련성이 있다는 것은 공통점이다.

이처럼 문명과 밀접한 관계를 형성하고 있는 문화가 지닌 또 하나의 특성은 그 자체만으로는 어떤 새로운 것을 만들어 내거나 삶의 질을 향상시키기 위해 필요한 그 무엇인가가 되기는 어렵다는 점이다. 문화는 경계를 이루는 범주 안에 속하는 사람들이 일정한 목적을 이루거나 생활상의 욕구를 실현시키고자 하는 과정에서 구성원들에 의해 습득되고 공유되며, 전달되는 행동이나 생활양식을 통해 형성되고 만들어지는 추상적·정신적 실체 전체[4]를 가리킨다. 문화는 삶을 살아가는 과정에서 필요에 의해 자연발생적으로 만들어지는 현상이면

---

4) 의식주를 비롯하여 언어, 풍습, 종교, 학문, 예술, 제도 따위를 지칭한다.

서 생활 속에 존재하는 지극히 자명한 어떤 것이라는 독특한 성격 때문에 외부에서 가해지는 일정한 작용이 없는 한 새로운 무언가를 창조해 내거나 다른 어떤 것으로 변화할 수 있는 동력을 가지지는 못하는 것으로 파악된다.

문화는 자연환경, 사회적 배경, 문명의 변화 등에 의해 수동적으로 형성되고 바뀌는 것이어서 변화의 주체가 될 수 없다. 이처럼 수동적인 성격을 본질로 하는 것이 문화지만 다른 무엇보다 중요한 의미를 지니는 이유는 그것을 만들고 즐기는 모든 구성원의 생활 자체이기도 하면서 삶 전체를 담아내고 있기 때문이다. 따라서 어떻게 접근하여 어떤 방법으로 개발하느냐에 따라 얼마든지 새로운 콘텐츠로 거듭날 수 있는 가능성을 무한하게 지니고 있으며, 도구를 발명할 수 있는 기반을 제공함으로써 새로운 문명을 만들어 내는 바탕을 형성한다.

도구는 사회의 분화와 문명의 발달에 힘입어 생활상의 편의를 추구하기 위한 필요성, 자연과 우주에 대한 이해와 정복을 위한 욕구 등을 원동력으로 하여 무한하게 발명되므로 이것이 만들어 내는 문화 또한 끊임없이 새로운 것을 추구하면서 늘 변화할 수밖에 없는 상황이 만들어진다. 도구를 만들어 내는 구성원들의 삶 자체이면서 끊임없이 변화한다는 것은 문화라는 아이콘 속에 담겨 있는 내용이 무한에 가깝다는 것을 의미한다. 문화가 담고 있는 내용물이 이처럼 매우 거대하기 때문에 이와 관련된 모든 자료가 한곳으로 모여 빅데이터로 만들어지고, 효율적인 알고리즘에 의해 분석되며, 사물인터넷(IoT) 기술을 통해 연결되면서 소통한다면 지금까지는 상상도 할 수 없었던 새로운 문화콘텐츠를 무한하게 만들어 낼 수 있게 될 것이다. 이렇게 되면 모든 문화현상은 시간이나 사회적 배경 등에 따라 각각 독립적으로 차별화한 상태로만 존재하는 것이 아니라, 시공을 초월하여 모이고, 분석되고, 연결되면서 팩토리얼(factorial, 계승)과 같이 구성요소에 의해 형성되는 순열의 개수만큼 새로운 아이템을 만들어 내게 된다.

특히 지리적 환경이 만들어 내는 특성과 사회적 배경이 지닌 성격 등에 의해 차별화되면서 형성되어 자신만의 특수성을 지니고 있는 지역문화는 모으고, 분석하고, 결합하는 방식을 통한 새로운 문화콘텐츠의 개발이 절대적으로 필요하다. 지역사회는 일정한 범위의 공간을 기반으로 하는데, 다양한 형태의 물질적 도구, 사회를 발전시키는 다양한 기술, 편의성과 효율성을 추구하는 사회적 구조 등에 의해 형성되는 문명적 보편성과 함께 자연환경, 인간관계,[5] 사회구조, 사상적 특성, 경제적 요인 등에 의해 형성되는 문화적 특수성이 결합함으로써 유지되고 발전하는 성격을 지니고 있다.

문명적 보편성은 일정한 범위 안에서는 거의 동일한 모습을 보이므로, 지역적 특성을 잘 간직하면서 언제나 새로운 모습을 보여 주는 것은 문화적 특수성이라고 할 수 있다. 문화란 보편성을 기본 성격으로 하는 문명을 하나의 동력으로 하여 형성되는 것이면서 지역적인 특수성을 지니고 있는데, 많은 사람이 함께 공유하고 즐길 수 있는 것이 되기 위해서는 일정한 방식의 변화를 통해 문화콘텐츠로 재생산되는 것이 필요하다. 특수성이 강조되는 한 지역의 문화는 일정한 지역적 공통성을 가질 수 없는 공간에 있어 그것의 형성과 향유에 동참할 수 없었던 사람들에게는 공감대를 불러일으키기가 매우 어렵기 때문이다.

일정 지역에서 신으로 섬기는 토템을 모시는 문화적 현상으로서의 제의(祭儀)가 있다고 할 때, 신성성을 강조하고 구성원들의 사적인 생활과 공간 등을 보호하기 위해 외부인의 출입과 관람을 금지하게 한

---

5) 지연(地緣), 혈연(血緣), 학연(學緣), 조직(組織) 등에 의해 인간관계가 형성된다.

다면 그것은 그 지역만의 잔치에 머무르고 말 것이다. 그러나 그것이 일정한 개발이나 각색(脚色, adaptation) 과정을 거쳐 원형을 잘 보존하면서도 조직화·체계화된 아이템으로 거듭나서 다양한 계층의 사람들이 동참하고 즐길 수 있는 문화콘텐츠로 새롭게 구성되어 개방한다면 여러 종류의 부가가치를 창출함은 물론 훨씬 많은 사람이 함께 즐길 수 있게 될 것이다.

지역민의 잔치에서 민족 전체의 잔치로 거듭난 대표적인 제의로는 강릉단오제가 있다. 오랜 역사를 지니고 있으면서 지역민들이 형성했던 문화적 전통을 잘 간직해 온 강릉의 단오제는 현대사회에 이르러 새로운 모습으로 재창조되면서 전국 각지에서 다양한 계층의 사람들이 참여하고 즐기는 민족 단위의 문화콘텐츠로 거듭났다. 따라서 현재의 강릉단오제는 지역민만의 잔치가 아닌 모든 사람의 잔치가 되었으며, 지역 이미지의 개선 효과, 전통의 계승과 발전에 대한 방향성 제시, 관광자원화를 통한 지역경제 활성화 등에 크게 기여하는 것으로 평가되고 있다. 다양한 과학기술의 발달에 힘입어 물리적 거리(物理的 距離, physical distance)가 대폭적으로 줄어들거나 사라지는 현상을 보이고 있으며, 시간이 지날수록 점점 심화될 것이므로 현대와 미래 사회에서는 가장 지역적인 것이 가장 세계적인 것이 될 수 있다는 것에 주목해야 할 것이다. 그러나 지역의 문화현상이라고 해서 그 자체만으로 무조건 세계적인 것이 되는 것은 아니므로 개발과 각색의 필요성이 한층 부각된다.

특히 가까운 미래에는 사물인터넷과 빅데이터 기술 등이 근간을 이루면서 세상의 모든 자료가 맞춤정보 방식으로 구조화되고, 분석, 전달되며, 수용될 것으로 보인다. 따라서 지역문화는 전통성과 특수성을 잘 살리면서도 새로운 형태의 문화콘텐츠로 거듭나지 않으면 존재가치가 점차 퇴색하게 될 것이라는 우려를 낳게 된다. 문명의 급속한 발달로 인해 물리적 거리의 개념이 변화하고, 다양하고 조직화된 정보의 무한 공유가 가능해지면서 기존의 지역문화가 지니고 있던 특성이 약화되거나 소멸될 경우 동일한 모습을 보이는 다른 지역의 문화현상들과 차별성이 사라져 전통성과 특수성, 다양성을 기반으로 하던 지역문화 자체가 무의미하게 될 것이기 때문이다. 그러므로 일정한 공간의 전통과 특성을 잘 간직하고 있는 지역문화는 시대의 흐름에 맞추어 새로운 변신을 하지 않을 수 없는 상황에 처해 있다고 할 수 있다.

지금까지의 지역문화는 그 문화를 발생시킨 해당 공간의 지역적 특수성과 독립성 등을 강조하는 방향으로도 충분한 공감대를 얻을 수 있었다. 하지만 앞으로는 한 걸음 더 나아가 다른 지역의 문화현상과 연결되면서 유사성과 차별성, 관련성과 독립성 등을 함께 강조하는 문화콘텐츠로 거듭나지 않으면 안 될 것이다. 다른 지역 문화와의 유사점과 차이점 등에 대한 정보를 수용자에게 제공하지 못할 경우 자연스럽게 도태될 수밖에 없기 때문이다. 이것은 지역문화가 새로운 문화콘텐츠로 개발되고 다양한 장르의 문화현상으로 각색되어야 하는 또 하나의 이유가 된다.

위에서 살펴본 바와 같이 지역문화가 발전하고 성장하기 위해서는 시대의 요구에 부응하는 새로운 특성을 지닌 문화콘텐츠의 개발이 반드시 필요한데, 어떤 방향성을 가지고 개발해야 하는가가 중요하다. 뚜렷한 방향성을 정하지 않은 상태에서 막무가내로 개발을 추진하다 보면 체계적이지 못하거나 어느 한편으로 치우친 방향으로 개발되어 지역문화의 특수성을 제대로 살리지 못하는 콘텐츠가 되기 때문이다. 따라서 지역문화콘텐츠의 바람직한 개발을 위해서 정확하면서도 체계적인 방향성을 확립하는 것이 무엇보다 중요하다.

지역문화콘텐츠의 바람직한 개발을 위한 방향성으로 첫째, 지역문화의 특수성을 담보할 수 있는 기반이 되는 그 지역문화만의 전통을 최대한 살릴 것, 둘째, 문화가 발생한 지역의 공간적 특성을 잘 보여 줄 것, 셋째, 자료의 집대성과 분석을 통해 새로운 문화적 의미에 대한 발견과 창조가 가능하도록 할 것, 넷째, 다른 지역 문화콘텐츠와의 유사성과 차별성을 잘 보여 줄 것, 다섯째, 수용자의 눈높이에 맞는 맞춤형으로 모든 정보를 보여 주고 전달할 수 있는 방식으로 개발할 것, 여섯째, 콘텐츠를 이루는 각 구성요소와 관련된 여타 콘텐츠의 정보들을 함께 제공할 것 등을 제시할 수 있다.

지역문화가 지니고 있는 가장 핵심적인 요소는 다른 지역의 문화와 차별화되면서 그 지역의 문화만이 독보적으로 가지고 있는 특수성이라고 할 수 있다. 특수성은 개별성을 고스란히 간직하고 있으면서도 일정한 범주 안에서 어디에나 통할 수 있는 보편성을 확보한 상태에서 형성된다. 여기에서는 독자적이고 독립적인 것을 기반으로 만들어지는 개별성이 얼마나 넓은 보편성을 확보할 수 있는 상황에서 형성되었느냐가 가장 중요하다.

조선시대에 지어진 고전소설 『홍길동전』을 예로 들어 보자. 주인공인 홍길동이란 존재는 당시 사회에서 개별성을 잃어버리지 않으면서도 보편성을 가장 넓게 확보한 인물이다. 조선 최고 상류층에 속하는 홍 판서가 아버지이고 일반 노비보다 신분이 낮은 최하층민인 시비(侍婢) 춘섬(春蟾)이 어머니인 인물이 바로 홍길동이다. 홍 판서와 춘섬의 아들이었던 홍길동은 조선사회에 오직 한 사람뿐이며 남들과는 다른 특별한 능력을 갖춘 존재이기 때문에 독자적이고 독립적인 개별성을 확실하게 지니고 있는 것이 분명하다. 이러한 개별성은 비단 홍길동뿐 아니라 세상에 존재하는 모든 사물현상에게 있는 것이므로 이것만으로 일정한 특수성을 창조해 낼 수는 없어 그 자체로는 별로 중요한 의미를 갖지 못한다.

개별성을 살리면서 특수성을 창조하는 데 가장 중요한 구실을 하는 것이 보편성이다. 보편성이란 일정한 범주 안에서 전 영역에 두루 미치거나 통하는 성질을 말한다. 『홍길동전』에서는 그 주제와 관련하여 이해할 수 있다. 이 작품의 주제는 조선이란 나라에서 서얼(庶孼)의 사회적 지위에 대한 문제를 비판적으로 제기하는 데 있다. 그러므로 주인공인 홍길동이란 인물은 당시 사회에 존재하는 서얼 전체를 대표하면서 그 범주에 들어가는 모든 서얼을 아우를 수 있는 인물이 되어야 한다. 즉, 신분이 아주 높은 남성과 아주 낮은 여성 사이에서 난 인물로서 모든 계층의 서얼들에게 통할 수 있는 성격을 지닐 수 있게 되면서 최대로 넓은 보편성을 획득하는 존재여야 한다는 것이다. 홍길동이란 인물 안에는 조선사회가 만들어 내는 모든 계층의 서얼이 안고 있는 문제가 녹아 있고 이것이 많은 사람들에게 공감대를 불러일으킬 수 있는 결정적 요인으로 작용한다. 이로써 『홍길동전』의 주인공은 홍 판서와 춘섬의 외아들이라는 개별성을 잃어버리지 않으면서도 조선사회의 모든 서얼 계급에 두루 미치는 보편성을 지닌 특수한 인물로 규정할 수 있고, 이것이 홍길동이 지니는 특수성이 된다. 『홍길동전』이 수준 높은 예술적 아름다움을 가질 수 있는 가장 큰 이유는 바로 홍길동이란 인물이 만들어 내는 이러한 특수성 때문이다.

이와 마찬가지로 한 지역의 문화가 많은 사람의 사랑을 받을 수 있는 문화콘텐츠로 거듭나기 위해서는 그것만이 지니고 있는 개별성을 잃어버리지 않으면서 누구나 공감할 수 있는 보편성을 최대한 확보할 수 있는 특수성을 간직하는 방향으로 재창조되고 각색되어야 한다. 일정한 공간과 사회를 배경으로 형성된 지역문화를 소재로 해서 개발한 문화콘텐츠에 독자적이고 독립적인 성격을 바탕으로 하는 특수성이 존재하지 않는다면 그것은 수요자의 호응을 얻기 어렵고, 존재가치를 상실하게 될 것이다. 지역문화를 소스로 해서 개발하는 문화콘텐츠는 해당 지역이 독자적으로 가지고 있는 지리적·사회적·사상적·문화적·구조적·혈연적 특성 등을 충분히 반영할 수 있는 개별성이 사라지지 않고 콘텐츠 속에 반영될 수 있도록 함과 동시에 다른 지역의 문명적 상황, 사회적 성격, 기호적 특성, 경제적 여건, 문화적 수준 등과 연결되면서 그것들과 소통할 수 있는 요소를 충분히 수용함으로써 가장 많은 사람이 참여하고 공감할 수 있는 보편성을 최대한 넓히도록 해야 한다.

물체를 이루는 물질과 물질의 결합과 떨어져 있는 간격에 의해 만들어지는 공간[6]은 그것을 이루고 있는 구성요소들 사이에서 형성되는 복잡하고 다양한 관계에 의해 발생하는 변화가 영원에 가까울 정도로 계속되는 빔[虛]의 세계이며, 시간과 사물현상 등이 담겨서 현현(顯現)하고 존립할 수 있는 그릇이다. 이 세상에서 가장 큰 공간은 우주[7]인데, 여기에 현존하는 모든 사물현상은 물질과 물질의 결합으로 이루어지고 존재하고 있다. 우주를 이루고 있는 현존재(現存在)[8]는 구

---

[6] 공간에 대한 개념은 분야에 따라 다양하다. 상식적으로는 상하, 전후, 좌우의 세 방향으로 퍼져 있는 곳을 말하지만 수학에서는 일반적인 집합을 가리키기도 한다. 또한 물리학에서는 물질이 존재하고 여러 현상이 일어나는 장소로 보기도 하고, 철학에서는 시간과 함께 세계를 성립시키는 기본 형식으로 보기도 한다. 여기서는 물질과 물질의 결합과 떨어진 거리에 의해 생기는 비어 있는 곳으로 일정한 사물을 생기게 하고, 완성시키는 구실을 하는 것을 공간이라는 개념으로 사용한다.

[7] 지금까지의 연구 결과에 의하면 우주의 대부분(약 90%)은 '약하게 상호작용'을 하는 초극미세입자들이 결합하여 만들어진 것으로 본다. 그 미세입자들은 색깔도 없고 빛도 내지 않으며 어떠한 물체도 통과할 수 있는 것으로 파악된다.

[8] 현존재는 아무것도 없는 무(無)의 상태[空]와 발생의 계기가 되는 어떤 것이 하나로 통일

성성분의 결합방식에 따라 다음의 두 가지로 구분할 수 있다. 하나는 동일한 성질을 지닌 물질과 물질이 결합하여 만들어진 것이고, 다른 하나는 서로 다른 성질을 가진 물질이 다중적(多重的)으로 결합하여 만들어진 것이다. 크기가 작을수록 같은 성질을 지닌 물질의 결합으로 구성된 경우가 많고, 클수록 다른 성질을 지닌 물질이 결합한 상태로 만들어진 경우가 많다. 따라서 우주에는 물질과 물질의 결합방식에 따라 수를 헤아리기 어려울 정도로 많은 사물현상이 만들어지고 변화하며 소멸하는 과정을 겪는다.

이러한 성질을 지닌 우주 내의 사물현상들은 구성요소들이 결합하는 방식에 따라 천차만별의 형태를 지니게 되는데, 이 사물현상들에 의해 만들어지는 것이 바로 공간이다. 물질과 물질이 맺는 관계의 방식에 따라 형성되는 공간의 성질과 크기는 물질과 물질 사이의 거리에 의해 결정되며, 사물의 크기와 거리에 정비례한다. 사물의 크기가 크고 거리가 멀면 공간이 넓어지고, 크기가 작고 거리가 좁아지면 공간도 좁아진다. 사물의 존재할 수 있는 근거가 공간일 수밖에 없다는 사실 하나만으로도 공간이 얼마나 중요한 역할을 하는 것인지를 쉽게 알 수 있다. 그러나 공간이라는 말 속에는 이보다 더 깊은 뜻이 담겨 있다.

공간을 중심으로 본다면 우주 내의 모든 사물현상은 큰 것과 작은 것으로 나눌 수 있다. 큰 것은 작은 것들이 결합하여 만들어지는데, 물질과 물질이 결합할 수 있는 방법은 매우 다양하고 복잡하므로 그 크기가 얼마나 되는지는 가늠하기 어렵다. 이것을 우리는 무한대(無限大)라고 한다. 다른 측면에서 살펴본다면, 아무리 큰 존재도 그보다 작

되어 허[虛]를 구성함으로써 현재의 공간을 점유하고 있는 규정된 존재이다.

은 것으로 나누어질 수 있고, 나누어진 것은 다시 그보다 작은 것으로 나누어질 수 있으며, 그것은 다시 무한하게 나누어질 수 있는 것으로 보이기 때문에 이것을 무한소(無限小)라고 한다.

무한대에서부터 무한소에 이르는 사이에는 엄청난 종류의 사물현 상이 존재하는데, 이것들의 관계에 의해 만들어진 공간은 그 크기에 따라 다양한 사물현상들이 존립할 수 있는 근거를 상호 간에 제공한 다. 행성과 행성이 떨어져 있는 거리에서 만들어지는 공간이 넓지 않 다면 인간을 비롯한 유기체나 여타의 사물현상들은 존재할 근거를 찾 기 어려울 것이며, 지구를 형성하는 요소들 사이의 간격이 적절하지 못하다면 수많은 생명체는 땅에 발을 딛고 살아갈 수 없을 것이다.

이런 점으로 볼 때 물질과 물질, 사물과 사물 사이의 거리에 의해 형 성되는 공간은 두 가지 의미를 포함하고 있는 개념으로 파악할 수 있 다. 하나는 사물과 사물이 떨어져 있는 거리에 의한 것이고, 다른 하나 는 물질과 물질이 붙어 있는 간격에 의한 것이다. 멀리 떨어져 있는 거 리에 의해 생기는 공간은 그 사이에 작지만 수없이 많고 다양한 종류의 물질이 존재할 수 있는 근거를 만들어 주고, 좁게 붙어 있으면서 그 사 이의 간격에 의해 만들어지는 공간은 큰 사물들이 존립할 수 있게 하는 근거를 만든다. 큰 것이 존재할 수 있는 근거가 되는 것으로 간격에 의 해 생기는 공간은 한편으로는 사물현상의 형태를 완성시키는 주체가 되기도 한다. 이처럼 우리가 일반적으로 인식할 수 있는 공간은 사물 의 완성과 존립의 근거 등에 직접 관여하는 것으로 볼 수 있다.

부분의 합을 전체로 인정할 수 있는 양적(量的) 개념을 가지고 있는 우주 내의 모든 공간은 그것을 이루고 있는 다양한 종류의 구성요소 들이 일정한 연결망을 형성하면서 서로 간에 미치는 영향관계에 의해 끊임없는 변화를 일으키며 그 공간만이 가지고 있는 독자적이고 독립적인 특성이 형성된다. 이 특성은 일정한 범위 안에서 같은 성질의 사물현상들이 상호작용하면서 만들어지기 때문에 이러한 공간을 하나의 지역으로 설정할 수 있게 된다.

지역이란 말은 현존재로서의 모든 사물현상이 구성요소가 되어 만들어 낸 전체 사회를 어떤 공통된 특징에 의해 나눈 일정한 공간 영역9)을 의미하므로 공간적 특성과 밀접한 관련을 갖게 된다. 해당 공간이 형성될 수 있도록 일정한 영향관계를 주고받는 구성요소들의 관계에 의해 그 성격이 결정되는 일정한 지역을 터전으로 살아가야 하는 모든 생명체는 지역을 이루는 공간이 만들어 내는 특성에 맞추어 삶을 영위하므로 영향을 받을 수밖에 없다. 이것은 또한 도구의 발달에 직접적인 영향을 미치기 때문에 해당 지역에서 형성될 수 있는 문명 역시 영향을 받기 마련이다. 그런데 문명은 문화의 모태이므로 해당 지역의 문화 역시 공간적 특성과 밀접한 관련을 갖게 된다. 각 지역마다 가지고 있는 공간적 특성에 따라 문화적 성격도 결정되므로 문화콘텐츠의 개발에서 이 점을 간과해서는 안 된다. 공간적 특성을 고려하지 않은 문화콘텐츠는 다른 지역의 문화콘텐츠와 차별화된 특수성을 확보하지 못하여 새로운 모습으로 거듭나지 못하고 현재에 안주하거나 현재보다 퇴보하는 수준으로 전락하게 되어 그것이 본래 지니고 있었던 독특한 문화적 가치를 잃어버릴 가능성이 높아질 것이다. 문화가 발생한 지역의 공간적 특성을 살리는 것이 그만큼 중요하다.

어떤 것이 문화, 혹은 문화현상이라는 이름으로 불릴 정도의 상태로 존재한다는 것은 상당히 오랜 역사를 지니고 있다는 것을 의미한다. 하나의 문화, 혹은 문화현상이 형성되는 데에는 시간이 걸릴 뿐

---

9) 국립국어원 편, 『표준국어대사전』, 금성사. 2001.

아니라 그것이 고정되는 데에도 상당한 시간이 소요되기 때문이다. 또한 하나의 문화가 형성되기 위해서는 그것을 낳을 수 있는 것이면서 일정한 수준을 가지는 문명이 생활화될 정도로 정착되어 향유되어야 한다는 점도 문화가 역사성을 가지게 되는 중요한 요소 중의 하나가 된다. 문명은 지역사회 자체에서 발생한 것이든 외부 지역에서 전해져 온 것이든 그것을 생활화하여 문화를 낳을 정도가 되기 위해서는 도구와 기술의 일반화 과정을 거쳐야 하기 때문이다.

스마트폰이라는 문명의 도구를 예로 들어 보자. 미국 IBM에서 1992년에 설계하여 1993년 대중에게 공개되기 시작한 스마트폰이 우리나라에 들어온 것은 2007년 이후이며, 많은 사람에게 사랑을 받으면서 일반적으로 쓰이기 시작한 것은 2010년경부터이다. 컴퓨터와 전화 기능을 결합하여 탑재한 스마트폰이라는 문명의 도구가 만들어져서 대중들에게 선을 보인 때로부터 우리나라를 비롯한 세계 전역에 일반화되어 사용되기까지는 10년이 넘는 시간이 걸렸다. 이것만 보더라도 스마트폰과 관련된 문명은 최소한 10년이 넘는 역사를 가지고 있음을 알 수 있으며, 그 기간 동안 스마트폰 기술과 기기(器機)의 발달과 관련된 다양한 정보가 관련 자료로 쌓여 있다는 사실을 짐작할 수 있다. 2010년경부터 스마트폰 열풍이 전 세계를 뒤흔들면서 미국과 더불어 우리나라의 기술이 세계를 선도해 나가게 된다. 2010년부터 2015년까지는 불과 5년 정도의 시간이지만 스마트폰은 생활필수품으로 자리를 잡으면서 이와 관련된 문화현상들이 속속 만들어지고 있다. 이것 역시 나라와 지역에 따라 차이를 보이고 있으며, 각 지역에 맞는 스마트폰 문화가 형성되기 시작했다. 스마트폰의 사용과정에서 형성된 문화는 그것을 낳은 문명과 기술과 관련된 정보, 해당 민족이나 지역의 생활과 습성의 특성, 사용 언어 등에 의해 차별화된 모습을 보이고 있다. 따라서 스마트폰 문화를 소재로 하는 문화콘텐츠가 만들어진다면 이런 관련된 정보와 특성을 충분히 고려한 상태를 기반으로 하지 않으면 안 될 것이다.

　20년이 채 되지 않은 스마트폰 문화현상에서도 각양각색의 관련 정보와 고려해야 할 사항이 이처럼 많은 것을 볼 때 오랜 역사를 지닌 민족이나 지역의 전통문화는 더 많고 다양한 관련 정보가 존재하리라는 것을 쉽게 짐작할 수 있다. 하나의 문화현상을 소재로 하는 문화콘텐츠 개발에서 관련 자료의 집대성과 체계적인 분석이 제대로 이루어지지 않을 경우 그것이 본래부터 지니고 있는 문화적 의미를 새롭게 발견해 내기가 어려울 뿐 아니라 독창적 특성을 지니는 문화콘텐츠로 재창조하는 일은 더욱 힘들어지거나 무의미한 작업이 될 가능성이 크다.

　우주에 속한 현존재가 결합하고 관계 맺는 방식에 의해 만들어지는 모든 사물현상은 한편으로는 다른 사물현상들과의 유사성과 함께 일정한 관계를 맺을 수밖에 없는 관련성을 지니고 있으며, 다른 한편으로는 여타의 사물현상과 구별되는 독자적인 차별성을 가지고 있다. 이는 하나의 문화현상은 여타의 문화현상과 어떤 형태로든 관계를 맺고 있으며, 닮은 요소를 지니고 있음을 의미한다. 우주의 모든 사물현상에는 모방을 기반으로 하면서 관계를 바탕으로 형성되는 유사성과, 독자적이고 독립적인 성질을 바탕으로 하는 창조가 함께 존재한다.

　유사성은 자신과 다른 사물현상의 장점을 취해 그것과 닮아 보려는 시도에서 만들어지는 것이므로 어떤 문화현상이 다른 문화현상과 유사성이 있다는 것은 어떤 형태로든 그것과 일정한 관계를 맺고 있다는 것을 의미한다. 관계를 바탕으로 형성되는 유사성은 무엇과 무엇이 닮았다는 점을 강조하기 위한 것이 아니라 오히려 무엇인가의 독자성을 강조하는 기저수단으로 활용될 수 있기 때문에 매우 중요한 의미를 지닌다.

하나의 사물현상이나 문화현상을 다른 무엇인가와 비교할 때 비로소 드러나는 유사성은 그것을 근거로 하여 어떤 점이 다른가를 강조하기 위한 차별성을 드러내는 것으로 이어지게 되며, 이러한 차별성은 유사성을 추출하여 강조할 때 한층 선명하게 드러날 수 있다. 따라서 하나의 문화현상을 소재로 하여 개발되는 문화콘텐츠는 인접지역의 문화현상이나 문화콘텐츠, 혹은 비슷한 성격과 구조를 지닌 여타의 문화현상이나 문화콘텐츠 등과 비교하여 유사성과 차별성을 분명하게 드러낼 수 있는 방향으로 개발되는 것이 바람직하다. 문화콘텐츠의 수요자는 대상이 지니고 있는 차별성으로부터 만들어지는 고유한 특성을 통해 감동을 받고 즐기면서 향유함을 기본으로 하는데, 수요자에게 한층 큰 감동을 주면서 동참하게 하기 위해서는 유사성과 차별성을 함께 보여 줌으로써 얻는 효과가 훨씬 크고 강력할 것이기 때문이다.

20세기에 일반화되기 시작한 인터넷이 더욱 발전된 형태인 사물인터넷으로 시작되고 있는 현재도 그렇지만 앞으로 다가올 미래에는 맞춤형으로 정보를 전달하지 않으면 안 될 상황이 한층 더 폭넓게 나타나고 더욱 심화될 것으로 예상된다. 인터넷 하나만으로도 넘쳐나는 정보를 주체하기 어려울 정도가 된 상황에서 몇 배 더 넓고 깊은 정보의 출현이 봇물을 이룰 것으로 예상되는 사물인터넷 시대로 접어들면서 필요한 정보만 뽑아서 제공하고 보여 주는 앱[10]이 개발되어 여러

---

10) 애플리케이션(application)이라고 하는데, 응용프로그램 제품군을 가리킨다. 응용프로그

영역에서 광범위하게 쓰이고 있다는 점이 이러한 사회적 상황을 잘 보여 준다고 할 수 있다. 그러나 아직까지는 맞춤정보에 대한 사회적 인식과 필요성이 분명하지 않고 수요도 폭발적이지는 않은 것으로 보인다. 앱을 이용하여 수요자가 필요로 하는 정보를 맞춤형으로 제공하는 현상이 사회 모든 분야에 골고루 퍼졌다고 할 수는 없기 때문이다. 앱의 사용이 일반화된 영역은 이익을 목적으로 하는 상행위와 관련된 분야에서 활성화되어 있을 뿐 많은 사람들에게 정확한 정보를 제공해야 할 의무와 책임이 있는 각 지방자치단체에서는 앱을 개발할 엄두조차 내지 못하고 있는 상황이다.

우리나라에서는 1988년에 「지방자치법」이 전면적으로 개정되면서 지방자치의 길을 열었다. 그 후 1991년 상반기에 각급 지방의회가 구성되었지만, 지방자치단체장 선거는 정부에 의해 또다시 시행이 늦춰지다가 1994년 3월에 「공직선거 및 선거부정방지법」이 제정되면서 1995년 6월 27일에 지방자치단체장 선거를 치르게 되어, 계속해서 늦춰지던 지방자치제도는 새로운 전환기를 맞았고 현재까지 20여 년 동안 지속되고 있다.

지방자치제는 중앙정부로부터 권한만 위임받은 것이 아니라 해당 지역 사람들의 생활을 윤택하게 하기 위한 소득 증대를 핵심으로 하는 경제에 대한 책임도 져야 하는 만큼 해결해야 할 과제가 한두 가지가 아니다. 특히 최근 들어 경제적인 효과를 올리기 위해 각 지자체들이 앞다투어 축제를 개최하고 있는데, 비슷한 것이 많고 너무 많은 것

램 제품군은 하나의 묶음으로 되어 있는 응용프로그램인데, 응용프로그램 사이에 일어나는 상호작용 기능을 통해 그것을 이용하는 사람이 배우거나 사용하기 쉽게 하는 구실을 한다. 다양하게 제공되고 있는 유용하지만 복잡한 정보들을 이용자가 필요로 하는 조건에 맞추어서 뽑아낸 다음 맞춤정보 방식으로 제공하는 기능을 중심으로 구성된다.

을 한꺼번에 개발하는 바람에 상당히 많은 지역에서 적자를 보고 있다는 뉴스를 빈번하게 접하곤 한다. 축제나 다른 콘텐츠를 효과적으로 개발하기 위해서는 해당 지역의 장점과 특성, 그리고 전통 등을 세심하게 고려하고 관련된 모든 정보를 빅데이터로 모은 다음 체계적으로 분석하는 작업이 우선되어야 한다. 이러한 과정을 거쳐 개발된 축제 콘텐츠는 앞으로도 지속적인 성공과 발전을 거듭하겠지만 그렇지 않은 것들은 오래지 않아 사라질 수밖에 없을 것이다.

또한 해당 지역의 정보를 종합적이고 효과적으로 전달하기 위해 운영하고 있는 지자체의 홈페이지는 아날로그 방식으로 된 구식이기 때문에 수요자가 요구하는 정보를 맞춤식으로 제공하는 데에 커다란 한계가 있을 수밖에 없다. 지금이라도 지자체의 홈페이지는 해당 지역의 모든 정보를 모아 빅데이터화한 다음 앱을 통해 필요한 정보를 수요자에게 제공하는 방식으로 바꾸어야 할 것이다. 이것을 트랜스포머식 홈페이지라 부를 수 있는데, 지자체의 앱으로 연결되어 수요자가 필요로 하는 정보를 한 번의 움직임이나 지시(cue)로 제공할 수 있는 포맷을 갖추어야 할 것이다.

예를 들면 서울이라는 지자체의 경우 서울에 대한 모든 정보를 지자체의 서버에 저장하여 첨단기술로 분석하고 체계적으로 분류하여 홈페이지로 연결시킴으로써 한 번의 지시에 의해 수요자가 필요로 하는 정보를 손 안에 넣을 수 있도록 해야 한다. 또한 이러한 정보에 손쉽게 접근할 수 있도록 하기 위해서는 '서울 앱' 같은 것을 만들어 보급하여 사람들이 편리하게 사용할 수 있도록 해야 한다. 21세기에 접어든 지 벌써 상당한 시간이 지났지만 우리나라의 지자체에서는 아직까지 이런 시스템에 대한 생각을 제대로 정리하지 못하고 있는 것으로 파악된다. 멀지 않은 미래에 이러한 시스템을 갖추지 않으면 살아

남기 어려운 시기가 올 것이다. 그때서야 허둥지둥하면서 서두를 것이 아니라 지금부터 차근차근 준비해 나가는 것이 가장 바람직하다. 이와 마찬가지로 지역문화를 소재로 하여 새롭게 개발할 문화콘텐츠 역시 수요자가 원하는 바를 정확하게 짚어 내고, 그들이 원하는 맞춤형 정보를 제공할 수 있는 방식으로 만들지 않으면 안 된다.

우주 안에 있는 모든 현존재는 그것이 원하건 원하지 않건 다른 사물현상들과 일정한 관계[11]를 맺을 수밖에 없도록 체계를 통해 구조화되어 있다. 구조는 그것을 이루고 있는 구성요소들이 상호의존하는 일정한 영향관계에 의하지 않고는 존재 자체가 불가능하도록 연결되고 결합되어 있는 사물현상의 체계 전체를 가리키는 개념이다. 우주 안의 현존재가 구조화되어 있다는 말은 모든 사물현상이 어떤 형태로든 연결되어 있다는 의미이다.

우주를 이루고 있는 모든 현존재는 어떤 경우에도 독립적이고 독자적인 것만으로는 존립 자체가 불가능하며, 다른 구성요소들과 상호연결을 통해 발생하고 변화하며 소멸하는 성질을 지니고 있다. 또한 소멸은 사라지는 것이 아니라 지금까지와는 다른 성질이나 성격을 가지는 일정한 연결을 통해 새로운 사물현상으로 다시 생성되어 태어나고 변화하며 소멸하는 과정을 계속하는 것으로 보이기 때문에 발생과 소멸도 모두 연결되어 있다고 할 수 있다.

---

11) 둘 또는 둘 이상의 사물현상이 통일성을 지닌 것으로 파악되면, 관계를 형성하고 있는 것으로 볼 수 있다. 일정한 공간에 함께 존재하는 사물현상, 비슷한 성격을 가지고 있는 사물현상, 상호 간에 모순된 성격을 가지고 있는 사물현상 등은 공존, 유사, 모순이라는 것으로 연결되어 있기 때문에 관계를 가지는 것으로 파악한다. 이러한 성격을 가지는 관계는 사물현상에만 국한되는 것이 아니라 개념, 명제, 시간과 공간, 원인과 결과 등 추상적인 실체에도 성립한다. 이런 점에서 볼 때 우주의 구성요소는 모두 상호 간에 관계를 맺고 있는 것으로 볼 수 있다.

어떤 현존재가 존재한다는 사실을 입증하는 것 역시 다른 현존재와의 관계[12]를 통해서만 가능하다. 만약 어떤 현존재가 유일무이한 것이라서 다른 어떤 것과도 관계를 맺지 않고 독존(獨存)한다면 그것이 실제로 존재하는지, 어떤 성질을 가지고 있는지 등에 대한 입증과 판별 자체가 불가능하여 존재의 의미와 가치를 인정받을 수 없게 된다. 우주의 모든 현존재는 모순을 전제로 하는 대립(對立), 서로가 서로를 입증하면서 지키는 보전(保全), 연결과 결합을 통해 발전적으로 높아지는 고양(高揚) 등의 관계를 통할 때 비로소 존재의 의미와 가치를 드러낼 수 있게 되는 것이다. 이런 사실은 우주의 모든 현존재가 공통적으로 가지고 있는 인력(引力), 태양 흑점이나 태양 방사선의 변화 등이 지구의 기후와 환경에 미치는 영향 등을 통해 잘 드러나고 있다. 그것은 마치 유기체(有機體)[13]의 모든 구성요소가 하나의 시스템으로 연결되어 있어서 어느 한 구성요소의 변화가 다른 구성요소의 변화를 유발하고, 존재 전체의 변화를 유발하는 현상과 같다.

연결과 결합, 구조화를 통해서 형성되는 현존재 상호 간의 관계는 모두 공(空)과 허(虛)[14]를 통해 이루어지는 것으로 파악된다. 인간의

---

12) 초기의 미세한 차이나 작고 사소한 사건 하나가 나중에는 커다란 변화를 불러올 수 있다는 것을 보여 주는 나비효과도 우주의 구성요소가 모두 일정한 관계 속에 있음을 보여 주는 증거가 된다. 이것은 자연현상에만 국한된 것이 아니라 문명과 문화를 중심으로 하면서 인류가 만들고 이끌며, 변화시켜 나가는 사회의 모든 분야에 적용된다.

13) 살아 있는 모든 생명체를 지칭하는 말이다. 지구상에는 가장 작은 것에 속하는 박테리아나 세균으로부터 식물, 동물 등에 이르기까지 다양한 형태의 생명체가 존재한다. 우주의 구성요소처럼 생명체 역시 서로 간에 복잡한 관계를 형성하고 있다.

14) 인간의 감각으로 볼 때 비어 있는 것처럼 보이나 실제로는 미세한 구성요소로 꽉 차 있는 상태를 공(空)이라 하고, 차 있는 것처럼 보이지만 실제로는 비어 있는 상태를 허(虛)라고 한다. 공은 가득함이요, 허는 비어 있음이다. 우주의 모든 현존재는 미세한 요소들이 결합하는 근거를 제공하는 공에서 만들어지고, 일정한 공간이 비어 있는 구조로 형태를 만들어 내는 허를 통해 완성된다.

감각으로 볼 때는 비어 있는 것처럼 보이지만 무엇인가로 채워져 있으면서 떨어져 있는 거리에 의해 만들어지는 공(空)과 감각적으로는 채워져 있는 것처럼 보이지만 실제로는 비어 있으면서 물질과 물질이 붙어 있는 간격에 의해 만들어지는 허(虛)와의 사이에 형성되는 관계를 통해 현존재가 발생하고 발전하며 소멸하기 때문이며, 현존재 상호 간의 관계가 형성될 때 비로소 더 크고 다양한 사물현상을 낳는다. 최초의 공에서 발생한 허는 상위 단계의 공으로 작용하고, 여기에서 형성된 허는 다시 다음 상위 단계의 공으로 끝없이 작용하는 연쇄작용에 의해 관계가 형성되고 구조화되면서 모든 사물현상이 우주에 현현할 수 있게 되는 것이다.

우주의 현존재라는 사실에서 절대로 자유로울 수 없는 존재인 인류가 만들어 내는 모든 문명과 문화 역시 이러한 범주를 벗어날 수 없음은 자명하다. 모든 문화현상은 소재나 제재로서의 성격을 가지는 현상, 문화의 토대가 되는 문명적인 현상, 집단의 특성을 보여 주는 현상으로서의 사회구조, 유사성을 가지는 문화현상, 차별성을 가지는 문화현상 등과 서로 소통하는 관계를 통해 발생하고 보존하며 발전하고 소멸하는 과정을 밟는 것으로 파악되기 때문이다. 일정한 문화현상을 바탕으로 하여 개발되는 어떤 문화콘텐츠라도 이 점을 소홀히 하거나 무시하면 성공하기 어렵다. 특히 다른 문화현상이나 문화콘텐츠와의 관계가 명확하게 드러나도록 개발하는 것은 문화콘텐츠를 감상하고 즐기는 수요자로 하여금 그것에 대한 공감도와 만족도를 높이는 결정적인 계기로 작용할 수 있으므로 한층 중요하다.

사람이 어떤 사물현상에 접근하여 그것을 공감하고, 수용하며, 자기화하는 과정에서 가장 중요한 구실을 하는 것은 대상에 대한 분석과 다른 사물현상과의 비교를 통해 해당 대상이 지니고 있는 본질과

　사물과 사물이 떨어져 있음으로 해서 생기는 공간에는 미세물질이 녹아 있는 상태로 존재하는데, 이 미세물질의 세계를 공(空)의 세계라고 부른다. 즉, 공의 세계는 나누고 또 나누어서 그것의 실체가 무엇인지 알기 어렵거나, 혹은 알 수 없지만 아주 작은 물질의 형태로 존재하는 세계를 지칭하는 말이 된다. 이러한 성격을 지니는 공의 세계에 존재하는 작은 물질이 결합하여 우주 내의 모든 존재를 만들어 내기 때문에 만물의 근원으로써 공의 세계가 설정되는 순간 우주에 대한 인식의 대전환이 일어난다.

　공의 개념이 설정되지 못했던 유럽을 중심으로 한 일부 문명권에서는 알 수 없는[不可知] 상태였던 미세세계는 신의 영역으로 돌려졌고, 인간은 그 세계에 대해서 알 수도 없을 뿐더러 알려고 해서도 안 된다는 생각이 지배적이었다. 그러나 우주 내의 만물은 어떤 것이든지 나누고 또 나누었을 때 알 수 없는 어떤 것에 맞닥뜨리는 것이 아니라 아주 작은 물질이 녹아 있는 상태인 공이라는 실재하는 세계와 만나게 된다고 함으로써 노력 여하에 따라 언제든지 그 실체가 밝혀질 수 있다는 가능성을 열어 주게 되었던 것이다. 그리하여 그때까지는 알 수 없는 세계로만 여겼던 인간의 인식에 대전환이 일어나게 되었다. 인간의 인식 차원에서는 접근조차 불가능했던 신의 영역이 만지고 느낄 수 있는 인간의 영역으로 넘어오게 된 것이다.

　공의 세계는 얼핏 보아서는 인식하기가 쉽지 않을 것 같지만, 나누고 나누었던 것을 반대로 결합하고 또 결합해 나가면 물질이나 사물이 만들어지기 때문에, 현실적으로 엄연히 존재하는 실체가 틀림없다는 사실을 알 수 있다. 이러한 공의 개념을 가장 잘 보여 주는 것이 바로 하늘인데, '만물은 하늘에서 나온다'고 하는 아주 상식적인 수준의 말을 통해 이를 확인할 수 있다. 이 말은 하늘은 무한하게 넓고 큰 어떤 것이며, 그 속에는 우주 내의 만물을 만들어 낼 수 있는 요소가 모두 들어 있다는 의미를 지닌 것으로 이해할 수 있다. 그렇다면 행성과 행성 사이의 간격에 의해 생기는 공간을 지칭하는 말일 뿐인 하늘을 무엇 때문에 사람들은 만물을 만드는 근원으로 생각한 것일까?

> 그것은 하늘이란 공간에 무엇인지 모르는 아주 미세한 어떤 것으로 녹아 있기 때문에, 그것을 근원으로 하여 세상의 만물이 만들어진다고 믿었던 사람들의 생각이 바로 공의 세계를 인정한 것으로 볼 수 있다. 그러므로 공은 모든 사물을 만들어 낼 수 있는 요소를 전부 갖추고 있는 만물의 몸[體]이며, 그것을 만들어서 낳는[生] 실체이며 우리의 눈앞에 드러내 주는[出] 도구가 된다.
>
> — 손종흠, 『속요 형식론』, 박문사, 2010, 255쪽.

특수성을 올바르게 이해할 수 있도록 해 주는 광범위하면서도 정확하며, 깊이 있으면서도 알기 쉬운 정보를 얻는 것이라고 할 수 있다. 분석을 통해 본질을 알면 거부감이 줄어들면서 동질감을 느끼게 되고, 비교를 통해 특수성을 이해하면 정서적 공감대가 형성되면서 예술적 감동을 맛보게 되어 대상과 하나되는 심리적 체험을 하게 된다. 특히 문화현상을 소스로 하여 개발되는 문화콘텐츠에 대해 수요자가 느끼는 감정은 이런 현상이 한층 두드러지는데, 자신에게 맞거나 필요한 부분을 추상하여 받아들이고 그것을 전체로 인식하는 것으로 보이기 때문이다. 이런 점에서 볼 때 여타 문화현상이나 문화콘텐츠에 대한 유사성·특수성·차별성 등에 대한 정보를 통해 어떤 관계망을 형성하고 있는가를 보여 주는 것은 새로운 문화콘텐츠의 개발 방향에서 반드시 고려해야 하는 사항이라는 점을 강조하지 않을 수 없다.

문화콘텐츠를 개발할 때에는 문화권 설정의 단위를 어떤 기준에 의해 정할 것인가가 매우 중요하다. 문화권을 구분하기 위해서는 일정한 체계성을 가진 기준에 의해 지역이 설정되고, 설정된 해당 권역의 문화적 특성에 의해 개발되는 문화콘텐츠의 성격 또한 결정될 것이기 때문이다. 문화권 구분을 위한 기준 설정은 당시의 시대적 상황과 사회적 특성 등에 따라 다양한 접근이 가능하며, 그 기준으로 나누어진 권역의 문화현상을 소스로 하여 새로운 형태의 지역문화콘텐츠를 개발해야 한다는 사실은 누구도 부인할 수 없다. 그러기 위해서는 앞에서 제시한 필요성과 개발 방향을 근거로 하여 해당 지역 문화의 특수성과 예술성을 가장 잘 드러낼 수 있는 문화콘텐츠를 개발해야 한다. 그러나 지금까지 우리나라에서 만들어진 문화콘텐츠는 이 점을 충분히 인지하고 반영하는 방향으로 개발되었다고 보기 어렵다. 그것은 최근 들어 전국에 우후죽순 격으로 만들어진 수많은 축제를 보면 쉽게 알 수 있다.

1998년에 기획하기 시작하여 1999년에 처음으로 치러진 함평나비축제가 일정한 성공을 거둔 것으로 보이자 각 지자체에서는 너도나도 축제의 소스 찾기에 나섰고, 2015년경에 이르러서는 거의 모든 지역에서 비슷한 유형의 축제를 열고 있는 상황이 전개되고 있다. 그러나 비슷한 성격을 지닌 축제방식의 문화콘텐츠는 오래가기 어려운 단점이 있다. 모양과 성격이 비슷한 축제가 전국에 산재해 있어서 선택하기가 쉽지 않고 수요자가 한정되어 있어서 모든 축제가 지역 경제에 보탬이 되는 방향으로 성공하기가 어려울 것으로 전망되기 때문이다. 하나의 문화콘텐츠가 오랫동안 성공적으로 살아남기 위해서는 지역과 민족의 차원을 넘어 세계화할 수 있는 기반을 갖추도록 기획하고 개발하는 것이 절대적으로 필요하다. 그러기 위해서는 모방식 개발이 아니라 충분한 자료와 철저한 기획을 바탕으로 자신만의 특수성을 드러낼 수 있는 방향으로 제2의 창조가 이루어지는 것이 가장 바람직하다.

물질과 물질, 사물과 사물이 붙어 있는 간격에 의해 생기는 공간은 비어 있는 상태를 만듦으로써 다른 물질이나 사물을 수용할 수 있게 되는데, 이것을 허(虛)라고 한다. 일정한 모양이 없는 공(空)의 세계와는 달리 허의 세계는 일정한 모양을 갖추는데, 둥근 것, 네모난 것, 세모난 것, 들어간 것, 나온 것, 찌그러진 것, 평평한 것, 뭉툭한 것, 뾰족한 것 등 각양각색의 형태를 지니는 것이 특징이다. 우주 내에 존재하는 사물은 그것이 생물이건 무생물이건 간에 모두 이 허에 의해 존재의 의미를 형성하고 존재가치를 인정받기 때문에 이것이 없으면 어떤 사물도 제구실을 할 수 없다. 이런 점에서 볼 때 우주 내의 사물이 성립하는 데 결정적 구실을 하는 허에 대한 개념을 정확히 할 필요가 있다. 허는 본래 큰 언덕[墟, 大丘]을 나타내는 것으로 한쪽이 비어 있다는 의미를 지니는 글자이다. 평면적으로 보았을 때 언덕이라고 하는 것은 일정한 사물이 적당한 높이를 이루고 있는 상태로서 뒤의 것이 보이지 않는 성격을 지니고 있다. 그러나 그 뒤는 반드시 비어 있어서 무엇인가가 들어갈 수 있는 공간이 형성되어 있는 것이 바로 언덕이다. 언덕은 한쪽을 높이고 다른 한쪽을 낮게 함으로써 비어 있는 공간을 만들고, 그것을 통해서 다른 사물을 수용할 수 있게 되는 것이다. 그러므로 인간의 인식 차원에서 보았을 때 무엇인가로 차 있는 것처럼 느껴지지만 실제는 아무것도 없이 비어 있어서 다른 사물을 담을 수 있는 것이 바로 '허'가 되는 것이다. 그렇다면 이런 성격을 지니는 허가 우주 내의 모든 사물에게 존재가치와 의미를 형성시켜 주는 이유는 무엇일까?

우주 내에 존재하는 모든 사물·현상은 비어 있는 상태인 허를 통해서만 완성될 수 있는데, 그 이유는 허를 통해서만 형태가 성립될 수 있고 다른 사물과 소통할 수 있기 때문이다. 인간의 몸을 이루고 있는 모든 것이 비어 있는 것[虛]으로 이루어져 있는 데서도 이러한 사실은 확인할 수 있다. 인간의 몸을 형성하고 있는 기관인 뼈, 핏줄, 위, 식도, 창자, 코, 입 등을 보면 비어 있는 상태가 아닌 것이 없다. 모두 비어 있음으로써 자신에게 주어진 임무를 충실히 수행할 수 있게 되는데, 이 중에 어느 하나라도 비어 있지 않고 무엇인가 다른 것으로 차 있다면 당장 문제가 생기게 된다. 핏줄이 비어 있지 않으면 피가 통하지 않아 양분과 산소를 공급할 수 없게 되어 피부는 썩어 들어갈 것이며, 위가 비어 있지 않으면 음식을 먹을 수 없게 되어 종국에는 죽음에 이르고 말 것이다. 결국 인간이 인간으로 살아갈 수 있는 것은 수를 헤아리기 어려울 정도로 많은 종류의 비어 있음 때문이라는 것이 사실로 드러나는 것이다. 이런 점에서 볼 때, 인간에게 있는 수많은 종류의 허(虛)는 인간을 인간답게 해 주는 가장 기본적인 요소가 될 수밖에 없다.

그런데 이러한 허의 세계는 인간에게만 적용되는 것이 아니라 우주 내에 존재하는 모든 사물·현상에게 그대로 적용된다는 사실을 다음의 예에서도 확인할 수 있다. 사방과 아래 위를 무엇인가로 막아 폐쇄된 공간을 만듦으로써 사람이 살 수 있도록 한 것을 집이라고 하는데, 집이 진정한 의미의 집으로 되기 위해서는 그 속이 반드시 비어 있어야 한다. 집 속이 다른 무엇인가로 꽉 차 있다면 그것은 집으로서의 구실을 할 수 없기 때문에 집이라고 할 수 없게 되는 것이다. 또한 그릇이 그릇으로 되기 위해서는 반드시 일정한 크기의 비어 있음이 있어야 하고, 길이 길기 위해서는 반드시 일정한 넓이의 비어 있음이 확보되어야 하므로 허의 세계는 수많은 형태의 비어 있음을 통해 사물을 사물로 완성시킴과 동시에 사물과 사물이 소통할 수 있도록 하는 주체가 되는 것이다. 우주 내의 모든 사물이 비어 있음인 허로 인해 자신에게 맞는 구실을 할 수 있도록 이루어지기 때문에 이것은 사물을 쓰임새에 맞도록 꾸며 주는 구실을 하는 것으로 생각할 수 있다. 그렇게 함으로써 허의 세계는 하나의 사물을 완성시켜 다른 사물과의 관계 속에서 일정한 쓰임이 가능하도록 하여 그 사물이 우주 내에 존재할 수 있도록 하는 가치와 의미를 만들어 주는데, 이런 점에서 볼 때 공이라는 몸[體]에서 만들어져[生]서 나오는[出] 과정을 거쳐서 형성되는 사물이 쓰임새[用]가 가능하도록 하여 의미를 지닌 완성된[成] 형태의 사물로 만들어 냄으로써 다른 사물과의 관계 속에서 있을 수 있도록[在] 해 주는 것이 바로 허가 된다는 사실을 알 수 있다.

— 손종흠, 『속요 형식론』, 박문사, 2010, 267쪽.

문화는 지리적 환경, 문명 등 인류의 삶과 밀접한 관계를 유지하면서 형성되고 일상생활 속에서 향유되는데, 삶의 과정에서 공동체의 구성원 전체가 함께 만들어 내는 것이기 때문에 상당히 복잡한 구조와 성격을 지니고 있다. 그렇기 때문에 그것에 대한 개념을 정의하고 종류를 분류하기란 결코 쉬운 일이 아니다. 사전적인 의미로 볼 때 문화는, "자연 상태에서 벗어나 일정한 목적 또는 생활 이상을 실현하고자 사회 구성원에 의하여 습득, 공유, 전달되는 행동 양식이나 생활양식의 과정 및 그 과정에서 이룩해 낸 물질적·정신적 소득을 통틀어 이르는 말로서 의식주를 비롯하여 언어, 풍습, 종교, 학문, 예술, 제도 따위를 모두 포함한다"[15]로 정의된다.

이 정의에서 알 수 있는 것은 물질적이고 기술적인 측면이 강조되면서 도구의 발달과 깊이 연관된 문명과는 달리 문화는 정신적이고 추상적인 측면이 두드러지면서 경제적인 성격이 강조된다는 사실이다. 여기에서 말하는 경제는 물질적인 재화를 통해 얻는 물리적인 소득만 의미하는 것이 아니라 언어, 풍습 등 정신적 작용을 통해 구성원들이 생활 속에서 얻는 추상적 소득[16]까지를 포함한다. 따라서 문화

---

15) 국립국어원 편, 『표준국어대사전』, 어문각, 2008.
16) 문화적 소득이라고 할 수 있는 이것은 경제생활을 영위할 수 있는 물질적 재화의 습득, 삶의 과정에서 소모한 노동력의 재생산, 규칙과 습관 등을 통해 확보되는 삶의 질서 등 물질적이고 구체적인 것에서부터 관념적이고 추상적인 부분에 이르기까지 다양한 종류의 부가가치를 창출한다.

를 통해 얻는 소득을 문화적 소득[17]이라고 할 때, 그 폭은 매우 넓으며 물리적으로 계산하기 어렵거나 불가능한 것을 상당히 많이 포함하고 있는 것으로 파악된다. 그럼에도 불구하고 문화적 소득은 매우 중요한 의미를 지니는데, 그것을 통해 삶의 질을 높이거나 안정시킴으로써 행복감이 충만할 수 있도록 하며, 노동과정에서 소비한 노동력을 재생산하는 데에도 매우 중요한 구실을 하기 때문이다. 또한 문화적 소득은 재화로 평가되는 물리적 소득처럼 순간적이고 구체적이며 선명하게 드러나는 것이 아니라, 장기적이고 추상적이며 불분명하기 때문에 감각적으로 느끼기 어려운 데다가 오랜 시간이 지나야 눈으로 확인할 수 있는 효과가 나타나므로 구성원들의 관심사나 중요도 등에서 언제든 밀려날 수 있다. 따라서 문화와 문화적 소득에 대해서는 단편적인 현상이나 즉흥적인 판단에 따를 것이 아니라 종합적이며 논리적인 사고를 바탕으로 하면서 장기적이고도 체계적인 분석을 통해 평가한 후에 콘텐츠 개발을 추진해야 한다.

경제적인 측면에서 볼 때, 육체와 도구의 사용을 통해 얻는 문명적 소득과 생활 속에서 형성되는 다양한 문화행위를 통해 얻는 문화적 소득은 생명 유지를 위한 점에서만 본다면 문명적 소득이 먼저겠지만 인간다운 삶을 영위하기 위해서 반드시 필요한 존재라는 점에서는 문화적 소득의 중요성 또한 결코 뒤지지 않는다. 사람은 문화적 소득을 경험하고 향유함으로써 비로소 사람다운 삶을 산다고 할 수 있기 때문이다.

문화행위를 통해 얻는 문화적 소득이 중요한 또 한 가지 이유는 그

---

17) 사람이 사회생활을 통해 얻는 소득은 직접적으로 소비할 수 있는 먹거리나 먹거리와 바꿀 수 있는 재화를 획득하는 과정에서 얻는 문명적 소득과 언어, 풍습, 제도 등의 다양한 문화행위를 통해 얻는 문화적 소득으로 구분할 수 있다.

것이 바탕으로 되어 한층 발달된 형태의 문명을 낳을 수 있는 원동력이 된다는 사실이다. 문화적 소득은 생활 속에서 구성원에 의해 습득되고 공유되며 전달되는 행동양식이나 생활양식의 과정 및 그 과정에서 이룩해 낸 물질적·정신적 소득 전체를 가리키는데, 이것을 이루는 구성요소들이 유기적으로 연결되어 결합하면서 사회 구성원의 힘을 하나로 모아 주는 기능을 한다. 또한 창조적 능력을 향상시킴으로써 새로운 문명을 창안해 낼 수 있는 기반을 마련한다.

문화적 소득이 중요한 또 다른 이유는 이것을 소스로 하여 새로운 문화콘텐츠를 개발함으로써 문명적 소득을 창출해 낼 수 있다는 점이다. 일정한 목적과 생활 이상을 실현하는 과정에서 얻게 되는 문화에는 우주관, 종교, 이념, 풍습 등 사회 구성원이 삶 속에서 생각해 낼 수 있는 모든 것이 종합적으로 망라되어 있다. 시간 속에서 일어나는 사회적 변화에 의해 이미 삶 속에서 사라진 것들이 전통이라는 이름으로 고스란히 전해지기도 하며, 현 시대의 사람들은 생각해 내기 어려운 창조적인 아이디어들이 들어 있는 경우도 허다하다. 이것들은 하나의 문화현상에 모여 있기도 하지만, 여러 문화현상에 흩어져서 존재하기도 하는데, 모든 자료가 빅데이터로 구성되어 체계적인 분석이 가능해진다면 다양하면서도 새로운 모습의 문화콘텐츠를 새롭게 창조할 수 있을 것이다. 이것은 새로운 문명을 낳을 수 있으며, 물질적 재화를 획득할 수 있는 문명적 소득의 원천이 될 수 있기 때문에 중요한 의미를 지닌다.

복잡한 성격을 지녔지만 사람의 삶에서 이처럼 중요한 구실을 하는 문화를 논리적이면서도 체계적으로 분류하는 것은 대단히 중요하다. 체계적인 분류는 대상이 지니고 있는 성격을 가장 잘 보여 줌으로써 그 본질을 파악할 수 있도록 하는 데 결정적인 구실을 하기 때문이다.

문화적 현상은 매우 다양하고 성격도 복잡하므로 이에 대한 분류는 접근하는 관점과 목적 등에 따라 다양하게 이루어질 수 있다. 다만 변하지 않는 한 가지 사실은 문화를 만들어 내고 향유하는 주체인 사회구성원의 삶과 문화가 지니고 있는 본질적 성격을 핵심적인 고려 대상으로 해야 한다는 점이다. 어떤 대상을 정확하면서도 체계적으로 분류하는 것은, 대상이 지니고 있는 본질적 성격을 올바르게 파악할 수 있도록 함으로써 편리하고 새로운 것을 창조해 낼 수 있는 기반으로 작용할 수 있게 하는 가장 중요한 이유가 된다. 문화현상에 대한 올바른 분류는 문화현상의 본질적 성격을 정확하게 파악할 수 있도록 하면서 새로운 문명이나 문화를 낳을 수 있는 바탕으로 작용하여 삶의 질과 행복감을 한층 높일 수 있게 할 것이다.

사람의 삶에서 가장 기본을 이루는 것은 노동(勞動)과 여가(餘暇)이며, 다음으로 중요한 것은 의식(儀式)과 정치(政治)이다.[18] 노동은 생명을 유지하기 위한 먹거리를 획득하는 행위이기 때문에 가장 필수적인 존재이다. 노동행위는 거칠어서 직접 소비할 수 없는 자연을 가공하여 사람이 먹을 수 있는 것으로 만드는 과정인데, 여기서 얻은 생산물을 소비하여 에너지로 바꾸어 생명을 유지하는 행위이므로 삶에서 없어서는 안 될 필수불가결한 것이다.

그런데 사람은 한정된 힘을 지니고 있어 일정한 시간이 지나면 먹거나 휴식을 취하여 소모된 에너지를 재생산하지 않으면 안 되는 존재이다. 이 과정을 여가라고 하는데, 노동과정에서 만들어 낸 생산물을 소비하면서 소모된 노동력을 충전한다. 우주에 존재하는 대부분의 생명체가 그렇듯이 사람 역시 이 범주를 벗어날 수 없으므로 노동과

---

18) 손종흠, 「韓國民謠 分類論 試攷」, 『洌上古典研究』 2집, 1989, 154~158쪽.

여가는 삶의 가장 중요한 부분이자 주기적으로 반복되는 현상으로서 일상(日常)[19]을 형성하게 된다. 삶의 과정에서 일상을 형성하는 노동과 여가는 각각 그 성격에 맞는 문화를 형성하게 되는데, 현대로 오면서 여가문화가 강조되고 있다.

또한 사람의 삶에서 비일상(非日常)은 반드시 필요한 것은 아닐지 모르지만 그것이 없을 경우 정신적인 안정을 유지하기 어렵거나 사회나 조직에 커다란 문제가 생길 수 있다. 이러한 비일상에 속하는 것으로 가장 중심을 이루는 것은 의식과 정치이다. 의식은 주술적(呪術的)인 성격이 강하며, 축귀(逐鬼), 치병(治病), 생사(生死) 등과 관련된 집단행위를 통해 구체화된다. 의식은 사람과 직접적으로 관련된 것과 사람 이외의 것으로 신을 포함한 자연과 관련된 것으로 나눌 수 있는데, 사회가 가지고 있는 성격에 따라 각각 다른 특성을 가진 문화현상을 만들어 내는 것이 특징이다.

사회를 이끌어 가는 구심점의 하나인 정치는 일반 구성원들이 직접적으로 관여하는 것은 아니지만 그것의 잘잘못에 의한 혜택이나 손해는 고스란히 자신들에게 돌아오기 때문에 언제나 관심 대상이 된다. 그러나 문화적 측면에서 볼 때 의식문화가 정치보다 한층 중요한 의미를 지닌다. 정치문화는 사회 구성원들이 직접 참여하여 만들어 내기 어려운 것이지만 의식문화(儀式文化)는 자신들이 주체가 되어 만들고 발전시키는 것이기 때문이다.

이상에서 보듯이 사람의 삶은 일상적인 부분과 비일상적인 부분이 맞물려 돌아가면서 변화하고 발전하므로 일상과 비일상이 매우 중요

---

19) 일상은 주기적으로 반복되는 현상으로 예상이 가능한 것이며, 비일상은 순간적으로 폭발이 일어나 현상이 변하는 것으로 예측이 불가능한 것을 가리킨다. 모든 사물현상은 반복을 거듭함으로써 비일상으로 출발하여 일상으로 되는 양상을 가진다.

한 의미를 가진다. 구성원이 삶을 영위하는 터전인 사회에서 만들어 지는 모든 문화는 일상과 비일상으로 나눌 수 있는 만큼 여기에서 만 들어지는 문화현상 역시 일상적인 성격을 가지는 문화와 비일상적인 성격을 가지는 문화로 나누는 것이 가장 합리적이다. 그런데 여기에 서 한 가지 흥미 있는 사실은 일상과 비일상으로 나눌 수 있는 삶의 현 상과 그것이 만들어 내는 문화현상은 서로 반대로 나타난다는 것이 다. 즉, 일상의 삶이라고 할 수 있는 노동과 여가 과정에서 만들어지 는 문화를 예로 든다면, 비일상의 문화가 되었으며 비일상의 삶을 형 성하는 주체라고 할 수 있는 의식과 정치에서 만들어지는 문화가 시 간이 흐르면 오히려 주기적으로 반복되는 성격을 지닌 일상의 문화가 된다는 사실이다. 특히 과학의 발달에 힘입어 문명이 급속도로 발달 하면서 노동과 여가의 양적인 측면과 질적인 측면에 엄청난 변화를 몰고 왔으며, 의식과 정치의 문화가 화석처럼 굳어져 고정화된 상태 에서 주기적으로 반복되는 상황이 꾸준하게 지속되면서 이러한 현상 은 한층 두드러지고 있다.

자연의 현상과 그것이 일으키는 변화에 맞추어서 시간적 주기성을 바탕으로 노동을 해야만 했던 과거의 시대에 비해 현대사회의 노동은 시간과 공간에 구속받는 일이 눈에 띄게 줄었으며, 여가를 보내는 과 정 역시 외부에서 들어온 무엇인가를 수용하여 그것을 향유하는 방식 으로 바뀌었기 때문에 노동과 여가라는 추상적인 측면만 일상적인 것 으로 되고, 실제 나타나는 현상은 일상과 거리가 먼 것으로 되어 버렸 다. 따라서 이처럼 독특한 성격을 가지는 노동과 여가의 문화는 일상 적인 문화를 형성할 수 없게 된 것이다. 이러한 현상은 의식과 정치에 도 동일하게 나타난다는 사실이 무척 흥미롭다. 사회가 체계화되고 조직화될수록 의식(儀式)과 정치는 예측이 가능한 일상적인 것으로 바뀌는 경향을 보여 주기 때문이다.

현대사회에서 의식은 화석화(化石化)되어 전통을 강조하는 의례(儀禮)로 바뀐 지 오래이다. 따라서 대부분의 의식은 집단과 조직이 필요로 하는 측면만 강조된 상태에서 축제방식으로 탈바꿈하여 주기적으로 행해짐으로써 예측이 가능한 일상의 범주로 들어와 버리고 말았다. 정치 역시 체계화하면서 빈틈없는 제도적 장치를 마련하게 되었고 사회 구성원들은 일정한 주기에 맞추어서 권리를 행사하는 방식으로 바뀌었기 때문에 그것이 만들어 내는 문화현상 역시 같은 방식으로 형성될 수밖에 없도록 고착화되었다. 이런 점을 염두에 둘 때 현재 우리 사회에서 만들어지고 향유되는 문화는 다음의 두 가지로 분류할 수 있다. 하나는 지역, 국가 등으로 대별할 수 있는 사회적 공동체의 외부에서 들어온 것을 받아들여 자신의 방식대로 향유하면서 재화를 소비하고 노동력을 재생산하는 과정에서 형성된 것으로 비일상적인 모양을 가지고 있는 여가문화(餘暇文化)이며, 다른 하나는 구성원들의 삶 속에서 필요에 의해 재창조되어 다양한 형태의 부가가치를 생산해 낼 수 있는 형태를 갖추었거나 고착화된 제도에 의해 일상화하는 과정에서 만들어진 생활문화(生活文化)[20]이다.

비일상적이면서 수동적 성격을 띠는 현대의 여가문화는 대부분의 경우 자신이 속한 집단의 내부가 아닌 외부에서 들어온 문화를 수용하여 수동적으로 즐기는 모습으로 나타난다. 영화, 스포츠, 연극, 박

---

20) 생활양식으로서의 문화, 지적·정신적·예술적 산물로서의 문화, 상징체계로서의 문화로 분류하기도 하며(박노동·김홍태, 『대전광역시 문화격차 해소 및 진흥 방안 연구』, 대전발전연구원, 2012, 9쪽), 형평성과 보편성 차원에서 어느 지역이나 누려야 할 생활문화와 문화재나 자연환경과 같이 특정 지역의 고유성이나 독특성에 기반을 둔 고유문화로 구분하기도 한다(박태선·이미영·한우석, 『지역 간 문화격차 해소방안 연구』, 국토연구원, 2014).

물관, 도서관, 동물원, 놀이공원 등을 관람하고 이용하면서 즐기는 것이 중심을 이루는 현대인의 여가문화는 철저하게 수동적이며 수용일변도의 향유가 중심을 이룬다. 이러한 현상은 국가의 정책 방향과 맞물리면서 좀 더 강력한 힘을 가지고 사람들의 삶에 영향을 미치고 있다. 우리나라에서 문화 관련 법령과 규정 등을 제정해서 시행하고 있는 기관은 문화체육관광부, 국토교통부, 문예진흥원 등인데, 이 세 기관의 문화에 대한 인식은 한결같이 외부에서 유입되어 온 문화를 사회 구성원들이 수동적으로 즐길 수 있는 문화시설로 한정하여 명시[21] 하고 있다는 것에서 확인할 수 있다. 우리 사회는 알게 모르게 외부에서 유입된 것들을 즐기는 것이 문화의 정수라는 인식이 이미 굳어졌다는 것이다.

한편, 노동과정의 변화로 노동문화 역시 엄청난 변화를 보여 주고 있다. 신체의 움직임을 최소화하면서 컴퓨터나 기계 등의 도구를 이용하여 수행되는 현대인의 노동은 다수의 협동에 의한 것보다는 개별적이고 독자적인 행위가 중심을 이루기 때문에 여기에서 생기는 노동문화 역시 일상적인 성격을 가지지 못하는 것으로 나타난다. 따라서 국가의 정책이나 사람들의 인식 속에서도 노동문화라는 개념 자체가 형성되지 못하고 있는 실정이다. 일을 하는 과정 중에 풍물을 울리면서 함께 노래를 부르고 춤을 추던 전통시대의 노동문화 같은 것은 자취를 감춘 지 이미 오래되었다는 것 하나만으로도 이러한 사실을 방증한다. 개별화하고 파편화한 노동과정으로 인해 일상화되었던 과거의 노동문화는 사라진 것으로 보이기 때문이다.

일상적이고 주기적인 반복의 구조를 가지는 생활문화의 중심에 서

---

21) 박태선·이미영·한우석, 위의 책, 18~20쪽.

있는 것으로 으뜸을 꼽는다면 의식(儀式)을 들 수 있다. 의식은 사람과 자연의 매개자였던 신[22]과 관련된 것이 중심을 이루었는데, 이러한 현상은 문화의 원형적인 모습을 간직한 것으로 여겨지는 전통이라는 명목으로 현재까지도 잘 보존되는 편이다. 생로병사와 관련된 것은 모두가 돌발적인 것으로, 일상화할 수 없어서 초능력과 항상성(恒常性)을 지닌 존재로 믿었던 신과 연관시킨 행위를 통해 개인과 사회를 지키고 편안하게 하고자 했던 것이 의식이었으므로 전통사회에서 이 것은 비일상적인 문화임에 틀림없다.

그러나 과학이 발달하여 문명사회로 전이하는 속도가 빨라지면서 예측이 어렵거나 불가능하여 어쩔 수 없이 의식과 관련을 가졌던 것들이 예측 가능한 것으로 바뀌면서 과거의 의식행위를 바탕으로 만들어졌던 문화 역시 그 성격과 존재하는 양상이 모두 크게 바뀌게 되었다. 주로 마을 단위로 구성되어 행해지던 다양한 종류의 의식행위는 전통문화, 혹은 무형문화재라는 이름 아래로 편입되어 화석화됨으로써 상황이 발생할 때마다 행해지던 것에서 정기적으로 행해지는 문화적인 행사로 탈바꿈했다. 그리고 화석화된 문화행사로도 인정받지 못한 것은 적자생존이라는 법칙에 따라 역사의 뒤안길로 사라지면서 우리 사회에서 더 이상 흔적을 찾아보기 어렵게 되었다. 결국 현대사회

---

22) 사람에게 자연은 그 깊이를 알기 어려운 존재로 두려움의 대상이었다. 또한 자연의 변화가 사람의 삶을 좌지우지하기 때문에 경외의 대상이기도 했다. 두려움과 경외의 대상인 자연과 순리적으로 연결하면서 사람에게 유리한 방향으로 이끌어 가기 위한 가장 중요한 시도가 바로 신을 설정하는 것이었다. 그리고 사람에게 두려움의 대상이면서 변화무쌍하며, 자연 전체에 큰 영향을 미치는 존재는 바로 하늘이었다. 따라서 하늘 위에 있으면서 엄청난 변화를 만들어 내고, 조절하고 통제하는 존재가 있다고 믿었던 데서 신이 설정되고 종교가 시작되었다. 그렇기 때문에 과거의 의식(儀式)은 무엇이든 신과 관련된 것이 중심을 이루었고, 그것이 문화의 원형적인 모습으로 우리의 삶 속에 자리하고 있었다.

에서는 화석화하고 일상화한 의식문화(儀式文化)만 살아남게 되었는데, 이것을 중요한 문화현상의 하나로 보아야 한다는 인식은 아직까지 구체화하지 못한 상태이다. 강릉의 남대천을 중심으로 하여 해마다 정기적으로 치러지는 강릉단오제[23]는 우리나라에서 성공한 대표적인 의식문화라고 할 수 있는데, 아직까지 이런 경우가 매우 드물다는 것에서 그러한 사실을 확인할 수 있다.

역사와 전통을 중심으로 하는 특수성을 간직한 것으로서 지역을 대표하면서도 많은 사람의 마음을 사로잡을 수 있는 의식문화가 전국에 산재해 있었지만 아끼고 가꾸면서 보존해야 한다는 인식 부족과 이런저런 이유로 사라져 버린 것이 한둘이 아니며, 복원과 보존도 쉽지 않은 상황이 되어 가고 있다. 그 이유는 앞에서 언급한 것처럼 중앙정부나 지자체의 문화정책이 여가문화를 향유할 수 있는 문화시설의 설비와 확장에만 초점을 맞추고 있기 때문[24]이다. 이런 점이 의식문화가 미래에 바람직한 생활문화로 정착할 수 있을지에 대한 의문이 들게 하는 것이다.

현대사회에서 생활문화의 중요한 또 한 부분을 담당하는 것은 정치문화라고 할 수 있다. 정치는 신분제가 존재했던 과거 시대의 정치와는 비교가 되지 않을 정도로 체계화·제도화하면서 안정되어 있는 것이 사실이다. 사회 구성원은 정해진 시간과 제도적 장치에 따라 행해지는 투표를 거쳐 지도자를 뽑는 선거를 통해서만 정치에 참여할 수 있도록 사회가 구조화되어 있기 때문이다. 정치 참여가 예측 가능하고 일정한 주기로 행해진다는 점, 정해진 규칙에 따라 일사불란하게

---

23) 강릉단오제는 2005년 11월 25일에 유네스코 세계무형유산으로 등록되었다.
24) 여기에 대해서는 뒤에서 자세히 살펴볼 것이다.

이루어진다는 점 등으로 볼 때 현대의 정치문화는 백성들이 모여서 자신들의 견해를 틀에 매이지 않은 상태에서 표현하며 행동으로까지 옮길 수 있었던 옛날의 신분제 사회와는 판이하게 다르다는 것을 알 수 있다.

최근 들어서는 SNS(Social Network Services)로 불리는 사회적 연결망을 통해 여론을 표출하고 형성하는 것이 가능해졌다고도 한다. 하지만 그것을 이해하고 받아들이는 정치인이나 관련 기관의 필요에 따라 다양한 각도에서 해석되어 왜곡된 여론 문화를 형성하기도 하고, 그것을 잘 다루지 못하는 상당수의 사람은 참여하기가 어렵거나 불가능하여 편중된 의견 반영이 이루어져 매우 특이한 양상을 보이고 있는 것도 사실이다. 이런 점에서 볼 때 옛날처럼 일정한 세력이 혁명을 일으켜 나라를 바꾸는 것이나 통치행위에 불만을 가진 일반 사람들이 민란을 일으키는 것과 같은 일은 발생하기 어려운 상황이라고 할 수 있다. 제도화·고착화한 정치문화는 더 이상 비일상의 문화가 아니며, 절제되거나 정해진 틀 속에서 주기적으로 행해질 뿐 세상을 뒤흔들 정도의 파급력을 발휘하기가 쉽지 않은 시대가 된 것이다.

정치적 행위가 선거를 비롯한 제도의 틀 안에서만 행해지면서 완전히 생활화되었기 때문에 정치문화는 집단화에서 개별화로 바뀌고 파편화하는 성향을 보여 더 이상 위력적인 힘을 발휘할 수 없게 되었다. 따라서 외부의 것을 받아들여 관조자의 입장에서 수동적으로 만들어지는 여가문화 속으로 편입되는 양상을 보여 주고 있다. 제도적 장치로 인해 정치문화가 일상생활처럼 주기적으로 반복되는 경향을 보이기는 하지만 정작 대중들이 참여하는 정치적 행위는 수동적이고 요식적인 과정 속에 함몰되면서 짧은 시간 안에 종결된다. 따라서 그 자체로는 정치문화라고 할 수 있는 것을 만들어 내기 어려운 상황이 되었고, 수동적인 입장에서 받아들이기만 하는 일방적 수용에 의해 만들어지는 놀이 중심의 여가문화 속에 편입되는 아주 특이한 상황을 만들어 냈다.

이처럼 과거와는 판이하게 달라진 모습으로 존재하는 현대사회의 문화는 통치행위의 주체라고 할 수 있는 국가 권력이 문화 전체를 주도하고 있다는 점에서 볼 때 과연 과거의 문화보다 진전된 모습이라고 할 수 있을지에 대한 의구심이 들지 않을 수 없다. 개인의 생살여탈권을 군주 한 사람이 쥐고 절대적인 권력을 행사했던 왕권국가 체제에서는 권력이 집중되는 대신 문화는 자율성을 중시하는 방향으로 견지할 수 있었으나, 현대사회에 들어와 복잡한 과정을 거쳐 민주주의가 실현되면서 절대적인 권력은 분산되었지만 문화적인 측면에서는 오히려 대중들의 자율성과 창조성이 크게 감소하거나 쇠퇴한 것으로 나타나기 때문이다.

막강한 힘을 가지고 있는 것처럼 보이는 선거제도를 통해 자신들의 의사를 대표하고 표현할 수 있는 통치자를 뽑는 권리를 얻은 대신 경제적으로는 어려웠지만 풍족하고 창조적이었던 문화적 권리를 국가에게 넘겨줌으로써 일반 대중의 문화는 창조성을 바탕으로 새로운 것을 만들어 내는 것 자체가 거의 불가능하게 되고 말았다. 따라서 문화적인 거의 모든 것을 국가나 지방자치단체가 이끌어 가는 정책에 전적으로 의존하게 되고, 국가의 주관 기관에서 펼치는 문화정책의 중요성이 크게 부각될 수밖에 없게 되었다. 더구나 현재의 우리 사회는 산업자본주의를 바탕으로 하고 있기 때문에 국가의 문화정책은 경제적인 측면이 강조될 수밖에 없게 되면서 문화산업 전반에 미치는 영향도 거의 절대적이라고 할 수 있다. 또한 최근에 와서 전체적으로 크게 부각된 보편적 복지를 바탕으로 하는 정책기조로 인해 문화적인 혜택을 골고루 누려야 한다는 인식이 확산되면서 이런 경향은 확대일

로로를 걷고 있다.

이처럼 문화의 트렌드가 국가나 지방자치단체를 중심으로 하는 기관 주도로 흘러가게 되자 그것이 원래 지니고 있던 역동성과 창조성 등은 점차 사라지고 일방적 수용과 향유를 통한 단편적인 즐거움을 추구하는 쪽으로 기울었다. 최근 우리나라 전국에 걸쳐 우후죽순처럼 생겨난 축제를 보면 이러한 점들을 쉽게 발견할 수 있다.

현재 전국에서 진행되고 있는 대부분의 축제는 지방자치단체가 주관하여 행하고 있는데, 주된 목적은 해당 지역을 많은 사람에게 알림과 동시에 방문한 사람들의 소비활동에 의해 지역 경제에 도움이 되도록 하겠다는 것이다. 그러나 한정된 인구가 벌일 수 있는 소비활동 역시 일정한 한계가 있다는 점을 생각하면 투자한 것에 비해 이익 창출이 부족할 수밖에 없는 구조적 문제점을 안게 되는 것이다. 그럼에도 불구하고 현재도 여러 지역의 축제가 계속해서 생겨나는 것으로 볼 때 행정 조직이 본래 가지고 있는 전시와 성과 위주라는 한계를 넘어서기가 어려운 것으로 생각된다. 지역 경제를 활성화하기 위한 행정 위주의 이러한 문화정책은 결국 상당한 적자를 면하기 어렵게 될 것이고, 그에 따라 해당 지역의 경제적 어려움을 오히려 가중시키면서 대부분의 축제가 중단될 수밖에 없는 위기가 머지않아 찾아올 것으로 예상된다.

문화는 많은 사람들이 생활 속에서 공통적으로 느끼고 공감할 수 있는 부분들을 중심으로 하면서도 다른 것들과 차별화되는 독자성을 바탕으로 형성되어야만 오랫동안 지속될 수 있다. 하지만 행정 조직에 의해 좌지우지되면서 비슷한 것을 만들어 내는 현재의 문화정책을 기반으로 한다면 지속적인 성장과 변화를 이끌어 내기가 참으로 어려워 보인다. 행정 주도의 문화정책이 무조건 바람직하지 않다는 것이 아니라 해당 지역의 문화가 가지고 있는 핵심을 파악하여 그것을 전면에 내세울 수 있는 방향으로 정책이 시행되어야 한다는 점을 강조하고자 하는 것이다.

국가에서 벌인 문화정책 중에서 바람직한 방향이면서 괄목할 만한 성과를 낸 것 중 가장 눈에 띄는 것은 2001년에 창립한 한국문화콘텐츠진흥원이라고 할 수 있다. 우리 문화의 원형을 찾아내어 자료화하고 콘텐츠소스를 문화산업 분야에 제공함으로써 부가가치가 높은 새로운 문화콘텐츠를 창조해 낼 수 있는 기반을 조성하기 위해 설립된 한국문화콘텐츠진흥원은 200여 개에 이르는 문화원형 자료를 발굴하고 자료화하여 각 분야에서 새로운 문화콘텐츠가 다양하게 창조될 수 있도록 하는 성과를 올렸다. 2009년부터는 한국콘텐츠진흥원으로 이름을 바꾸고 창업과 일자리 지원, 창작기반의 강화, 글로벌 시장 진출 확대, 지속 가능한 경영혁신의 실현, 창의 인재 육성과 정책 개발 등의 5대 전략 목표를 세우고 문화의 대국화를 향한 기반을 차곡차곡 다져 나가고 있다.

한국콘텐츠진흥원이 문화산업의 흐름을 바꾸어 놓을 정도로 커다란 성과를 낼 수 있었던 핵심적인 이유는 충실한 자료를 제공하면서 민간 문화산업의 현장에 대한 개입과 간섭을 최소화했기 때문이라고 할 수 있다. 이러한 기초 작업을 바탕으로 2009년부터는 문화산업 전 분야에 대한 정책 연구, 통계 작성, 전문 인력 양성, 기술 개발, 유통의 활성화, 경영지원과 해외진출 지원, 문화원형 콘텐츠 개발 지원, 방송 영상물의 유통과 수출 지원, 건전한 게임문화 조성, 콘텐츠산업 활성화를 위한 출판사업, 교육 연수 사업 등을 주요 기능으로 하면서 문화 산업 전반에서 민간 부문과의 협력 체제를 한층 강화하고 있다. 공공 기관이 태생적으로 지니고 있는 지출과 수익이라는 지표로 결과를 평가하는 것과 문화가 지니고 있는 복합적인 측면을 간과한 점, 빠르게 변화하는 환경에 발맞추어 어떤 방향으로 문화산업을 키워 나가야 할 것인지에 대한 장기적 접근 등이 미약했다는 비판은 들을 수 있을지 모르지만, 문화콘텐츠에 대한 관심을 높이고 전문 인력을 양성할 수 있는 토대를 마련했다는 점에서 높게 평가할 수 있을 것이다. 다만 한국콘텐츠진흥원에서 홈페이지를 통해 공개하고 있는 내용을 보면 앞으로 다가올 문화적인 환경과 산업을 주도적으로 이끌고 기획해 나가려는 의지가 보이지 않는 점이 아쉬움으로 남는다.

우리의 삶은 문명의 고리와 문화의 고리가 한편으로는 상호 간에 구분되어 있는 듯이 보이면서도 다른 한편으로는 밀접한 관련을 유지하면서 맞물려 돌아가는데, 이러한 것들에 대해 어떤 방식의 문화정책을 펼칠 것인지, 민간의 문화산업 부문 또한 어떤 방식으로 지원할 것인지에 대한 비전이 요구된다고 할 수 있다. 구체적으로 말한다면 앞으로 다가올 미래사회는 모든 것이 빅데이터로 연결되어 그것을 기반으로 하는 사물인터넷(IOT) 기술이 문명과 문화를 연결시키면서 무한한 가능성을 가진 다양한 통로를 개척하는 것이 필요할 것으로 보인다. 사물인터넷은 사물과 사물의 연결을 넘어 그것이 만들어 내는 무한한 가능성과 복잡한 소통의 통로를 맞춤정보 방식으로 제공하는 방향으로 나아가야 한다는 것이다. 문화에 대한 아이템이 수백 개가 되든 수천 개가 되든 필요한 숫자만큼 뽑아내어 빅데이터를 구축하고 분석하여 연결한 후 맞춤정보를 통해 문명과 문화를 넘나드는 사물인터넷의 통로를 형성하여 제공할 수 있는 방법을 연구하고 수행할 수 있는 환경을 만들어 나가야 할 것이다.

자본주의가 중심을 이루는 현재의 세계는 어떤 시대보다 많은 일이 국가 주도 아래 기획되고, 실행되고, 마무리되는 모습을 보여 준다.

모든 것을 경제와 연결시켜 생각할 수밖에 없도록 만드는 자본주의 사회에서는 무엇이든 상품화하여 이득을 취하는 것이 가장 발전적인 모습으로 각인되는 경향이 강한데, 이것의 맨 앞에 서 있는 존재가 바로 국가라고 할 수 있다. 통치기구로서의 국가는 국민의 안전과 행복을 책임지고 유지하며 향상시키는 의무를 다해야 함은 물론 통치행위에 필연적으로 수반되는 권력을 행사하는 주체이기도 하므로 한 나라의 경제를 좌지우지할 수 있는 힘을 가지고 있으며 그것을 주도해 나갈 능력 또한 가지고 있다. 특히 문화적인 것은 국가에서 이끄는 대로 흘러갈 수밖에 없는 상태로 구조화되어 있는 것으로 보인다. 민간이 주도하여 만들어 내고 발전시키는 문화현상은 자본주의 사회에서 형성되기가 매우 어렵거나 불가능하기 때문이다.

현대사회에서 국가의 통치자가 가지는 표면적인 권력은 왕권국가에 비해 작아졌는지 모르지만 한 나라의 경제를 책임지고 이끌어 가는 주체는 여전히 국가라는 점에서 볼 때 실제적으로는 별 차이가 없는 상태라고 할 수 있다. 상황이 이렇다 보니 자연스럽게 문화에 대한 정책 기조 역시 외부에서 유입되는 문화현상을 수동적으로 수용하여 향유하는 방식과 전통문화의 뿌리를 찾아 연결시키지 못한 상태에서 흥밋거리 위주로 재창조하여 축제라는 이름으로 되살리는 방식이 정해져 시행되었다. 이렇게 되자 문화산업계의 동향 역시 이에 따라가는 추세를 보이고 있다.

앞에서 언급한 바와 같이 현대사회는 자본주의를 기반으로 하는 경제가 절대 권력을 가지고 있는 민주주의식 왕국으로 규정할 수 있는 상황이므로 국가나 지방자체단체가 지향하는 것이나 그 힘을 도외시한 채로는 어떤 문화산업도 탄탄한 뿌리를 내리면서 지속적으로 성장하기가 어려운 실정이다. 현재 문화 관련 산업의 범주에 넣을 수 있는 것으로는 게임, 광고, 방송, 영화, 지식정보, 웹툰, 애니메이션, 캐릭터, 음악, 음식, 축제 등을 꼽을 수 있다. 이러한 문화산업은 21세기에 들어와 꾸준한 성장세를 유지하고 있었지만 최근 들어서는 등락을 거듭하는 상태로 고착화되면서 새로운 성장 동력을 끌어올리지 못하는 것으로 평가된다. 웹툰, 음악, 애니메이션, 캐릭터 등의 분야는 2010년경부터 일반화된 스마트폰의 대량 보급과 사용으로 인해 시장이 모바일 중심으로 급속하게 재편되는 엄청난 변화를 겪으면서 성장해 왔다는 점을 핵심적이고 중요한 특징으로 꼽을 수 있다. 아직도 무한한 가능성을 지닌 문화산업 분야이지만 새로운 도약의 계기를 어떻게 마련할 것인지가 최대의 관건이면서 고민거리라고 할 수 있다.

전국 각 지역에서 경쟁적으로 생겨나고 있는 축제는 기관 주도의 문화정책이 가지고 있는 한계를 가장 잘 보여 주는 것으로 극소수를 제외하고는 지극히 평범한 데다가 다른 지역의 축제와 비슷한 것이 대부분이어서 상당한 문제점을 안고 있다. 이미 대부분의 지역 축제가 큰 폭의 적자를 감수하면서 무리하게 진행하고 있다는 비판이 여러 언론 보도를 통해 나가고 있지만 지방자치단체는 이에 아랑곳하지 않고 계속해서 행사를 확대하고 있는 실정이다. 얼마 전부터 우리나라의 출산율은 OECD 국가에서 최저를 기록하고 있어 전체 인구가 증가가 아닌 감소로 돌아설 날이 멀지 않은 상황에서 지속적으로 축제를 확대 재생산한다는 것이 얼마나 위험한 일인지 누구나 알 수 있지만 한번 고삐가 풀린 행정 조직은 치킨 게임 같은 문화정책을 멈추지 않고 있다. 이 과정에서 문화산업과 관련된 조직이나 개인은 반짝 성장을 하고 있는 것으로 보이지만 멀지 않은 미래에 재원은 고갈될 것이고 사회적으로 커다란 문제가 될 가능성이 점차 커지고 있다.

21세기에 들어 시작된 세계 경제의 침체로 많은 국가가 어려움을 겪고 있는 상황에서 수출을 중심으로 무역에 의존하고 있는 우리나라는 그 충격이 더욱 클 것으로 보인다. 그나마 그동안은 중국 경제의 고도성장에 힘입어 겨우 지탱해 올 수 있었으나 앞으로 경기가 침체되고 본격적인 조정 기간을 거쳐서 경제 성장이 하향국면을 맞게 되면 좀 더 어려워질 가능성이 크다. 이것은 21세기에 들어와 우리 경제의 중국 의존도가 그만큼 높아졌다는 것을 의미하기도 하는데, 중국은 군사, 외교 문제를 중심으로 하는 동북아시아 질서 전체와도 밀접한 연관성을 가지는 만큼 슬기로운 대처와 만약의 경우에 대한 대비책이 절실하게 요구되는 시점이라고 할 수 있다.

경제적인 어려움은 사회 모든 분야에 결정적인 영향을 미칠 수밖에 없으므로 삶에서 문명과 관련된 부분뿐 아니라 문화와 관련된 부분에도 심각한 타격을 주게 된다. 예를 들면, 경제난으로 인한 소비의 위축은 여가의 축소로 나타나게 되고, 이것은 결국 문화와 관련된 모든 분야에 파급될 수밖에 없다는 것이다. 문화는 경제를 기반으로 하는 문명에 뿌리를 두고 발생하고 성장하면서 새로운 문명을 잉태하는 원천이 되기 때문이다. 문명과 문화의 이러한 순환관계로 인해 인류의 삶이 지속적으로 성장하고 발전하는 모습을 유지해 왔다고 할 수 있다. 따라서 경제 문제는 결코 어느 한 분야의 문제가 아니라 사회 전체를 발전시키거나 와해시킬 수 있는 것으로 문화에 미치는 영향 역시 지대하다고 할 수 있다. 특히 문화 관련 산업은 지속적인 성장 동력을 새롭게 발굴하지 못하면 머지않아 지금의 상태에서 더 이상 앞으로 나아가지 못하고 퇴보할 수밖에 없는 상황이 도래할 것이다.

문화정책과 문화산업계의 동향과 관련하여 한 가지 더 짚고 넘어가야 할 것은 정책의 방향과 산업의 움직임에 상당한 시간적 괴리가 존재한다는 점이다. 생활의 패턴이 바뀌면서 문화적인 상황과 산업의 현실은 시시각각으로 변화하고 있는데, 정책의 순발력은 그것을 도저히 쫓아가기 어려운 실정이기 때문이다. 물론 문화정책은 기본적인 것을 바탕으로 국민의 문화생활을 향상할 수 있는 방향으로 추진되므로 시간적으로나 경제적으로 상당한 제약을 받게 되는 부분이 있어서 사회의 문화 패턴을 앞장서서 주도해 나가기는 어려울 것이다. 하지만 문화정책은 이러한 간극을 좁히기 위한 노력을 게을리해서는 안 된다. 정책과 현상의 간극을 좁히지 못할 경우 사람들의 기호에 맞는 현실적인 문화정책을 펼치기가 쉽지 않기 때문이다.

최근 들어 우리 사회는 스낵컬처(snack culture)로 불리는 새로운 문화현상들이 활발하게 생겨나면서 그 지평을 점차 넓혀 가고 있다. 스낵컬처란 바쁘고 경쟁이 심한 상태에서 노동을 수반하는 문명생활을 통해 힘겨운 삶을 살아야 하는 현재의 우리나라 사람들이 짧은 시간 안에, 공간적 제약을 많이 받지 않을 수 있는 상황에서, 간편하게 향유할 수 있는 문화콘텐츠를 가리키는 용어이다. 영어인 스낵은 가벼운 먹거리를 의미하는데, 이것처럼 간편하게 욕구를 충족시키면서 즐길 수 있는 문화콘텐츠와 문화현상을 이렇게 부르게 된 것이다. 이미 사회문화의 한 분야로 자리를 잡아 가고 있는 스낵컬처를 정책적으로 어떻게 뒷받침하면서 새로운 콘텐츠를 창안하는 방향으로 이끌어 갈 것인가에 대해서는 기획이나 접근 방법 등이 가시적으로 나타나지 않고 있다. 스낵컬처가 가능하게 된 중심에는 스마트폰, 태블릿 PC 등 스마트 기기의 대량보급과 활용이 자리하고 있다. 즉, 스마트 기기가 보급되면서 즉흥적이고, 짧고, 간편하게 즐길 문화 먹거리를 찾는 사람이 증가하면서 나타난 현상이라고 할 수 있다.

이러한 요구에 발맞추어 문화산업계에서는 이들의 욕구를 충족시킬 수 있는 콘텐츠를 지속적으로 만들어 내면서 꾸준한 성장세를 이어 가고 있는데, 여기에는 모바일 영화, 웹소설, 웹드라마, 웹툰 등이 핵심을 이루고 있다. 따로 시간을 내어 극장에 가지 않고도 출퇴근 등 이동 시간을 활용하여 가볍게 보고 즐길 수 있는 영화나 드라마 같은 것이 스마트 기기를 통해 5~10분 정도의 분량으로 제공되면서 인기를 누리고 있다. 또한 기발한 아이디어와 게임 같은 내용을 결합하여 글로 제공하는 웹소설 또한 대중에게 꾸준한 인기를 누리고 있다. 특히 스마트 기기를 활용하여 언제 어디서나 가볍게 즐길 수 있는 만화인 웹툰은 포털 사이트나 페이스북 같은 매체를 통해 대중에게 폭발적인 인기를 누리게 되었고, 그 시장 또한 엄청난 기세로 성장하고 있는 추세이다.

이러한 문화현상이 어느 정도 정착되면서 이제는 오프라인 시장이라고 할 수 있는 출판계에도 상당한 영향력을 행사하고 있는 것으로 파악된다. 전자책 서점을 통해 가볍게 연재했던 작품들을 묶어서 출간한 책이 베스트셀러가 되기도 하고, 생활 속에서 꾸준히 써내려 갔던 트위터의 글들을 모아 책으로 발간하면서 인기를 모으는 일도 생기게 되었는데, 이것들은 모두 스낵컬처의 영향이라고 할 수 있다. 창작물이나 정보를 제공하고 수용하는 유통 통로가 엄청나게 넓어지고 다양화되면서 스낵컬처가 점점 세력을 넓히게 되었는데, 멀지 않은 미래에 문화 전 분야에 걸쳐 확산될 것으로 전망된다. 가볍게 뛰기 운동을 하는 트레일 러닝(trail running)이나 숙박을 하지 않고 가까운 곳에서 캠핑을 즐길 수 있는 데이 캠핑(day camping) 같은 것들이 점차 일반화되는 것은 스낵컬처의 또 다른 현상이라고 할 수 있다. 문명에서 문화로 소통하고, 문화에서 문명으로 이어지면서 그 경계를 자유롭게 넘나드는 이러한 스낵컬처가 어떻게 변신하고 발전할 것인지를 예측하면서 이를 지원하고 이끄는 시스템 개발이 필요한 시점이다.

3. 지역 및 권역별 동향

    지역이란 지표면이 가지고 있는 환경적 특성이 동일하거나 비슷하여 일정한 범위를 가지는 다른 공간과 구별되는 고유한 특성을 가지고 있는 지리적 조건에 따라 구획을 지어 나누어 놓은 것을 가리킨다. 지역을 나누는 일반 기준은 지형·기후·식생 등의 자연환경과 정치·경제·문화 등의 사회환경이다. 1차적 기준으로 작용하는 것은 자연환경이고, 그중에서 핵심을 이루는 것은 지형이라고 할 수 있다. 현대사회처럼 문명이 발달하지 못했던 과거에는 산이나 강 등이 만들어내는 지형적 특성이 사람이나 동물의 왕래를 어렵게 하는 커다란 장애물로 작용했기 때문에 이것들에 의해 공간적 성격이 결정되고, 사람의 삶 역시 절대적인 영향을 받을 수밖에 없었다. 과거로 올라갈수록 왕래가 원활한 공간을 중심으로 모여 살면서 자급자족하는 형태의 생활을 했으므로 산이나 강을 경계로 하여 혈통과 언어 등의 동질성을 확보하면서 다른 공간과 구별되는 특징을 만들어 냈던 것이다. 따라서 지역을 구분하는 1차적 기준은 지표면의 모양인 지형을 중심으로 하는 자연환경이다. 지역적 특성에 맞추어서 기후나 식생 등이 정해지며, 정치·경제·문화 등의 사회적 환경요소도 모두 지형적 특성에 맞추어서 결정되므로, 이런 것들은 2차 기준으로 작용한다고 보면 된다.

    지역을 나누는 1차 기준이라고 할 수 있는 기후와 식생 등은 지형적 특성과 하늘의 공기 흐름에 의해 형성되는 것이지만 생명체의 삶에 지대한 영향을 미치므로 중요한 요소라고 할 수 있다. 생명체에게 가장 중요한 것은 목숨을 유지하기 위해 절대적으로 필요한 먹이를 얻는 일인데, 이런 것들이 모두 기후와 식생 등에 의해 결정된다. 특히 기후는 동물에게 먹이를 제공하는 주요 원천의 하나인 식물의 생장, 발육, 결실 등에 막대한 영향을 미치므로 1차 기준 중에서도 한층 중요한 요소이다. 더구나 해당 지역에서 재배하거나 자연적으로 자라는 식생의 종류와 특성 등이 모두 기후에 의해 정해질 정도로 핵심적인 구실을 하기 때문에 아주 오랜 옛날부터 지도자가 된 사람은 기후에 대한 정보를 상세하게 기록해 놓은 책력(册曆)[25]을 대단히 중요하게 여겼다. 책력에 적힌 정보를 통해 통치에 필요한 권력과 권위를 지켜 나갈 수 있었을 정도로 기후의 변화는 인류의 삶에 민감하면서도 중요한 사항이었던 것이다.

기후는 아주 작은 미세물질이 녹아 있는 공간으로 가장 화려한 변화를 보여 주는 하늘에 의해 결정되는데, 사람들은 옛날부터 하늘의 변화를 만들고 주도하는 존재로서 신을 설정하여 섬겼다. 사람의 능력으로는 하늘에서 일어나는 변화를 모두 읽어 내는 것은 불가능한 일이었기 때문이다. 그 결과 사람들은 엄청난 위력을 지닌 하늘의 변화를 만들어 내고 주재하는 전지전능한 존재가 하늘 위에 있다고 믿게 되었고, 그것을 대상화한 것이 바로 신(神)이다. 신을 극진히 모시면서 자신들이 원하는 바를 빌면 사람에게 유리한 방향으로 기후의

---

25) 책력은 주기적으로 반복되는 일 년 동안의 날짜별 변화, 해와 달의 운행, 월식과 일식, 절기, 특별한 기상 변동 등의 정보를 날짜의 순서에 따라 기록해 놓은 책으로, 하늘의 조화를 마음대로 부릴 수 있는 존재로서 하늘의 아들인 왕만 소유할 수 있었으며, 왕만 볼 수 있는 것이기도 했다. 현대사회는 이런 정보가 모두 공유되고 있지만 멀지 않은 과거만 해도 피지배층에 속하는 사람들은 이런 고급 정보를 접할 수 없었다. 기호를 중심으로 하는 문자의 발명 역시 기후에 대한 정보를 기록하기 위한 지배층의 필요에 의해 체계화했을 가능성이 매우 크다.

변화를 이끌어 줄 것이라는 믿음 때문에 이런 것들이 성립된 것인데, 과학이 발달한 현대사회에서도 신의 존재는 건재하다.

삶에서 이처럼 중요한 의미를 가지는 존재가 신이었기에 사람들은 신에 대한 이야기와 노래 등을 만들어서 사회 구성원들이 모두 인지하고 섬길 수 있도록 하는 것이 절대적으로 필요했다. 그래서 생겨난 것이 제사(祭祀), 신화(神話), 무가(巫歌) 등이다. 이것들은 모두 신을 찬양하고 신에게 재화를 바치면서 섬기는 행위와 관련된 것으로서 사람의 생활에 지대한 영향력을 끼치는 기후의 순조로움을 바라는 마음에서 비롯되었다. 또한 그 연장선상에 있는 존재가 바로 하늘에 있는 신의 아들로 인식되었던 군왕, 혹은 지도자였다. 그들은 하늘의 아들이면서 하늘이 내려준 정보를 기록한 책력을 통해 일반 대중을 이끌고 다스려 나갈 수 있었던 것이다. 이 모든 것이 기후와 관련이 있다는 점에서 기후가 생명체의 삶에 얼마나 중요한 구실을 하는지를 짐작하게 한다.

지역을 나누는 2차 기준이라고 할 수 있는 정치·경제·문화는 모두 사람이 생활하면서 만들어 내는 것으로, 해당 집단이 지니고 있는 사회적 특성을 만들어 내는 핵심 요소들이다. 정치란 일정한 지역이나 나라를 다스리는 일로서 권력을 획득하고 유지하며 행사하는 활동이면서 구성원들이 인간다운 삶을 영위하게 하고 상호 간의 이해를 조정하며, 사회 질서를 바로잡는 따위의 역할을 하는 것을 말한다. 사람과 사람의 관계를 중심으로 행해지면서 입법·사법·행정·경제·국방·복지·외교·교육·노동·산업 등 사회의 거의 모든 분야에 걸쳐 영향력을 행사하는 권력을 지니고 있는 것이 특징이다. 신분제 사회에서는 절대 권력이라고 할 수 있는 것으로 사람에 대한 생살여탈권을 왕이 독점하고 있었지만 현대사회에서는 절대 권력이 분산되면서 희석

되기는 했지만 한층 복잡한 성격을 띠기도 한다.

　정치적 권력은 사람을 죽이거나 살리는 것이 가능할 정도로 위력이 있기 때문에 이것을 행사하는 사람은 늘 올곧고 공평무사(公平無私)한 생각과 자세를 가져야 한다. 하지만 개인적인 이익이나 집단적 이기주의를 내세우는 단체들의 압력 등으로 인해 입법이 지연, 혹은 폐지되거나 권력 행사가 잘못된 방향으로 흐를 가능성과 위험성이 늘 도사리고 있다. 따라서 자신의 이익이나 생명 등에 직접적인 영향을 미칠 수 있는 것이 정치라고 생각하는 일반대중은 정치에 대한 관심과 참여도가 높을 수밖에 없고, 또한 정치에 대한 감시자 역할을 하려는 경향을 띠게 된다. 이러한 정치는 자연환경에 의해 형성된 지역이나 국가 등이 지닌 특성에 따라 다양한 형태로 행해지므로 지역을 나누는 중요한 기준의 하나가 된다.

　경제란 사람의 생활에 필요한 재화나 용역을 생산, 분배하고, 소비하는 활동 전체와 그로 인해 형성되는 사회적 관계를 가리키는데, 물질적 삶을 편안하게 영위할 수 있도록 하는 문명과 직접적으로 연관되어 있다. 사람이 두 발로 걷게 되고 양손을 사용하여 도구를 만들기 시작하면서 다른 동물과 구별되는 존재로 거듭날 수 있었다는 것은 바로 경제적 행위를 통해 먹거리를 효과적으로 획득하려는 문명의 발달을 의미하는 것이다.

　수렵 채취 시대로부터 시작된 것으로 보이는 인류의 문명은 석기시대, 청동기시대, 철기시대 등을 거치면서 비약적으로 발달한 도구로 인해 풍족하고 안락한 삶을 누리게 되었고, 그에 따라 경제적 규모 역시 끊임없이 커져 왔다. 고도의 정신세계를 가지고 있는 사람은 동물과 달리 물질적인 것만으로 살지 않는다고 하지만 물질과 관련 있는 경제를 무시하고는 어느 누구도 행복한 삶을 살기 어려운 것이 현실이다.

생산과 소비를 두 축으로 하는 경제생활은 노동과 여가로 크게 구분할 수 있는데, 노동은 문명을 만들고 여가는 문화를 만드는 특징을 지니고 있다. 노동력을 소비하고, 재화를 생산하는 노동행위는 끊임없는 기술 발전을 통해 쉽고 편리한 도구를 지속적으로 만들어 냄으로써 더 많이, 더 쉽게 재화를 얻을 수 있는 방법을 개발해 낸다. 노동과정은 얼마만큼 집약적이고 효율적으로 노동력을 소비하느냐에 따라 재화의 많고 적음이 판가름 나면서 경제의 성장과 퇴보를 결정짓는 핵심 요인이 되는데, 이것은 문명의 발달로 이어지면서 한층 높은 단계에서 상당한 위력을 발휘하게 된다. 경제의 부유함이 곧 힘이고 권력이기 때문이다.

경제의 또 다른 축인 소비는 노동과정에서 생산한 물질을 소비함과 동시에 노동행위를 통해 소모된 노동력을 재생산하는 과정이라고 할 수 있는데, 육체적·정신적으로 즐거움과 편안함을 추구함으로써 새로운 활력을 불어넣는 것이 중요한 기능이다. 이러한 소비생활은 지역이나 계층, 국가 등이 독자적이고 독창적으로 지니고 있는 성격에 따라 구분되는 것으로 다양한 문화적 현상을 만들어 내는 것이 특징이다. 경제의 한 축을 형성하는 것이 소비생활이기는 하지만 의식주·언어·풍습·종교·학문·예술·제도 등의 문화현상과 직접적으로 관련되어 있어 노동과는 다른 측면에서 중요한 구실을 하는 것으로 볼 수 있다. 사람과 사람의 관계를 통해 만들어지는 물질적·정신적 소득을 가리키는 문화현상들이 소비생활과 깊이 관련되어 있다는 사실은 문명과 상대되는 것이면서 삶의 반쪽을 구성하는 핵심이기 때문이다.

문화는 그것을 만들고 향유하는 사람들이 모여서 삶을 영위해 나가는 토대가 되는 공간이 지니고 있는 특성에 따라 다른 장소의 문화와 구별되는 독자적이고 독립적인 특징들을 만들어 내기 때문에 문화현상이 지니고 있는 차별성은 지역을 구분하는 중요한 기준 중의 하나가 된다. 특히 일정한 영역 안에서 만들어지고 향유되는 동일한 문화현상은 추상적 실체이기는 하지만 사람의 정신세계에 미치는 영향이 매우 크므로 동일한 문화를 가지고 있는지 여부가 대단히 중요하다. 교통과 통신 등이 크게 발달하여 거리에 대한 인식이 과거에 비해 크게 달라진 현대사회에서도 이질적인 문화를 가진 사회나 국가에 들어가서 거부감 없이 섞일 수 있느냐 하는 것은 결코 쉽게 판단할 수 있는 문제가 아니다. 문화적 차이나 이질감은 사람의 정신에 작용하여 충격을 줄 수 있으므로 문화에 대한 동질성을 확보하는 것은 개인적인 삶의 질을 좌우할 수 있을 정도라고 할 수 있다. 그중에서도 사회적으로 관습화되어 있는 풍습이나 의사소통을 가능하게 하는 언어의 차이 등은 문화적 이질감을 높일 수 있는 핵심이다. 이런 점에서 볼 때 문화적 차이에 따라 지역을 구분해야 하는 필요성을 충분히 인정할 수 있다.

지역을 구분하여 나눌 수 있는 기준은 대략 이 정도인데, 이것이 결코 절대적인 표준이 될 수는 없다. 지역을 나누고자 하는 목적과 접근 방법, 중요하게 생각하는 가치 등에 따라 얼마든지 다양한 기준을 설정[26]할 수 있기 때문이다. 우리나라의 지역 구분을 보면 지형적 특성에 따른 기준이 가장 중요하게 작용한다. 위에서 아래쪽으로 길게 뻗

---

26) 세계 각지의 지역 구분을 보면, 각 조직의 필요성과 중요도 등에 따라 여러 기준을 적용하고 있는 것을 알 수 있다. 동서남북을 중심으로 방향에 따라 나누기도 하고, 언어적 특성에 따라 나누기도 하며, 대륙의 모양과 인종의 차이에 따라 나누기도 한다. 또한 기후의 차이로만 지역을 나누기도 하는데, 가장 큰 카테고리는 동서와 대륙에 의한 나눔이라고 할 수 있다.

어 있으면서 삼면이 바다로 둘러싸인 반도라는 지형적 특성으로 볼 때 산이나 강을 중심으로 하는 것이 가장 무난하여 산을 중심으로 북부, 중부, 남부로 크게 구분하는 것이 가장 큰 기준이었다.

북부지역은 황해도를 동북에서 서남방으로 가로지르는 멸악산의 줄기를 경계로 하여 북쪽을 가리키는데, 지금의 북한과 강원도 북부 지역을 포함했다. 중부지역은 북부와 중부의 경계로부터 남쪽으로 백두대간이 서남쪽으로 꺾여 그것이 끝나는 지점인 지리산 부근과 금강 하류가 만나는 지점을 연결한 지점의 북쪽 부분을 가리킨다. 남부지역은 백두대간과 금강의 남쪽 부분인 경상도, 전라도, 제주도 등을 포함하는 지역을 가리킨다. 그러나 20세기 중반을 지나며 남과 북으로 분단되면서 중부지역의 개념이 바뀌어 비무장지대(DMZ)의 남쪽으로 백두대간과 금강이 만나는 지점까지를 지칭하게 되었다. 분단의 장벽은 지형과 지역에 대한 개념까지 바꾸어 놓은 것이다. 이 외에도 산맥이나 강을 경계로 설정하여 고개, 하천, 저수지, 바다 등을 기준으로 지역을 나누는 경우도 있다. 철령관(鐵嶺關)을 중심으로 관북·관서·관동으로 나눈 것, 의림지의 서쪽에 있어서 붙여진 호서, 금강의 남쪽 지방을 일컫는 호남, 조령의 남쪽 지역을 일컫는 영남 등의 지역 구분이 모두 이런 기준에 따라 나누어진 것[27]이라고 할 수 있다.

유학을 정치이념으로 하는 조선시대를 지나면서 행정적인 정비가 대대적으로 행해져 지형적 특성을 바탕으로 행정적 편의에 의한 지역

---

27) 영남, 호남, 호서 지방을 삼남지역(三南地域)이라고 부른다. 이 세 곳은 평야가 발달한 지역으로 조선시대부터 농사와 조운(漕運) 및 군사에 매우 중요한 구실을 했다. 기후가 따뜻하고 평야지대가 많아 농사에 적합해서 세곡(稅穀)을 거두기에 좋았으며, 강이 발달하여 조운에 적합했다. 또한 일본과 접한 바다를 끼고 있어서 왜구의 침입에 대비하기 위한 군사적 요충지로서의 구실도 했다.

구분이 이루어졌는데, 현재 우리나라의 지역 구분은 조선시대부터 시행되기 시작한 행정적 편의와 절차에 따라 나누어진 것을 비교적 고스란히 유지하고 있다. 현재의 지역은 한 개의 특별시, 여섯 개의 광역시, 여덟 개의 도(道), 한 개의 특별자치도로 구성되어 있는데, 특별시와 광역시, 특별자치도를 제외한 8도 체제는 조선시대부터 나누기 시작한 명칭과 구역을 거의 그대로 답습한 것이라고 볼 수 있다.

조선시대와 달라진 점이 있다면 1945년 광복과 동시에 남북으로 분단되면서 경상도, 전라도처럼 하나의 도로 불리던 것을 다시 남도(南道)와 북도(北道)로 나눈 다음, 비무장지대로 되어 있는 군사분계선 남쪽의 구역만으로 8도 체제를 새롭게 정비한 것이다. 그리고 또 하나 달라진 점을 꼽는다면 20세기 중반을 넘기면서 급격한 산업화가 진행되고, 도시로 인구가 집중되면서 특별시와 광역시라는 개념이 새롭게 도입되었다는 것이다. 뿐만 아니라 1995년 6월 27일에 동시에 시행된 4대 지방선거로 인해 지방자치제가 본격적으로 시작되어 새로운 출발을 맞게 되면서 특별시, 광역시, 특별자치도와 8도라는 지역 구분이 한층 굳게 정착하는 계기를 마련했다고 할 수 있다.

특별시, 광역시, 도를 중심으로 지역을 구분하는 현재의 시스템은 지형적 특성을 바탕으로 하면서도 인구와 산업을 중심으로 지역을 나누고 있다는 특징이 있다. 세계에서도 유래를 찾아보기 어려울 정도로 대부분의 인구가 도시에 몰려 있는 우리나라의 상황으로 볼 때 부득이한 지역 구분이라고 할 수 있는데, 문화적 특성 역시 이러한 지역 구분에 의해 규정될 수밖에 없다. 교통과 통신의 발달에 힘입어 공간적 거리에 대한 개념이 좁혀지고 소통이 훨씬 원활해지면서 현대사회는 지역 간 차별성이 점차 약해지고 있다는 견해도 있지만 행정적으로 나누어 놓은 지역 구분에 의한 문화의 차별성은 오히려 커지고 있다고 할 수 있다. 지방자치제가 본격적으로 시행되면서 각 지역 간의 인구와 경제력의 차이로 인해 문화를 향유하는 방법이나 수준 등에서 큰 차이가 날 수밖에 없기 때문이다.

특히 해당 지역의 행정 조직이 가지고 있는 경제력이나 기획력에 따라 문화를 형성하는 능력과 방식에 차이가 생길 수 있어서 지역 간의 문화적 차별성이 커질 수 있다는 점도 간과할 수 없다. 또한 대부분의 문화 관련 산업은 투자비용을 행정 조직에서 조달하는 경우가 많아 해당 지방자치단체가 지향하는 방향에 따라 큰 차이가 나게 된다. 따라서 지형적 특성을 바탕으로 하면서 행정적 편의에 따라 나누어 놓은 지역 구분이 과연 문화적 특성이나 차별성과 일치할 수 있느냐의 문제가 제기될 수 있다. 강을 사이에 둔 곳이면서 오래전부터 동일한 문화현상을 만들고 향유해 왔던 마을이 강을 경계로 도가 나누어져 전혀 다른 지역으로 구분되었을 경우 두 장소의 문화적 성격을 어떻게 규정할 것인가가 고민거리로 떠오를 수 있기 때문이다. 이런 이유로 지형적·행정적 편의로 나눈 지역 구분과 지형적·문화적 특성에 따른 지역 구분을 다르게 보아야 한다는 주장이 제기될 수 있다. 지형적·문화적 특성에 따라 지역을 구분한 것을 권역(圈域)이라고 할 때 문화권역의 설정이 가능해지는데, 이것은 행정구역과는 상당한 차이가 있어서 둘 간의 간극을 어떻게 좁힐 수 있을지가 중요한 관건이 된다.

사전적으로는 일정한 범위 안의 지역을 권역이라고 하지만 문화와 관련된 권역은 지형적 특성에 따라 동질성을 가지는 문화현상을 공유하고 있는 일정한 공간, 혹은 지역을 가리킨다. 따라서 여기에서 말하는 권역은 행정적·정치적 차원에서 말하는 권역과는 상당한 차이가 있다. 문화현상, 혹은 특성에 따라 권역을 나누는 것에서 가장 중요한 지형은 강보다 산이라고 할 수 있다. 강은 매우 커서 왕래하기가 아주 어려울 정도만 아니면 그것을 중심으로 양 방향에 터전을 이루고 살아가는 사람들이 같거나 비슷한 문화를 가지고 있는 경우가 많기 때문이다.

사람들은 강에 기대어 터전을 마련하고, 많은 것을 산에 의지하면서 삶을 영위해 나가는 경향이 있는데, 높은 산이나 고개는 넘어 다니면서 왕래하는 것 자체가 어려우므로 그것을 경계로 사람과 사람 사이의 소통이 어려웠다. 따라서 산이나 산맥, 고개 등을 경계로 해서 문화적 차별성이 뚜렷하게 나타나게 된다. 또한 땔감, 목재, 열매, 산채 등 생활에 필요한 필수품 중 산에서 얻을 수 있는 것이 매우 많기 때문에 높고 큰 산을 중심으로 그 주변에서 삶을 꾸려 가는 사람들의 문화는 동질성을 띠는 경우가 많다. 그러므로 문화를 중심으로 하는 권역의 구분은 산이나 산맥, 고개 등을 중요한 기준으로 삼을 수 있다.

권역의 설정에서 또 하나 중요한 것은 육지를 생활의 중심으로 하는 지역과 바다를 생활의 중심으로 하는 지역에 대한 기준이다. 바다를 생활의 중심으로 하는 지역에는 섬도 포함되는데, 산과 강과 평야를 생활 터전으로 하는 지역과 문화적 성격이 크게 다르기 때문에 구별해서 권역을 나누는 것이 필요하다. 행정적 필요에 의해 지역을 나누는 것에서는 나타날 수 없는 현상이 문화를 중심으로 하는 권역의 나눔에서는 나타날 수 있는데, 그것은 바로 중간 지역이라고 할 수 있는 점이지대(漸移地帶)이다. 점이지대는 서로 다른 지리적 특성을 가진 두 지역 사이에서 중간적인 문화현상을 나타내는 지역을 가리키는데, 평야와 산이 만나는 산록지역, 도시와 농촌의 중간 지역, 강을 사이에 둔 지역, 해안과 평야의 중간 지역 등으로 구분되는 두 지역의 특성이 섞여 나타나는 모습을 보여 준다. 이처럼 문화적 특성을 중심으로 한 권역의 설정은 행정구역처럼 뚜렷한 선으로 존재하지 않고 서로 다른 문화현상들이 섞여 있으면서 양쪽의 특성이 중복되어 나타나는 지역이 존재하기 때문에 문화권역을 나누는 데 어려움이 있는 것도 사실이다. 그럼에도 불구하고 권역의 나눔은 한 지역의 문화가 지니고 있는 특성을 중심으로 하는 콘텐츠를 창조할 때에 유용하기 때문에 필요하다.

우리나라는 북쪽에서 동쪽으로 치우쳐 있으면서 북쪽의 압록강에서 남으로 뻗어 내린 백두대간이 지형적 특성을 형성하는 가장 중요한 첫 번째 요인이 된다. 나머지 산의 줄기인 정맥(正脈)들은 모두 백두대간에서 갈라져 나왔거나 그것에 맞추어서 생겨난 것으로 보면 된다. 산과 산맥이 이런 모습과 특성을 가지게 되자 골짜기와 들판을 흐르는 강의 형태 역시 이것에 맞추어서 형성될 수밖에 없었으니 이것이 권역을 나누는 중요한 기준이 된다. 또한 삼면이 바다로 둘러싸인 반도(半島)이면서 수많은 섬이 딸려 있기 때문에 해양문화를 중심으로 하는 권역을 설정하는 것도 필요하다. 이런 점들을 고려할 때 문화를 중심으로 하는 권역 설정은 백두대간과 강을 중심으로 하여 분리와 통합을 거듭했던 역사적 과정을 고려하면서 중심을 이루고 있는 지역이나 도시로 대표되는 공간을 설정하고, 중심지역의 문화적 특성과 동질성을 유지하는 공간까지를 하나의 광역권으로 묶어서 구분하는 것이 가장 바람직할 것으로 생각된다. 예를 들면, 백두대간의 서쪽이면서 한강 유역을 근거로 하는 문화권역에서는 서울을 중심지역으로 설정하고, 기호지방이라는 역사적 명칭을 활용하여 기호문화권이라고 하는 방식이다.[28] 이것을 하나의 문화권역이라고 할 수 있는데, 동

---

28) 이 부분에 대해서는 제5장에서 상세하게 서술한다.

일한 문화권역에 들어 있는 지역에 대해서는 문화적 중심을 이루는 지역을 가장 큰 단위로 놓고 문화 집단의 규모에 따라 하위 단위를 순서대로 크기에 따라 배열한 다음, 각 단위의 핵심적인 특성을 종합하여 권역의 중심지역에 연결시킴으로써 문화적 동질성과 차별성을 한눈에 볼 수 있도록 구조화하는 방식을 취한다.

해당 권역에 속하는 문화적 현상과 자료들은 아주 사소한 것에서부터 매우 중요하고 핵심적인 것에 이르기까지 모든 것을 하나로 모아 빅데이터화한 다음 그것을 분류하고 분석하여 필요로 하는 수요자에게 인터넷을 통해 제공하고, 동시에 각 단위에 속하는 문화현상들에 대해서는 충분하고 자세한 정보를 담고 있는 비콘의 송수신기가 스마트폰을 인식하여 상호 간에 데이터를 주고받을 수 있는 시스템을 구축하는 것이 필요하다. 그렇게 되면 권역별로 수집된 엄청난 양의 문화콘텐츠가 사물인터넷을 통해 촘촘하게 연결되면서 수요자가 필요로 하는 정보를 맞춤방식으로 제공할 수 있게 될 것이다.

행정적 지역 구분과 문화적 동질성을 바탕으로 한 권역 구분은 서로 간에 일치하지 않는 부분이 있으므로 이것을 어떻게 융화시킬 것인지가 하나의 과제이다. 앞에서 논의한 것처럼 지방자치제가 전면적으로 시행되어 각 지역의 방식대로 문화 관련 산업을 이끌면서 관여하는 행정 조직의 개입이 한층 강화되었고, 교통과 통신의 발달로 지역과 지역 간의 문화적 독자성과 차별성이 점차 희미해지는 경향이 나타나고 있다. 이런 상황에서는 행정적 지역 구분과 문화적 권역 구분 사이에 충돌 가능성이 매우 커질 수밖에 없다.

문화적 현상이나 정서 면에서 동질성을 지닌 공간이 행정적으로는 전혀 다른 지역으로 설정되었을 때 이것을 하나로 묶어 연결시키면서 정확한 문화정보를 제공하는 것이 절대적으로 필요하다. 하나의 예로 단종을 들어 보자. 행정적 경계로는 강원도, 충청북도, 경상북도로 나누어져 있는 소백산 자락의 문화적 현상과 정서에서 신화화된 역사적 인물인 단종이 지니고 있는 의미는 매우 크다. 신앙적으로 추앙될 뿐 아니라 단종과 관련된 이야기와 유적이 곳곳에 골고루 분포하면서 그 지역 사람들의 삶에 깊이 뿌리내리고 있다. 하지만 행정에 의해 주도되는 단종 관련 유적과 행사는 강원도 영월에 한정되어 있고, 다른 지역의 유적이나 사연들과는 전혀 연결되어 있지 않은 상황이다. 반면에 단종과 관련된 문화현상과 유적, 정서 등은 영월에 한정되지 않고 강원도 방향으로는 영월에서 정선을 거쳐 태백에 이르는 구간과 신림, 원주에 이르기까지 폭넓게 영향력을 미치면서 문화적 가치를 가지는 유적과 정서가 형성되었고, 충북 방향으로는 단양, 제천을 중심으로 분포하고 있으며, 경상북도에는 영주, 봉화 지역에 걸쳐 단종과 관련된 유적과 사연이 골골마다 서려 있다. 단종 관련 유적과 사연은 유배 경로였던 한강을 따라 서울로까지 이어져 있기 때문에 산과 강, 도시를 총망라하는 엄청난 양의 문화정보를 가지고 있는 것이다. 지금처럼 영월의 지역문화재, 혹은 축제로만 축소시킬 것이 아니라, 서울, 한강, 강원도, 충청도, 경상도에 분포하는 모든 자료를 빅데이터로 모아 분석하고, 각 지역과 지역의 모든 문화정보를 상세하면서도 정확하게 수요자에게 전달할 수 있는 '단종앱'이 필요할 것으로 보인다.

이것은 행정적 지역 구분에 의해 나누어진 지방자치체의 범위를 넘어 문화적 맥락에서 접근해야 하는 것으로 범국가적 문화산업의 한 줄기라고 할 수 있다. 이런 기획과 그것을 바탕으로 한 문화콘텐츠로의 구현은 행정에 의해 나누어 놓은 지역적 경계의 벽을 허물지 않고는 불가능하기 때문에 매우 복잡하고 어려운 문제 중의 하나이다. 지금까지의 문화정책과 문화산업은 지역적 구분에 의해 분리된 상태에서 각각의 특성에 맞추어 단편적으로 구성되는 문화콘텐츠를 만들어서 수요자에게 제공하는 방식이었지만 앞으로의 문화콘텐츠는 행정적 지역 구분을 넘어 문화 주제, 혹은 범국가적 차원에서 접근하는 방식을 취해야 한다. 행정적 지역 구분과 문화적 권역 구분 사이에 생길 수 있는 간극을 어떻게 뛰어넘으면서 융화시킬 수 있느냐가 성패의 관건이 될 것으로 보인다.

앞에서도 거듭 논의한 바 있지만 현재 우리나라의 문화산업은 문화관광부와 지방자치단체를 중심으로 하는 행정의 주도하에 추진되었고, 앞으로도 그럴 가능성이 매우 크기 때문에 이미 한계에 부딪혔거나 머지않아 그렇게 될 가능성이 매우 크다고 할 수 있다. 특히 지방자치 행정의 주도 아래 새롭게 개발되는 문화콘텐츠는 표면적으로 요란하기만 할 뿐 유행을 심하게 타는 관계로 어느 하나가 잘된다고 생각되면 그것과 비슷한 방식의 문화콘텐츠가 짧은 시간 안에 전국적으로 우후죽순처럼 생겨나는 진풍경이 벌어지고 있어 상당히 위험하다.

현재 우리나라의 문화산업은 표면적으로는 공익성을 내세우면서 지방자치단체나 중앙행정부서가 앞으로 나서서 사업을 진행하는 것으로 보이지만 실제로는 그 뒤에 수익 창출을 기반으로 하는 기업들이 자신의 기획력과 기술력을 바탕으로 문화산업을 주도하고 있는 실정이다. 이럴 경우 문화산업을 주도하는 행정 조직에서 기획과 비전, 실용성과 타당성 등을 제대로 검토하고 살피며 감시할 수 있는 능력을 갖추는 것이 필요조건이라고 할 수 있다. 하지만 현실은 그렇지 못하기 때문에 단기적이고 무계획적으로 사업이 추진되면서, 성공하는 경우보다 실패하는 경우가 훨씬 많은 양상을 보이고 있다. 무슨 일이든지 빨리 해야 하는 우리나라의 민족성에서 기인한 것이라고 하더라도 현상과 전망에 대한 철저한 분석과 준비를 하지 않은 상태에서 단편적이고 단기적으로 실행하는 문화산업은 멀지 않은 미래에 또 다른 실패를 안겨 줄 수 있고, 그 여파가 엄청나게 클 수도 있다는 점을 늘 생각해야 한다. 이러한 과정에서 생겼거나 생길 수 있는 문제점으로는 획일적이고 천편일률적인 형태를 가지는 문화콘텐츠가 중복해서 등장함으로써 첫째, 수요자의 참여율을 급감시키고, 독자적이고 창조적인 의미를 가지는 축제의 정체성이 옅어진다는 점, 둘째, 전시적이며 단기적인 기획에 의해 흥미와 먹거리 위주의 이벤트성 축제로 전락하게 된다는 점, 셋째, 사물인터넷에 걸맞은 하드웨어와 소프트웨어가 결여됨으로써 시대에 뒤떨어진 모습을 가지게 된다는 점, 넷째, 전문성을 갖춘 인력과 기관이 부족해지는 현상 등을 지적할 수 있다.

이러한 상황이 전개되자 한국축제콘텐츠협회 같은 것이 발족하여 활동하려는 시도를 하고 있으나 아직까지는 걸음마 수준에 머물러 있다. 따라서 급변하는 환경에 적응하면서 새로운 콘텐츠를 만들어 내는 단계에 이르기까지는 상당한 시간과 무리가 따를 것으로 생각된다. 이 외에도 축제 관련 신문이나 연구소, 각 축제를 소개하는 사이트 등이 여기저기 만들어지면서 단편적인 정보들을 무차별적으로 제공하고 있으나 이것 역시 비슷비슷한 축제가 마구 생겨나면서 상당한 문제를 일으켰던 것과 비슷한 양상을 보이고 있는 실정이다. 그러므로 이런 문제점을 해소하고 미래지향적으로 문화콘텐츠를 개발하며, 문화산업을 지원하고 이끌어 가기 위해서는 한층 체계적이고 종합적인 분석과 기획을 바탕으로 미래 지향적이면서 통합적인 문화콘텐츠의 개발이 시급한 것으로 보인다. 이러한 환경을 조성하기 위해서는 첫째, 국가 주도의 문화 빅데이터 구축, 둘째, 첨단 IT 기술을 바탕으로 하는 전국적 규모의 사물인터넷 시스템 구축, 셋째, 지역과 지역, 주제와 주제를 연결시켜 정확하고 풍부한 정보를 소통시킬 수 있는 프로그램의 개발, 넷째, 지역, 혹은 주제별 특성에 따라 맞춤정보를 제공할 수 있는 앱의 개발, 다섯째, 문화 관련 빅데이터와 사물인터넷 시스템 등을 총괄할 수 있는 사령탑의 개설 등이 우선적으로 마련되어야 할 것이다.

현재 우리나라는 빅데이터나 사물인터넷 등에 대해서 겨우 시작하는 단계이므로 위에서 제시한 것들이 정책에 반영되어 현실로 나타나기까지는 상당한 시간과 노력, 인력이 필요할 것으로 보인다. 그럼에도 불구하고 한시라도 빨리 이런 시스템을 구축해야 하는 이유는 한계에 봉착해서 점차 퇴보하고 있는 현재의 문화적 상황을 타개하고 한층 높은 수준으로 새롭게 도약하기 위해서는 반드시 거쳐야 할 단계이며, 절대적으로 필요한 것들이기 때문이다.

이 과정에서 특히 조심해야 할 것은 지방자치단체를 비롯한 행정 조직은 아낌없는 지원과 철저한 감시만 할 뿐 어떤 경우에도 힘을 과시하기 위해 개입하면서 큰 흐름을 바꾸려고 하거나 자신들의 기호대로 일을 처리하려는 시도 같은 것을 절대로 하지 말아야 한다는 점이다. 문화와 문화콘텐츠에 대해서는 결코 전문적이라고 할 수 없는 행정 조직이 개입하는 순간 문화산업은 자율성과 창조력을 상실하게 되면서 무참하게 무너질 것이고 다시는 일어서기 힘든 상황으로 치달을 수도 있다. 문화에 관한 한 어느 것 하나라도 소홀히 해서는 안 되지만 문화권역과 그것의 중심지역을 설정하는 것에서부터 문화 주제를 선정하여 콘텐츠를 개발하는 일에 이르기까지 방대한 자료를 모으고 철저한 분석을 바탕으로 기획할 때 개별성과 보편성을 최대한으로 확보해야 한다. 문화콘텐츠의 개발이 이런 방향으로 진행되지 않으면 결코 오래갈 수 없고, 사람들에게 감동을 선사하지도 못할 것이라는 사실을 명심하면서 수백 년 이상 지속될 수 있는 창의적이고 보편적인 문화콘텐츠를 개발하는 것이 필수적이다. 이런 것들을 실천할 수 있다면 행정 조직에서 항상 강조해 마지않는 '세계에 우뚝 서는 문화대국'으로 거듭날 수 있을 것이다.

더 알아보기 | **문화 빅데이터 구축**

다른 분야의 빅데이터도 물론 중요하지만, 문화와 관련된 테마별 빅데이터가 가지는 의미는 한층 중요하다고 할 수 있다. 문화와 관련된 것으로 테마별 빅데이터가 제대로 구축되어 있으면 이것을 바탕으로 다양하고 부가가치가 매우 높은 새로운 형태의 문화콘텐츠를 개발할 수 있기 때문이다.

외계생명체가 영화, 문학, 만화, 게임 등을 비롯한 문학예술 분야에 등장한 것이 20세기 후반기인 1970년대이므로 상당히 오래되었다고 할 수 있다. 특히 많은 사람에게 큰 영향을 미치는 대중매체 중의 하나인 영화에 외계생명체나 우주의 공간이 구체화하여 등장하면서 큰 반향을 불러일으켰는데, 〈E. T.〉, 〈우주 전쟁〉, 〈에일리언〉, 〈슈퍼맨〉 등을 거치면서 매우 다양한 종류의 외계생명체가 나타나고 있다. 특히 최근에는 세계의 모든 신화를 빅데이터로 갖춘 나라에서는 이것을 바탕으로 하여 신화 속에 등장하는 다양한 요소를 외계생명체와 연결시켜 지금까지는 볼 수 없었던 새로운 형태의 문예콘텐츠를 다양하게 만들어 내고 있는 것을 볼 수 있다. 이집트의 피라미드는 수천 년 전에 지구를 방문해서 선진 기술을 가르쳐 주고 간 외계인들이 우주선을 감추기 위해 만든 것이라는 설정과 함께 거대한 크기의 돌을 바탕으로 하는 마야와 같은 고대문명, 알로 태어나거나 변신에 대한 것, 반신반인의 모습을 하고 있는 존재 등의 요소는 모두 외계생명체의 도래를 상징적으로 표현한 것이라는 주장을 펴면서 영화, TV, 만화, 게임 등을 통해 폭넓게 전파시키고 있다. 이런 점을 보면 하나의 테마에 대한 빅데이터가 얼마나 중요한 구실을 하며, 얼마나 많은 문화콘텐츠를 새롭게 개발할 수 있는가를 쉽게 짐작할 수 있다.

아직까지 우리나라에서는 생각지도 못하고 있는 것일지 모르지만 세계의 모든 탈[假面]을 모아 놓은 세계탈박물관을 만든 다음 그것에 담겨 있는 표정들을 분석한다면 지금까지 우리가 생각했던 어떤 것보다 새롭고 창의적인 캐릭터를 무수히 만들어 낼 수 있을 것으로 보이기도 한다. 우주와 외계생명체가 실제로 존재하는지는 아직까지 명확하지 않다고 하지만 수없이 쏟아져 나오는 관련 콘텐츠들이 사람들의 생각을 움직이면서 문화예술적인 감동을 선사하는 최고의 콘텐츠로 각광받고 있는 것은 분명한 사실이기 때문에 빅데이터 기술을 기반으로 하는 새로운 테마의 발굴과 함께 자료화하고 분석하는 작업에 박차를 가하는 것이 절대적으로 필요하다고 본다. 그렇게만 할 수 있다면 우리 민족이 가지고 있는 풍부한 감수성과 상상력으로 세계를 감동시킬 수 있는 다양한 콘텐츠를 만들어 낼 수 있을 것이다. 그러기 위해서는 부분으로 흩어져 있거나 조각으로 나누어져 있는 문화현상들을 모두 하나로 모아 통합하여 소통시킴으로써 그것들이 결합하는 숫자만큼 많고 다양한 문화콘텐츠와 정보 들을 수요자에게 맞춤정보 방식으로 제공할 수 있는 시스템 구축에 온힘을 기울여야 할 것으로 생각된다.

4. 글로벌 동향

20세기가 오기 상당히 오래전부터 세계는 문화 침탈의 전장(戰場)으로 탈바꿈해 있었다. 18세기에서 19세기에 이르는 사이에 일어난 산업혁명을 시작으로 유럽 발 제국주의가 본격화되면서 그동안 잘 알지 못했거나 알 수 없었던 세상에 대해 적대적인 입장을 취함과 동시에 무력을 통한 정복과 침탈을 마음대로 자행해 나가는 시기가 도래했다. 그 결과 외부세계와 별 접촉이 없었던 세계 대부분의 민족과 나라들은 그들이 수천 년에 걸쳐 쌓아 왔던 삶의 터전과 문화를 송두리째 빼앗기면서 식민지로 전락하고 마는 참극을 당해야 했다. 제국주의자들의 무차별적인 침략은 여기서 그치지 않고 남의 영토를 빼앗아 아예 자기 것으로 만들려는 욕심으로 바뀌면서 20세기에는 두 번에 걸친 세계대전까지 일으킴으로써 힘이 약한 민족과 국가들을 통폐합하는 식민정책을 적극적으로 펼치게 된다.

이러한 일련의 과정에서 가장 선도적으로 다른 나라를 통합하려는 야욕을 노골화하면서 제국주의를 주도했던 나라는 영국이라고 할 수 있는데, 한때는 '해가 지지 않는 나라'라는 별칭을 부끄러운 줄도 모르고 사용하였다. 영국은 인도를 비롯하여 세계 각 나라의 영토와 재화와 문화유적을 닥치는 대로 약탈해서 박물관에 모아 두었는데, 그것이 바로 대영박물관이다. 영국이 닦아 놓은 길을 따라 프랜차이즈 제국주의자들은 한층 더 악랄하게 그 노선에 동참했는데 아시아에서는 군사대국화를 내세운 일본이 대표적인 제국주의 침략자였다. 침략과 약탈을 일삼았던 제국주의자들의 행위는 결코 용서될 수 없는 것이지만 시간이 흘러 21세기로 접어들면서 그들의 가혹했던 행위는 점차 잊혀 가고 있다.

그런데 한 가지 흥미 있는 것은 문화의 세기라고 불리는 21세기에 접어들면서부터 세계의 각 나라들은 문화와 문화콘텐츠를 활용한 산업을 중심으로 치열한 경쟁을 벌이게 되었는데, 과거에 제국주의 정책을 통해 다른 지역과 민족의 문화를 대량으로 약탈해 갔던 나라들이 가장 앞장서서 문화산업을 선도해 가고 있다는 사실이다. 침략과 약탈의 역사를 주도했던 나라의 사람들이 문화산업을 중심으로 하는 문화의 세기를 창도하면서 새로운 시대를 열어 가고 있다는 것은 그야말로 역사적인 아이러니가 아닐 수 없다. 모든 인간은 기본적으로 평등해야 할 권리를 타고났다는 표어를 내걸면서 만물의 영장이라고 자부하는 사람들의 세상은, 한편으로는 권력과 힘을 가진 사람이나 나라가 언제나 앞장서서 약탈과 살육을 일삼았던 역사를 가지고 있으면서도, 다른 한편으로는 많은 것을 주도해 나가는 존재로 군림한다는 모순적인 상황을 역사적 사실과 지금의 현실이 너무나 적나라하게 보여 주고 있기 때문이다.

20세기까지의 역사가 무력을 앞세워 영토와 문화를 넓히고 빼앗기 위한 정복 전쟁을 중심으로 하는 것이었다면, 21세기는 문화와 기술을 바탕으로 하는 다양한 형태의 산업을 앞세워 다른 민족을 압도하면서 경제적인 부를 챙기려는 상품과 자본의 전쟁이라고 할 수 있다. 특히 21세기에 들어 세계의 각 나라는 오래전부터 만들고 향유해 왔던 문화현상들을 조직적으로 산업화하여 많은 사람에게 어필할 수 있는 문화콘텐츠를 만들어 내고자 했다. 그러기 위해 거의 대부분의 나라들은 자신이 가지고 있는 모든 힘과 기술을 기울여 새롭고 감동적인 콘텐츠들을 만들어 내기 위한 노력을 게을리하지 않으면서 치열한 경쟁을 벌이고 있는 상황이다.

이런 점에서 볼 때 21세기는 영토를 차지하기 위한 전쟁이 아니라 문화의 영역을 넓히기 위한 전쟁이라고 해도 과언이 아니다. 특히 문화산업 분야에서 앞서가는 나라들은 스마트 기기가 일반화되는 사회적 환경에 발맞추어 빅데이터와 사물인터넷에 의한 정보의 분석과 연결을 통해 소통과 융합을 기반으로 하는 새로운 유형의 문화콘텐츠를 끊임없이 만들어 내고 있다. 그러나 스스로 IT 강국이라고 자부하는 우리나라는 이것의 핵심이라고 할 수 있는 자료의 체계화와 소프트웨어의 개발을 외면한 채 말단적인 소비 중심의 정보기술을 지향함으로써 IT 선진국들이 지니고 있는 기초 기술에 절대적으로 의존할 수밖에 없는 지경에 이르고 말았다.

미래의 문화전쟁에서 진정한 승자가 되어 앞서나가기 위해서는 빅데이터를 기반으로 하면서 무한대에 가까울 정도의 광범위한 자료를 어떻게 수집하고 분석할 것이며, 어떤 구조로 체계화하여 소통하며 연결할 수 있을 것인가에 대한 연구가 필수이다. 하지만 이처럼 중요하고 핵심적인 콘텐츠 분야에 대한 기획이나 투자 등에 대해서는 여전히 구체적인 방안이나 정책 등이 나오지 않는 것으로 보여 상당한 어려움이 예상된다.

지금까지 있어 왔던 기존의 데이터베이스를 수집, 저장하고, 관리, 분석하는 도구의 역량을 넘어서는 정형과 비정형의 모든 관련 자료의 집합이면서 그것으로부터 일정한 의미를 지니는 가치를 추출함과 동시에 결과를 분석하는 기술이라고 할 수 있는 빅데이터는 IT 선진국에서는 이미 일반화가 상당히 진척된 것으로 보인다. 상당히 오래전부터 미국이나 영국 등의 영화나 소설에 등장하기 시작하여 지금은 상당수의 예술 장르에서 중심 소재로 자리매김하고 있는 외계인, 혹은 외계생명체(alien)가 인류의 영웅으로 떠오르면서 관련 콘텐츠를 다양하게 만들어 내고 있다. 그런데 이 소재들은 모두 인류가 오래전부터 만들고 즐겼던 것으로 우주에 대한 다양한 정보를 상징적으로 표현한 신화(神話)에 바탕을 두고 있으며, 그것의 빅데이터에 대한 분석과 해석을 기반으로 하고 있다는 사실에 주목할 필요가 있다.

신화는 인류가 집단적인 생활을 시작할 때부터 자신들의 마음속에 지니고 있었던 우주에 대한 생각과 정보를 집약시켜 이야기나 노래를 통해 나타낸 것으로서 문학예술의 한 장르이다. 신화는 인류가 마음속으로 이루어졌으면 하고 바라는 것이나 불가능할 것처럼 보이지만 스스로 하고 싶은 것들을 다양한 비유로 표현해 놓은 것이라고 할 수 있는데, 그것을 욕구로 바꾸어 도구로 실현시키면서 발달한 것이 바로 문명이기 때문에 신화를 문명의 어머니라고 부르는 것이다. 신화는 출생, 혼인, 전쟁, 죽음 등 사람이 일상적으로 겪는 것과는 전혀 다른 내용으로 구성되어 있는데, 이런 내용을 모두 외계인, 혹은 외계생명체와 연결시키는 것이 21세기에 들어와서 나타나는 새로운 현상이다.

이러한 발상을 가능하게 한 근본적인 원인은 바로 빅데이터에서 찾을 수 있다. 세계의 모든 주요 신화를 빅데이터로 모아 분석한 결과 과학이 발달한 현대사회에서도 불가능할 것처럼 보이는 문명사회가 수천 년 전에 존재했다는 사실을 입증할 수 있는 단서를 발견하게 되었다. 그것은 바로 우주 저편에 있다고 믿는 외계인이 아주 오래전 지구에 와서 인간에게 다양한 기술을 전해 주면서 추앙과 숭배를 받았으며 이들이 전해 준 기술로 고도의 문명사회를 만들었다는 주장을 펼 수 있는 근거를 확보한 것이다.

2010년 이후부터는 이러한 생각을 바탕으로 한 영화가 세계 영화산업에 가장 큰 영향력을 미치고 있는 할리우드에서 제작되면서 구체적으로 표현되기 시작했다. 영화에서는 신화 주인공의 탄생을 서술하는 비유적 표현은 모두 그들이 외계생명체였음을 나타낸 것이라고 해석한다. 또한 그동안 여러 편의 영화에 등장했던 외계생명체들이 연합하여 막강한 힘을 가진 또 다른 외계생명체로부터 지구를 구해 낸다는 방식의 작품이 대세를 이루고 있다. 언제까지가 될지 모르지만 영화에서 보이는 이러한 현상은 당분간 지속되면서 점차 확장하는 추세를 보일 것으로 생각된다. 이러한 종류의 영화 덕분에 아주 많은 사람들이 외계인, 혹은 외계생명체가 존재할 가능성이 높다는 이론을 거부감 없이 받아들이게 되었고, 어느 순간 외계생명체가 지구상에 나타나더라도 놀라지 않을 정도로까지 인식이 확산된 것으로 보인다.

영화가 사람들의 생활과 인식에 얼마나 큰 영향을 미치는지는 언어 표현을 보면 쉽게 짐작할 수 있다. 우리말의 관용표현 중에 밉상스럽거나 형편없는 사람에 대해 말할 때, "요즘 귀신은 뭘 하나 몰라 저런 인간 잡아가지 않고"라고 했는데, 요즘은 "요즘 외계인은 뭘 하나 몰라 저런 인간 잡아가지 않고"로 바뀐 것에서 알 수 있다. 옛날에는 귀신이 사람을 잡아간다는 인식이 널리 퍼져 있었으므로 미운 사람을 잡아갔으면 하는 주체로 귀신을 떠올렸기에 이런 표현이 가능했다. 그러나 요즘에는 SF 영화에서 외계생명체가 지구의 인간을 실험 대상으로 잡아가는 장면이 어김없이 등장하기 때문에 사람을 잡아가는 주체가 귀신에서 외계인으로 바뀔 수 있었던 것이다. 영화산업은 사람들에게 어필하면서 일정한 합법칙적 논리성을 갖춘 참신한 캐릭터의 창조가 성패를 좌우한다고 볼 수 있는데, 현재로서는 신화에서 찾아낸 외계의 존재 캐릭터가 가장 설득력이 큰 것으로 판단된다.

리부트(reboot)로 불리는 프랜차이즈 영화의 속편이 흥행몰이를 하고 있는 미국의 영화계는 현재 아이디어의 부족현상을 여실하게 보여주고 있다. 프랜차이즈 영화가 등장한 때로부터 이러한 조짐이 보이기 시작했는데, 최근에는 이 영화들을 다시 융합한 변종 프랜차이즈 영화가 나타나고 있다. 제작과 촬영 기술의 발달로 프랜차이즈 영화들이 당분간은 인기몰이를 할 수 있을지 모르지만 오래지 않아 이러한 융합방식의 작품에 쓸 소재가 고갈되면 더 이상 앞으로 나아가기 힘들 것으로 전망된다. 흥행을 유지할 수 있는 소재와 아이디어의 부족은 계속되고 있지만 지금까지의 것을 대체할 수 있는 새로운 소재와 아이디어의 개발은 아직 이루어지지 않은 것으로 보이기 때문이다. 많은 사람들의 사랑을 받으면서 선풍적인 인기를 누렸던 슈퍼 히어로에 대한 관객의 피로감이 어느 정도 한계점에 도달한 것으로 보이기 때문에 새로운 활로를 모색하지 않으면 안 되는 시점에 와 있다고 할 수 있다.

소재와 아이디어의 부족현상을 넘어 앞으로의 영화산업 성장세를 유지하기 위해서 가장 중요한 것은 역시 빅데이터라고 할 수 있다. 빅데이터의 구축과 분석, 제작의 소재와 아이디어의 창출이 하나의 통로로 연결되면 관객의 기호를 정확하게 읽어 냄으로써 그것에 맞는 작품을 지속적으로 만들어 낼 수 있는 기반을 형성할 수 있기 때문이다. 또한 빅데이터는 영화 자체에 대한 관객의 기호뿐 아니라 작품을 감상하는 방법이나 통로 등을 구축하기 위한 최적의 방법에 대한 정보도 제공할 수 있어 유통과 마케팅 등에도 활용할 수 있다. 인터넷과 스마트 기기의 발달에 힘입은 SNS의 위력은 영화에 대한 향유방식에도 적잖은 변화를 초래하여 인터넷 영화[29] 시장이 꾸준하게 성장할 수 있는 바탕을 만들고 있다. 또한 최근에는 스낵컬처가 일반화되면서 영화를 비롯한 동영상 제작과 유통 등에 커다란 변화를 불러일으키고 있다.

이러한 변화과정 속에 있는 글로벌 영화시장에서 눈여겨보아야 할 것은 중국의 문화정책과 영화산업이라고 할 수 있다. 근래에 고도의 성장세를 유지하고 있는 경제에 힘입은 GDP 증가 속도에 발맞추어 중국 정부는 문화산업을 국가 핵심 발전 산업으로 지정하면서 세금감면을 통한 지원책과 함께 저작권 보호가 이루어지지 않는 해적판 왕국이라는 오명을 벗기 위해 불법복제 근절을 위한 적극적인 정책을 펼치고 있다. 국민 소득과 영화 관객 수의 증가로 중국의 영화산업과

---

29) 인터넷 영화의 범주에는 첫째, 기존의 영화로 분류된 영상물 가운데 극장이나 비디오 이외에 인터넷을 통해 상영되는 영화, 둘째, 극장이나 비디오 등의 유통방식을 통하지 않고 인터넷 전용관에서 상영되는 것을 목적으로 만들어진 인터넷 전용 영화가 포함된다.

영화시장이 하루가 다르게 성장세를 지속하고 있는데, 특히 인터넷 영화시장의 활성화가 눈에 띄게 두드러진다. 이러한 추세로 나간다면 2020년 이후에는 미국을 뛰어넘는 세계 최대의 영화시장으로 발돋움하여 중국 영화가 세계 시장을 장악할 가능성도 점쳐지고 있다. 물론 아직까지 중국의 기술력이나 인터넷 등의 시장 환경은 세계적인 수준에 미치지 못하지만 세계 최대 시장이라는 점과 적극적인 문화정책 등이 빠른 시간 안에 중국 영화산업의 수준을 비약적으로 발전시킬 수 있을 것으로 전망되기 때문이다. 특히 세계 최대 인구를 가지고 있는 나라라는 점을 십분 활용한 팬경제[30] 마케팅을 통해 인터넷 영화를 활성화함으로써 시장 장악력을 지속적으로 높여 가고 있다. 빅데이터와 영화산업과 팬경제가 결합한 시스템은 중국 자체만으로도 엄청난 폭발력이 있기 때문에 영화 관련 산업의 글로벌 동향 중 중요한 현상이라고 할 수 있다.

화이브라더스[華誼兄弟], 바이스퉁[百視通] 등이 주도하고 있는 팬경제를 중심으로 하는 미디어 산업은 우리나라의 미디어 산업과도 긴밀하게 연결되어 있으므로 각별한 의미가 있다고 볼 수 있다. 문화산업의 중요한 한 부분을 담당하고 있는 영화산업이 중국 정부의 적극적 지원정책에 힘입어 지속적인 성장세를 유지할 수 있을지 지켜보면서 대응 전략을 구상하고 실천하는 것도 필요하다. 또한 중국에서는 팬경제의 한 분야라고 할 수 있는 인터넷 소설 시장도 상당한 규모를 자랑하고 있다. 1990년대 초 해외에 유학하던 사람들이 자신의 외로움을 글로 써서 인터넷에 올리기 시작한 것이 단초가 되었던 인터넷 소

---

30) 억 단위를 넘어서는 팬(fan)들이 열광하는 유명인이나 연예인 등을 통해 영화나 드라마 등의 오락산업이나 인터넷 관련 사업 등을 중심으로 하는 비즈니스를 가리키는 말이다. 이를 통해 팬 크라우드 펀딩이나 팬 이벤트 등을 생산하여 소비자에게 제공한다.

설 시장은 조금씩 성장하면서 주춤거리다가 2004년 이후부터는 상업화의 길을 걸으면서 활성화되었다. 또한 대형 업체들이 개입하여 도서출판, 영화, 게임, 만화 등의 사업으로 연결되면서 큰 규모의 문화산업 시장으로 성장했다. 2015년 1월에는 중국 최대의 인터넷 소설문학 회사인 성대문학(盛大文學)과 2013년에 진출한 텐센트문학[騰訊文學]이 합병한 열문그룹[関文集團, China Reading Limited]이 출범하여 보유한 작품 수도 300여만 개에 이를 정도로 거대 기획사로 재탄생히면서 영화나 드라마 등으로 리메이크되어 성공한 다수의 작품을 만들기도 했다.

문화산업 분야에서 또 한 가지 짚고 넘어가야 할 것이 있다면 소셜 펀딩, 혹은 크라우드 펀딩(crowd funding)[31]으로 불리는 사회적 기금을 바탕으로 제작되는 문화콘텐츠 시장이라고 할 수 있다. 이것은 다수의 개인이 소규모 후원이나 투자 등을 위해 소셜 네트워크인 인터넷 플랫폼을 이용해서 자금을 모아 자선활동, 이벤트 개최, 상품 개발 등에 대한 지원을 목적으로 하는 것인데, 주로 공연, 전시 및 음반 등의 예술 분야와 출판과 영화 제작 등에 대한 대출과 투자와 지원이 이루어진다. 크라우드 펀딩의 자금을 기반으로 하는 새로운 형태의 문화산업이 속속 생겨나면서 성장하고 있는데, 앞으로 얼마나 활성화되어 위력을 발휘할 수 있을지가 주목된다.

크라우드 펀딩은 20세기 초반에 영국에서 시작하여 미국과 유럽을 중심으로 활성화하기 시작했으며, 최근에는 우리나라와 중국, 일본 등에서도 활발하게 이루어지고 있다. 이런 자금을 바탕으로 만들어진

---

31) 크라우드 펀딩은 개별적인 수준의 기부가 모여서 목표한 바를 이루려는 시도에서 생겨난 크라우드 소싱(crowd sourcing)에서 파생한 개념으로 볼 수 있다.

영화는 정확한 검증이 이루어지지 않은 상태에서 출시될 수도 있기 때문에 실패할 가능성도 있지만 수많은 작가와 제작자의 창의적인 아이디어를 이끌어 낼 수 있다는 점에서 아주 고무적이다. 특히 영화 분야에서는 기존 제작자나 기업 들이 더 이상 만들지 않는 종류의 영화를 만들기 위해 크라우드 펀딩을 활용하여 소기의 목적을 달성하는 사례도 있어 매우 긍정적인 평가를 이끌어 내면서 나날이 성장하는 추세를 보이고 있다. 또한 크라우드 펀딩은 사회 모든 분야에 적용될 수 있는 것이므로 앞으로의 전망은 한층 더 밝다고 할 수 있다. 크라우드 펀딩은 권력이나 금력을 가진 기관이나 기업에서는 눈여겨보지 않지만 우리의 삶에서 반드시 필요하거나 보존할 가치가 있다고 판단되는 것, 창조적인 아이디어는 있으나 사업을 벌일 자금이 없는 사람 등 다양한 분야에 도움의 손길을 뻗칠 수 있고 커다란 힘을 보탤 수 있기 때문이다.

게임산업은 1~4위를 석권하고 있는 미국·중국·일본·한국을 중심으로 하는 태평양권과 5~10위를 차지하고 있는 영국·프랑스·독일·러시아·이탈리아·호주를 중심으로 꾸준한 성장세를 계속하고 있는데, 이 추세는 2020년까지는 지속될 것으로 전망된다. 게임시장의 환경은 최근 들어 PC에서 온라인과 모바일 게임으로 급격하게 바뀌면서 급성장하고 있어 이에 호응하는 게임산업이 중심을 이룰 것으로 보인다. 콘솔 게임[32]은 다소 주춤했었지만 3D 기반이 일반화되고, 이

---

32) 엔터테인먼트에 쓰이는 상호작용 멀티미디어의 한 형태를 가리킨다. 콘솔 게임은 게임기가 만들어 내는 조작 가능한 영상 및 소리로 이루어지고 텔레비전이나 이와 비슷한 오디오 비디오 시스템에 표현된다. 게임은 컨트롤러라는 게임기에 연결된 휴대용 기기를 이용하여 제어되는 것이 보통이며, 화면, 스피커, 게임기, 조작 장치가 하나로 합쳐진 것은 휴대용 게임기에서 볼 수 있다.

것이 스마트 기기를 통해 온라인과 결합하면서 서서히 성장세를 보이고 있어 앞으로의 시장 전망도 밝은 편이라고 할 수 있다. 아직까지는 비디오 게임이 시장의 절반 가까이를 차지하고 있지만 증가세가 둔화되는 반면, 온라인 게임과 모바일 게임은 큰 폭으로 성장하고 있으므로 이에 대한 집중적인 개발과 판로의 개척이 필요하다. 특히 우리나라의 게임 수출은 중국을 비롯한 아시아권에 집중되어 있어 시장의 편중화가 심한 편이라고 할 수 있다. 유럽과 미국 등 서구와 새롭게 부상하는 남미, 아프리카, 아랍 등의 신흥경제권 나라까지 시장을 넓히기 위한 전략과 전술이 절대적으로 필요하다. 특히 중국의 성장세가 빠르게 진행되고 있어 가까운 시간 안에 일본이나 한국을 넘어설 가능성이 점차 높아지고 있기 때문에 이에 대한 대비가 시급한 상황이다.

문화산업에서 만화시장이 차지하는 비중이 상당히 큰데, 최근에는 아날로그 시장이 대폭 축소되면서 그 부분을 디지털코믹 시장이 차지하는 형세를 이루고 있다. 만화시장의 디지털화는 만화, 애니메이션의 인터넷 서비스를 확대함으로써 국제시장에서 각 나라 간의 치열한 경쟁이 예상된다. 종이책 만화로 출판되기 전에 디지털화한 인터넷 시장을 통해 소비자의 반응을 보는 방식의 크로스미디어화는 세계의 만화시장에서 중심을 이루는 추세이며, 앞으로 더욱 가속화할 것으로 보인다.

종이책에 머물지 않고 디지털화하면서 그 폭을 넓히고 있는 만화의 가치사슬은 출판시장을 중심으로 하는 종이책을 1차 시장으로 볼 수 있는데, 극장, TV 드라마, 애니메이션, 게임, 연극과 뮤지컬, 광고 등의 시각적 영상물과 캐릭터를 상품화하는 머천다이징(merchandising)[33]

---

33) 시장 조사를 중심으로 하는 합리적이고 포괄적인 판매 촉진책의 하나로 캐릭터를 상품화하는 캐릭터상품업을 말한다.

을 통해 완구, 게임, 의류, 식품, 가구, 침구, 문구와 같은 다양한 상품과 연결하는 2, 3차 시장으로 확산되고 있어 앞으로의 시장 전망은 매우 밝다.

만화시장에서 가장 기대되는 것은 이미 상당히 활성화된 웹툰을 꼽을 수 있다. 인터넷을 뜻하는 웹(web)과 만화를 의미하는 카툰(cartoon)을 합성한 신조어인 웹툰은 기존의 만화처럼 글과 그림만 보여 주는 방식이 아니라 영상과 음성 더빙, 플래시 기법 등을 활용한 영상 애니메이션이다. 시각과 청각이 결합한 멀티미디어를 만화라는 형식을 통해 다양한 내용을 제공하기 때문에 전문적인 장비가 없이도 아이디어와 솜씨만 있으면 누구나 제작할 수 있으며, 그것을 즐기는 사람들 역시 언제 어디서나 자유롭고 가볍게 감상하는 것이 가능하여 첨단 스마트 기술을 융합한 대표적인 문화산업이라고 할 수 있다. 음악으로서의 소리와 영화로서의 영상과 문학으로서의 이야기를 하나로 묶어서 보여 주면서도 온라인과 스마트 기기 등을 통해 언제 어디서나 제공되고 그것을 소재로 한 영화, 드라마, 애니메이션, 연극이나 뮤지컬 등과의 결합도 가능하기 때문에 앞으로 웹툰이 넓혀 갈 수 있는 영역이 얼마나 넓을지 예측하기 어려울 정도이다. 특히 웹툰[34]은 아직 유

---

[34] 웹툰은 한국에서 발생(take off)한 새로운 현상의 하나로 출판만화를 디지털화한 정도로 전달하는 데 그치고 있는 유럽과 기타 나라들의 만화시장을 파고들 수 있는 아주 새로운 한류 문화 산업이라고 할 수 있다. 특히 웹툰은 지역적 특성에 따라 선호하는 장르도 구분되는 것으로 나타나기 때문에 한층 넓은 시장을 대상으로 맞춤 콘텐츠를 제공하는 전략이 필요하다고 판단된다. 세계 각 지역 사람들의 웹툰 선호도에 대한 한국콘텐츠진흥원의 자료에 따르면, 동유럽에서는 판타지 종류를 선호하고, 서유럽은 뱀파이어 소재 작품, 북미에서는 유령 관련 작품, 동남아시아는 초능력을 주제로 하는 작품, 일본에서는 한국의 신을 다룬 작품을 선호하며, 중국에서는 생활 현장을 코믹하게 그린 작품이 인기를 끌고 있는 것으로 조사되었다고 한다. 이런 점으로 볼 때 글로벌 시장은 지역적 특성에 따라 매우 다양한 특성을 지니고 있기 때문에 각각의 기호를 겨냥한 맞춤식 콘텐츠의

럽이나 미국 등의 해외에서 이렇다 할 시장이 형성되지 못한 부분이 있어 확장할 수 있는 가능성은 무궁무진하다.

세계의 문화산업 시장에서 가장 주목해야 할 것은 새롭게 부상하는 신흥경제권의 나라들을 들 수 있다. 경제적인 측면에서 중국은 이미 미국과 어깨를 나란히 할 정도로 성장하면서 문화산업에도 전력을 기울이고 있어 빠른 시간 안에 아시아에서 선두를 차지하는 문화대국으로 될 것이 확실하다. 특히 강력한 경제력과 외교력을 바탕으로 신흥경제권의 나라들에 대한 문화산업 진출을 서두르고 있어 우리가 가장 경계해야 할 문화산업의 강국이라고 할 수 있다.

동남아시아 신흥경제권의 나라들은 꾸준한 경제성장을 지속적으로 유지하면서 점차 문화 사업과 콘텐츠에 관심을 기울이고 있다. 최근에 한류로 불리는 우리나라의 음악과 드라마 등이 크게 인기를 끌고 있는 점이 바로 이런 현상을 대변한다고 볼 수 있다. 한류를 비롯한 외국의 문화를 대폭 수용하여 즐긴다는 것은 그 나라의 경제 상황이 많이 좋아져서 국민소득의 증가와 함께 생활의 여유가 생겼음을 의미하는데, 이것은 자국의 문화산업을 육성하려는 의지 또한 과거에 비해 훨씬 강력해졌다는 사실을 방증하는 것이기도 하다.

여러 종류의 문화를 수용하여 향유하면서 그것을 바탕으로 문화콘텐츠 개발에 힘쓰고 있는 동남아시아를 비롯한 신흥경제권의 나라들은 아직까지는 일본의 문화콘텐츠를 중심으로 수용하고 있는 것으로 파악되고 있다. 그러나 이러한 사정은 차츰 나아지고 있는데, 최근에는 카카오나 네이버 등이 글로벌 경영에 적극 진출하여 일본과 미국 등에 직접 서비스하기 시작하였다. 이 서비스의 2017년 11월 말 기준

개발이 절대적으로 필요한 것으로 보인다.

하루 열람자 수가 100만 명을 넘은 것으로 파악되었다. 네이버의 글로벌 웹툰 플랫폼 '라인웹툰'은 북미 진출 3년 만에 월 사용자 수 300만 명을 돌파하며 글로벌 웹툰 열풍을 주도하고 있다. 또한 카카오재팬이 국내 카카오페이지를 일본 환경에 맞춰 출시한 웹툰 플랫폼 '피코마'는 2016년 4월 일본에 선보일 당시 웹툰이 수십 편에 불과했지만 지금은 1,000편을 넘어섰으며 월간 사용자도 200만 명을 돌파하면서 선두자리를 넘보고 있다. 업계에서는 일본에서 국내 웹툰 서비스가 성공한 이유를 틈새시장 공략이 적중한 것으로 분석했으며, 일본 업체들이 웹툰시장에 본격적으로 뛰어들더라도 한국 업체들의 노하우를 쉽게 따라올 수 없어 시장 우위를 뺏기지 않을 것으로 보고 있다.[35]

20세기처럼 몇 개의 나라가 세계 경제를 좌지우지하면서 독점하던 시대는 다시 오기 어려울 것이며, 앞으로는 동반성장을 기반으로 하는 꾸준하면서도 평준화된 경제 성장이 중심을 이룰 것으로 예상되기 때문에 이에 적극적으로 대응할 수 있는 문화산업 시스템과 맞춤형 콘텐츠의 개발이 필요하다.

---

[35] 이투데이(http://m.etoday.co.kr/view.php?idxno=1535516#cb#csidxdeddae70ffdbf228 b8ac15c8995c84c).

Chapter 05

지역문화와
문예콘텐츠

1. 문학과 문예콘텐츠

콘텐츠라는 용어의 초기 개념은 인터넷이나 컴퓨터 통신 등을 통하여 제공되는 각종 정보나 그 내용물, 유무선 전기 통신망에서 사용하기 위하여 문자, 부호, 음성, 음향, 이미지, 영상 등을 디지털 방식으로 제작해 처리·유통하는 각종 정보 또는 그 내용물을 통틀어 이르는 것이었다. 그러나 지금은 이보다 훨씬 더 넓고 큰 개념으로 거의 모든 분야에 두루 쓰이고 있다.

특히 문화콘텐츠라는 말은 문화가 지니고 있는 다양한 성격과 그것이 담고 있는 모든 내용물을 지칭하는 것이기 때문에 그 의미 또한 넓고 클 수밖에 없다. 이러한 성격을 지니는 문화콘텐츠는 그것을 만들고 향유하는 집단의 문화 전체를 담고 있는 것으로 파악할 수 있다. 그런 점에서 문화콘텐츠는 새로운 무엇인가를 만들어 낼 수 있는 소재들이 무형의 현상으로 녹아 있는 공(空)의 세계와 같다. 즉, 문화콘텐츠는 그것을 소재로 하여 만들어 낼 수 있는 무수한 2차 콘텐츠의 모태가 된다는 것이다. 문화콘텐츠는 무엇이나 만들어 낼 수 있는 무한한 가능성을 가진 모든 것이 녹아 있는 상태로 존재하기 때문에 가까이서 보거나 시간적으로 현재에 가까우면 잘 보이지 않을 수 있으며, 의미를 파악하기가 쉽지 않다. 그러나 우리는 잘 보이지 않고 느끼기 어려운 것들을 놓치지 않고 담을 수 있는 방법을 도출(導出)해 내야 한다. 시간은 흐를 수밖에 없는데, 시간이 흐르면 현재는 과거가 되고, 미래는 현재가 되면서 현재였던 것들이 전통을 가진 것이 되거나 새로운 의미를 가지는 문화콘텐츠로 되기 때문이다. 따라서 우리는 과거의 문화콘텐츠는 말할 것도 없고, 현재의 문화콘텐츠에도 주목하면서 그것을 어떤 방식으로든 기록의 형태로 남겨야 한다. 이 말은 우리가 살고 있는 현재의 모든 것이 바로 문화콘텐츠라는 의미가 된다.

"그냥 스쳐 지나가는 모든 것이 문화콘텐츠로 될 때 과연 우리는 그것을 어떻게 잡아내고 기록할 수 있을까? 그리고 그것은 어떤 의미가 있을까?" 등의 의문이 떠오르게 될 것이다. 이 문제는 과거의 문화콘텐츠를 생각해 보면 아주 쉽게 해결할 수 있는 문제이다. 고려 말기에 이규보가 지은 『파한집(破閑集)』은 심심함을 달래기 위해 여러 신변잡기를 기록해 놓은 것이다. 그처럼 보잘것 없는 것이 600여 년이 지난 후에 국정교과서에 등장할 정도로 중요한 것이 되어 우리들의 머릿속에 살아 있게 되었으니 문화콘텐츠의 힘이 얼마나 위대한가를 짐작하게 한다. 어쩌면 그 당시에 이규보는 이 책이 이렇게 중요한 의미를 지니게 될 줄 몰랐을 것이다. 그러나 어떤 이유로든 기록으로 남겼기 때문에 우리가 접할 수 있게 된 것이다. 따라서 우리 눈에 하찮게 보이는 것도 모으고 분류하여 기록해 두는 것이 바로 문화콘텐츠를 최대한으로 살리면서 확보할 수 있는 지름길이다. 이러한 기록은 한편으로는 원래의 사실에 충실하면서 다른 한편으로는 아름다우면서도 창조적인 의미를 담보할 수 있는 각색을 중심으로 하는 형태가 바람직할 것으로 보인다. 이러한 기록의 중심에 문학이 존재한다는 것은 두말할 필요가 없다.

그렇다면 문학이란 무엇인가? 문학은 철학을 바탕으로 하는 역사와 문화의 기록이며, 아름다움을 지니고 있는 존재이다. 문학은 식물의 맨 꼭대기에 아름답게 피어나는 꽃과 같다. 아름답기 때문에 많은 사람들이 문학을 사랑하고, 예술성 높은 작품을 창작하려고 한다. 이것이 바로 문학이 사람을 끌어당기는 매력이요, 힘이다. 사람을 끌어당기는 원천이 문학의 아름다움이라고 한다면 아름답지 못한 것은 문학이 아니라는 것이 된다. 문학은 무조건 아름다워야 한다. 아름다워야 많은 사람에게 읽히고, 사랑을 받고 오래오래 살아 있는 명작이 된다.

아름답다는 점에서 문학은 식물의 꽃에 비유되기도 한다. 꽃은 식물의 맨 꼭대기에서 아름다운 모습과 달콤한 꿀샘으로 사람과 곤충의 사랑을 받는 존재이다. 아름다움으로 사람의 사랑을 받을 수 있는 매력을 발산한다는 점에서 꽃과 문학은 닮아 있다. 그런데 사람들은 주로 문학과 꽃의 아름다움만 생각하고 그것이 어떻게 해서 아름다울 수 있는가에 대해서는 별로 신경을 쓰지 않는 경향이 있다. 그러나 조금만 생각해 보면 꽃이 결코 독자적으로 아름다울 수 없듯이 문학 역시 혼자서는 아름다움을 뽐낼 수 없다는 점을 직감할 수 있다. 즉, 문학이 아름다움을 담기 위해서는 그것의 바탕이 되는 무엇인가가 있어야 한다는 것이다.

먼저 꽃에 대해서 살펴보도록 하자. 식물의 꼭대기에서 아름다움을 뽐내는 꽃이 매력을 제대로 살리기 위해서는 영양분을 공급해 주는 튼튼한 뿌리와 탄소동화작용을 통해 식물의 성장을 이끌어 내는 줄기와 잎이 반드시 있어야 한다. 뿌리와 줄기, 잎 등에서 영양분과 수분을 공급받지 못한다면 꽃은 결코 필 수 없고, 아름다움을 뽐낼 수도 없다. 이와 마찬가지로 문학 역시 뿌리와 줄기, 잎에 해당하는 것이 필요한데, 그것은 바로 철학과 역사이다. 철학은 인류가 세상을 보고 배운 지식을 바탕으로 만들어 낸 이론적 도구이고, 역사는 사람이 삶을 살아가면서 만들어 낸 수많은 사건과 같은 현상이 쌓여서 이루어진 것이다. 철학이 한 개인의 세계관과 연결된 것이라면, 역사는 사회와 연결되어 있는 것이라고 할 수 있다.

문학은 철학과 역사를 바탕으로 하지 않으면 절대로 아름다운 모습으로 탄생할 수 없는 치명적인 단점을 지니고 있다. 논리적으로 사고하고 우주를 이해하는 철학을 바탕으로 하지 않는 문학작품은 성립 자체가 불가능하며, 역사적 사실과 연관되지 않은 문학작품은 예술적 아름다움을 통한 감동을 선사하기가 어렵다. 따라서 문학은 철학 및 역사와 밀접한 관련을 가지게 되는 것이다. 문학이 철학 및 역사와 밀접한 관련을 가진다는 말은 예술적인 문학작품을 창작하기 위해서는 철학과 역사를 함께 공부해야 한다는 것을 의미한다. 그런 점에서 문학 공부는 어렵다고 할 수 있다. 그럼에도 불구하고 인류 역사에서 수많은 사람이 문학에 매료되어 평생을 문학과 씨름하면서 보냈으며, 현재도 수많은 사람이 아름다운 문학작품을 창작하기 위해 글을 쓰고 있다.

이러한 성격을 지닌 문학은 과연 어떻게 성립한 것일까? 문학이란 용어에서 중심을 이루는 문(文)이란 글자는 꾸민다는 뜻을 가지고 있다. 꾸민다는 것은 일정한 사물이나 현상을 대상으로 하여 아름답게 만드는 것을 가리킨다. 그러므로 문학은 무엇인가를 대상으로 아름답게 꾸미는 방법을 배우는 것이라고 할 수 있다.

인류가 맨 처음 꾸밈의 대상으로 삼았던 것은 하늘이었다. 우주의 구성요소 중에서 하늘은 가장 변화가 심하며 화려했기 때문에 사람의 시선을 사로잡기에 충분한 존재였다. 하늘은 하루에도 수천 번 넘게 변하며, 가장 화려한 색깔을 가지고 있다. 해가 나다가 비가 오기도 하고, 구름이 끼기도 하며, 천둥소리가 나기도 하는 등 아주 다양한 변화가 연출되는 것이 하늘인 것이다. 이러한 하늘을 대상으로 재미있는 이야기를 지어내고 노래로 부르기 시작했는데, 이것이 바로 문학으로서의 신화였다. 사람들은 엄청난 변화를 시시각각으로 보여 주는 하늘을 주관하는 존재로 신을 생각했기 때문이다.

　신의 유래와 성격을 설명하는 신화는 문학의 시작이며 우주에 대한 인간의 생각을 처음으로 담아내는 그릇이었다. 사람들은 하늘에는 인간 세상에서는 상상도 할 수 없는 전지전능한 신이 살고 있는데, 인간이 사는 땅과는 너무 멀리 떨어져 있어서 직접적으로 통하기가 어려운 존재라고 여겼다. 그리고 신은 하늘의 여러 변화를 만들어 내는 것은 물론 인간을 행복하게 하기 위해 중재자인 심부름꾼을 땅의 세상으로 내려보낸다고 믿었다. 신의 심부름꾼으로 세상에 내려온 존재가 바로 왕이었는데, 신화에 등장하는 왕은 하늘의 아들로 설정되는 것이 일반적이었고 우리 신화에도 그렇게 나타난다.

　신화는 건국신화, 씨족신화, 부락신화 등으로 분화되면서 전설, 민담과 같은 여러 종류의 이야기를 만들어 냈고, 나중에는 소설과 같은 산문문학으로 발전하게 된다. 이런 생각을 바탕으로 아래에서는 우리나라의 문화권 중 중광역권에서 발생하여 향유되고 있는 문예콘텐츠에 대해 구체적으로 살펴보도록 한다. 여기서는 중문화권 전체를 살펴보지 않고 중요 지역을 중심으로 서술하도록 한다. 이 책에서 서술 대상으로 삼은 중문화권의 문예콘텐츠는 첫째, 서울을 중심으로 하는 기전문화권의 문예콘텐츠, 둘째, 경주를 중심으로 하는 영남동부문화권의 문예콘텐츠, 셋째, 남원을 중심으로 하는 호남동부문화권의 문예콘텐츠, 넷째, 제주시를 중심으로 하는 제주문화권의 문예콘텐츠, 다섯째, 강릉을 중심으로 하는 영동문화권의 문예콘텐츠, 여섯째, 부여를 중심으로 하는 호서서부문화권의 문예콘텐츠 등이다.

서울을 중심으로 하는 기전문화권의 문예콘텐츠

고려가 건국한 때로부터 현재에 이르기까지 한반도의 중간에 해당하면서 백두대간의 서쪽 지역이 속해 있는 기전문화권은 우리 민족의 정치, 문화, 경제의 중심지가 되었다. 고려시대까지는 개성이 도읍지였고, 조선시대부터 현재에 이르기까지는 한양, 혹은 서울이 수도로되면서 기전문화권이 매우 중요한 구실을 하게 되었다. 특히 조선시대에서 현재에 이르는 동안 형성된 문화들은 다른 지역의 문화와 뚜렷이 구별되는 성격을 보이고 있어 더욱 관심의 대상이 된다. 이 시대에 이르러 사회 전체가 크게 변화하면서 문화 역시 그에 맞추어서 변했기 때문이다.

우리 민족의 역사를 보면 고려에서 조선으로 넘어가는 과정에서 문화의 전체 패러다임[1]이 바뀐 것으로 파악된다. 우리 역사에서 처음 등장한 고조선을 고대국가로 볼 경우 지금으로부터 약 5,000년 전으로 남아 있는 자료가 많지 않아 어떤 형태의 국가였는지 파악하기가 쉽지 않다. 강력한 왕권을 바탕으로 봉건제 형태의 국가가 성립한 때는 기원전 2세기에서 1세기에 이르는 시기였던 것으로 보인다. 이 시기 한반도를 중심으로 하여 압록강 너머 만주를 포함한 북쪽에서는 부여를 누르고 고구려가 일어났으며, 한반도의 남쪽에서는 소국 형태의 나라들이 통합하면서 가야, 백제, 신라 등의 국가가 형성되어 사국

---

1) 어떤 한 시대 사람들이 가지고 있었던 견해나 사고를 근본적으로 규정하고 있는 테두리로서의 인식의 체계, 또는 사물에 대한 이론적인 틀이나 체계를 가리키는 패러다임은 특히 문화적 측면에서 고려 이전 시기와 이후 시기가 크게 달라지는 모습을 보인다.

시대[2]를 맞이하게 된다.

역사적 발전과정에서 볼 때 고대국가 이전 시기는 신화의 시대라 할 수 있고, 고대국가 중에서도 조선 이전 시기까지는 종교의 시대라고 할 수 있다. 즉, 이 시대는 사람보다 신이 역사의 전면에 등장하여 이념과 제도와 관습 등의 세계관을 형성하면서 사회를 이끌어 가는 원동력으로 작용했다고 할 수 있다. 고대국가 이전에는 토템 등의 원시신앙을 중심으로 한 신이 사람의 생활 전체를 통제하여 이끌어 갔고, 사국시대 이후에는 체계화된 종교 중심의 세계관이 사회의 거의 모든 것을 통제하고 이끌었던 것[3]으로 보인다. 고구려, 백제, 가야, 신라 등 네 개의 고대국가가 한반도를 중심으로 정립했던 시기부터 후삼국시대로 불리는 신라 말기를 거쳐 고려시대에 이르기까지는 불교를 중심으로 하는 종교적 이념이 사회의 전면에 나서면서 우리 민족의 삶은 많은 것이 이것에 맞추어 만들어지고 유지되며 변화하는 과정을 보여 준다. 그러나 성리학이 시대적 이념으로 작용한 조선시대부터는 상황이 급변했다. 고려시대까지 주류를 이루었던 신 중심의 세계관에서 인간 중심의 세계관으로 이동했기 때문이다. 조선시대의 중심 이념은 사람이 어떻게 하면 사람답게 살 수 있는가에 초점이 맞추어졌다. 충과 효, 사람이 지켜야 할 도리를 강조하며 다른 사람과의

---

2) 일반적으로 이 시기를 삼국시대라고 부르지만 이것은 잘못된 역사관에서 나온 것으로 보아야 한다. 가야라는 고대국가는 기원전 1세기경부터 시작하여 기원후 6세기 중반(562년)까지 존속했다. 따라서 가야가 멸망한 때로부터 진정한 삼국시대가 시작된 것으로 보면 고구려, 백제, 신라의 세 나라가 정립한 시기는 백제가 멸망한 660년이나 고구려가 멸망한 668년으로 잡아도 100여 년 정도의 기간뿐이다. 따라서 600여 년 동안 지속된 가야의 역사를 무시하고, 삼국시대라는 명칭을 사용하는 것은 앞뒤가 맞지 않는 주장이라고 할 수 있다.

3) 손종흠, 『고전시가 미학강의』, 앨피, 2011a, 395쪽.

관계를 중시하고 배려하는 인격을 삶의 중심에 놓게 되자 조선사회는 사람이 역사의 전면에 나서고 신이 후면으로 후퇴하면서 모든 것이 사람 중심으로 재편되기 시작했다.

사회적 상황이 이렇게 전개되다 보니 이것은 문화의 한 분야를 이루고 있는 문학에도 절대적인 영향력을 행사했던 것으로 보인다. 고대국가가 발생하기 이전의 문학에 대한 것은 남아 전하는 기록이 거의 없기 때문에 그 면모를 제대로 살필 수 없다. 다만 고대국가가 발생하는 과정과 맞물리는 시기의 구전문학(口傳文學) 일부가 문자로 기록되었는데, 시경체(詩經體)인 4언4구(四言四句)로 되어 있는 것이 특징이다. 고대국가가 성립하여 국가 제도를 정비하게 되면서부터는 한자를 표기수단으로 하더라도 우리말의 특성을 최대한 살려 표기할 수 있는 새로운 방법이 개발되면서 일부 작품이 기록으로 남아 전해지게 되었는데, 대표 작품이 신라를 중심으로 만들어지고 불린 향가(鄕歌)라고 할 수 있다.

향찰(鄕札)로 표기되어 있는 향가의 형식적 특성은 3구6명(三句六名)인데, 여섯 개의 명(名)으로 이루어진 세 개의 구(句)가 하나의 행(行)을 구성하는 방식으로 되어 있다고 보는 것이 가장 최근의 이론[4]이다. 한 가지 흥미 있는 사실은 고려시대의 대표적 시가라고 할 수 있는 속요(俗謠)나 경기체가(景幾體歌)도 향가와 마찬가지로 3구6명의 형식적 특성을 가지고 있다는 점이다. 이것 역시 두 개의 명이 하나의 구를 만들어서 여섯 개의 명으로 된 세 개의 구가 하나의 행을 이루는 방식으로 작품이 구성되어 있기 때문이다. 구전문학이 중심을 이루는 부족국가, 혹은 소국(小國)시대에서 고대국가로 넘어가는 시기에 기록된

---

4) 손종흠, 「삼구육명에 대한 연구」, 『열상고전연구』 37집, 열상고전연구회, 2013.

일부 시가문학은 민요적 성격이 강함에도 불구하고 중국의 시경체로 기록되어 있는 반면, 신라의 향가와 고려의 속요, 경기체가 등이 3구 6명의 형식으로 기록되어 있다는 점은 우리에게 시사하는 바가 크다. 우리 문화에서 3은 신과 관련된 숫자[5]라고 할 수 있는데, 이것이 중심을 이루는 방식으로 시가의 형식적 특성이 형성되었기 때문이다. 즉, 고대국가 시대부터 고려시대까지의 시가문학은 기본적으로 신과 깊이 연관되어 있고, 신에게 바치는 노래로시의 싱격이 강했기 때문에 이러한 형식적 특성을 가질 수밖에 없었던 것이다. 그러다가 역사의 전면에 인간을 내세우는 이념이라고 할 수 있는 성리학이 사회의 중심을 이루는 조선이 건국하면서 이러한 문화의 패러다임은 전면적인 전환을 모색하는 방향으로 치닫는다.

사람의 본성과 인격, 그리고 행동양식 등에 대해 체계적이면서도 조직적으로 정비된 사상을 핵심으로 하는 성리학을 통치이념으로 삼으면서 출발한 신흥사대부와 이성계의 세력은 조선을 건국하자 배불(排佛)을 국가정책의 기본 방향으로 정한다. 그들이 이처럼 불교를 크게 배척한 이유는 오랜 뿌리를 내리고 있으면서 신의 존재를 굳게 믿으며 철저하게 섬김의 대상으로 삼는 신앙으로서의 불교를 몰아내지 않고서는 성리학이 설 자리가 없다고 보았기 때문이다. 특히 성리학은 모든 인식체계가 사람에 대한 것을 최우선으로 하고 있으므로 그 위에 신이 있다는 사실 자체를 용납하기가 무척 어려웠던 것으로 보인다. 배불정책으로는 1,000년을 넘게 이어 온 불교를 완전하게 몰아내는 것이 불가능했지만 권력과 결합한 성리학이 굳건하게 뿌리를 내

---

5) 우리 문화에서는 신이 역사의 전면에 나섰던 시대가 있었다. 원시시대부터 고대국가 시대를 거쳐 고려시대까지는 신이 인간의 삶을 지배한다고 믿었다. 3은 전체, 완전성 등을 의미하는 신과 연결되는 숫자였다. 고려시대까지 우리 문화에서 3은 신의 숫자였다.

릴 수 있도록 하는 데에는 아주 유용한 사회적 장치였다.

이렇게 되자 조선사회는 거의 모든 문화현상이 성리학을 중심으로 재편되기 시작했고, 그 결과 문학도 종래의 것과는 판이하게 다른 형식과 내용을 중심으로 새롭게 창조되고 전승되었다. 문학 쪽에서 가장 먼저 변화가 온 것은 시가였는데, 조선시대 초기에 시가의 중심을 이루었던 경기체가, 악장, 시조, 가사 등은 모두 4를 중심으로 하는 형식으로 재편되었고, 내용은 성리학의 이념을 노래하는 방향으로 지어졌다.

경기체가는 전대절(前大節)과 후소절(後小節), 엽(斂)의 형식만 계승하면서 내용은 충과 효를 강조하는 것이 중심을 이루었고, 표현방식은 4구8명(四句八名) 방식으로 바뀌었다. 이러한 현상은 악장에도 그대로 나타났으며, 조선이 안정되기 시작한 성종조(成宗朝)부터는 시조와 가사에도 전면적으로 이러한 형식이 등장한다. 이것은 신을 상징하는 3이라는 숫자가 중심을 이루던 문화에서 사람을 상징하는 4라는 숫자가 중심을 이루는 문화[6]로의 전환이 구체화되었다는 것을 보여주는 뚜렷한 증거가 된다.

한강 유역을 기반으로 형성된 기전문화권은 조선의 건국과 함께 도읍지로 정해진 서울을 중심으로 하고 있다. 따라서 문예콘텐츠의 핵심 소재는 주로 서울과 한강을 중심으로 하여 조선시대에 창작된 문학 자료와 유적이나 유물의 현장 등이 대부분을 차지하며, 이것을 중요한 특성으로 지적할 수 있다. 조선시대 이전부터 구전되어 오던 일부의 이야기나 노래 등을 제외하고는 거의 대부분의 작품과 유적이

---

[6] 유학이 정치이념으로 등장한 조선시대부터는 신이 역사의 뒤로 물러나고 사람이 전면에 나서는 시기가 되었다. 4는 자연의 섭리와 관련된 숫자로 조선시대부터는 우리 문화의 중심을 이루는 숫자로 자리 잡았다.

조선시대에 형성된 것이기 때문이다. 기전문화권의 문예콘텐츠가 가지는 이러한 특성은 영남이나 호남, 호서 등의 문화권에서 형성된 문예콘텐츠와는 뚜렷한 차별성을 가지는 것이라고 할 수 있다. 따라서 기전문화권의 특징을 잘 보여 줄 수 있는 상징으로 삼을 수 있는 캐릭터의 창작이나 문예콘텐츠 창작의 소재 선택 시 반드시 이러한 특성을 고려하면서 접근하는 것이 필요하다.

3. 경주를 중심으로 하는 영남동부문화권의 문예콘텐츠 🔍

태백산을 기점으로 하여 남서 방향으로 지리산까지 이어지는 산줄기이면서 한반도 등뼈인 백두대간의 남부 구간 동남쪽에 위치한 지역의 문화권을 지칭하는 영남동부문화권은 오랜 역사를 지닌 공간으로 전통적인 문화현상과 유적, 유물 들이 많이 남아 전하는 곳이다. 역사적으로는 신라라는 고대국가가 일어나서 1,000년을 넘어 긴 시간 동안 존속했던 지역이기도 하다.

낙동정맥을 경계로 동쪽과 서쪽의 생활양식에 차별성이 존재하지만 큰 틀에서는 비슷한 언어와 문화를 창조하고 향유했던 지역이다. 낙동정맥의 동쪽은 험준한 산줄기가 북쪽에서 남쪽으로 연이어 뻗어 내려 금정산에서 남해 바다로 이어지는데, 산기슭의 경사가 급하여 평야가 많지 않은 데다가 동해와 연접해 있어서 산림과 농경을 중심으로 하는 문화와 어업을 중심으로 하는 문화가 혼재하고 있는 양상을 보인다. 낙동정맥의 서쪽 지역은 동쪽 지역에 비해 강과 평야가 크게 발달하여 농경문화를 형성하기에 최적의 장소이다. 고대부족국가 시대에는 주로 변한(弁韓)의 지역이었으며, 고구려, 백제, 가야, 신라 로 정립했던 사국시대에는 신라와 가야의 땅이었던 곳이 영남동부문 화권이라고 할 수 있다. 경주를 도읍지로 하면서 남쪽에서 일어난 신 라가 북쪽에 있는 소문국(召文國)⁷⁾을 통합하면서 도약의 발판을 마련 하여 동일문화권을 형성하게 되었던 것으로 보인다. 신라는 점차 세 력을 키워 6세기 중엽에는 남쪽의 가야(伽耶)를 통합⁸⁾하게 되면서 강 력한 왕권 고대국가로 거듭난다. 그리하여 지금의 경상도 지역은 신 라의 땅이 되었고, 그 뒤로 현재까지 언어와 기타 문화가 비슷한 성격 을 띠고 있다.

고려시대는 국가의 도읍지가 개성으로 정해지면서 문명과 문화의 중심이 한반도의 동남쪽에서 북서쪽으로 이동하였다. 그에 따른 결과 로 영남동부문화권에는 다른 지역과 뚜렷하게 차별성을 가질 만한 문 화와 문학이 구체적으로 형성되지는 못했던 것으로 파악된다. 역사적 으로 볼 때 영남동부문화권이 다시 활기를 띤 시기는 조선시대였다고 할 수 있다. 성리학을 통치이념으로 하면서 고려 말의 신흥사대부가 새로운 형태의 국가를 세운 것이 조선이었다. 이렇게 되자 조선은 사 대부의 나라라고 불릴 정도로 모든 것이 여기에 맞추어서 만들어지고 발전하는 모습을 보인다.

성리학의 이념을 바탕으로 하여 인간을 세상의 중심에 놓은 상태에

---

7) 지금의 의성지역에 있었던 작은 나라[小國]로 벌휴이사금 2년인 185년에 신라로 합병되 었다.

8) 가야는 532년에는 김해의 금관국(金官國, 금관가야)이 멸망하고, 562년에 고령의 대가야 국이 멸망하면서 나머지 가야 제국(諸國)들도 모두 힘을 잃고 신라에 병합되었다. 가야의 통합으로 신라는 영토뿐 아니라 문명적으로나 문화적으로 크게 비상할 수 있는 발판을 마 련하게 된다.

서 모든 것을 사고하고 설비하면서 사회를 꾸려 나갔던 조선사회는 상층의 문화9)를 만들고 주도하던 사대부들에 의해 치밀하게 계획되고 꾸며지는 정제된 국가를 지향해 나갔다. 그 과정에서 끊임없이 공부하고 반성하면서 자신의 인격도야를 위해 힘썼던 사대부들은 다양한 시도를 통해 조선을 재정비했는데, 그중 눈에 띄는 것은 일정한 이념을 함께하는 사람들이 모여서 새로운 것을 연구하고 전통 계승을 지속적으로 해 나가는 모임인 학파의 형성이었다. 이런 학파는 조선시대에 와서 구체화되면서 다양성을 띠게 되는데, 기호학파와 영남학파가 중심10)을 이루었던 것으로 보인다.

　기호학파는 조선 중기의 학자인 율곡 이이(李珥)를 조종으로 하면서 경기도와 황해도를 중심으로 형성된 유학의 학파이다. 영남학파는 조선 초기 김종직(金宗直)을 조종으로 하여 이황(李滉), 조식(曺植) 등

---

9) 세상의 모든 민족, 혹은 국가는 상층의 문화와 하층의 문화가 서로 대립하고 맞물리면서 영향을 주고받는 관계를 형성하고, 그것을 통해 점진적으로 발전해 가는 양상을 띠는 것이 가장 일반적인 현상이다. 역사적으로 볼 때 상층의 지배계급이 부패하거나 외세의 침략 등으로 힘을 잃으면 하층의 피지배계급이 힘을 얻게 되고, 지배계급이 안정적이어서 정상적으로 권력 행사와 통치행위를 하면 피지배계급의 힘이 약화되는 현상을 보인다. 고려 후기와 조선 후기 등이 피지배계급의 힘이 지배계급의 힘을 압도한 대표적인 시기라고 할 수 있는데, 20세기에 일본제국주의자들이 펼친 민족말살정책으로 인해 현재까지도 그 영향을 벗어나지 못하고 있다. 여기서 말하는 민족말살정책이란 두 축의 문화 중심 세력 중 상층문화의 핵심인 사대부, 혹은 선비 계층과 문화를 없애 버린 것을 의미한다. 그 결과 현재 우리나라는 모든 사람이 무조건 같으며, 자신이 모든 것의 중심이라는 의식이 팽배하면서 상대방을 인정하지 않는 상황이 지속되고 있는 실정이다. 앞에서 지적한 것처럼 한 국가나 민족은 언제나 상층과 하층 문화가 서로 대립하면서 발전해야 하는데, 그러지 못하게 되면서 누구도 행복감을 느끼기 어려운 사회가 되고 만 것이다. 지금이라도 민족말살정책의 본질을 정확하게 인지하고 그 폐해를 극복하기 위한 노력을 기울이는 것이 필요할 것으로 보인다.

10) 조선시대 학파에 대해서는 관점에 따라 여러 분류가 가능하다. 학문적 입장과 정치적 당파에 따라 훈구파와 사림파로 나누기도 하는데, 사림파는 영남사림파, 기호사림파 등으로 구분하기도 했다.

으로 이어지면서 성리학 이론을 발전시킨 학파를 일컫는다. 특히 이황은 영남동부문화권에 속한 지역 출신의 성리학자로 이기이원론(理氣二元論)을 펼쳐 기(氣)에 대한 이(理)의 능동성을 강조하는 주리론(主理論)을 중심으로 우주의 사물현상과 사람의 본질에 대한 연구에 심취함으로써 동방의 주자(朱子)로 일컬어졌다.

이와 같은 역사적 과정을 통해 개성이 가득한 지역문화를 형성한 영남동부문화권에서 문학적 성과로 가장 먼저 주목해야 할 것은 역시 구전문학이다. 산과 강과 평야가 적절히 어우러진 지형적 특성으로 인해 사람이 정착해서 삶을 꾸리기 시작한 역사가 오래되었을 뿐 아니라 농경을 중심으로 하는 생활양식에서 형성된 문화적 특성으로 인해 이야기와 노래가 왕성하게 지어지고 향유되었기 때문이다. 신라와 가야의 건국신화에서부터 각 지역마다 나름대로의 공간적 성격에 맞도록 만들어져서 전승되는 전설에 이르기까지 그 자료는 매우 풍부하다. 또한 농경이 삶의 중심을 이루다 보니 노동요와 여가요, 의식요 등에서 매우 독특한 성격을 보이고 있다. 고대국가 시대에는 신라의 핵심 지역이다 보니 이와 관련된 문학이 중심을 이루는데, 향가와 사찰창건 등의 이야기를 바탕으로 하는 불교설화를 문예콘텐츠의 중심으로 지목할 수 있다. 약 500여 년에 이르는 고려시대는 문화의 중심이 북으로 이동하면서 영남동부문화권은 여타 지역과 비슷한 상황이 전개되고 문예콘텐츠 역시 그 정도의 상태로 지속되는 경향을 보인다.

조선조에 형성된 성리학의 학문적 풍토에 힘입어 영남동부문화권은 조선시대에 이르러 크게 활기를 띠기 시작했으며, 문예콘텐츠의 소재가 될 수 있는 문학작품의 창작 역시 상당한 성과를 거두었던 것으로 평가할 수 있다. 개인의 수양과 정치적 실천을 통합함으로써 사회적 위기를 구할 수 있다고 본 도학(道學)의 사상을 계승하고 발전시킨 영남학파의 정신은 이들이 속한 영남동부문화권 전체에 결정적인 영향을 미치면서 이것을 기반으로 하는 수준 높은 문학작품들을 생산해 낼 수 있었기 때문이다.

　이러한 경향은 성리학이 유입되고, 신흥사대부가 성립하기 시작하면서부터 나타났던 것으로 보이는데, 고려 말기에 안축(安軸)이 지은 〈죽계별곡(竹溪別曲)〉11)을 대표적인 사례로 들 수 있다. 5장(章)의 형태로 되어 있는 〈죽계별곡〉은 순흥과 죽계의 아름다운 경관을 노래하는 것에서 시작하여 정자와 누각에서 놀이하는 모습, 향교에서 육경(六經)에 심취해 있는 정경, 꽃이 만개한 시절에 천리 밖에서 군주를 그리는 신하의 정서, 꽃과 방초(芳草)와 녹수(綠樹)가 어우러진 경치 등을 읊었다. 고려 말 신흥사대부의 자신감 넘치는 생활 정서가 잘 나타나 있으며, 당시 한문체 시가에서 널리 유행할 정도로 영향력이 컸다. 고려 말에 유입된 신흥 사상인 성리학의 영향은 조선이 건국하여 안정되면서 한층 강력해졌으며, 영남동부문화권에는 이것을 주제로 하는 문학이 최고의 전성기를 맞이한다.

　시조와 가사는 조선조 사대부 시가문학의 양대 산맥을 이루며 발전해 왔는데, 영남동부문화권에서는 타 문화권과 뚜렷한 차별성을 가지는 문학작품이 대량으로 지어져서 향유되었기 때문에 각별한 관심을 가질 필요가 있다. 이 지역 출신의 사대부들이 지은 시조는 도학을 강조하면서 인성의 도야를 강조하는 것이 중심을 이루는데, 다른 어떤 문화권역에서 지어진 작품보다 이러한 성향이 강한 것이 특징이다. 이러한 특성은 세 줄 형식으로 되어 있는 평시조뿐 아니라 일정한 공

---

11) 경기체가(景幾體歌)인 〈죽계별곡〉은 안축이 자신의 고향인 경상도 순흥의 죽계계곡의 아름다운 산수와 그 지역의 미풍양속을 중심으로 흥에 겨워 있는 신흥사대부의 모습을 노래한 작품이다.

간이 가지는 특징을 소재로 여러 편을 엮어서 연결되도록 창작한 연시조(聯詩調)[12]인 〈도산십이곡(陶山十二曲)〉 같은 작품에서도 잘 드러나고 있다. 또한 영남동부문화권의 문예콘텐츠로 주목해야 할 것은 내방가사(內房歌辭)이다. 내방가사는 행정구역상으로는 경상도 북부지역의 사대부 집안의 부녀자들이 중심을 이루어 짓고 향유하던 여류가사인데, 다른 문화권에서는 볼 수 없는 것으로 이 지역만의 특성을 강하게 나타내고 있다. 이것은 화전가(花煎歌)류의 노래와 계녀가(誠女歌)류의 노래로 크게 구분할 수 있으며, 영남동부문화권의 상당히 넓은 지역에서 지어져 향유되면서 20세기까지도 전통이 계승되는 모습을 보여 주고 있다. 특히 내방가사는 영남문화권에만 존재하는 특이한 것이므로 이것을 문예콘텐츠화할 수 있는 방법에 대한 다각적인 접근이 필요하다.

4. 남원을 중심으로 하는 호남동부문화권의 문예콘텐츠

호남동부문화권은 백두대간의 끝자락인 지리산 서쪽 부분에서 호남정맥의 동쪽이라고 할 수 있는 무등산의 동쪽 지역을 지칭한다. 그리고 남쪽으로는 호남정맥의 조계산 부근에서부터 북쪽으로는 장수,

---

12) 이 경우 연시조(聯詩調)라는 명칭보다는 장시조(章時調)가 더 적합한 것으로 보인다. 왜냐하면 연(聯)은 형태적 특성을 중심으로 하는 개념이고, 장(章)은 내용의 단락과 형태적 특성을 중심으로 하는 개념인데, 우리의 고전시가에서는 연을 쓸 수 있는 작품이 거의 없고 매우 한정적이기 때문이다. 특히 속요의 경우는 반드시 장을 쓰는 것이 합당하다고 할 수 있다.

임실, 진안 등을 포함하는 금남정맥의 주화산과 영취산 정도를 경계로 하는데, 험준한 산줄기에 둘러싸인 곳으로 산악 지형과 평야가 골고루 발달한 지역이다.

전라도 전주와 남원, 담양 등을 중심지역으로 하는 호남동부문화권은 산림의 생활양식과 농경의 생활양식이 뒤섞여 나타나는 양상을 보이는 것이 특징이다. 아울러 강과 산이 잘 어울려 발달하고 있기 때문에 수변문화를 중심으로 하는 농경문화가 중심을 이루는 곳이면서 고원성 소분지가 많아 큰 도시의 발달은 미약한 편이지만 자연재해가 비교적 적은 편인 내륙지방에 해당한다. 기후도 온화하고 강수량이 많은 편인 데다가 강의 지류가 잘 발달되어 있어 아주 오래전부터 사람이 살았던 흔적이 발견된다. 부족국가 시대에는 마한(馬韓)의 중심지역이었을 것으로 추정된다. 특히 고대국가 시대 남원을 중심으로 하는 지역은 철 생산지였던 관계로 백제와 가야의 세력이 쟁탈전을 벌이기도 했으며, 고려시대에는 군사적으로 담양지역을 중요시하였고, 조선시대에는 남원지역을 중요한 요충지로 여겼다. 특히 남원은 영남과 호남을 잇는 가교 구실을 하면서 그 중요성이 한층 부각되었다. 임진왜란 때에는 왜군의 호남 진입을 막기 위한 전략지로 자리매김하면서 큰 어려움을 겪기도 하였다. 하지만 비옥한 토지와 산수가 좋은 환경을 가지고 있어서 다른 지역에 비해 전통 예술의 발달이 눈에 띄게 두드러진다. 담양지역은 조선시대에 이르러 호남을 대표하는 정치와 문화의 중심지로 부각되면서 학맥의 구성과 가단(歌壇)의 형성이 이루어졌을 정도로 학문과 예술에 대한 사랑과 열정이 남달랐던 것으로 파악된다.

호남동부문화권에서 가장 먼저 주목해야 할 문예콘텐츠로는 소리예술이면서 구전문학의 한 종류에 들어가는 민요와 판소리를 들 수 있다. 민요는 노동요가 중심을 이루는데, 호남동부문화권에서 농악과 더불어 농경문화를 대변하는 대표적인 소리예술이다. 생활 속에서 일어나는 다양한 현상들과 그것이 연결된 가창자의 정서를 기본적인 소재로 하면서 삶을 예술적으로 반영하는 존재가 바로 민요인데, 구연자의 의식(意識)을 소리와 말로 된 노래 형태로 대상화(對象化)한 것이라고 할 수 있다. 따라서 민요는 비록 노동요가 중심을 이루기는 하지만 그것을 만들고 부르는 사람들의 생활 속에서 일어날 수 있는 모든 것을 소재로 하면서 예술적으로 반영하는 노래이므로 종류와 형태는 다양하면서도 복잡한 양상을 띤다. 특히 산림과 농경, 수변 문화가 중심을 이루는 호남동부문화권의 환경에서는 불리는 민요의 종류와 내용, 표현 등이 매우 다양하고 풍부하며 화려한데, 이것은 독특한 문화를 만들어 낼 수 있는 이 지역의 특수성 때문이다. 호남동부문화권에 속하는 지역은 자연재해가 적은 데다가 풍부한 수량과 비옥한 농경지 등을 중심으로 풍족한 삶을 꾸려 갈 수 있어 다른 지역보다 생활의 여유가 많았으므로 예술적 감각을 키우고 살릴 수 있는 기회가 상대적으로 많았던 까닭이다. 그 결과 이 지역의 소리문화는 민요가 중심을 이루면서도 판소리 같은 아주 특수한 소리예술이 발달할 수 있는 토양을 만들어 내기에 충분한 동력을 얻을 수 있었다. 이는 호남동부문화권의 소리예술이 크게 발달할 수 있었던 직접적인 원인이며 동기였다고 할 수 있다.

민요, 농악, 무가 등을 중심으로 하는 이 지역의 소리예술과 직접적인 연관성을 가지면서 조선 후기에 호남동부문화권을 중심으로 발생하여 지금은 민족예술로까지 승화한 판소리 역시 이러한 생활양식에서 형성된 소리문화와 결코 무관하지 않다. 가창자 한 사람이 북을 치는 고수(鼓手)의 장단에 맞추어서 서사적 구조로 되어 있는 이야기를 소리(노래)와 아니리(말)로 엮어 발림(몸동작)을 곁들여 구연(口演)하는 구전문학인 판소리는 문학, 음악, 무용, 극 등이 하나로 어우러진 민속악으로 종합예술의 한 종류이다.

판소리는 광대라는 하층민을 중심으로 발생하였지만 그것이 지니고 있는 개방성으로 인해 다양한 계층의 청중을 아우르면서 지속적으로 발전할 수 있었다. 판소리는 소리꾼, 고수, 북, 청중만 있으면 언제, 어디에서나 판을 벌리고 소리를 할 수 있었기 때문에 이동성과 개방성 면에서는 어떤 예술 갈래보다 뛰어난 장점을 가지고 있었다. 호남동부문화권에 속하면서 전라도 동북지역에서 형성되어 불린 판소리를 동편제(東便制)라고 하는데, 전라도 서남지역의 서편제(西便制), 경기·충청 지역의 중고제(中高制)와 더불어 판소리의 삼대 유파를 형성했다. 동편제 소리는 우조(羽調)를 중심으로 하여 웅장하고, 남성적인 창법의 소리라고 할 수 있다.

판소리는 소리로 불리기 때문에 음악을 기반으로 하지만 사설의 소재가 되는 것은 대부분이 민간의 전승설화가 중심을 이루므로 문학과는 떼려야 뗄 수 없는 관계를 가지고 있다. 또한 전승설화를 소재로 삼기는 했지만 그것을 그대로 부르는 것이 아니라 흥미와 감동을 줄 수 있는 장면이나 내용을 중심으로 확장하고 부연하는 방식을 통해 판소리 사설만 가질 수 있는 특성을 만들어 냈다. 부분의 독자성이라고도 하는 이런 수법을 통해 창작자의 능력에 따라 골계적 내용, 재담 등을 얼마든지 넣고 뺄 수 있었기 때문에 어떤 대상을 만나든 그 속에 아주 빨리 녹아들면서 얼마든지 변용이 가능한 소리예술로 자리매김할 수 있었던 것이다.

풍부한 민요와 개방적인 판소리 등과 함께 호남동부문화권 문예콘텐츠에서 또 하나 주목해야 할 것은 서사문학을 발달시킬 수 있는 토양과 문화의식이 다른 어느 지역보다 높았다는 점이다. 그 대표적인 것이 바로 판소리로 불리던 것을 소설로 만든 판소리계소설이라고 할 수 있다. 판소리계소설에서 중심을 이루는 것이 바로 『춘향전』과 『심청전』인데, 남원지역은 『춘향전』의 무대가 되는 곳이며, 이것과 관련된 문예콘텐츠의 활성화가 잘 이루어져 있는 곳이기도 하다.

우리 문학사에서 볼 때 소설문학은 조선 후기에 들어와 크게 발달한 것으로 나타나는데, 나무 활자인 목판(木板)으로 책을 만들어 전국에 유통시켰다. 이것을 목판본이라고 하는데, 서울에서 찍어 낸 경판(京板), 안성에서 만들어 낸 안성(安城)판, 전주에서 생산하는 완판(完板) 등이 주축을 이루었다. 조선시대에 호남의 문화 중심지 역할을 했던 전주를 중심으로 하는 이러한 문화현상이 호남동부문화권에 속하는 남원을 무대로 하는 『춘향전』 같은 판소리계 소설이 등장하는 데에 결정적인 역할을 했을 것으로 추정된다. 현전하는 판소리계 소설 중에서 작품과 연결성을 가지는 현장의 유적이 거의 완벽하게 남아 있는 것은 『춘향전』 하나뿐이기 때문에 문예콘텐츠 소재로서의 의미와 가치는 대단히 높다고 할 수 있다. 이제 아래에서 『춘향전』을 대상으로 하는 미래지향적인 문예콘텐츠를 어떻게 창조해 나갈 것인지에 대해 고찰해 보도록 한다.

판소리계소설[13]인 『춘향전』은 우리나라 사람이라면 누구나 알고 있는 명작이다. 『춘향전』은 신원설화(伸冤說話), 박색설화, 열녀설화, 암행어사설화 등을 중심으로 하는 다양한 형태의 구전설화와 민간에서 전승되는 구전민요, 신분제 사회에서 매우 특수한 위치에 있었던

---

13) 판소리계 소설은 판소리로 먼저 불리다가 나중에 소설로 정착된 소설 작품을 가리킨다. 근원설화 → 판소리 → 판소리계 소설의 순서로 진행한 것을 기본으로 본다.

기생문화, 무속을 중심으로 하는 민간신앙 등이 한데 어우러져 판소리로 불리다가 재창조되어 소설로 정착한 것이다. 신분을 뛰어넘는 사랑의 성취, 출세와 신분상승, 탐관오리에 대한 처단 등의 소재가 갈등과 해결이라는 대립구도를 가지면서 많은 사람에게 공감을 얻었다. 또한 작품의 배경이 되는 공간은 전라도 남원에 실재하는 사물현상들과 당시 사회의 문화적 상황을 결합하여 만들어 냈기 때문에 신화나 민담, 혹은 다른 소설 작품의 공간보다 훨씬 강력한 설득력을 가질 수 있었으며, 보다 넓은 공감대를 형성할 수 있었다. 뿐만 아니라 춘향이 실존 인물이었을 가능성도 배제할 수 없다는 상황이 제시되면서 지금은 그녀의 무덤과 사당까지 만들어져 있는 상태이다. 거기에다 작품의 주인공인 몽룡과 춘향이 만나서 사랑을 나누고 이별을 했던 공간과 유적이 매우 구체적인 형태로 남아 있어서[14] 현대인들에게 아무런 거부감 없이 받아들여질 수 있는 근거를 마련해 주고 있어 한층 눈길을 끈다.

작품에 등장하는 장소와 사물현상 등이 구체적인 모습으로 일정한 공간에 실제로 존재한다는 사실은 독자로 하여금 그것에 대한 신뢰도를 높이는 중요한 요소가 되며, 관심과 흥미를 중심으로 하면서 감동을 유발할 수 있는 정서를 최대로 끌어올리게 함으로써 절정의 카타르시스를 느끼도록 하는 데 큰 강점으로 작용할 수 있다. 이 경우 첨단기술을 활용한 텍스트와 콘텍스트의 유기적 결합이 이루어져서 새로운 형태의 문예콘텐츠로 개발된다면 독자는 텍스트 중심으로 향유

---

14) 춘향과 몽룡이 만났던 공간인 광한루, 두 사람이 마지막으로 이별한 장소인 오리정, 슬픔을 이기지 못해 춘향이 흘린 눈물이 고여서 만들어진 춘향이 눈물방죽, 한양으로 가는 몽룡을 따라가기 위해 급하게 뛰어나가다가 버선이 벗겨져서 만들어진 춘향이 버선밭 등 작품의 내용을 뒷받침할 수 있는 증거물들이 구체적이면서도 뚜렷한 형태로 남아 있다.

하던 종래의 방식에서 얻는 것보다 훨씬 더 큰 감동을 느낄 수 있을 것이다. 그런 점에서 볼 때 증강현실 기법을 활용한 새로운 콘텐츠의 개발에 맞는 조건을 가장 잘 구비하고 있는 고전문학 작품으로『춘향전』보다 더 좋은 대상은 없다. 『춘향전』에 등장하는 공간이나 사물현상 들이 남원이라는 특정 공간에 유적 형태로 재현되어 있어서 텍스트와 콘텍스트를 결합시켜 새로운 형태의 콘텐츠를 개발할 수 있는 최적의 조건을 갖추고 있는 것으로 판단되기 때문이다.

　서사적 맥락으로 볼 때『춘향전』은 크게 다섯 가지의 에피소드가 결합한 구조로 되어 있다. 첫 번째 에피소드는 이몽룡과 춘향이 만나는 이야기이다. 여기에는 만물이 소생하는 생산의 계절인 봄, 왕성한 생산 능력을 가진 청춘의 남과 여, 광한루와 삼신산으로 대표되는 천상세계와 그네로 대표되는 인간세계와의 대비를 통해 신분적 차이를 보여 주는 설정이 형성된다. 또한 남녀의 만남을 예고하는 오작교, 이별을 예고하는 것으로 은하수에 비견되는 시냇물 등이 중심을 이루는데, 이것은 모두 춘향과 몽룡의 만남과 이별을 성사시키고 보여 주기 위한 중요한 장치라고 할 수 있다.

　두 번째 에피소드는 춘향과 몽룡의 사랑의 과정을 담고 있는 이야기이다. 이 공간으로는 퇴기인 월매의 집이 설정된다. 『남원고사』를 비롯한 다수의 춘향전 계통 작품을 보면 월매의 집은 매우 크고 웅장하며, 화려하게 꾸며 놓은 것으로 묘사되어 있다. 『남원고사』에서는 월매의 집 대문에서부터 안채에 이르는 과정과 풍광을 자세하게 설명하고 있는데, 온갖 희귀한 화초와 나무 등이 가득한 정원의 모습으로 그려져 있다. 몽룡을 대접하기 위해 월매가 차려내는 음식과 그릇 등의 묘사 역시 매우 화려한 것으로 보아 경제적으로 넉넉한 부잣집을 배경으로 설정하고 있다는 것을 알 수 있다. 묘사의 절정을 이루는 춘향의 방에 대한 것 역시 아주 자세하게 묘사되어 있는데, 내로라하는 사대부가에서나 갖추고 있을 법한 그림과 글씨, 여성의 다양한 노리개 등이 다수 등장한다. 이처럼 화려한 배경은 상당히 모순된 것처럼 보인다. 기생 출신 월매가 아무리 부유하다 해도 상당한 세력이나 재력을 가진 사대부가에서나 있음직한 것을 모두 갖출 수 있다는 것은 앞뒤가 맞지 않는 것처럼 생각되기 때문이다. 월매의 집을 이처럼 화려하게 묘사한 것은 춘향과 몽룡의 사랑이 매우 곡진하며 특별하다는 점을 강조하기 위한 장치로 이해할 수 있다. 이야기나 소설 등은 과장법을 많이 사용하는 경향이 두드러지는데, 듣는 사람이나 읽는 사람으로 하여금 환상적 느낌을 갖도록 하기 위한 장치로 효과적이기 때문이다.

세 번째 에피소드는 이별의 과정을 담고 있는 이야기이다. 두 사람의 이별이 이루어진 주변에 관련 유적이 모여 있는데, 춘향고개,[15] 오리정,[16] 춘향이 눈물방죽, 춘향이 버선밭, 말달리기 언덕 등이 그것이다. 이는 모두 사랑의 죽음이라고 할 수 있는 청춘남녀의 이별이 주는 서러운 정서를 반영한 것이다. 특히 오리정에서 주안상을 차려 놓고 마지막 이별을 준비하는 춘향의 모습과 몽룡과의 헤어짐이 너무나 서러워 흘린 춘향의 눈물이 고여 작은 연못 두 개가 만들어졌다는 설정

---

15) 박석치(薄石峙)라고도 한다. 과거에 풍수지리상으로 중요한 의미가 있는 고갯마루가 토양유출로 지맥이 끊어지는 것을 막기 위해 얇고 넓적한 돌을 깔았던 곳이라서 붙여진 이름이다. 박석고개, 박석현 등으로도 불리며, 서울에도 여러 곳이 있었다.

16) 오리정은 지방의 관아가 있는 자리에서 한양 방향으로 언덕배기에 세워진 역정(驛亭)인데, 관아로부터 5리 정도 떨어져 있었기 때문에 오리정이라고 한다. 역참(驛站)과 역정은 옛날에 고을로 들어가고 나가는 관문으로 이 역정에서 사람을 맞이하고 보내는 것을 주로 하였다. 춘향이 이몽룡을 서울로 보낼 때 오리정에서 주안상을 차려 놓고 기다리면서 눈물로 이별한 곳이다. 남원의 오리정은 관아로부터 약 10km 떨어진 곳으로, 남원으로 넘어가는 길목인 춘향이 고개 북쪽 지점인 남원시 사매면 월평리에 위치하고 있다.

등은 과장법을 통해 이별정서를 극대화하는 데 핵심적인 장치가 된다. 몽룡을 보내기 싫었던 춘향이 급하게 뛰어나가다 버선이 벗겨져 만들어졌다는 춘향이 버선밭과, 자꾸 따라오는 춘향을 보기가 안쓰러워 급하게 말을 달려 내려갔다는 말달리기 언덕 등도 이별을 하는 주인공들의 절절한 심정을 담아내기에 충분한 장치라고 할 수 있다.

네 번째 에피소드는 변학도의 수청 요구를 결사적으로 거부하면서 목숨을 걸고 기다리는 춘향과 열심히 공부하여 장원급제를 한 뒤 암행어사가 되어 나타난 몽룡의 감격적인 해후가 주된 내용인데, 후반부 이야기의 중심을 이루는 부분이라고 할 수 있다. 여기서는 옥에 갇힌 춘향의 모습, 가렴주구를 통해 긁어모은 재산으로 성대하게 차린 생일잔치, 거지 차림으로 나타난 이몽룡, 암행어사 출두와 감격적인 해후 등의 장치가 이야기를 이루는 뼈대이다. 특히 공과 사를 엄격하게 구분하여 행동하는 자세를 끝까지 견지함으로써 공직자의 바람직한 면모를 유감없이 발휘한 이몽룡에 대한 묘사는 사회교육적인 효과를 꾀할 수 있는 좋은 장치인 것이다.

다섯 번째 에피소드는 결말 부분으로 조선시대 고전소설에서는 반드시 나타나야 하는 것이기도 하다. 힘들고 어려운 여러 가지 고난을 극복한 주인공이 행복을 성취했다는 구조로 구성된 이야기로, 주인공인 춘향이 온갖 어려움을 다 이기고 신분상승과 행복한 가정을 이루어서 잘 살았다는 결말이다. 남녀 주인공의 사랑과 혼인, 출산, 고난, 극복은 민담을 비롯한 설화나 고전소설에서는 반드시 등장하는 에피소드로서 해피엔딩의 장치로 작용한다. 우리나라 고전소설은 거의 모든 경우 행복한 결말로 마무리되는 특징이 있는데, 당시 작가와 독자가 그러한 구조를 통해 어떤 미적 감동을 느꼈는지 등에 대한 체계적인 이론의 개발 또한 필요한 과제라고 할 수 있다. 그러기 위해서는 현실과 가상현실을 결합한 증강현실의 기법을 통해 새로운 콘텐츠를 개발하는 것이 필요할 것으로 보인다.

서술과 묘사가 중심이 되어 진행되는 서사문학은 사건의 발생과 진행, 갈등의 고조와 해결 등이 일정한 장소를 기반으로 이루어지기 때문에 작품 내에서 공간이 차지하는 비중과 중요도는 다른 어떤 요소보다 클 수밖에 없다. 꿈을 소재로 하여 과거로 돌아가는 방식을 취하는 일부 몽유록계를 제외한 거의 모든 작품이 순차적 시간구조를 가지고 있는 고전소설은 공간의 이동과 변화를 배경으로 하여 스토리가 진행되면서 구조적 특성의 형성에 결정적인 구실을 한다는 특징이 있다. 따라서 사건이 발생하고 해결되는 장소로서의 공간은 갈등의 고조와 해소를 통한 카타르시스를 극대화하기 위한 배경적 요소로서의 성격이 강조될 수밖에 없다.

소설을 비롯한 모든 문학작품에서 주제를 뒷받침하는 시대적·사회적 환경이나 장소라는 의미를 지닌 배경은 주제를 중심으로 하는 고전소설의 예술적 아름다움을 형성하고 극대화하는 데 매우 중요한 구실을 한다. 따라서 물리적 배경으로서의 공간이야말로 사건 발생과 해결의 장소임과 동시에 주제를 돋보이게 하는 중요한 요소가 될 수밖에 없다. 또한 소설의 배경으로 작용하는 물리적 장소는 작품과 직접적으로 관련된 유적이나 유물 등이 실재하는 곳이므로 작품의 내용, 혹은 주제를 증강현실 기법과 결합하면 독자나 수요자에게 정확한 정보를 입체적이면서도 구체적으로 제공할 수 있고, 작품을 향유하는 수준이나 독자의 관심도를 한층 높이는 효과도 거둘 수 있다. 이러한 점은 다른 작품에 비해 유적과 유물이 일정한 지역에 다양하면서도 뚜렷한 모습으로 남아 있는 『춘향전』 같은 작품에게는 더욱 중요한 의미가 있다. 광한루원, 월매집, 오리정, 남원관아 등의 실재 공간과 가상현실을 통해 구현되는 작품의 내용을 연결한 정보를 독자나 수요자에게 입체적으로 제공하는 증강현실 기법을 활용한다면 작품에 대한 이해와 관심을 큰 폭으로 높일 수 있을 것이기 때문이다.

이와 같은 필요성을 바탕으로 『춘향전』의 배경공간을 다섯 개로 나누어 증강현실 기법을 적용하는 것이 필요하다. 첫째, 만남의 공간인 광한루원, 둘째, 사랑의 공간인 월매집, 셋째, 이별의 공간인 오리정과 눈물방죽, 넷째, 해후의 공간인 남원관아, 다섯째, 사후의 공간인 춘향 묘역 등이다. 각각의 공간은 작품과 연결된 에피소드를 중심으로 만들어진 시청각의 영상자료, 수요자가 필요로 하는 정보를 맞춤식으로 제공할 수 있는 방식 등을 갖추어 각각의 해당 공간에서 스마트폰을 통해 제공하는 시스템을 갖추어야 한다. 그렇게 되면 『춘향전』에 관심을 가지고 현장을 찾은 사람들이 흥미롭고 알찬 답사를 할 수 있기 때문에 『춘향전』이라는 문예콘텐츠는 한층 발전적인 모습으로 독자에게 다가갈 수 있을 것으로 보인다.[17]

호남동부문화권에서 중요한 문예콘텐츠로 인지해야 할 또 하나의 대상은 가사문학이다. 이 지역의 가사문학은 영남의 가사문학과는 대조를 이루는 성격을 띠고 있어 더욱 주목을 요한다. 영남지역은 시조가 중심을 이루면서 여성의 작품인 내방가사가 큰 흐름을 형성하는데, 호남동부문화권의 가사문학은 조선조 사대부들이 짓고 향유한 특징을 가지고 있기 때문이다. 가사(歌辭)가 발생한 시기는 고려 말이지만, 본격적으로 지어지면서 문학사에 등장한 시기는 조선 초기라고 할 수 있다. 불우헌 정극인(丁克仁)이 지은 것으로 알려진 〈상춘곡(賞

---

17) 『춘향전』과 관련된 이상의 내용은 손종흠, 「고전문학콘텐츠의 발전 방향에 대한 연구」 (『열상고전연구』 57집, 열상고전연구회, 2017)의 내용을 요약 발췌한 것임.

春曲)〉을 시작으로 호남동부문화권 지역에서 사대부가사가 본격적으로 창작되고 불리기 시작하면서 조선조 가사문학의 활로를 열었다. 그 뒤를 이어 담양지역을 중심으로 하여 〈면앙정가(俛仰亭歌)〉, 〈성산별곡(星山別曲)〉, 전후 〈사미인곡(思美人曲)〉 등이 지어졌고, 이보다 더 남쪽의 장흥지역에서는 해양과 도서지역을 소재로 한 〈금당별곡(金塘別曲)〉 같은 작품이 창작되기도 했다. 그 외에 호남동부문화권 출신의 사대부들 중에는 가사를 지은 작가가 상당히 많아서 호남가단의 중심을 이루었다. 특히 〈상춘곡〉, 〈면앙정가〉, 〈사미인곡〉 등은 조선시대 전체를 통틀어서 최고의 가사 작품으로 손꼽힐 정도로 예술적 가치가 높은 만큼 이를 제대로 살려 콘텐츠화하는 작업은 호남동부문화권의 문예콘텐츠를 새롭게 하는 척도가 될 수 있을 것이다.

5. 제주시를 중심으로 하는 제주문화권의 문예콘텐츠 🔍

한반도의 남쪽에 위치하고 있는 제주도는 우리나라에서 가장 큰 섬이다. 제주도는 남쪽에 가파도와 마라도를 두고 있으며, 동쪽으로는 우도, 서쪽으로는 비양도·차귀도, 북쪽으로는 추자도·관탈섬 등을 거느리고 있다. 이 외에도 많은 섬이 딸려 있는데, 유인도와 무인도를 모두 합치면 60여 개의 섬이 존재한다. 중앙에 있는 한라산을 중심으로 하여 동서로 길게 뻗어 있고, 경사가 완만한 순상화산(楯狀火山) 지형에 속하며, 지질은 화산암이 굳어서 된 현무암이 중심을 이룬다. 화산암으로 되어 있어 빗물이 절리(節理)를 통해 땅속으로 쉽게 스며들기 때문에 물이 흐르는 하천이 발달하지 않아 비가 올 때만 물이 흐르는 건천(乾川)이 중심을 이룬다.

주거지는 생활용수와 교통의 접근성 등을 고려하여 해안의 저지대에 90% 이상이 몰려 있다. 관광지역으로 되면서 서비스업이 대부분을 차지하며, 농업과 어업이 3분의 1 정도를 점유하는 경제구조를 지니고 있다. 사람은 구석기시대부터 살았던 것으로 보이는데, 신석기, 청동기, 철기 시대의 유적이 발견된 점으로 보아 역사가 매우 오래된 지역임을 알 수 있다. 특히 태평양과 접해 있어서 해상 교통의 요충지로 중국, 일본, 동남아 등의 지역을 왕래하던 기항지 역할을 한 것으로 보인다.

만주에서 한반도에 걸쳐 고대국가가 출현하는 시기에는 제주도 역시 독립된 왕권국가를 구축한 것으로 나타나는데, 규모가 작고 힘이 약한 탓인지 그 후로는 백제나 신라 등의 국가에 복속되었다. 하지만 고려 전기까지는 중앙의 권력이 완전히 미치지 못하였으므로 자치국 형태가 유지되었는데, 11세기 이후로 고려의 지방행정 조직으로 통합되면서 중앙의 관리가 파견되었고, 이러한 상황은 조선시대에도 계속되었다. 자치국의 형태로 있을 때보다 중앙의 관리가 파견되면서 오히려 수탈과 약탈이 심했던 것으로 나타나며, 조선시대에는 죄를 지은 관리들의 유배지가 되기도 하였다. 풍부하고 아름다운 자연적 자원을 가지고 있음에도 불구하고 삼별초의 대몽 항쟁 과정과 조선시대 중앙 관료의 수탈, 그리고 일제강점기의 약탈과 더불어 20세기에 발생한 4.3사건 등 일련의 역사적 과정에서 일어난 사건과 학살로 인해 치유가 어려운 상처를 안고 살아야 했다. 이는 외부의 것을 거부하며 내부의 것만 받아들이려는 폐쇄적인 성향을 낳아 괸당이라는 특이한 문화가 나타나기도 하였다. 우리나라에서 가장 큰 섬이다 보니 수산업 중심의 생활양식과 농업 중심의 생활양식이 혼재된 상황에서 특이한 문화가 형성되었다. 뿐만 아니라 우리나라에서 가장 많은 신이 존재하는 지역이며, 이러한 신을 모시는 심방(무당)의 문화가 활발하면서도 강력한 힘을 가지고 있는 곳으로도 유명하다.

제주의 문예콘텐츠로 가장 먼저 꼽을 수 있는 것은 단연 신화라고 할 수 있다. 지금까지 조사된 바에 따르면 제주 사람들은 1만 8,000여 명의 신을 모시는 것으로 알려져 있다. 그중 기록으로 남아 전하는 것으로서 나라를 세운 건국시조에 대한 이야기인 삼성신화(三聖神話)를 주축으로 제주를 만든 신에 대한 이야기인 설문대할망신화, 천지왕본풀이에서 불리는 서사무가로 신화적 성격을 가지고 있는 소별왕대별왕신화 등이 있다. 특히 삼성신화는 우리 민족의 신화 중 유일한 마이크로 신화라는 점에서 의미가 크다.

세계의 신화를 크게 분류하면 하늘나라의 신이 우주를 만들었다고 보는 거대 신화인 매크로 신화와 땅속 세계를 중심으로 하면서 그곳에서 신인이 나왔다고 하는 거소(巨小)[18] 신화인 마이크로 신화로 나누어진다. 매크로 신화는 거대한 것을 통하여 신의 이야기를 하는 것인데, 천지창조, 우주의 탄생 등 주로 하늘에 있는 신이 천지를 만들었다고 하는 계통의 이야기를 지칭하는 것으로서 세계 대부분의 신화가 여기에 속한다. 우리나라 신화 중에는 단군신화, 혁거세신화, 김수로왕신화 등이 있다. 마이크로 신화는 인간의 감각으로는 볼 수도 알 수도 없는 땅속 세계에서 신인이 나왔다고 하는 이야기이다. 지신돌출신화 등이 이에 속하는데, 우리나라에서는 삼성신화가 유일하다.

---

18) 거대는 큰 방향으로 끝없이 나아가는 것이고, 거소는 작은 방향으로 끝없이 나아가는 것을 의미한다.

신화가 사람이 신에게 다가갈 수 있는 방법을 설명하고 있다면, 우주로 상징되는 매크로라는 거대함을 통해 다가가는 방법과 땅속 세계로 상징되는 마이크로라는 미세세계를 통해 다가가는 두 가지로 파악할 수 있다. 그중 매크로 신화는 과학이 발달한 현대사회에서도 그 위력을 유감없이 발휘하고 있는 것을 볼 수 있다. 신화의 시대부터 지금까지의 인류 사회와 문명은 매크로라는 거대함을 지향한다고 볼 수 있기 때문이다. 하늘을 날면서 공간적인 한계를 극복하려 하거나 우주를 정복하여 인류의 행복을 찾아보려고 하는 것 등의 시도는 모두 거대함을 통하여 신에게 다가가고 인류의 생활을 향상시키려는 시도로 볼 수 있다. 그러나 미래의 인류 사회와 문명은 마이크로라는 작은 세계를 향하게 될 것으로 보인다. 앞으로의 인류문명은 마이크로 세계에 대한 도전과 정복을 최고의 과제로 삼을 것이기 때문이다.

세계 문화권에서 마이크로 신화가 중심을 이루는 곳은 중동지역과 인도라고 할 수 있으며 우리나라에도 삼성신화가 있어 관심을 불러일으킨다. 신화가 사람들의 관심을 끄는 이유는 현대와 미래의 인류문명의 모태이자 문명의 많은 부분이 신화 속에 상징적으로 이미 제시되어 있기 때문이다. 즉, 현재 우리가 살고 있는 모습이 그대로 신화 속에서 이야기되고 있었다는 것이다. 예를 들어 하늘을 나는 말은 지금의 비행기나 우주선 등으로 볼 수 있으며, 알라딘의 요술램프에 나오는 거인은 압축과 복구를 마음대로 할 수 있는 컴퓨터로 볼 수 있다. 이처럼 지금 우리가 혜택을 누리고 있는 문명의 이기들의 맹아적인 형태를 신화 속에서 발견할 수 있다는 것은 지극히 흥미로운 일이다.

신화의 시대로부터 지금까지가 매크로 신화적인 상상력이 중심을 이루는 문명사회였다면, 앞으로 우리가 맞이해야 할 미래는 마이크로 신화적인 상상력이 그 중심을 이룰 것이다. 미래사회는 매크로에 대한 의지, 소망을 중심으로 하는 사회가 아니라, 마이크로 세계로의 탐험과 정복을 중심으로 하는 사회가 될 것으로 확신한다. 지금 우리가 손바닥 안에 넣고 다닐 정도로 작아진 휴대폰은 무전기가 줄어서 된 것인데, 처음에 무전기의 크기는 등에 지고 다닐 정도였다. 하지만 마이크로에 대한 탐험의 노력이 계속된 결과 지금의 휴대폰과 같은 형태가 되었다. 이는 마이크로칩이라는 아주 작은 형태의 물질 때문에 가능하게 된 것으로, 인류가 마이크로 세계로의 진입을 적극적으로 시도하기 시작했다는 의미로 해석할 수 있다. 이런 점에서 볼 때 마이크로 신화에 속하는 삼성신화를 대상으로 하는 문예콘텐츠는 아주 특별한 의미와 가치를 부여할 수 있으며, 이에 대한 폭넓고 심도 있는 연구가 지속적으로 이루어져야 할 것으로 보인다.

제주의 문예콘텐츠에서 다음으로 주목해야 할 것은 본풀이라고 불리는 서사무가이다. 천지왕본풀이를 중심으로 하는 일반신 본풀이[19]가 다양하게 존재하며, 송당본풀이와 같은 당신 본풀이[20]도 풍부하다. 또한 고대장본풀이와 같은 조상신 본풀이[21]가 있고, 세민황제본풀이와 같은 특수한 형태의 본풀이[22]도 있다. 이러한 본풀이들은 제주 심방의 무가만이 가진 특성을 아주 잘 보여 주기 때문에 보편성과 개별성을 제대로 파악하여 새로운 형태의 콘텐츠로 만들어 나가는 것이 필요하다. 본풀이를 일반적 명칭으로는 서사무가라고 하는데, 전

---

19) 초공본풀이·이공본풀이·삼공본풀이·삼승할망본풀이·마누라본풀이·세경본풀이·차사본풀이·문전본풀이·지장본풀이·사만이본풀이·칠성본풀이 등

20) 서홍리본풀이·궤눼깃또본풀이·토산여드렛당본풀이·칠머릿당본풀이·세화본향당본풀이 등

21) 나주기민창조상본풀이·구실할망본풀이·광청아기본풀이·양이목ᄉ본풀이·양씨아미본풀이 등

22) 허웅애기본풀이·군웅본풀이·삼두구미본풀이 등

국적으로 분포되어 있다. 전국적 규모로 전승되는 것은 제석본풀이이며, 제주도를 제외한 우리나라 전 지역에서 전승되는 것으로는 바리공주가 있다. 또한 중부지역에서만 채록된 것으로는 성주본가가 있고, 호남지역의 서사무가로는 장자풀이가 있으며, 동해안 지역에서만 전승되는 것으로는 심청굿이 있다.

서사무가는 설화나 소설과 같은 이야기 구조를 가지고 있으면서 고정적인 인물이 등장하여 활동하는 것을 중심으로 이야기가 진행되는 방식을 갖추고 있다. 무당이나 심방이 모시는 신의 유래와 능력 등에 대한 이야기로 무속 의식인 굿을 행하는 과정에서 구연되므로 무속신화라고 할 수 있다. 특히 서사무가는 전승과정에서 다른 종류에 속하는 구전문학이나 기록문학의 자료를 수용한 경우가 많다. 이것은 개방적 성격을 지닌 무속의 기본 특성으로 인해 사회의 변화에 따라 그것을 수용하여 새로운 형태로 발전시켜 나갔기 때문이다. 우리나라에서는 제주지역에 가장 많은 종류가 분포하는 것으로 나타나는데, 이것을 콘텐츠로 만드는 일은 한 지역에만 국한된 것이 아니라 전국 서사무가의 문예콘텐츠화 작업에 미치는 영향이 매우 클 것으로 생각된다.

제주의 문예콘텐츠 대상으로 지목할 수 있는 또 하나의 소재로는 민요를 들 수 있다. 바다 한가운데 떠 있는 섬이기는 하지만 육지와도 일정한 영향관계를 주고받으며 문화를 발전시켰으므로 향토적인 성격을 가지는 노래에서부터 육지에서 유입되어 들어와 변형된 노래에 이르기까지 다양한 형태의 작품이 존재하기 때문이다.

제주 민요는 노동을 할 때 부르는 노래인 농사짓기 소리와 고기잡이 소리, 다양한 종류의 의식(儀式)을 행할 때 부르는 소리, 아이들 소리 등으로 구분할 수 있는데, 제주만의 특징을 잘 보여 주는 노래가 많다. 논이 없어 이와 관련된 민요는 없지만, 밭일을 할 때 부르는 김매기 소리, 밭 밟은 소리, 도리깨질 소리, 방아 찧는 소리 같은 것들이 있다. 또한 어업노동을 할 때 부르는 소리에는 멸치 후리는 소리, 노 젓는 소리가 있으며, 산림이나 집안에서 일을 하면서 부르는 가래질 소리, 꼴 베는 소리, 톱질 소리, 방앗돌 굴리는 소리, 맷돌 소리 등도 제주의 특징을 잘 보여 준다. 의식행위와 관련이 있는 것으로는 행상 소리, 달구질 소리, 질토굿 소리, 꽃염불 등이 있는데, 사회적 변화에 따라 내용을 다양하게 변화시키고 있다. 한 가지 흥미 있는 것은 제주에는 여가와 관련된 놀이노래가 드물다는 점이다. 오돌또기, 산천초목, 봉지가 등이 있으나, 모두 육지에서 유입되어 정착한 것이다. 다른 지방에서는 보기 어려운 것 중에 서우젯 소리가 있는데, 제주도 토속민요이며 무가의 한 종류이다. 해녀놀이의 세 번째 장면인 오락과 휴식의 부분에서 부르는 노래로서 해녀들이 태왁[23]을 장구로 삼고 비창을 채로 삼아 장단을 맞추는데, 여기에는 허벅장단도 포함된다. 가락은 뒤로 갈수록 빨라지고 해녀들은 이 노래를 부르며 모닥불 주위에서 춤을 추면서 휴식을 취하고 놀이를 한다. 이런 종류의 노래는 제주에만 있는 독특한 문예콘텐츠라고 할 수 있다. 제주는 육지와 일정한 영향관계를 주고받으면서 살아가는 생활양식을 가지고 있지만 이 지역 자체의 특성에 맞는 독창적인 문화와 문학을 형성해 왔기 때문에 이런 점을 충분히 고려하면서 콘텐츠를 개발해야 한다.

---

23) 박의 속을 뽑아내어 표면을 봉한 것을 말한다.

강릉을 중심으로 하는 영동문화권은 한반도의 중간 지역이면서 백두대간의 동쪽 구간으로 서고동저(西高東低)의 지형을 이루며 동해를 마주하는 지형을 이루고 있다. 북쪽으로는 강원도 고성에서부터 남쪽으로는 삼척 부근까지를 포함하는 지역으로 남북으로 길쭉한 모양을 하고 있으며, 동쪽의 바다와 서쪽의 높은 산줄기 사이에 끼어 있는 지형이다. 그러다 보니 급격한 경사면이 발달하면서 산림 중심의 생활양식과 바다를 생업의 현장으로 하는 어업 중심의 생활양식 등이 혼재하는 양상을 보이는 것이 특징이다. 백두대간이 겨울철의 찬 북서계절풍을 막아 주고, 따뜻한 동한해류의 영향으로 온화하고 포근한 기후가 형성되어 사람이 생활하기에 편안한 환경이 조성된 까닭에 인심이 후하고, 순박한 것을 또 하나의 특징으로 지적할 수 있다. 영동지역은 넓고 크지는 않지만 농사를 지을 수 있는 평야도 있어 어업, 산림, 농업의 세 가지 생활양식이 고루 형성될 수 있는 지역이어서 비교적 풍족한 삶을 영위할 수 있었다.

유적, 유물 등으로 보아 선사시대부터 사람이 살았던 것으로 보이는데, 부족국가 시대에는 예맥(濊貊)의 땅이었으며, 한사군(漢四郡), 고구려, 신라 등의 고대국가를 거치면서 땅의 주인이 여러 번 바뀐 역사를 가지고 있다. 신라가 한반도의 패자로 자리매김하면서부터 점차 안정을 찾았는데, 신라의 팽창기에는 북방으로 진출하는 교두보로 인식되면서 군사적 요충지가 되어 강한 세력들이 빈번하게 충돌하면서 아픔을 겪었다. 남북국시대에 이르러서는 신라의 영토로 완전히 편입되어 불교의 성지로 정착하면서 매우 특수한 성격을 가진 문화가 형성되기에 이른다. 신라 말기이면서 후삼국시대로 일컬어지는 시기에는 태봉국을 세운 궁예의 세력권 안에 들어가기도 했지만, 곧 고려의 영토가 되었고 동북방 진출의 교두보가 되어 군사적 중요성이 다시 부각되었으며, 조선시대에는 동북방과 연결된 지역으로 반역의 땅이라는 오명을 쓰면서 수난을 당해야 했다.

험준한 산줄기와 맑고 깨끗한 동해 바다를 끼고 있으면서 산천경개가 빼어난 지역인 까닭에 풍부한 감성과 정서를 바탕으로 하는 수준 높은 전통문화가 형성되어 예향(藝鄕)으로 불린다. 언어는 백두대간의 서쪽 지역과는 상당한 차별성이 있는 것으로 보이며, 오히려 영남 남동부 지역의 말과 연결성을 가지면서 북쪽의 동해안 지역 언어와도 유사한 점이 있는 것으로 파악되고 있다. 역사가 오래되었고 기후와 인심이 순후하고 순박한 데다가 신라 때부터는 불교의 성지로 자리매김하면서 그와 관련된 여러 문화현상이 만들어진 결과, 민요, 설화, 민속극 등의 풍부한 예술문화를 만들고 향유한 특징을 가지고 있는 지역이다.

험준하면서도 기이하게 생긴 산과 영동문화권 지역의 다양한 사물현상, 그리고 불교의 영향으로 생긴 불교설화를 비롯하여 지명전설, 사물전설 등이 풍부하게 만들어지고 전승되는 모습을 보여 준다. 특히 불교설화는 사찰을 비롯한 여러 유적이 잘 보존되고 있어 그 신빙성과 진실성을 한층 가미함으로써 많은 사람의 사랑을 받을 수 있는 문예콘텐츠로서의 기반을 두루 갖추고 있는 것으로 평가할 수 있다. 또한 백두대간이라는 험산준령이 남북으로 길게 가로막고 있어 서쪽 지역과의 교류가 활발하지 못하여 이 지역만의 독자적이면서도 독특한 생활양식과 문화가 형성되었고, 농업·어업·산림 등과 관련된 민요가 크게 발달하여 여타 지역과는 큰 차별성을 보이는 점도 아주 중요한 문화적·예술적 특징이라고 할 수 있다.

지금의 영동문화권은 남북분단으로 인해 가운데가 잘려 있는 모습이지만 고대사회부터 신라, 고려, 조선을 거치면서 형성된 다양하면서도 예술성 높은 여러 종류의 문예콘텐츠를 함께 살펴보고 논의하는 것이 반드시 필요하다. 20세기에 한국전쟁을 거치며 남과 북의 경계선이 한층 고착화하면서 왕래조차 불가능해졌지만, 일제강점기 때까지만 해도 왕래가 자유롭고 동일한 성격의 문화권을 형성하고 있어 사람과 물자, 문화 등의 활발한 교류가 가능했기 때문이다. 따라서 실제로 영동문화권 지역은 원산 바로 아래까지로 확대하는 것이 마땅하다.

영동문화권에서 가장 먼저 살펴보아야 할 문예콘텐츠는 관동팔경 (關東八景)[24]과 관련된 문학작품이라고 할 수 있다. 팔경의 원조인 소상팔경에 대한 기록이 북송(北宋)[25]시대인 것으로 보아 관동팔경이란

---

24) 강원도 동해안에 있는 여덟 곳의 명승지를 일컫는 명칭이다. 관동팔경에는 통천 총석정 (叢石亭), 고성 삼일포(三日浦), 간성 청간정(淸澗亭), 양양 낙산사(洛山寺), 강릉 경포대 (鏡浦臺), 삼척 죽서루(竹西樓), 울진 망양정(望洋亭), 평해 월송정(越松亭) 등이 포함된다. 관동팔경이 있는 지역에는 정자(亭子)나 누대(樓臺)가 있어 많은 사람이 풍류를 즐기면서 빼어난 경관을 노래로 읊기도 했다. 또한 오랜 세월 동안 사람들의 사랑을 받으면서 여러 종류의 전설이 생겨나기도 했다. 팔경(八景)은 중국의 소상팔경(瀟湘八景)을 원조로 하는데, 우리나라에는 관동팔경 외에도 지역명칭과 팔경이란 이름을 붙여서 명승지로 삼은 곳이 여러 곳 있다. 중국 남쪽의 소수(瀟水)와 상수(湘水) 주변에 있는 경관을 지칭하는 소상팔경은 평사낙안(平沙落雁), 원포귀범(遠浦歸帆), 어촌낙조(漁村落照), 소상야우(瀟湘夜雨), 강천모설(江天暮雪), 연사모종(煙寺暮鍾), 산시청람(山市晴嵐), 동정추월(洞庭秋月) 등이다.

25) 960년에 건국하여 1127년에 멸망한 북송(北宋)은 중국의 왕조 중 하나로, 조광윤(趙匡胤)이 오대 최후의 왕조인 후주의 공제에게서 선위를 받아 개봉(開封)에 도읍하여 세운 나라이다. 국호는 송이었으나, 금나라에 의해 개봉에서 쫓겨나 남하한 뒤에는 남송과 구별하여 북송이라고 불렀다. 여진족의 금나라에 의해 발생한 정강의 변을 겪으면서 화북을 빼앗긴 북송이 남쪽으로 도읍지를 옮겨 양쯔강 이남의 땅인 임안에 도읍하여 새로운 정권을 세운 것이 남송이며, 1127년부터 1279년까지 존속했다. 북송과 남송을 합쳐 송,

명칭과 명승지도 고려 후기 이후에 성립했을 가능성이 높다. 관동팔경이 언제 어떤 경로를 통해 성립했는지에 대한 구체적인 기록은 없으나 고려 말 안축이 지은 경기체가인 〈관동별곡(關東別曲)〉에서 총석정·삼일포·선유담·강선정·경포대·죽서루·월송정·망원정 등 관동팔경의 경치를 읊은 바 있고, 조선시대의 정철(鄭澈) 또한 자신이 지은 가사 작품인 〈관동별곡〉에서 관동팔경의 경치를 중심으로 노래하였다. 이와 관련해서는 신라 때 영랑(永郎), 술랑(述郎), 남석랑(南石郎), 안상랑(安祥郎) 등이 월송정에서 놀았다는 이야기가 전설로 남아 있으며, 화랑이 금강산에 유람을 갔거나 가려고 했다는 기록이 남아 전하기도 한다.

관동팔경이란 명칭으로 여덟 곳의 명승지가 하나로 묶인 것은 고려 이후일 가능성이 높지만 여기에 속한 각 장소와 유적은 신라 때부터 아주 잘 알려진 명승지였음을 쉽게 짐작할 수 있다. 금강산과 직접적으로 관련된 것으로 보이는 〈혜성가(彗星歌)〉[26] 같은 향가 작품이 지어질 정도인 것으로 보아 신라시대부터 이미 이와 관련된 다양한 종류의 노래[27]나 이야기가 상당수 있었을 가능성이 농후하다. 또한 관동팔경을 그린 그림뿐만 아니라 관동팔경의 명승지를 찾아 지은 한시

혹은 송조라고 한다. 소상팔경에 대한 그림은 북송시대에 심괄(沈括, 1031~1095)이 지은 『몽계필담(夢溪筆談)』에, "송적(宋迪, 1014~1083)은 그림을 잘 그렸는데, 평원산수(平遠山水)를 잘했다"고 한 기록과 함께 그에 의해 창안된 것으로 알려져 있는데, 이 명칭은 그전부터 있었을 가능성이 크다.

26) 〈혜성가〉는 『삼국유사』에 실려 전하는 향가이다. 화랑이 금강산에 유람을 가려고 할 때 하늘에 혜성이 나타났는데, 좋지 않은 징조로 여긴 왕실에서는 금강산 유람을 중단하려 했다. 그러나 융천사(融天師)가 〈혜성가〉를 지어 흉조를 길조로 바꾸었으며, 이로 인해 침략해 왔던 왜군이 물러가고, 화랑은 예정대로 금강산 유람을 떠났다.

27) 〈명주가(溟州歌)〉, 〈해가(海歌)〉, 〈한송정곡(寒松亭曲)〉 등의 노래를 들 수 있다.

작품[28]도 상당수 있는 만큼 이런 것들을 모두 연결하여 관동팔경과 관련 있는 문예콘텐츠 소재로 발굴하고 개발할 필요가 있다. 관동팔경에 속한 공간이나 유적의 주변에 있는 명승지나 기이한 산, 사물현상 등과 얽힌 전설 또한 매우 풍부하기 때문에 이것과 관련 있는 문예콘텐츠의 개발은 무한한 가치와 가능성을 가지고 있다. 따라서 관동팔경이라는 하나의 주제를 정한 후 그것과 관련되는 다양한 형태의 문예콘텐츠를 증강현실 기법과 결합하여 개발하는 것이 반드시 필요하다.

영동문화권에서 특기할 또 하나의 문예콘텐츠는 무가와 지역축제 관련 문학이다. 우리나라의 무속문화를 주도하는 무당[29]은 크게 강신무(降神巫)와 세습무(世襲巫)로 나누는데, 영동문화권 지역은 세습무가 중심을 이룬다. 강신무는 신의 선택을 받은 사람이 신들림, 혹은 신병(神病)을 앓으면서 내림굿이라는 의식(儀式)과정을 거쳐 신통력을 가진 무당으로 거듭난 것을 지칭하는데, 역사가 가장 오래되고 무당의 기본을 이루며, 중부와 북부 지방을 중심으로 분포한다.

세습무는 단골무라고도 하는데, 호남과 영남, 영동, 제주 지역을 중심으로 분포한다. 세습무는 혈통을 따라 사제의 권한이 계승되면서 그들만이 일정 지역의 관할권을 가지는 방식의 무당이다. 강신무와는 달리 무병과 같은 강신 체험을 하지 않아 신통력이 없으며, 구체적인 신관(神觀)이 확립되어 있지 않다. 세습무는 영남지역의 동쪽 해안선

---

28) 고려시대의 시인 김극기(金克己), 조선시대의 허난설헌(許蘭雪軒), 숙종(肅宗) 등이 지은 것을 비롯하여 한시가 다수 존재한다.

29) 신을 섬기는 일에 종사하며 굿을 전문으로 하는 사제자(司祭者)를 가리킨다. 무인(巫人), 무(巫), 무격(巫覡), 무녀(巫女), 단골, 심방이라고도 하며, 특히 남자무당을 지칭할 때는 격(覡) 또는 박수, 화랭이, 양중이라고도 한다. 우리나라 전국에 걸쳐 분포되어 있다.

을 따라 영동문화권역까지 연결되어 있다.

이러한 무속과 지역의 마을 제의(祭儀)가 결합하여 개방성을 중심으로 하는 지역축제로 거듭난 것이 강릉단오제이다. 이 축제는 강릉을 중심으로 개최되지만 행사에 관여하거나 모여드는 사람은 전국적이라고 할 수 있을 정도로 내용이 충실하고 규모가 크다. 강릉단오제는 마을 제의에서 출발했기 때문에 이 행사의 중심에 자리하는 신이 있으며, 신화적 성격을 지닌 설화를 근거로 한 신령을 모셔 오는 것에서부터 시작한다. 또한 오랫동안 전승되면서 다양한 계층의 사람들이 참여하게 되었고, 관노탈놀이, 굿, 성황제, 농악, 난장 등이 하나로 어우러지며 강릉지역의 거의 모든 문화, 예술이 총망라되는 종합적 성격을 띠게 되었다. 노래, 굿, 민간신앙, 민속극, 산신신앙, 근원설화, 농악 등이 하나의 제의 행사 속에 담겨 있다는 것은 문학예술뿐 아니라 종합적인 문화콘텐츠의 소재로 거듭날 수 있다는 것을 잘 보여 준다. 따라서 강릉단오제와 함께 주변 지역의 성황제의와 신앙 등과 관련된 문화현상들을 하나의 주제로 연결시킬 수 있는 콘텐츠의 개발과 보급이 시급하다.

영동문화권의 문예콘텐츠로 개발할 수 있는 소재로 지목할 수 있는 것은 첫째, 산신신앙, 해신신앙과 관련이 있는 신화, 둘째, 불교와 깊이 관련된 다양한 종류의 설화, 셋째, 농경문화에서 중요한 구실을 하는 노동요와 같은 민요, 넷째, 죽은 이를 보내는 의식의 과정에서 불리는 상여 소리와 회다지 소리 등이다. 산신(山神)이나 해신(海神)은 사람들의 삶에서 반드시 필요한 먹거리 생산에 직접적인 영향력을 행사하는 능력을 가졌다고 믿었으므로 신화 등을 통해 세대를 넘어 전승되게 함으로써 그 중요성을 잊지 않도록 하고 자연과 세계에 대한 지식을 공유하는 수단으로 삼기도 했다. 특히 영동문화권역은 서쪽에 있는 태산준령과 동쪽에 있는 망망대해의 중간에 가로놓여 있기 때문에 이곳을 주관하고 지키는 존재로 믿었던 산신이나 해신에 대한 숭배와 찬양을 결코 소홀히 할 수 없었다. 따라서 신을 기리고 기억하기 위한 가장 중요한 장치라고 할 수 있는 신화가 많이 만들어져 향유되었고, 다른 문화권역과는 확연하게 다른 차별성을 보여 주고 있다.

영동지역은 불교를 국교로 정하고 불국토건설을 추구했던 신라가 진출하면서 우리나라 최대의 불교 성지가 되었다. 그 결과 설악산, 오대산, 금강산을 중심으로 하는 백두대간의 명산에 수많은 사연과 이야기가 만들어지고 전승되도록 하는 데 핵심적인 구실을 했으며, 수려한 자연경관에 맞추어 낙산사, 월정사, 진전사 같은 사찰이 건립되면서 이와 관련된 다양한 종류의 유적, 유물, 이야기 등이 창조되어 전승되었으니 영동문화권은 불교문화와 문예콘텐츠의 보고라고 할 수 있다.

영동지역은 호남지역처럼 드넓은 평야는 없지만, 산과 바다 사이에 자리 잡은 작은 규모의 분지 평야는 안정적으로 농사를 짓기에 아주 적합한 공간이 되었다. 평야에는 논농사를 짓고 산기슭에는 밭농사를 짓는 농경문화가 발달하면서 이와 관련된 민요가 많이 불렸는데, 이 또한 영동문화권이 가지고 있는 구전문학 문예콘텐츠의 색다른 소재이다. 산과 바다의 영향을 많이 받는 생활양식은 죽은 이를 자연으로 돌려보내는 의식에도 상당한 영향을 미쳤다. 행상(行喪)이 나갈 때 부르는 상여 소리와 무덤을 만들면서 부르는 회다지 소리 등은 이 지역의 민요가 가지고 있는 또 하나의 특징이라고 할 수 있다.

이상에서 영동문화권만의 독특한 문화적 특성에 대해 살펴보았다. 이를 바탕으로 강릉을 중심으로 하는 영동문화권에서 생산되고 향유된 문학예술의 특징을 잘 살려 많은 사람들이 공유하고 즐길 수 있는 문예콘텐츠로 개발한다면, 우리 문화 전체에 미치는 영향력과 파급력 또한 매우 클 것이다.

7. 부여를 중심으로 하는 호서서부문화권의 문예콘텐츠

호서서부문화권은 백두대간이 동쪽으로 꺾여서 내려온 중간 지점 이라고 할 수 있는 속리산과 덕유산의 서쪽 지역으로, 한반도의 허리 아랫부분에 해당하면서 넓은 평야와 바다를 끼고 있는 지형을 지니고 있다. 동북쪽으로는 한남정맥, 남쪽과 북쪽으로는 각각 금남정맥과 금북정맥이 지나는 안쪽의 공간이기도 하다. 서쪽으로는 황해를 접하 고 있어 단순한 내륙지방이 아닌 해안지역까지도 포함하고 있는 곳이 다. 이러한 공간적 특성을 지닌 호서서부문화권역은 강과 평야가 잘 발달하고, 황해를 끼고 있어서 농업 중심의 생활양식과 수산업 중심 의 생활양식이 잘 어울린 곳이다. 험준한 산악지역이 거의 없고 강과 평야와 해안과 분지 등이 골고루 발달하였으며, 강의 하류에 속하는 서쪽과 서남쪽 방향은 퇴적 평야가 크게 발달하여 곡창지대를 형성하 고 있다. 또한 바다 쪽은 복잡한 구조의 리아스식 해안을 형성하고 있 어 수산자원이 매우 풍부한 편이다. 황해 부근은 바다의 영향을 받아 온난다습한 해양성 기후를 나타내므로 사람이 안정적으로 생활하기 에 적합한 지역이라고 할 수 있다. 북쪽으로는 아산·당진·천안 등을 경계로 하고, 동쪽과 동북쪽으로는 청주·보은·옥천 등을 경계로 한 다. 남쪽으로는 서천·논산·금산 등을 경계로 하며, 서쪽으로는 해안선을 중심으로 서천·보령·서산·태안반도까지를 구역으로 한다. 호서서부문화권역은 먹거리가 풍부할 뿐만 아니라 수량이 풍부한 강과 높지는 않지만 절묘한 모습을 한 산을 끼고 있어 고대 왕권국가 시대에는 강력한 통치력을 발휘하는 문명과 문화의 중심지인 도읍지로 삼기에 적합한 지역이었다. 특히 서쪽은 강의 하류에 속하는 곳으로 드넓은 퇴적평야가 발달하여 곡창지대를 이루고 있으며, 서해안에는 풍부한 어족 자원을 중심으로 해양산업이 크게 발달할 수 있는 요건을 갖추어 중국과의 관계에서 중요한 구실을 하는 요충지라 하겠다.

역사적으로 고대국가가 발생하기 전 단계인 부족의 소국가 시대에는 마한의 중심지였는데, 한강을 중심으로 백제가 점차 세력을 확장하여 고대의 왕권국가로 발전함에 따라 백제의 땅으로 귀속되었다. 공주를 중심으로 하는 목지국(目支國), 부여를 중심으로 하는 초산국(楚山國), 서산을 중심으로 하는 치리국국(致利鞠國), 서천을 중심으로 하는 비미국(卑彌國) 등의 작은 나라가 모두 백제의 땅이 된 것이다. 백제 초기는 한강 유역이 도읍지였으나 나중에는 공주로 옮겼다가 다시 부여로 옮기는 과정을 거치면서 백제의 중심지역이 되었다. 특히 청주, 대전 등의 지역은 한강 유역으로 진출하는 교두보 역할을 하는 곳이었기 때문에 고구려를 견제하면서 신라와 백제가 서로 차지하기 위해 치열한 경쟁을 벌이는 각축장이 되기도 했다.

후삼국시대에는 견훤이 세운 후백제의 땅으로 되었다가 고려가 삼한을 통일하면서 고려의 땅으로 귀속되었는데, 이 과정에서 부여, 논산 등의 지역에서 신검의 항복을 받고 통일대업을 완수하였으므로 매우 중요한 공간으로 인식하였다. 특히 공주를 중심으로 하는 지역은 조선 초기에 도읍지를 이곳으로 옮기려고 시도했다가 무산된 뒤에는 성리학의 중심지역으로 부상하기도 했다. 대전, 청주 등은 근현대에 이르러 교통과 유통 등의 요충지로 부상하면서 성장세를 보이고 있다. 21세기에 들어와 행해졌던 행정수도 이전과 더불어 서해안 시대의 중심축으로 작용하면서 미래에는 더욱 중요성이 부각될 것으로 전망된다. 호서서부문화권역은 미래지향적인 문화콘텐츠를 개발할 수 있는 소재가 다양하면서도 풍부하게 분포하고 있다는 점에서 주목할 필요가 있다.

호서서부문화권역은 산과 물이 잘 어우러진 천혜의 요새이면서 백제 전성기의 도읍지였으므로 백제의 문화와 함께 멸망의 흔적을 고스란히 간직하고 있는 지역이라 이와 관련된 문학이 다양한 형태로 남아 있다. 부여와 공주, 논산 등을 연결하는 백제 멸망의 유적은 문학적 상상력과 결합하면서 방대한 소재와 작품을 전하고 있다. 부여의 천정대·낙화암·조룡대·부산성·자온대·고란사·용전리·구리내·거무내·논실·사근다리·맹광이방죽·성흥산성·유왕정·망배산·원당산·기벌포·장암·황산벌·탄현·황산산성·관창골·시정골·개태사·계백 묘소·정림사터·삼충각·의열사 등의 유적은 백제의 멸망과 관련된 곳이면서 예술적 상상력과 결합한 다양한 형태의 전설과 민담을 남기고 있다. 이것들은 모두 문예콘텐츠로 개발할 수 있는 가능성이 매우 높은 것으로 증강현실과 결합한 형태의 문예콘텐츠를 만들어 내기만 하면 많은 사람의 공감대를 형성할 수 있을 것으로 보인다. 그러나 현재까지는 대부분의 유적이 방치된 상태여서 안타까울 뿐이다.

백제의 멸망과정에서 중요한 의미가 있는 장소로서 백제의 충신인 성충과 흥수가 신라군을 막아야 할 요충지로 꼽은 탄현과 식장산, 그리고 기벌포 등이 아무런 표식이 없는 상태로 버려져 있거나 사유지로 넘어가서 회사의 홍보수단으로 사용되고 있는 실정이다. 탄현과 기벌포는 현재의 어느 지점인지도 비정되지 못한 상태이고, 식장산은 이름만 남아 있으며, 개인 회사가 소유하고 있는 장암은 바위산 위에 굴뚝을 세워서 홍보용으로 사용되고 있다. 또한 계백이 마지막 전투를 벌였던 황산벌에는 기념비조차 없으며, 오천결사대가 머물면서 관창의 목을 벤 관창골 역시 일반인들이 인지할 수 있는 표지판 하나 없다. 관창골 서쪽 뒤편에는 백제군이 식량을 저장했던 황산성이 있으나 이것 역시 버려져 있으며, 5,000명의 시신을 묻었다는 시정골은 동네 사람들도 거의 알지 못하는 상황이다. 이런 상태로 간다면 역사적으로 의미 있는 모든 것이 흔적 없이 사라질 것이다. 따라서 시정골에는 오천결사대의 충혼탑을 세우고, 관창골에는 백제군의 사령부와 관창을 죽인 곳이라는 사실을 알리는 표식이 어떤 형태로든 세워지는 것이 바람직할 것이다.

황산벌과 기벌포를 지키지 못하고 멸망하는 과정에서 생겨난 유적과 이야기들은 상태가 더 참혹하다. 소정방의 배가 앞으로 나아가지 못했다는 전설을 간직한 부소산성 아래의 백강(백마강), 소정방이 백마를 미끼로 용이 된 무왕의 혼백을 낚았다는 조룡대, 낚은 용을 던졌다는 용전리, 용의 썩은 시체를 사람들이 던져서 떨어졌다는 공주의 구리내, 공주 사람들이 다시 남쪽으로 던진 용의 시신이 썩어서 삭았다는 사근다리, 나라와 민족을 배신하고 의자왕의 행방을 당나라 군대에게 일러바친 점쟁이 맹광이가 살았던 집터인 맹광이방죽, 용으로 변한 무왕의 혼백이 부여로 돌아와서 놀았다는 논실, 나중에 검은 용으로 변해서 승천했다는 거무내 등은 아예 아무런 흔적조차 찾을 수 없다. 민족을 배신한 맹광이를 때려죽인 후 그곳을 파서 연못을 만들었다고 하는데, 그 자리는 현재 자동차 세차장으로 쓰이고 있다. 이런 유적들은 모두 역사와 문학이 결합하여 만들어진 사실(史實)과 예술(藝術)이 교차하는 것으로 무한한 가능성과 가치를 가지고 있지만, 우리 스스로가 외면한 채 방치하고 있는 것이다.

　포로로 잡힌 의자왕을 당나라로 호송하는 배가 백강을 따라 내려갈 때 부여의 백성들이 통곡을 하면서 수십 리를 강을 따라 내려오자 견디지 못한 소정방이 잠시 배를 머물게 하고 의자왕과 백성을 이별하게 했다는 원당산과 유왕정, 혹시 가까이 다가가면 잡혀갈까 봐 먼 곳에서 신하들이 절을 했다고 하여 붙여진 망배산도 여전히 제대로 살려 내지 못하고 있는 실정이다. 게다가 더 기가 막힌 것은 중국과의 외교적 마찰이 있을지 모른다는 지자체의 섣부른 판단으로 당나라를 원망한다는 뜻을 가진 원당산을 유왕산으로 바꾸고, 현재 우리나라의 모든 지도에 유왕산으로 표기되어 있다는 점이다. 1,500여 년 전의 역사적 사실을 보여 주는 유적을 외교적 문제와 연결시켜 산 이름까지 바꾸어 버리는 굴욕적인 발상은 결코 용납할 수 없는 일이다.

　호서서부문화권은 상당수의 유적과 문학이 백제와 관련되어 있는 특징을 보이는데, 의자왕의 아버지인 무왕과 관련된 유적과 설화 역시 의미 있는 문예콘텐츠 소재라고 할 수 있다. 해당되는 유적으로는 부여에 궁남지·왕포천·서동집터·조룡대·용전리·논실·사근다리·거무내 등이 있고, 익산에는 서동집터[30]·마룡지·우물터·오금산·미륵사터 등이 있다. 또한 서동이 선화공주를 궁에서 끌어내기 위해 불렀다는 〈서동요〉 같은 향가도 있다. 부여의 서동 관련 유적은 그나마 좀 나은 편이고, 익산의 유적은 아무런 표지도 없는 상태로 방치되어 일반인의 접근이 거의 불가능하다. 이 모든 것은 서동, 혹은 무왕과 관련된 것이므로 하나의 주제로 꿰어지기만 하면 매우 훌륭한 문예콘텐츠로 거듭날 수 있을 것이다. 특히 무왕 관련 문학은 백제의 마

---

30) 서동집터는 부여와 익산에 모두 있으며, 두 군데 모두 서동의 집터로 인정된다.

지막 왕인 의자왕 전설과 연결되어 있어 더욱 의미가 있다.

　조선조 방외인(方外人)문학의 대표 격이라고 할 수 있는 매월당 김시습(金時習)과 관련된 유적이 부여 부근 지역에 있어서 눈길을 끈다. 『금오신화(金鰲新話)』라는 초기 소설을 지은 작가이기도 한 김시습은 우리나라 전역에 유적을 남겼다. 무량사(無量寺)는 김시습이 마지막으로 머물렀던 공간으로 주검을 안치한 곳이기도 하다. 김시습 부도탑, 영정 등을 전국에 산재해 있는 그의 유적과 연결하여 하나의 주제 아래 개발할 필요가 있다. 김시습과 관련된 유적으로는 그가 불교에 입문한 공간인 송광사, 공부를 하다가 계유정난(癸酉靖亂) 소식을 듣고 책을 불태우고 머리를 깎은 곳으로 알려진 삼각산 중흥사 등이 있고, 강원도 철원에 매월대·매월폭포·매월동굴·구은사가 있으며, 경기도 남양주의 수락산 동편에는 폭천정사가 있다. 또한 경주 남산에는 『금오신화』를 집필한 장소로 알려진 용장사터가 있으며, 전라도 남원에는 『만복사저포기(萬福寺樗蒲記)』 관련 유적으로 만복사터, 보련사터, 개녕동터 등이 있다. 또한 서울 노량진에는 그가 조성한 것으로 알려진 육신묘가 있고, 공주 동학사에는 사육신을 위해 제를 지낸 초혼단이 있다. 생육신의 한 사람인 김시습은 단종과도 깊은 인연이 있으므로 관련 유적 역시 연결할 필요가 있다. 영월의 장릉과 배식단, 원호가 머물렀다는 관란정 등도 모두 김시습과 일정 부분 관련이 있는 유적이며, 이와 관련된 설화들이 존재하기 때문에 문예콘텐츠의 소재가 되기에 충분하다.

　이와 함께 또 한 가지 주목해야 할 것은 후백제를 세운 견훤 관련 문예콘텐츠이다. 견훤은 경상도 문경에서 태어나 전라도 광주에서 나라를 세웠고, 전주로 도읍지를 정하고 후백제를 건국하였으며, 아들에 의해 금산사에 유폐되었다가 탈출하여 왕건에게 귀의한 후 개태사에서 머물다가 세상을 떠난 인물이다. 견훤 관련 유적 중 그가 머물다가 병으로 세상을 떠난 개태사는 왕건이 견훤의 아들인 신검에게서 마지막 항복을 받으면서 삼한의 통일을 이룩한 뜻깊은 공간이기도 하다. 이곳에 남아 있는 여러 유적과 유물 역시 문학적 상상력과 결합하여 전설을 낳고 있어서 훌륭한 문예콘텐츠 소재가 된다. 논산시 금곡면에 그의 무덤이 남아 있는데, 전주가 보이는 곳에 묻어 달라는 유언에 따라 남쪽을 향한 언덕배기에 묻혔다는 전설이 남아 전해진다.

견훤이 출생한 곳은 두 곳으로 알려져 있는데, 경상도 문경과 전라도 광주이다. 두 곳 모두 야래자설화(夜來者說話)를 출생의 배경담으로 가지고 있어 눈길을 끈다. 야래자설화는 혼기가 찬 처녀의 방에 밤만 되면 낯선 남성이 찾아오고, 그로 인해 임신한 여성이 낳은 아이가 바로 주인공이라는 이야기이다. 전 세계적으로 분포하는 야래자설화에서 밤에 찾아오는 남성은 주로 신통력을 가진 존재로 그려지는데, 이것은 훌륭한 인물의 탄생을 정당화하기 위한 장치이다. 견훤 출생담에 나오는 야래자설화 관련 유적은 경상도 문경에 아주 자세하게 남아 있다.

문경의 가은에 있는 아차마을에는 아자개라는 인물이 있었는데, 밤만 되면 그의 딸 방에 어떤 남성이 찾아와서 자다가 새벽이면 돌아가곤 했다. 임신을 한 처녀는 할 수 없이 아버지에게 실토를 했고, 바늘과 실을 준비했다가 그 남성의 옷에 꽂아 두기로 약속을 하게 된다. 이러한 사실을 모르는 남성은 새벽이 되자 방을 나갔는데, 실이 간 곳을 따라가 보니 동굴 속에 커다란 지렁이가 바늘에 찔려서 죽어 있었다. 지렁이가 살았다는 굴을 금하굴이라 하는데, 그곳에서 그리 멀지 않은 곳에 아자개의 집터가 남아 있다.

전라도 광주보다 문경의 아차마을이 견훤의 출생지로 여겨지는 이유는 아차마을 부근에 견훤과 관련된 유적이 즐비하게 남아 있기 때문이다. 하늘에서 내려온 남성의 출생설화를 간직한 농바우와 천마산, 천마산성, 견훤이 하늘의 말을 얻었다고 하여 붙여진 말바우, 빠르기를 시험하다 잘못해서 천마를 죽인 아차산(천마산), 궁궐을 세웠다고 하여 붙여진 궁기리, 자신의 세력을 확장하고 적을 방어하기 위해 만들었다는 견훤산성 등이 있다. 이 외에도 왕건과 세력 다툼을 하는 과정에서 세운 산성으로 견훤의 이름이 붙여진 것이 여러 곳에 있으며, 왕건과 결전을 벌였던 대구의 팔공산, 전주의 궁궐터와 산성터 등이 있다. 이 모든 것이 호서서부문화권에 속하거나 매우 깊이 연관되어 있는 것들이어서 부여를 중심으로 다양하면서도 화려한 형태의 콘텐츠를 생산해 낼 수 있을 것이다.

21세기에 들어와 공간적 특수성을 지니고 있는 지역문화와 문화현상에서 문학을 소재로 하는 문예콘텐츠가 주목을 받게 된 이유는, 첫째, 문명의 비약적인 발달, 둘째, 문명의 발달에 따른 생활양식의 변화, 셋째, 생활양식의 변화에 따른 문화현상의 변화 등에서 찾아야 할 것으로 보인다.

20세기에서 21세기로 접어들면서 인류의 문명은 일대 전환기를 맞이하였다. 인공지능(AI), 빅데이터(big data), 유전공학, 나노기술 등의 첨단 기술을 기반으로 하는 21세기의 문명은 탈공업화 시기를 거쳐 3, 4차 산업혁명의 시대로 점차 옮겨가게 되자, 급속한 문명의 발달로 인해 나타나기 시작한 사회의 변화는 상상을 초월할 정도였다. 먹거리를 얻기 위한 과정인 노동을 삶의 중심에 놓고 살았던 사람들이 그것과 같은 비중으로 여가를 생각하게 됨으로써, 삶에 대한 종래의 인식과 생활양식을 송두리째 바꾸어 버리는 결과를 낳았다. 노동 중심의 삶에서 노동과 여가 중심의 삶으로 생활양식이 옮겨가면서 가장 두드러지게 나타난 사회적 현상은 개인과 가정을 유지하기 위한 비용의 기하급수적 증가였다. 소비가 원활하게 잘 되어야 경제를 성장시킬 수 있다고 강조하는 사회적 흐름에 맞추어 사람들은 여가를 통해 스스로의 삶을 풍요롭게 할 수 있다고 여기게 되었고, 엔터테인먼트 관련 콘텐츠와 서비스 관련 산업 등이 크게 각광받기 시작했다. 이러한 사회의 이러한 변화는 사람들의 생활양식에 큰 변화를 초래하면서 문화의 중요성에 대한 인식 자체를 바꾸어 버렸고 문화산업이란 표현이 등장하기에 이르렀다. 즉, 문화는 단순한 사회적 관습이나 풍습이 아니라 무한에 가까울 정도로 풍부한 콘텐츠 소재와 첨단기술과의 융합을 통한 새로운 콘텐츠의 창조가 가능하다는 점을 널리 인식하게 되었던 것이다. 결과적으로 볼 때, 문명의 발달은 생활양식을 변화시켰으며, 생활양식의 변화는 문화를 변화시키고, 문화의 변화는 사회 전체를 변화시키는 도미노 현상을 낳은 것이라고 할 수 있다.

문화현상의 변화와 문화의 중요성에 대한 인식의 변화는 문화가 얼마나 많고 다양한 형태의 문화콘텐츠와 새로운 문명을 만들어 낼 수 있는가에 주목하게 하였다. 문화는 오랜 역사와 전통과 함께 차별화·특수화되는 성격을 지니고 있는데, 지리적·환경적 요인에 의해 구분되는 특징을 지닌 지역문화, 일정한 집단을 구성하는 요소인 민족이나 국가적 단위로 구분할 수 있는 공동체문화, 일정한 범주에 속하는 구성원들의 세계관을 예술적으로 반영하고 있는 언어문화 등과 관련된 것들이 문화콘텐츠, 혹은 문예콘텐츠로 재생산되어 커다란 파급효과를 낼 수 있는 것으로 여겨지게 된 것이다. 따라서 우리나라가 문화강국으로 발돋움할 수 있기 위해서는 지역문화와 문학예술을 소재로 하는 문화콘텐츠나 문예콘텐츠에 대한 발굴과 개발이 절실하게 요구되는 상황이 전개되었다. 하지만 우리는 스스로 만들고 지켜 온 문화가 얼마나 소중하고 커다란 가치를 지니고 있는지에 대한 인식이 부족한 것으로 보인다. 민족적·지역적으로 형성된 우리의 문화원형이 어떤 특성을 지니고 있는지를 체계적으로 고찰·분석하여 처리할 수 있는 빅데이터의 구축은 물론 그것을 기반으로 하는 첨단기술과의 융합도 원활하지 못한 상황이다 보니 미래지향적이면서 고부가가치를 창출해 낼 수 있는 창조적인 콘텐츠를 개발하는 데에도 소극적일 수밖에 없었던 것이다. 문화적으로는 풍부한 자료와 소재를 가지고 있으나 그것을 모아 체계화하고, 정치하게 분석하며, 합리적으로 판단하는 단계에까지는 아직 이르지 못한 상태이지만, 이것은 첨단기술의 전폭적인 수용과 여타 콘텐츠와의 융합을 통해 얼마든지 극복해 낼 수 있을 것이다.

이러한 난제들을 극복하고 문화강국으로 거듭나기 위한 목표를 관철시키기 위해 필자는 우리의 지역문화가 지닌 특성과 장점을 제대로 살려내어 창조적인 문화콘텐츠를 개발할 수 있는 방법과 민족문화에서 차지하는 비중과 중요도가 매우 큰 문학을 소재로 한 문예콘텐츠 개발의 이론적 접근을 시도해 보고자 했다. 이 연구에서는 우리나라의 지역문화에 대하여 지리적·사회적 요인들을 중심으로 전국을 대·중·소의 문화권역으로 나누어 권역별 문화콘텐츠가 가지고 있는 특징을 파악해 보고자 했다. 다음으로는 이것을 바탕으로 각 문화권역에 속해 있는 언어예술에는 어떤 종류와 특징이 있는지를 고찰하여 창조적이면서도 수요자의 요구에 부응할 수 있는 문예콘텐츠를 개발하기 위한 방법론을 제시하였다. 이것은 사회적으로나 제도적으로 준비해야 할 것이 많은 상황에서 시도하는 작업으로서 이제 첫 걸음을 뗀 것이므로 앞으로 해결해야 할 문제가 산적해 있는 것도 사실이다. 아무리 어려운 일일지라도 일단 시작해 놓으면 조금씩이나마 진전이 있을 것으로 믿으며, 뒤를 이어 새로운 시도와 이론이 지속적으로 행해지고 개발되기를 기대해 본다.

언제나 느끼는 것이지만 아무리 작은 일이라 할지라도 혼자서 모든 것을 감당하는 것은 불가능에 가깝다는 생각을 이번에도 어김없이 하였다. 그런 관계로 이 책이 나오기까지 결코 적지 않은 사람들의 도움이 있었음을 지면으로나마 밝혀 두지 않을 수 없다. 거칠게 쓰인 초고의 문장 수정에서부터 인쇄본 교정에 이르기까지 온 힘을 기울여 살펴 준 아내 박경희, 한국방송통신대학교 출판문화원 담당자와 교정 담당자를 비롯한 관계자 여러분께 심심한 감사의 말씀을 전한다.

2018년 1월, 죽계서실에서 손종흠 씀

- 高晶玉, 『朝鮮民謠研究』, 首善社, 1949.
- _____, 『조선 구전문학 연구』, 민속원, 2009.
- 국립국어원 편, 『표준국어대사전』, 금성사, 2001.
- _____, 『표준국어대사전』, 어문각, 2008.
- 국민대학교 국사학과, 『안동문화권』, 역사공간, 2003.
- 김동욱, 『춘향전연구』, 연세대학교 출판부, 1985.
- 김복순, 『최치원의 역사인식과 신라문화』, 경인문화사, 2017.
- 김종회, 『한민족 문화권의 문학』, 국학자료원, 2003.
- 김태곤, 『한국무가집』, 집문당, 1992.
- 김현, 『지역문화 콘텐츠 제작의 실제』, 북코리아, 2009.
- 다쓰오 나루세 지음, 백욱인 옮김, 『생활 양식론』, 도서출판 민글, 1994.
- 문화콘텐츠학회, 『문화콘텐츠 입문』, 북코리아, 2006.
- 박노동·김홍태, 『대전광역시 문화격차 해소 및 진흥 방안 연구』, 대전발전연구원, 2012.
- 박태선·이미영·한우석, 『지역 간 문화격차 해소방안 연구』, 국토연구원, 2014.
- 방준성·최은주, 「증강현실 국·내외 기술 동향과 발전 전망」, 『한국과학기술정보연구원 보고서』, 한국과학기술정보연구원, 2015.
- 블라디미르 레닌 지음, 박정호 옮김, 『유물론과 경험비판론』, 돌베개, 1992.
- 서하석, 『문화권 간의 의사소통』, 형설출판사, 2001.
- 성기옥·김수경·정끝별·엄경희·유정선, 『한국시의 미학적 패러다임과 시학적 전통』, 소명출판, 2004.
- 손종흠, 「韓國民謠 分類論 試攷」, 『洌上古典研究』 2집, 1989.

- 손종흠, 『다시 읽는 한국신화』, 휴먼앤북스, 2003.
- _____, 『한국의 다리』, 한국방송통신대학교 출판부, 2008.
- _____, 『속요 형식론』, 박문사, 2010.
- _____, 『고전시가 미학강의』, 앨피, 2011a.
- _____, 『한강에 배 띄워라, 굽이굽이 사연일세』, 인이레, 2011b.
- _____, 「삼구육명에 대한 연구」, 『열상고전연구』 37집, 열상고전연구회, 2013.
- _____, 「고전문학콘텐츠의 발전 방향에 대한 연구-증강현실과 춘향전을 중심으로-」, 『열상고전연구』 57집, 열상고전연구회, 2017a.
- _____, 『왕릉 역사 기행』, 앨피, 2017b.
- 심경호, 『김시습 평전』, 돌베개, 2005.
- 아르놀트 하우저 지음, 백낙청·염무웅·반성완 옮김, 『문학과 예술의 사회사』, 창비, 2016.
- 앤디 커크 지음, 서하연 옮김, 『데이터 시각화 설계와 활용』, 에이콘출판, 2015.
- 앨빈 토플러 지음, 장을병 옮김, 『미래의 충격』, 범우사, 1997.
- 여연·문무병, 『신화와 함께하는 제주 당올레』, 알렙, 2017.
- 유원재, 『백제의 역사와 문화』, 학연문화사, 1996.
- 유진룡 외, 『엔터테인먼트 산업의 이해』, 넥서스 BIZ, 2009.
- 유홍준, 『나의 문화유산 답사기-서울편-』, 창비, 2017.
- 이가원, 『한국한문학사』, 보성문화사, 2014.
- 임재해, 『지역문화 그 진단과 처방』, 지식산업사, 2002.
- 장정룡, 『강릉단오제 현장론 탐구』, 국학자료원, 2007.
- 장정숙, 『지역문화 진흥을 위한 지역학 활성화 방안 연구』, 한국문화관광연구원, 2014.
- 장효현, 『한국고전소설사 연구』, 고려대학교 출판부, 2002.
- 조동일, 『한국문학통사』, 지식산업사, 1988.
- _____, 『구비문학의 세계』, 교보문고, 2011.

- 조원영, 『가야 그 끝나지 않은 신화』, 혜안, 2017.
- 지아웨이 한 · 미셸린 캠버 · 지안 페이 지음, 정사범 · 송용근 옮김, 『데이터 마이닝 개념과 기법』, 에이콘출판, 2015.
- 지원철, 『빅데이터 시대의 데이터 마이닝』, 민영사, 2017.
- 최철, 『고전시가사』, 집문당, 1997.
- 칼 구스타브 융 지음, 한국융연구원 C. G. 융 저작번역위원회 옮김, 『원형과 무의식』, 솔, 2002.
- Thomas Erl · Wajid Khattak · Paul Buhler 지음, 조성준 · 이혜진 · 안용대 · 이제혁 · 전성환 · 문지형 · 김도형 · 정민기 · 신동민 옮김, 『빅데이터 기초』, 시그마프레스, 2017.
- 하연 편집부, 『가상현실과 증강현실의 전망』, 하연, 2015.
- 한국철학사상연구회 편, 『철학대사전』, 동녘, 1989.
- 한국향토사연구전국협의회, 『향토사와 지역문화』, 수서원, 1998.
- 허남춘, 『제주도 본풀이와 주변 신화』, 보고사, 2011.

- Kroeber, Alfred Louis and Kluckhohn, Clyde, *Culture: A Critical Review of Concepts and Definitions*, Cambridge, Massachusetts: Published by The Museum, 1952.
- Tylor, Edward Burnett, *Primitive Culture*, London: John Murray, 1920.
- Weber, Max, translated and edited by Edward A. Shils and Henry A. Finch, *The Methodology of the Social Sciences*, New York: The Free Press, 1949.

- Carl Gustav Jung 著, 林道義 譯, 『原型論』, 東京: 紀伊國屋書店, 2013.

- 국립국어원 표준국어대사전 http://stdweb2.korean.go.kr
- 이투데이 http://m.etoday.co.kr/view.php?idxno=1535516#cb#csidxdeddae70ffdbf22815c8995c84c